Materialgestütztes Schreiben lernen

GRUNDLAGEN · AUFGABEN · MATERIALIEN

Sekundarstufen I und II

Helmuth Feilke
Katrin Lehnen
Sara Rezat
Michael Steinmetz

Unter Mitarbeit von
Björn Bergmann

Schroedel
westermann

Materialgestütztes Schreiben lernen

GRUNDLAGEN • AUFGABEN • MATERIALIEN

Sekundarstufen I und II

Helmuth Feilke
Katrin Lehnen
Sara Rezat
Michael Steinmetz

Unter Mitarbeit von
Björn Bergmann

westermann GRUPPE

© 2016 Bildungshaus Schulbuchverlage
Westermann Schroedel Diesterweg Schöningh Winklers GmbH, Braunschweig
www.westermann.de

Das Werk und seine Teile sind urheberrechtlich geschützt. Jede Nutzung in anderen als den gesetzlich zugelassenen Fällen bedarf der vorherigen schriftlichen Einwilligung des Verlages.
Trotz sorgfältiger inhaltlicher Kontrolle wird die Haftung für die Inhalte der externen Seiten ausgeschlossen. Für den Inhalt dieser externen Seiten sind ausschließlich deren Betreiber verantwortlich. Sollten Sie daher auf kostenpflichtige, illegale oder anstößige Inhalte treffen, so bedauern wir dies ausdrücklich und bitten Sie, uns umgehend per E-Mail davon in Kenntnis zu setzen, damit beim Nachdruck der Verweis gelöscht wird.

Druck A^5 / Jahr 2019
Alle Drucke der Serie A sind im Unterricht parallel verwendbar.

Redaktion: Stefan Bicker
Umschlaggestaltung: boje 5, Braunschweig
Druck und Bindung: Westermann Druck GmbH, Braunschweig

ISBN 978-3-507-**41750**-2

Vorwort

Für jemanden, der lesen und schreiben kann, ist es eine der häufigen und wichtigen praktischen Anforderungen: Man greift auf verschiedene Materialien zurück, um zu einem bestimmten Thema zu einem bestimmten Zweck an einen oder mehrere Adressaten zu schreiben. Das können durchaus unspektakuläre Texte sein, z.B. Infobroschüren oder Flyer für Firmen oder auch eine Kulturveranstaltung. Anspruchsvoller wird dann schon eine Präsentation vor Berufskollegen, ein Blogbeitrag zu einer Debatte in den sozialen Medien, eine Reportage oder ein Radio-Feature. Dies alles sind Anlässe materialgestützten Schreibens. Auch die Schule kennt viele ähnliche Situationen: den Praktikumsbericht oder die Facharbeit, das Referat zur Romantik, einen Bericht über einen neuen Blogbuster im Kino oder über die Inszenierung eines Theaterstücks oder z.B. auch eine Darstellung möglicher Hintergründe des Anglizismen-Gebrauchs im Deutschen. Die Formen und Themen sind vielfältig. Man nutzt Texte und Bilder, Tabellen und Grafiken, man gibt Inhalte mit eigenen Worten wieder und zitiert. Aus der Synthese vielfältiger Materialien entsteht so ein neuer eigener Text.

Solche Texte schreiben zu können, gehört zu den elementaren Fähigkeiten, gerade auch in der auf Handy- und Computerkommunikation gestützten Informations- und Mediengesellschaft. Das materialgestützte Schreiben hat im Deutschunterricht bis vor kurzem kaum eine Rolle gespielt. Es ist deshalb ein Gewinn, dass die neuen Bildungsstandards für die Allgemeine Hochschulreife im Jahr 2012 den für alltägliche wie fachliche Schreibanforderungen wichtigen Aufgabentyp in den Abiturkanon aufgenommen haben. Für Lehrerinnen und Lehrer wie für die Schülerinnen und Schüler entsteht damit ein neues Aufgabenfeld. Es sollte nicht erst plötzlich im Abitur und der Oberstufe erscheinen; die ersten Gehversuche auf diesem Feld sollten auch schon in der Unter- und Mittelstufe unternommen und didaktisch unterstützt werden. Dafür will dieses Buch Orientierung und Anregung bieten.

Der vorliegende Band verfolgt zwei Ideen, die in den beiden Teilen des Buches aufgehoben sind. Der erste Teil liefert einen *Überblick über Merkmale, Eigenheiten und Herausforderungen* des neuen Aufgabentyps. Das materialgestützte Schreiben ist durch eine enge und neuartige Verbindung von Lesen und Schreiben und durch den Rückgriff auf vielfältige Quellen gekennzeichnet. Daraus erwachsen ganz eigene Anforderungen für die Textproduktion und für die didaktische Gestaltung von Schreibszenarien.

Die Kapitel des ersten Teils zeigen,
- wie sich der neue Aufgabentyp gegenüber anderen Schreibaufgaben unterscheidet und welche Kompetenzen dabei im Vordergrund stehen,
- welche schreibdidaktischen Besonderheiten damit einhergehen und wie sie sich durch die Gestaltung entsprechender Lernprozesse meistern lassen,
- was man bei der Konstruktion materialgestützter Aufgaben beachten sollte und wie man bei der Entwicklung eigener Aufgaben vorgehen kann,
- wie sich Texte materialgestützten Schreibens bewerten lassen und welche Kriterien dabei eine Rolle spielen sollten

Der zweite Teil des Buches stellt eine *Sammlung fertiger Aufgaben* zur Verfügung, die Schreibaufträge mit allen benötigten Materialien enthalten. Außerdem gibt es hier jeweils Bearbeitungshinweise für SchülerInnen sowie didaktische Kommentare für Unterrichtende. Die Aufgaben sind als Lernaufgaben konzipiert, die in der Regel mehrere Unterrichtsstunden umfassen und das Thema sowie die damit einhergehenden Bearbeitungsschritte entfalten. Die Materialien enthalten Texte, Grafiken, Diagramme, Bilder etc. und bilden eine Materialvielfalt ab, die für das materialgestützte Schreiben charakteristisch ist. Die Aufgaben haben jeweils einen besonderen Kompetenzfokus. Manche Aufgaben stellen das Planen und Konzipieren von Texten in den Vordergrund, andere das sprachliche Formulieren oder den Umgang mit Grafiken. Der Kompetenzfokus jeder Aufgabe wird durch sog. „Kleine Aufgaben" gestützt, die die Lupe auf ausgewählte Anforderungen legen und der Aneignung und Einübung bestimmter Prozeduren dienen. Jede Aufgabe enthält zwei kleine Aufgaben, die über Arbeitsblätter abgebildet werden. Das Material kann insgesamt für unterschiedliche kleine Aufgaben flexibel genutzt werden.

Die vorgestellten Aufgaben umfassen verschiedene Klassenstufen (von der 6. bis zur 13. Klasse), verschiedene Sprach- und Literaturthemen sowie informierende und argumentierende Zieltexte. Wir haben uns bei der Auswahl der Themen von der Idee leiten lassen, dass das Fach Deutsch selbst für das materialgestützte Schreiben viele interessante einschlägige Themen zu bieten hat. Materialgestütztes Schreiben soll nicht einfach nur ein weiterer schreibdidaktischer Aufgabentyp sein; es sollte im Deutschunterricht – wie auch in anderen Fächern – vielmehr als Möglichkeit genutzt werden, durch das Schreiben selbst auch fachlich zu lernen. Manche Themen sind fachübergreifend angelegt und bieten sich für einen fachübergreifenden Unterricht an. Als fertige Muster können die Aufgaben, so wie sie sind, direkt in den Unterricht übernommen werden. Da alle Aufgaben sehr umfangreich sind und eine Fülle an Material zur Verfügung stellen, bietet es sich aber ebenso an, die Aufgabenvorschläge individuell an die eigenen Unterrichtsbedürfnisse anzupassen. Das kann bedeuten, dass man einige von den vorgeschlagenen Materialien weglässt und/oder neue hinzunimmt, dass man den Schreibauftrag verändert, dass man eigene kleine Aufgaben entwickelt oder bestehende ausspart. In diesem Sinne verstehen sich die Aufgaben als Angebote, die nach eigenem Ermessen umgestaltet werden können und sollen.

Wir danken Björn Bergmann, der als Lehrer zwei Aufgaben für das Buch verfasst hat. Ebenso danken wir den Studierenden einer ganzen Reihe von Seminaren im letzten Jahr, die unsere Aufgaben diskutiert und auch im Schulkontext erprobt haben. In einigen Lehrerfortbildungen hatten wir bereits die Gelegenheit, das Konzept und die Aufgaben des Buches vorzustellen. Viele Anregungen sind dabei wieder in das Buch zurückgeflossen. Wir würden uns freuen, wenn Sie das Buch in der einen oder anderen Form für sich nutzen können – und sich zur (Weiter-)Entwicklung von Aufgaben angeregt fühlen!

Gießen, im Juli 2016

Helmuth Feilke, Katrin Lehnen, Sara Rezat und Michael Steinmetz

Materialgestütztes Schreiben lernen

Inhalt

1 Materialgestütztes Schreiben im Deutschunterricht 6
1.1 Der Aufgabentyp „Materialgestütztes Schreiben" 7
1.2 Materialgestütztes Schreiben – Besonderheiten und Potentiale der Aufgabenart für den Kompetenzerwerb 10
1.3 Materialgestütztes Schreiben und die Kompetenzbereiche des Deutschunterrichts 17
1.4 Ausblick auf die folgenden Kapitel des Buches 27

2 Didaktik materialgestützten Schreibens 28
2.1 Die Schreibaufgabe klären 28
2.2 Lesen 31
2.3 Planen 37
2.4 Formulieren 41
2.5 Überarbeiten 47

3 Zur Konstruktion materialgestützter Schreibaufgaben 51
3.1 Didaktische Rolle der Aufgabe 51
3.2 Aufgabenstellung 53
3.3 Themen 55
3.4 Situierung 56
3.5 Material 58
3.6 Sozialformen und Zeitaspekte der Bearbeitung 62

4 Bewerten und Beurteilen materialgestützten Schreibens 63
4.1 Spezifische Herausforderungen der Bewertung und Beurteilung 63
4.2 Kriterien zur Bewertung und Beurteilung der (Teil-)kompetenzen 64
4.3 Prozess- und Produktbeurteilung 69
4.4 Förderndes versus prüfendes Beurteilen 72

5 Literatur 73

6 Aufgaben 75
6.1 Hinweise zum Aufgabenteil und zur Nutzung der Aufgaben 75
6.2 Die Aufgaben im Überblick 76
   Wie schlafen Tiere? (6.–7. Schuljahr) 80
   Wie viele Pippis gibt es? (7.–8. Schuljahr) 94
   Können Tiere sprechen? (7.–8. Schuljahr) 108
   Wie digital sind deine Freunde? (8.–11. Schuljahr) 122
   „Wann hat es ‚tschick' gemacht …?" (9.–11. Schuljahr) 136
   Was bewegte(n) Goethe und Schiller in Weimar? (10.–12. Schuljahr) 150
   Schreibst du noch oder tippst du schon? (9.–13. Schuljahr) 174
   Wie bunt ist die Welt? (10.–13. Schuljahr) 188
   Warum wird schöne Literatur hässlich? (11.–13. Schuljahr) 203
   Wie romantisch ist die Romantik? (10.–13. Schuljahr) 218
   Warum lesen wir? Zum Sinn und Zweck von Literatur (11.–13. Schuljahr) 232
   Kann es eine geschlechtergerechte Sprache geben? (11.–13. Schuljahr) 246
   Warum schreiben wir? (11.–13. Schuljahr) 261

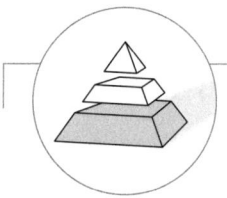

1 Materialgestütztes Schreiben im Deutschunterricht

„Wissenschaftler fanden heraus: Bergluft macht schlank (...)". Wenn man in der Zeitung über eine solche Nachricht stolpert, dann kann man ziemlich sicher sein, dass der Schreiber sie nicht einfach erfunden, sondern Quellen recherchiert hat, in denen die entsprechende Untersuchung behandelt wird. Und so geht der Artikel auch mit folgendem Hinweis weiter: „Eine Studie der Universitätsklinik München ergab, dass der Aufenthalt in Bergregionen beim Abnehmen hilft" (SZ Online). Auch wenn der Journalist im weiteren Verlauf des Artikels Autor und Titel der Studie nicht explizit nennt, so sind allein die Verweise auf die handelnden Akteure (Wissenschaftler) und den Ort (Universitätsklinik München) Hinweis darauf, dass der Autor fremde Quellen im eigenen Schreiben genutzt hat – unabhängig davon, ob er die Quelle aus erster Hand recherchiert und gelesen oder ob er sie aus zweiter Hand in einem anderen Artikel gefunden hat.

Intertextuelles Schreiben

Das, was für den Journalismus typisch ist, gilt für die meisten anderen Kontexte auch: Fast immer werden fürs Schreiben andere Texte und Materialien genutzt. Ein Reiseführer kommt nicht ohne fremde Quellen aus, ebensowenig ein wissenschaftliches Lehrbuch oder ein Radiofeature. Meist ist es mehr als nur eine Quelle, die im Text verarbeitet wird. Häufig ist der Rückgriff auf Quellen und die Verarbeitung von Informationen und Erkenntnissen aus anderen Medien nicht nur auf Texte, sondern auf vielfältige Materialien wie Grafiken, Statistiken oder Bilder gerichtet. Diese, für viele Schreibprozesse charakteristischen und typischen Formen der *intertextuellen* Textproduktion sind in der schulischen Schreibtradition des Deutschunterrichts bisher nicht sehr stark etabliert gewesen; eher selten ist das Schreiben hier auf verschiedene Quellen bezogen, meist liegt nur ein Bezugstext zu Grunde, wie es etwa klassische schulische Textsorten wie die Nacherzählung, die Inhaltsangabe oder die Zusammenfassung zeigen (Knapp 2014). Auch bei Textanalysen, Interpretationen und Erörterungen bildeten bisher eher einzelne Primär- oder Sekundärquellen die Grundlage des Schreibens. Im Vergleich zum Deutschunterricht ist die Arbeit mit mehreren, verschiedenen Quellen in anderen Fächern wie Geschichte oder Geografie üblicher – allerdings sind die damit einhergehenden Anforderungen an die Textrezeption und -produktion in den entsprechenden Fachdidaktiken nicht systematisch reflektiert worden. Für das Fach Deutsch verändert sich mit der neuen Aufgabenart *Materialgestütztes Schreiben* der Schreibunterricht in vielversprechender Weise!

Quellengestütztes Arbeiten im Unterricht

Im Folgenden wird näher bestimmt, was den neuen Aufgabentyp auszeichnet (1.1), welche Potentiale und Herausforderungen mit seiner Etablierung und Nutzung im Unterricht verbunden sind (1.2) und in welcher Weise er sich in den verschiedenen Kompetenzbereichen verankern lässt und domänenspezifische Kompetenzen zu stützen vermag (1.3).

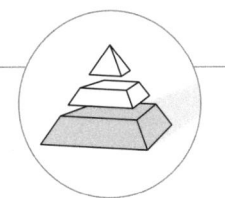

1.1 Der Aufgabentyp „Materialgestütztes Schreiben"

Mit Einführung der Bildungsstandards im Fach Deutsch für die Allgemeine Hochschulreife durch die Kultusministerkonferenz (KMK) im Jahre 2012 wurde für die Oberstufe der neue Aufgabentyp *Materialgestütztes Schreiben* eingeführt, der künftig ein verbindliches Prüfungsformat im Abitur darstellt. Ziel ist es, den wissenschaftspropädeutischen Charakter des Schreibens in der Oberstufe zu fördern wie auch wissenschaftliche und berufliche Schreib- und Textkompetenzen anzubahnen. Die dafür typischen Formen material- und textverarbeitenden Schreibens sind mit den Aufgabenarten systematisch im schulischen Schreibunterricht etabliert worden. Dabei ist die Thematisierung und Nutzung text- und materialgestützter Schreibprozesse nicht auf die Oberstufe beschränkt, sondern auch für die Sekundarstufe I relevant. Unter den Stichworten „Texte alleine und mit anderen planen, schreiben, überarbeiten" und „Das Schreiben für Lernprozesse nutzen" im Kompetenzbereich *Schreiben* heißt es z.B. im Kerncurriculum Sek. I des Landes Hessen:

Ziele des Aufgabentyps

„Die Lernenden können
– einen oder mehrere Texte zu einem eigenen Text verarbeiten
– Informationen aus einem oder mehreren Texten zusammenführen und zu einem eigenen Text verarbeiten
– selbst verfasste Notizen zu Themen, Texten und Sachverhalten strukturieren."

Beispiel zum textbezogenen Schreiben aus dem Kerncurriculum Hessen (Sek. I) (S. 23)

Mit Standards wie diesen sollen auf sinnvolle Weise Kompetenzen angebahnt werden, die spätestens für das wissenschaftspropädeutische Schreiben der Oberstufe, aber längst auch für das berufliche Schreiben nach dem mittleren Abschluss einschlägig sind. Mit der Anbahnung intertextueller Schreibkompetenzen in früheren Klassenstufen entsteht eine Kontinuität, die wechselseitige Anknüpfungspunkte für das Schreiben in der Sekundarstufe I und in der Oberstufe – bestenfalls auch für das wissenschaftliche Schreiben an der Hochschule ermöglicht.

Frühe Anbahnung intertextueller Schreibkompetenzen

Abgrenzung von Aufgabenarten

Bei den Aufgabenarten werden die Varianten *informierendes* und *argumentierendes* materialgestütztes Schreiben unterschieden (vgl. 1.2). Diese werden ihrerseits gegenüber Aufgabenarten des sog. *textbezogenen Schreibens* abgegrenzt. Letztere Abgrenzung ergibt sich zum einen aus der Menge der zu Grunde gelegten Bezugstexte (mehr als zwei Texte beim materialgestützten Schreiben), der Art der verwendeten Bezugsmaterialien (nicht nur Texte, sondern vielfältige, auch nicht-lineare Materialien wie Grafiken etc.) und durch die Schreibziele bzw. Zieltexte der Aufgaben. Beide Aufgabentypen beziehen literarische und pragmatische Texte und Themenfelder ein, wie die folgende Grafik zeigt:

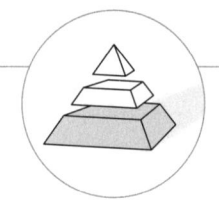

	Textbezogenes Schreiben				Materialgestütztes Schreiben	
Aufgabenart	Interpretation literarischer Texte	Analyse pragmatischer Texte	Erörterung literarischer Texte	Erörterung pragmatischer Texte	Materialgestütztes Verfassen informierender Texte	Materialgestütztes Verfassen argumentierender Texte

Abb. 1: Aufgabenarten Bildungsstandards für die Allg. Hochschulreife im Fach Deutsch (S.24)

Die Bildungsstandards erläutern Unterschiede textbezogenen und materialgestützten Schreibens folgendermaßen:

Textbezogenes vs. materialgestütztes Schreiben

„Im Rahmen der schriftlichen Abiturprüfung im Fach Deutsch werden Aufgaben gestellt, die die Rezeption und Analyse vorgegebener Texte und die erklärend-argumentierende Auseinandersetzung mit diesen in den Mittelpunkt stellen (Textbezogenes Schreiben), sowie *Aufgaben, die keine vollständige Textanalyse erfordern, da das vorgelegte Material auf der Grundlage von Rezeption und kritischer Sichtung für eigene Schreibziele genutzt werden soll (Materialgestütztes Schreiben)*. Den Aufgaben jeweils zuzuordnen sind die Standards in den Abschnitten „Erklärend und argumentierend schreiben" und „Informierend schreiben"."

Ausschnitt aus den Bildungsstandards für die Allg. Hochschulreife im Fach Deutsch (S. 24, Hervorhebung der AutorInnen)

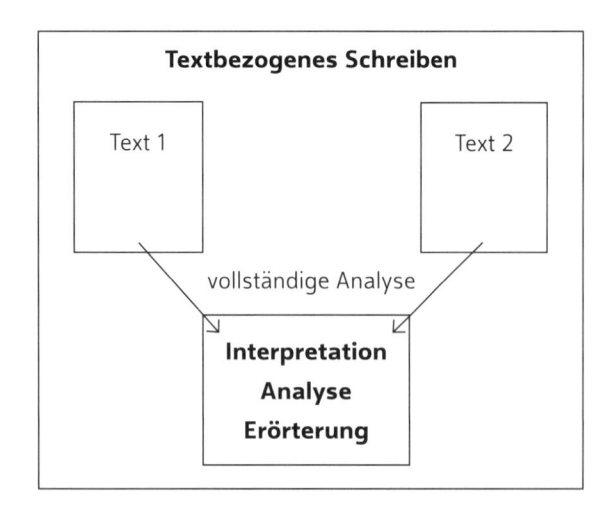

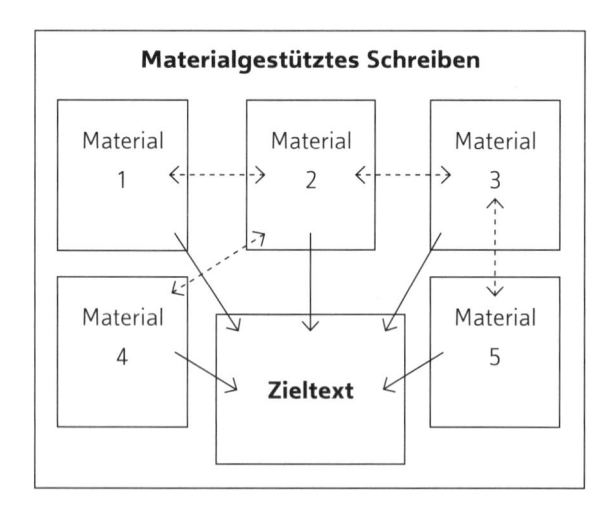

Abb. 2: Schematische Visualisierung von textbezogenem und materialgestütztem Schreiben

Der entscheidende Unterschied zwischen den übergeordneten Typen *textbezogenen* und *materialgestützten Schreibens* liegt im Umgang mit den Bezugsmaterialen, die für das materialgestützte Schreiben „keine vollständige

Materialgestütztes Schreiben im Deutschunterricht

Grundlagen

Textanalyse erfordern" und die Fokussierung „eigener Schreibziele" stark machen. Daraus ergibt sich eine stärker *selektive* Lektüre und Sichtung von Materialien, die mit einem hohen Anspruch verbunden ist. Die etwas missverständliche Formulierung, dass „keine vollständige Textanalyse" erfordert sei, ist so zu verstehen, dass in der Textproduktion und d.h. auch im späteren Textprodukt keine vollständige Analyse der Bezugsmaterialien verlangt ist. Es bedeutet aber umgekehrt, dass die Materialien weitgehend durchdrungen und verstanden werden müssen, um Auswahlentscheidungen treffen zu können und zu bestimmen, welche Themen, Inhalte und Ideen für die Textproduktion wichtig werden. Insofern orientiert sich der Rezeptionsprozess weiterhin an Vollständigkeit – die Spuren, die dieser Prozess im Textprodukt hinterlässt, können aber kursorisch und lose sein. Daraus erwachsen eigene und neue Kompetenzen an die Rezeption. Zugleich sind mit der obigen Beschreibung grundsätzlich andere Funktionen für den Zieltext materialgestützten Schreibens benannt, als sie für Interpretationen und Analysen textbezogenen Schreibens gelten.

Selektivität statt Vollständigkeit

Eine wichtige Unterscheidung, die nicht nur für das materialgestützte Schreiben bedeutsam ist, sondern für alle schulischen Aufgaben gilt, ist die Unterscheidung von *Lernaufgaben* gegenüber *Leistungs-/Prüfungsaufgaben*. In Leistungssituationen sind bestimmte Anforderungen bzw. Profile des Aufgabentyps nicht realisierbar. So entfällt beispielsweise die *eigenständige Recherche von geeigneten Materialien* durch die LernerInnen in Prüfungskontexten, die für den Erwerb von Schreibkompetenzen durchaus sinnvoll ist. Die begrenzte Zeit lässt dies nicht zu und die Bewertung der Leistung ist bei selbst recherchierten Quellen schwer zu vollziehen. Die in diesem Buch vorgeschlagenen Aufgaben sind in der Regel Lernaufgaben, die zu Zwecken der Leistungsüberprüfung abgeändert werden können (z.B. durch den Wegfall einzelner Materialien oder das Auslassen von Zwischenschritten der Bearbeitung).

Lern- und Leistungsaufgaben

Weiterhin grenzen die Bildungsstandards *textbezogenes* und *materialgestütztes* Schreiben explizit gegenüber Aufgaben *freien* Schreibens ab. Wichtig bei dieser Abgrenzung ist die Rolle, die den Materialien für den Schreibprozess zugedacht wird: Die zur Verfügung gestellten Materialien müssen im eigenen Text *weiterverarbeitet* werden und dürfen nicht als bloße Anlässe für das Schreiben fungieren:

Verarbeitung von Quellen

„Die Textvorlage darf dabei nicht als bloßer Auslöser eines subjektiven oder imitativen Schreibens fungieren. Die Textproduktion im Anschluss an eine literarische Vorlage muss auf einem überprüfbaren Textverständnis basieren. Dazu zählt insbesondere der literarhistorische und sprachgeschichtliche Kontext. Bei weiterführenden Arbeitsaufträgen im Anschluss an die Analyse oder Erörterung pragmatischer Texte oder im Anschluss an materialgestützte Schreibaufgaben muss sich der zu schreibende Text zum einen an den formalen und sprachlichen Bedingungen der vorgegebenen Gestaltungsform orientieren und zum anderen den kommunikativen Kontext berücksichtigen."

Ausschnitt aus den Bildungsstandards für die Allg. Hochschulreife im Fach Deutsch (S.24, Hervorhebung der AutorInnen)

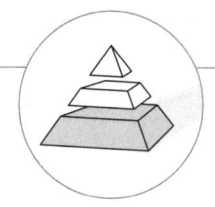

Mit dieser Eingrenzung sind einige wesentliche Merkmale materialgestützten Schreibens benannt. Sie werden im folgenden Kapitel (1.2) näher aufgeschlüsselt, bevor Bezüge der Aufgabenart zu den Kompetenzbereichen des Deutschunterrichts eingehender vorgestellt werden (1.3).

Die neuen Aufgabenarten lösen als verbindliche Prüfungsformate im Abitur sowohl Aufgaben *gestaltenden* Schreibens und auch solche ab, bei denen ‚nur' das bestehende Wissen verlangt wird. Damit wird dem Schreiben zu Texten und anderen Quellen ein erheblicher Stellenwert eingeräumt, der der Schreibpraxis außerhalb der Schule in hohem Maße entspricht.

1.2 Materialgestütztes Schreiben – Besonderheiten und Potentiale der Aufgabenart für den Kompetenzerwerb

Was kennzeichnet die Aufgabenart gegenüber bekannten und etablierten Schreibformen der Schule? Was sind ihre besonderen Potentiale? Im Kern des materialgestützten Schreibens liegt die Lektüre, Erschließung und Aufbereitung von Materialen – linearen und nicht-linearen Texten und Quellen – die zugunsten eines eigenen Textes mit eigener Problemstellung, Funktion, Textsorte und Adressat verarbeitet werden müssen. Damit steht das Lesen im Dienste des Schreibens. Und auch das Schreiben ist nicht losgelöst, sondern unmittelbar auf Ergebnisse und Befunde der eigenen Lektüre und Rezeption von Quellen bezogen.

Enger Zusammenhang von Lesen und Schreiben

Schreiben als Lernmedium

Mit Blick auf die anvisierten und zu erwerbenden Kompetenzen verändern Lesen und Schreiben ihren Charakter: Beim Lesen und bei den Lesekompetenzen, also beim Umgang und der Auseinandersetzung mit Texten und Medien, geht es wie erwähnt nicht mehr um die ganzheitliche Lektüre umfangreicher Einzeltexte, sondern um die selektive, aufgabenorientierte Lektüre text-, bild- oder grafisch dominierter Materialien, die anderen Relevanzkriterien folgt als das Lesen eines Romans oder eines Zeitungsartikels (vgl. Kap. 2.1). Die Orientierung an eigenen Schreibzielen wie auch veränderte Zieltexte, die „keine vollständigen Analysen" (s.o.), Interpretationen und Erörterungen erfordern, verändern das Lesen und stellen es in den Dienst der Sichtung und Auswahl relevanter Wissensinhalte für die eigene Textproduktion. Dies kommt dem wissenschaftlichen Schreiben sehr nah. Es kann z.B. bedeuten, dass in mehreren Materialien gleichzeitig gelesen und ein *textvergleichendes* Lesen praktiziert wird, das losgelöst ist vom Einzeltext. Materialgestütztes Schreiben verlangt auch weiterhin, dass Texte, Grafiken, Diagramme etc. verstanden werden und ihr Sinn erschlossen wird; es führt aber zu anderen Strategien im Umgang mit Gelesenem und Gesichtetem. Dies ist im schulischen Umfeld eher ungewöhnlich, denn dort ist das Lesen bisher dominant auf die Einzeltextlektüre bezogen.

Selektives und vergleichendes Lesen

Materialgestütztes Schreiben im Deutschunterricht

Grundlagen

Umgekehrt steht aber auch das Schreiben im Dienste des Lesens. Denn durch das Schreiben werden Inhalte verarbeitet, gefestigt und besser behalten. In diesem Sinne begünstigt die Aufgabenart eine umfassende Lese-Schreib-Kompetenz, bei der Lese- oder Schreibfähigkeiten nicht mehr isoliert sind, sondern einen eng verzahnten Fähigkeitskomplex bilden. Die Wechselhaftigkeit von Lese- und Schreibprozessen und die konstitutive Rolle, die das Lesen für das Schreiben und das Schreiben für das Lesen hat, fördert das *Lernen durch Schreiben* (Steinhoff 2014) (im Englischen: Writing to Learn / Writing to Read, u.a. Graham / Hebert 2011). Die schriftliche Verarbeitung von Gelesenem im eigenen Text – aber auch schon die Aufbereitung von Texten und Materialien durch Notizen, Kommentare, Mindmaps als Schritte der Konzeptplanung für den eigenen Text – fördert den Erwerb von Wissen durch Texte (Feilke 2002). Schreiben fordert für das Gelesene eine andere Verarbeitungstiefe als die bloße Rezeption und Aneignung von Inhalten im Gedächtnis. Das Schreiben selbst wird zum *Lernmedium* (Schmoelzer-Eibinger / Thürmann 2015).

Tiefere Verarbeitung von Leseinhalten durch Schreiben

Diese wichtige Funktion des Schreibens für das Lernen und den Erwerb von Wissen wird teils auch für die Sekundarstufe I erkannt und explizit hervorgehoben. Im Kerncurriculum des Landes Hessen (Sek I) heißt es im Kompetenzbereich *Schreiben* unter dem Stichwort „Schreibformen":

Wechselseitige Stützung von Lese- und Schreibprozessen

„Eine besondere Bedeutung kommt dem Schreiben als Prozess des Lernens zu, da durch das schriftliche Formulieren erkenntnis- und wissensentwickelnde Prozesse initiiert und gefördert werden. *Dies zeigt sich vor allem bei der Produktion eines eigenen Textes auf der Grundlage von Leseergebnissen und Kenntnissen über Sachverhalte.* Dort kann die schreibende Aufarbeitung bzw. Auseinandersetzung zu einer höheren Verarbeitungstiefe des Gelesenen führen."

Wissenserwerb beim Schreiben

Ausschnitt zum Schreiben als Lernmedium aus dem Kerncurriculum Hessen (Sek. I), (S. 32)

Des Weiteren fördern materialgestützte Aufgaben den Erwerb von Schreibkompetenzen. Das mit den materialgestützten Aufgaben praktizierte *Lesen, um zu scheiben* (im Englischen: *Reading to Write / Learning to Write*, auch: *Writing from Sources*, Flower 1990) kann den Erwerb in zweifacher Weise stützen: erstens fördert es zieltextspezifisches, textsortenbezogenes Wissen. Mit dem Materialgestützten Schreiben entstehen neue Aufgabenprofile: Das Schreiben von Redemanuskripten, Informationstexten, Radiofeatures, Stellungnahmen etc. (vgl. Aufgabenvorschläge in diesem Buch) fordert von SchülerInnen das Hineindenken in veränderte Adressatengruppen und verlangt Perspektivwechsel, die eine Schlüsselkompetenz für das Schreiben darstellen. In diesem Sinne ist in den Bildungsstandards die Rede von den Fähigkeiten, sich an den „sprachlichen Bedingungen der vorgegebenen Gestaltungsform" zu orientieren und „den kommunikativen Kontext" zu berücksichtigen, wie weiter oben bereits zitiert.

Förderung textsorten- und adressatenspezifischer Schreibkompetenzen

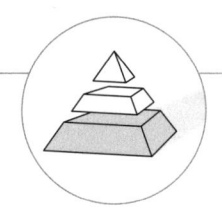

Rolle des Vorwissens

DISKUSSION

Ein Problem der vorliegenden Aufgabenvorschläge zum materialgestützten Schreiben betrifft den *Umgang mit Wissen*. Der Aufgabenvorschlag zum Materialgestützten Schreiben der Bildungsstandards im Fach Deutsch für die Allgemeine Hochschulreife (2012) zum Thema „Analphabetismus" formuliert in der Schreibaufgabe, die SchülerInnen mögen ihren Text einerseits *auf Basis der Materialien* verfassen, andererseits könnten sie ihr *eigenes Wissen zum Thema* und *eigene Beispiele* verwenden. Die Aufgabe lautet:

Verfassen Sie auf der Basis der Materialien 1–4 einen Informationstext über Analphabetismus. Der Text soll sich an junge Erwachsene ohne spezielle Vorkenntnisse richten. Dabei soll zum einen über Art und Umfang des Analphabetismus informiert werden. Zum anderen sollen mögliche Ursachen sowie Auswirkungen auf die kognitive Entwicklung der Betroffenen erklärt werden. *Sie können eigenes Wissen über Sprache, Kommunikation und Denken* sowie eigene Beispiele einsetzen, um Zusammenhänge zu verdeutlichen. Verweisen Sie in Ihrem Text auf die Quellen, denen Ihre Informationen entstammen *(S.108, Hervorhebung der AutorInnen).*

Der Verweis auf die Nutzung eigenen Wissens und eigener Beispiele erscheint mit Blick auf die hier modellierte Prüfungssituation problematisch. Die Beurteilung des Textprodukts müsste sich demnach auch auf die Nutzung „eigenen Wissens" beziehen. Das wirft allerdings Fragen danach auf:
– in welchem Umfang eigenes Wissen und eigene Beispiele eingebracht werden sollen und
– wie die Güte, Angemessenheit/Richtigkeit und Qualität eigenen Wissens und eigener Beispiele bewertet und gegenüber dem Wissen aus den Materialien bewertet werden sollen?

Wissen aus Quellen vs. eigenes Wissen

Auch wenn man prinzipiell davon ausgehen muss, dass SchreiberInnen gar nicht umhin kommen, das, was sie wissen und können und in verschiedenen Kontexten erworben haben, auch beim Schreiben einzubringen, sollte sich die Bewertung von Schreibleistungen strikt auf das richten, was Gegenstand der Lernsituation ist. Schulische Leistungen sind dadurch definiert, dass sie Teil schulischer, angeleiteter Lernprozesse sind.

Förderung sprachlicher Formulierungskompetenzen

Zweitens kann das materialgestützte Schreiben in besonderer Weise zum Erwerb sprachlicher Formulierungskompetenzen beitragen. Da das Schreiben notwendig an die Rezeption von Bezugsmaterialien gebunden ist, können die Bezugsmaterialien teils auch als *sprachliche Modelle* und *Vorlagen* fungieren. D.h., das Lesen kann die SchülerInnen mit Formulierungsmustern und typischen Textprozeduren vertraut machen, die in der Produktion genutzt werden können. Freilich setzt dies voraus, dass die Aufmerksamkeit der SchülerInnen auf sprachliche Prozeduren gelenkt und die Nutzung sprachlicher Ausdrücke und Prozeduren gezielt angebahnt wird (ein entsprechender schreibdidaktischer Vorschlag hierzu findet sich in Kap. 2.4 und in den Arbeitsblättern zu einigen Aufgaben). Natürlich eignen sich nicht alle Materialien im Sinne sprachlicher Modelle und Vorlagen. Teils bestehen die Materialien aus Tabellen oder Grafiken, die Wissen hervorbringen, aber nicht ‚ausformuliert' sind. Ebenso kann das Bezugsmaterial aus Quellen bestehen, z.B. populärwissenschaftliche Darstellungen, literarische Stücke oder Polemiken, deren sprachlichen Darstellungsformen gerade nicht für den eigenen Zieltext genutzt werden sollen und können. Andererseits vermögen sprachliche Kontraste, so wie sie in der Zusammenschau verschiedener Materialien evoziert werden, die Sprachreflexion und ein Nachdenken über die ‚Machart' von Texten anzustoßen.

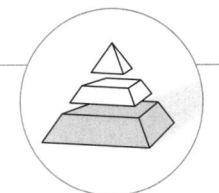

Prozessorientierung

Mit dem materialgestützten Schreiben rücken in besonderer Weise *Planungs- und Konzeptionsprozesse* in den Mittelpunkt des Schreibens (vgl. Kap. 2.3). Der Umgang mit vielfältigen, medial und konzeptionell unterschiedlichen Materialien wie linearen Texten, Diagrammen, Grafiken etc. erzwingt in höherem Maße strukturbildende Prozesse. Ein einfaches Drauflosschreiben oder ein Schreiben, das sich allein auf das ‚Wissen im Kopf' verlässt, das abgerufen und im Text linearisiert wird, kann hier kaum gelingen. Die Aufgabe erfordert eine Selektion und Umformung von Inhalten aus Texten und Materialien. Dies macht ihren besonderen Schwierigkeitsgrad aus. Schüler (2016) beschreibt dies so: „*Schwierige Textformen* beziehen sich zwar auch auf vorhandenes Wissen, sind aber zusätzlich durch die Notwendigkeit einer Neu- und Umstrukturierung gekennzeichnet" (ebd., 110, Hervorhebung v. Schüler).[1] Während bei vielen schulischen Schreibaufgaben auf bestehendes Wissen und etablierte Textstrukturen zurückgegriffen werden kann, ist beim materialgestützten Schreiben das Wissen selbst wie erwähnt erst (im Lesen) zu gewinnen und auch die Struktur für den Text ist – in Abhängigkeit von eigenen Auswahlprozessen und Schwerpunktsetzungen – eigenständig zu entwickeln (für entsprechende Formate, mit denen sich die Entwicklung von Textplänen und Strukturen anbahnen und üben lässt, vgl. Kap. *2.3 Planen*). Das Potential materialgestützter Schreibaufgaben ist deshalb auch darin zu sehen, dass der Prozesscharakter des Schreibens besonders hervorgehoben wird und eine prozessorientierte Schreibdidaktik sehr gut an diesem komplexen Aufgabentyp ansetzen kann. Einen Schlüssel dafür stellen die in diesem Buch vorgeschlagenen, sog. *Kleinen Aufgaben* dar, die innerhalb der übergeordneten Aufgabe den Erwerb und das Üben ausgewählter Teilprozesse beim Schreiben ermöglichen (vgl. Kap. 3.1).

Texte auf Grundlage vielfältiger Materialien planen und konzipieren

Selbstständig Strukturen für den Text entwickeln

Kleine Aufgaben mit Stützungsfunktion

Intertextualität

Materialgestütztes Schreiben ist intertextuelles Schreiben. Es werden fremde Texte genutzt und es werden Bezüge zwischen Texten hergestellt. Der Grad der Intertextualität variiert. Hilfreich für die nähere Bestimmung verschiedener Formen und Aufgabentypen ist die Unterscheidung der jeweiligen Funktion der Bezugsmaterialien für den eigenen Text. So kann es sich um ein „Schreiben über" oder ein „Schreiben zu/mit" Texten bzw. Materialien handeln (Steinseifer 2014). Im ersten Fall bezieht sich die Schreibaufgabe direkt auf die Quellen, sie bilden sozusagen den Stoff, aus dem der eigene Text gewebt wird. Dies ist z.B. bei argumentativen materialgestützten Aufgaben der Fall, wo etwa die unterschiedlichen Argumente einer Debatte oder Kontroverse direkt aus den Bezugstexten entnommen und im eigenen Text zwecks Meinungsbildung oder Positionierung referiert, zitiert und paraphrasiert werden müssen (vgl. Aufgabe zum Thema *Kann es eine geschlechtergerechte Sprache geben?*). Hier hat man es mit einer *expliziten Intertextualität*

Schreiben über Texte vs. Schreiben mit Texten

---
[1] Unbesehen davon gibt es natürlich auch schwierige Textformen, die nicht auf der Verarbeitung von Material und der Notwendigkeit zur Neu- und Umstrukturierung beruhen und bei denen ebenfalls nicht drauflos geschrieben werden kann, etwa bei literarischen Formen wie dem Sonett.

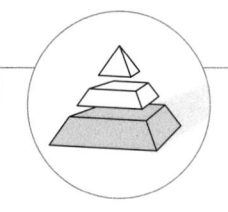

zu tun, bei der das Anführen und korrekte Ausweisen der Quellen gefordert ist. Diese Formen sind wichtig, wenn es darauf ankommt, Eigenes und Fremdes für den Leser nachvollziehbar in Beziehung zu setzen (vgl. Kap. 2.4). Das ist im wissenschaftspropädeutischen Schreiben, aber durchaus auch im Journalismus eine zentrale Anforderung. Das Einüben von Formen und Funktionen expliziter Intertextualität sollte insbesondere in der Oberstufe ganz selbstverständlich mit dem materialgestützten Schreiben verbunden werden. Im zweiten Fall ist der Bezug auf die Materialien eher indirekt. Wenn etwa für eine informierende materialgestützte Schreibaufgabe Inhalte zusammengestellt und neu arrangiert werden, dann besteht das Ziel vornehmlich in der Herleitung von Inhalten, die auf der Grundlage des in den Bezugsmaterialien behandelten Wissens erfolgt (vgl. Aufgabe *Wie bunt ist die Welt?*). Dies ist beispielsweise der Fall, wenn ein Vortragstext für einen Stadtrundgang (vgl. Aufgabe zum Thema *Was bewegte(n) Goethe und Schiller in Weimar?*) entwickelt werden soll. Eine direkte Übernahme von Äußerungen und Textinhalten aus den Bezugsmaterialien ist bei einem Stadt- oder Reiseführer eher unwahrscheinlich, selbst wenn die Materialien auch hier die stoffliche Grundlage bilden, um relevantes Wissen für die Bearbeitung der Aufgabe zu gewinnen. Die Quellen haben die Funktion, Wissen und Informationen hervorzubringen, ohne sich selbst als referier- oder zitierbare Inhalte für den Zieltext zu eignen. Direkte Übernahmen, z.B. in Form literarischer Zitate etc., haben im Kontext solch informierender Zieltexte eher illustrierende und keine beschreibende oder erklärende Funktion im engeren Sinne. Hier hat man es mit einer *impliziten Intertextualität* zu tun.

Informierendes vs. argumentierendes materialgestütztes Schreiben

Die Bildungsstandards unterscheiden innerhalb des Aufgabentyps Materialgestütztes Schreiben die beiden Aufgabenarten *informierend* und *argumentierend*. Die Textproduktion ist damit erkennbar auf unterschiedliche Ziele und Funktion des Zieltextes gerichtet. Bei argumentativen Aufgaben geht es um das diskursive Erkunden einer strittigen Frage, für die unterschiedliche, konkurrierende Wissensbestände und Argumente bestehen. Aufgaben argumentierenden materialgestützten Schreibens richten sich auf das Entwickeln einer begründeten Meinung oder Position auf Grundlage des in den Bezugsmaterialien verhandelten Wissens. Den Bezugspunkt liefert häufig eine *Kontroverse* (vgl. Aufgabe *Schreibst du noch oder tippst du schon?*). Die besondere Anforderung für die SchülerInnen besteht in dem Identifizieren strittiger Sachverhalte und darauf bezogener Argumente wie auch in dem Ordnen, Strukturieren und Aufeinanderbeziehen von Argumenten aus den Materialien, die häufig keinen unmittelbaren Bezug aufeinander aufweisen. Aufgaben argumentierenden materialgestützten Schreibens stärken besonders den wissenschaftspropädeutischen Charakter und orientieren sich an den besonderen Erfordernissen wissenschaftlichen Schreibens, die auf das diskursive, intertextuelle Verarbeiten fremder Positionen im eigenen Text gerichtet sind. Demgegenüber sind Aufgaben des informierenden materialgestützten Schreibens stärker auf die Erkundung von Themen und Sachverhalten gerichtet, über

Materialgestütztes Schreiben im Deutschunterricht

Grundlagen

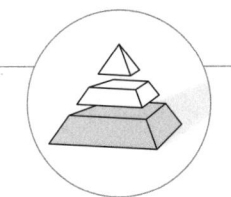

die anhand der Materialien Informationen eingeholt und Inhalte gewonnen werden und die in einen eigenen, den Relevanzkriterien des Zieltextes folgenden Zusammenhang gebracht werden müssen (vgl. Kap. 2.1).

Aus den beiden Aufgabenarten erwachsen je eigene Anforderungen an die Strukturierung und Formulierung der Zieltexte. Geht es beim argumentierenden materialgestützten Schreiben um das Entwickeln einer Position, die argumentativ gestützt wird, dann haben sprachliche Handlungen des Referierens, Begründens und Überzeugens eine besondere Relevanz. Sie werden über typische Textprozeduren realisiert, z. B. über sprachliche Handlungen des Bezugnehmens („In der Studie von Müller wird gezeigt, dass ...") oder des Konzedierens, bei der Gegenargumente antizipiert und eingeräumt werden, um sie durch stärkere Argumente zu widerlegen („Müller kann *zwar* zeigen, dass ..., *aber* Schmidt ...") (vgl. Kap. 2.4). Im Fall informierenden materialgestützten Schreibens sind sprachliche Handlungen beispielsweise auf das Beschreiben, Berichten oder Erklären gerichtet, für die ebenfalls typische Textprozeduren identifizierbar sind. Damit fokussieren und fördern materialgestützte Schreibaufgaben auch den Aufbau textbezogener sprachlicher Kompetenzen. Ein Problem der Unterscheidung und Abgrenzung informierenden und argumentierenden Schreibens besteht in der mangelnden Trennschärfe.

Es gibt zahlreiche Überschneidungen von Sprachhandlungen und darauf bezogener Textprozeduren: Ein argumentativer Text ist nie bloß argumentativ. Zum Argumentieren gehört beispielsweise das Beschreiben von Sachverhalten, auf die Argumente bezogen werden. Beschreiben ist gleichfalls ein wichtiger Kandidat informierenden Schreibens. Um Position in einer Debatte beziehen zu können, muss möglicherweise erst *erklärt* werden, was unter dem in Frage stehenden Phänomen verstanden wird und was mit ihm gemeint ist. Dazu ein Beispiel: Um Argumente für und wider einen geschlechtersensitiven Sprachgebrauch zu bestimmen, muss allererst erklärt werden, wie Geschlechtszugehörigkeit bei Personenbezeichnungen im deutschen Sprachsystem grammatisch zum Ausdruck gebracht werden kann (z.B. Schüler, Schülerin, Schüler und Schülerinnen, Schüler/innen, SchülerInnen). Eine Erklärung des sprachlich-grammatischen Zusammenhangs ist z.B. auch deshalb wichtig, weil nicht alle Sprachen Mittel zur Markierung der Geschlechtszugehörigkeit bei Personengruppen vorsehen, wie etwa das Englische (z.B. nur *pupils* oder *students*). Erst vor dem Hintergrund der Möglichkeit, Geschlechtszugehörigkeit sprachlich zu markieren, ist das Aufkommen einer Debatte um das *generische Maskulinum* nachvollziehbar (vgl. Aufgabe zum Thema *Kann es eine geschlechtergerechte Sprache geben?*). Ebenso kann es beim informierenden Schreiben notwendig werden, Sachverhalte zu erklären, um über sie zu informieren.

Ein anders gelagerter Gesichtspunkt betrifft den Zusammenhang von Zieltext und Bezugsmaterialien: So kann es Aufgabe des Zieltextes sein, über eine Debatte zu *informieren* (z.B. in Form eines Lehrbuchtextes) oder es kann Aufgabe des Zieltextes sein, für eine bestimmte Position in einer Debatte zu *argumentieren* (z.B. Stellungnahme). In beiden Fällen kann das Material identisch, z.B. argumentativer und /oder informativer Natur sein. Die Variation entsteht durch die Schreibaufgabe und den Zieltext. Mit ihm variieren Adressaten und Funktionen der Textproduktion.

Referieren, Begründen, Überzeugen

Fehlende Trennschärfe zwischen Informieren und Argumentieren

Variierende Funktion von Zieltexten

Abgrenzung zwischen informierendem, erklärendem und argumentierendem Schreiben

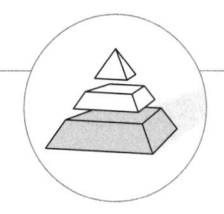

Auf das Problem mangelnder Trennschärfe machen die Bildungsstandards auch selbst aufmerksam:

„Gerade beim Materialgestützten Schreiben ist die Entscheidung, ob eine Aufgabe dem „Materialgestützten Verfassen informierender Texte" einerseits oder dem „Materialgestützten Verfassen argumentierender Texte" andererseits zuzuordnen ist, nicht immer einfach zu treffen (...). Die zum Teil fehlende Trennschärfe ist auf die Rolle des erklärenden Schreibens in materialgestützten Aufgaben zurückzuführen. In den Bildungsstandards wird das erklärende Schreiben im Kompetenzbereich „Erklärend und argumentierend schreiben" verankert, während das informierende Schreiben einen eigenständigen Kompetenzbereich bildet. Erklärendes Schreiben tritt jedoch nicht nur in erklärend-argumentierenden Texten auf, sondern kann anteilig auch in informierenden Texten enthalten sein (...). An dieser Stelle sind Aufgabenarten und Kompetenzbereiche nicht vollständig deckungsgleich, was die Zuordnung erschwert."

Ausschnitt aus den Bildungsstandards für die Allg. Hochschulreife im Fach Deutsch (S. 29)

Was folgt aus dem Problem der mangelnden Trennschärfe informierenden und argumentierenden materialgestützen Schreibens? Wir schlagen in dem Buch eine Dreiteilung vor, die es erlaubt, stärker zwischen den geforderten Sprachhandlungen zu differenzieren.

Aufgabenarten materialgestützten Schreibens		
Materialgestütztes Verfassen **informierender** Texte	Materialgestütztes Verfassen **informierend-argumentierender** Texte	Materialgestütztes Verfassen **argumentierender** Texte

Abb. 3: Vorschlag für drei Aufgabenarten materialgestützten Schreibens

Informierend-argumentierende Schreibaufgaben

DISKUSSION

Ein Problem der vorliegenden Aufgabenarten zum materialgestützten Schreiben betrifft die *fehlende Trennschärfe informierenden und argumentierenden Schreibens*. Bei den in diesem Buch vorgeschlagenen Aufgaben (vgl. „Aufgabensammlung") wird die strikte Zweiteilung von informierenden und argumentierenden Aufgaben aufgehoben, indem neben den bestehenden Varianten eine Variante *informierend-argumentierend* berücksichtigt wird. Aufgaben diesen Typs sind dominant auf das Informieren im Zieltext gerichtet, jedoch sind die zu bearbeitenden Materialien teils argumentativ aufgebaut und der Sachverhalt selbst ist nicht eindeutig bzw. strittig.

Materialgestütztes Schreiben im Deutschunterricht

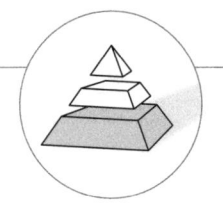

Grundlagen

> **BEISPIEL**
>
> **Einen informierend-argumentierenden Text verfassen**
>
> Bei der Aufgabe „Wie bunt ist die Welt" (11.–13. Schuljahr) sollen die SchülerInnen einen Informationstext schreiben zu der Frage, ob und in welcher Weise Sprache das Denken, unser Weltbild bestimmt (vgl. Aufgabe *Wie bunt ist die Welt?*). In den zur Verfügung gestellten Materialien werden unterschiedliche, teils einander widersprechende, kontroverse Aussagen zu dieser Frage gegeben. Die Aufgabe der SchülerInnen ist es, Wissen und verschiedene Informationen zu diesem Thema aufzuarbeiten, Positionen der Debatte zu identifizieren und wiederzugeben, eine eigene Positionierung und Stellungnahme ist dagegen nicht gefordert. Das Beispiel zeigt, dass mit der Aufgabe informierende und argumentierende Funktionen des Textes anvisiert werden (vgl. Kap. 2., Abb. 2: *Informieren, Erklären und Argumentieren beim materialgestützten Schreiben*).
>
> **Aufgabe: Wie bunt ist die Welt?**
>
> Für ein Sachbuch über Sprache für jugendliche Leser soll ein informativer Artikel über die Frage geschrieben werden, ob die Einzelsprachen das Denken und das Weltbild bestimmen. Der für das Buch ausgewählte Beispielbereich sind Farbbezeichnungen in den Sprachen der Welt. Schreiben Sie unter Rückgriff auf die beigefügten Materialien einen solchen Artikel, in dem Sie darüber informieren, wie sich die Farbwortschätze von Sprachen unterscheiden und welche Positionen es in der Forschung zu der Frage gibt, ob der Farbwortschatz die Farbwahrnehmung und das Farbbewusstsein bestimmt. Nutzen Sie Informationen aus allen Materialien *(vgl. Aufgabe Wie bunt ist die Welt?, S. 189).*

Informierend-argumentierendes Schreiben am Beispiel einer Aufgabe

1.3 Materialgestütztes Schreiben und die Kompetenzbereiche des Deutschunterrichts

Das Potential des Aufgabenformats Materialgestütztes Scheiben liegt in der *Integration* unterschiedlicher Kompetenzbereiche der Bildungsstandards. Besonders augenscheinlich ist dies für das *Schreiben* und für das *Lesen* bzw. *Sich mit Texten und Medien auseinandersetzen*. Die Integration von Kompetenzen und Kompetenzbereichen ist aber nicht auf das Lesen und Schreiben und den Umgang mit Texten und Medien begrenzt. Auch das *Sprechen und Zuhören* wie auch die *Sprachreflexion* werden durch das materialgestützte Schreiben berührt. Gute Lernaufgaben zum materialgestützten Schreiben ermöglichen es z.B., mündliche Kompetenzen einzubeziehen. Dies kann beispielsweise der Fall sein, wenn der zu schreibende Text eine Präsentation oder ein Redemanuskript umfasst (vgl. Aufgabe *Warum lesen wir?*) und die zu Gunde liegenden Materialien mit Blick auf einen Vortrag, eine Power-Point- oder eine Poster-Präsentation ausgewertet und Inhalte schriftlich so aufbereitet werden müssen, dass sie innerhalb einer mündlichen Darbietung funktionieren. Auch für den Bereich *Sprache und Sprachgebrauch reflektieren* ergeben sich verschiedene Anschlussmöglichkeiten, wie in diesem Kapitel gezeigt werden soll.

Dass Aufgaben zum materialgestützten Schreiben die Integration verschiedener Kompetenzen und Kompetenzbereiche begünstigen, zeigt übrigens auch der Aufgabenvorschlag in den Bildungsstandards von 2012 zum Thema „Analphabetismus", in der linken Spalte „Kompetenzen" werden vier Kompetenzbereiche genannt:

Integration verschiedener Kompetenzbereiche des Deutschunterrichts durch materialgestütztes Schreiben

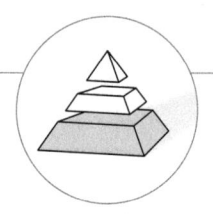

4.5 Materialgestütztes Schreiben	
4.5.1 Analphabetismus	
Aufgabenart	**Materialgestütztes Scheiben:** **Materialgestütztes Verfassen informierender Texte** (Schwerpunkt der Gesamtaufgabe) sowie Materialgestützes Verfassen argumentierender Texte
Aufgabentitel	Analphabetismus
Kompetenzen	Die Aufgabe bezieht sich auf Kompetenzen aus den Bereich „Schreiben", „Lesen", „Sich mit Texten und Medien auseinandersetzen" (Teilbereich „Sich mit pragmatischen Texten auseinandersetzen") sowie „Sprache und Sprachgebrauch reflektieren".
Material	Zitat aus einem Radiointerview, Auszug aus einem Presseheft zu einer Studie, wissenschaftliche Texte

Abb. 4: Ausschnitt aus dem tabellarischen Überblick zur Aufgabe Analphabetismus aus den Bildungsstandards (S. 108)

Ausgewählte Kompetenzen aus den Bildungsstandards im Fach Deutsch

Im Folgenden werden entlang der einzelnen Kompetenzbereiche aus den *Bildungsstandards der Allgemeinen Hochschulreife* und aus den *Bildungsstandards für den Mittleren Abschluss im Fach Deutsch* die Standards herausgegriffen, die eine besondere Nähe zu den Lernzielen materialgestützten Schreibens aufweisen.

Bei der Frage, in welcher Weise das materialgestützte Schreiben Kompetenzen der verschiedenen Bereiche einzubeziehen vermag, muss noch darauf hingewiesen werden, dass die Kompetenzbereiche für die Sekundarstufe I (Mittlerer Abschluss) und für die Oberstufe (Allgemeine Hochschulreife) eine andere Struktur haben, die hier der Einfachheit halber noch einmal abgebildet werden. In der Sekundarstufe I bilden *Sprechen und Zuhören*, *Schreiben* und *Lesen – mit Texten und Medien umgehen* drei zentrale Kompetenzbereiche, die wie Säulen den – auch grafisch – übergeordneten Kompetenzbereich *Sprache und Sprachgebrauch reflektieren* stützen (vgl. Abbildung 5).

Grundlagen

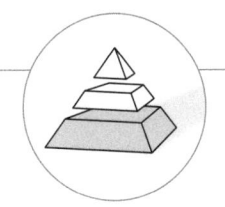

Sprache und Sprachgebrauch untersuchen
Sprache zur Verständigung gebrauchen, fachliche Kenntnisse erwerben, über Verwendung von Sprache nachdenken und sie als System verstehen
Methoden und Arbeitstechniken *werden mit den Inhalten des Kompetenzbereichs erworben*

Sprechen und Zuhören	Schreiben	Lesen – mit Texten und Medien umgehen
zu anderen, mit anderen, vor anderen sprechen, Hörverstehen entwickeln	reflektierend, kommunikativ und gestalterisch schreiben	Lesen, Texte und Medien verstehen und nutzen, Kenntnisse über Literatur erwerben
Methoden und Arbeitstechniken werden mit den Inhalten des Kompetenzbereichs erworben	*Methoden und Arbeitstechniken* werden mit den Inhalten des Kompetenzbereichs erworben	*Methoden und Arbeitstechniken* werden mit den Inhalten des Kompetenzbereichs erworben

Abb. 5: Bildungsstandards im Fach Deutsch für den Mittleren Abschluss (S. 8)

Dagegen unterscheiden die Standards für die Allgemeine Hochschulreife zwar auch das *Sprechen und Zuhören*, das *Schreiben* und das *Lesen*, die jetzt als sog. „Prozesskompetenzen" gefasst werden. Daneben werden aber zwei sog. „Domänenspezifische Kompetenzbereiche" unterschieden, bei denen zum einen das vormals im Lesen aufgehobene „mit Texten und Medien umgehen" zu einem eigenen Bereich mit dem Titel *Sich mit Texten und Medien auseinandersetzen* geworden ist, ebenso wie *Sprache und Sprachgebrauch reflektieren* keine hierarchische Gliederung mehr erfährt, sondern ebenfalls als domänenspezifischer Kompetenzbereich neben den genannten anderen steht (vgl. Abb. 6):

Andere Gliederung von Kompetenzbereichen in den Bildungsstandards der Allg. Hochschulreife

Domänenspezifischer Kompetenzbereich	Prozessbezogene Kompetenzbereiche	Domänenspezifischer Kompetenzbereich
Sich mit Texten und Medien auseinandersetzen	Sprechen und Zuhören	Sprache und Sprachgebrauch reflektieren
	Schreiben	
	Lesen	

Abb. 6: Bildungsstandards im Fach Deutsch für die Allgemeine Hochschulreife (2012, S. 14)

Schreiben

Der Kompetenzbereich *Schreiben* bildet das Zentrum materialgestützter Aufgaben und wie weiter oben (Kap. 1.1) angeführt, weisen die *Bildungsstandards für die Allgemeine Hochschulreife* die Bezüge der Standards dieses Kompetenzbereichs selbst als einschlägig für das materialgestützte Schreiben aus. Dort heißt

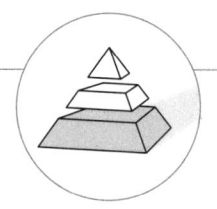

Bildungsstandards mit Brückenfunktion

es: „Den Aufgaben jeweils zuzuordnen sind die Standards in den Abschnitten ‚Erklärend und argumentierend schreiben' und ‚Informierend schreiben'" (ebd., 24). Erklärendes und argumentierendes wie auch informierendes Schreiben bilden dort zusammen mit ‚gestaltendem Schreiben' den übergeordneten Bereich mit der Kapitelüberschrift „In unterschiedlichen Textformen schreiben" (2.2.2) (S.17). Davor findet sich außerdem der übergeordnete Bereich mit der Kapitelüberschrift „Schreibstrategien anwenden" (2.2.1) (S.16). In der folgenden Tabelle werden exemplarisch die Standards herausgegriffen, die mehr oder weniger direkte Bezüge aufweisen oder eine Brückenfunktion für das materialgestützte Schreiben haben, alle weiteren Standards werden der Übersichtlichkeit halber weggelassen:

Schreiben (Bildungsstandards Allgemeine Hochschulreife)
2.2.1 Schreibstrategien anwenden
Die Schülerinnen und Schüler können – anspruchsvolle Aufgabenstellungen in konkrete Schreibziele und Schreibpläne überführen und komplexe Texte unter Beachtung von Textkonventionen eigenständig oder kooperativ strukturieren und dabei auch digitale Werkzeuge einsetzen, – aus selbst recherchierten Informationsquellen Relevantes für die eigene Textproduktion auswählen und in geeigneter Form aufbereiten, – Textbelege und andere Quellen korrekt zitieren bzw. paraphrasieren.
2.2.2 In unterschiedlichen Textformen schreiben
Informierend schreiben
– Aufbau, inhaltlichen Zusammenhang und sprachlich-stilistische Merkmale eines Textes selbstständig fachgerecht beschreiben, – Inhalte und Argumentationen komplexer Texte zusammenfassen, exzerpieren und referieren.
Erklärend und argumentierend schreiben
Die Schülerinnen und Schüler schreiben erklärend und argumentierend über strittige oder fragliche Sachverhalte unter Bezug auf literarische oder pragmatische Texte unterschiedlicher medialer Form und auf eigenes Wissen. Sie integrieren informierende Textpassagen in erklärende und argumentierende Textformen. Die Schülerinnen und Schüler können – zu einem gegebenen komplexen Sachverhalt eine Untersuchungsfrage formulieren, die Auswahl der Untersuchungsaspekte begründen und den Untersuchungsgang skizzieren, – Schlussfolgerungen aus ihren Analysen, Vergleichen oder Diskussionen von Sachverhalten und Texten ziehen und die Ergebnisse in kohärenter Weise darstellen, – eigene Interpretationsansätze zu literarischen Texten entwickeln und diese argumentativ-erklärend darstellen, auch unter Berücksichtigung von Ideengehalt, gattungs- und epochenspezifischen Merkmalen sowie literaturtheoretischen Ansätzen, – bei der Auseinandersetzung mit Texten deren historische, kulturelle, philosophische, politische oder weltanschauliche Bezüge, auch in ihrer Relevanz für die Arbeitswelt, verdeutlichen, – zu fachlich strittigen Sachverhalten und Texten differenzierte Argumentationen entwerfen, diese strukturiert entfalten und die Prämissen ihrer Argumentationen reflektieren, – in Anlehnung an journalistische, populärwissenschaftliche oder medienspezifische Textformen eigene Texte schreiben, – wissenschaftspropädeutische Texte, zum Beispiel Fach- oder Seminararbeiten, planen, strukturieren, verfassen und überarbeiten.

Auszug aus den Bildungsstandards für die Allg. Hochschulreife im Fach Deutsch (S.17)

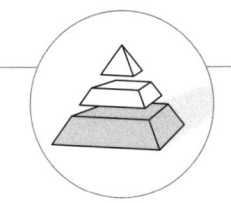

In den Standards werden im Teil zu den „Schreibstrategien" vor allem schreibprozessbezogene Kompetenzen formuliert, die sich vornehmlich auf wiederkehrende Anforderungen der Organisation komplexer Textproduktionen richten und für das materialgestützte Schreiben eine besondere Anforderung darstellen. Das gilt beispielsweise für die oben genannte Überführung von Aufgabenstellungen in „konkrete Schreibziele und Schreibpläne" und die damit einhergehende Strukturierung komplexer Texte. Denn die Zieltexte sind, wie mehrfach angedeutet, häufig Textsorten, die von etablierten Mustern der Interpretation oder Erörterung abweichen und eigene „kommunikative Kontexte" etablieren, die gesonderte Planungsprozesse verlangen (vgl. Kap. 2.3). Ebenso wird in dem Bereich der Schreibstrategien die ‚Auswahl relevanter Informationen aus eigenen Recherchen' wie auch die ‚Paraphrase und korrekte Zitation von Quellen' genannt. Sie bilden weitgehend direkte Anforderungen materialgestützten Schreibens ab.

Einschlägige Schreibstrategien

Die beim *argumentierenden und erklärenden Schreiben* genannten Standards fokussieren Handlungen des text-/materialvergleichenden und -kontrastierenden Lesens, Referierens, Schlussfolgerns und Argumentierens, z.B. der Standard „zu fachlich strittigen Sachverhalten und Texten differenzierte Argumentationen entwerfen, diese strukturiert entfalten und die Prämissen ihrer Argumentationen reflektieren". Standards wie diese setzen gezielt auf kontrastive Formen der Darstellung und sind im Ganzen an Debatten und Kontroversen orientiert, so wie sie das wissenschaftliche, diskursbezogene Schreiben kennzeichnen. Die Rolle der Sprache und die Aneignung spezifischer Textprozeduren, mit denen strittige Sachverhalte und Texte dargestellt werden können – etwa Prozeduren des Referierens, des Schlussfolgerns etc. – finden in den Standards des Kompetenzbereichs *Schreiben* allerdings keine besondere Erwähnung.

Kontrastierendes, vergleichendes Lesen und Schreiben

Ein Blick in die *Bildungsstandards im Fach Deutsch für den mittleren Abschluss* liefert für den Kompetenzbereich Schreiben einige ausgewählte Ansatzpunkte. Wenngleich Kompetenzen textbezogenen und materialgestützten Schreibens nicht im Mittelpunkt stehen, werden insbesondere in dem Teil „Texte planen und entwerfen" und im Teil „Methoden und Arbeitstechniken" Kompetenzen formuliert, die für Aufgaben textbezogenen und materialgestützten Schreibens besonders anschlussfähig sind. Sie werden in der auf Seite 22 folgenden Tabelle zusammengefasst.

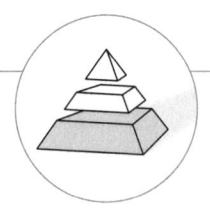

Schreiben (Bildungsstandards Mittlerer Abschluss)
Texte planen und entwerfen
• gemäß den Aufgaben und der Zeitvorgabe einen Schreibplan erstellen, sich für die angemessene Textsorte entscheiden und Texte ziel-, adressaten, ggf. materialorientiert konzipieren, • Informationsquellen gezielt nutzen, insbesondere Bibliotheken, Nachschlagewerke, Zeitungen, Internet, • Stoffsammlung erstellen, ordnen und eine Gliederung anfertigen: z. B. numerische Gleiderung, Cluster, Ideenstern, Mindmap, Flussdiagramm.
Texte schreiben

• Ergebnisse einer Textuntersuchung darstellen: z. B.
  – Inhalte auch längerer und komplexerer Texte verkürzt und abstrahierend wiedergeben,
  – Informationen aus linearen und nichtlinearen Texten zusammenfassen und so wiedergeben, dass insgesamt eine kohärente Darstellung entsteht,
  – formale und sprachlich stilistische Gestaltungsmittel und ihre Wirkungsweise an Beispielen darstellen,
  – Textdeutungen begründen,
  – sprachliche Bilder deuten,
  – Thesen formulieren,
  – Argumente zu einer Argumentationskette verknüpfen,
  – Gegenargumente formulieren, überdenken und einbeziehen,
  – Argumente gewichten und Schlüsse ziehen,
  – begründet Stellung nehmen.

Methoden und Arbeitstechniken
• *Vorgehensweise aus Aufgabenstellung herleiten,* • *Arbeitspläne/Konzepte entwerfen, Arbeitsschritte festlegen: Informationen sammeln, ordnen, ergänzen,* • *Fragen und Arbeitshypothesen formulieren,* • *Texte inhaltlich und sprachlich überarbeiten: z. B. Textpassagen umstellen, Wirksamkeit und Angemessenheit sprachlicher Gestaltungsmittel prüfen,* • *Zitate in den eigenen Text integrieren.*

Auszug aus den Bildungsstandards für den Mittleren Abschluss im Fach Deutsch (S. 11f.)

Lesen

Lesekompetenzen sind zentral für die Bearbeitung materialgestützter Schreibaufgaben. Dass und wie sich Leseprozesse und Lesestrategien bei der Arbeit mit verschiedenen Lesematerialien verändern, ist bereits angedeutet worden und wird im Verlauf des Buches weiter entfaltet (vgl. Kap. 2.2). Die *Bildungsstandards für den Mittleren Abschluss* beinhalten einige Standards, die in dieser Hinsicht wichtige Rezeptionskompetenzen anbahnen. Die folgende Tabelle fasst diejenigen Standards zusammen, die im Zusammenhang mit dem Umgang mit vielfältigen Bezugsmaterialien stehen, wenngleich sie nicht speziell auf diesen Aufgabentyp, sondern allgemein auf den Erwerb von Lesekompetenz bzw. -strategien gerichtet sind.

Anbahnung von Rezeptionskompetenzen

Materialgestütztes Schreiben im Deutschunterricht

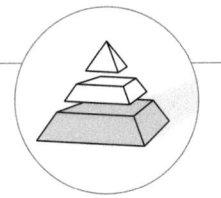

Grundlagen

Lesen – mit Texten und Medien umgehen (Bildungsstandards Mittlerer Abschluss)
Verschiedene Lesetechniken beherrschen
• über grundlegende Lesefertigkeiten verfügen: flüssig, sinnbezogen, überfliegend, selektiv, navigierend (…) lesen
Strategien zum Leseverstehen kennen und anwenden
• Verfahren zur Textstrukturierung kennen und selbstständig anwenden: z. B. Zwischenüberschriften formulieren, wesentliche Textstellen kennzeichnen, Bezüge zwischen Textteilen herstellen, Fragen aus dem Text ableiten und beantworten, • Verfahren zur Textaufnahme kennen und nutzen: z. B. Aussagen erklären und konkretisieren, Stichwörter formulieren, Texte und Textabschnitte zusammenfassen.
Texte verstehen und nutzen
Literarische Texte verstehen und nutzen
• Zusammenhänge zwischen Text, Entstehungszeit und Leben des Autors/der Autorin bei der Arbeit an Texten aus Gegenwart und Vergangenheit herstellen, • zentrale Inhalte erschließen, • analytische Methoden anwenden: z.B. Texte untersuchen, vergleichen, kommentieren.
Sach- und Gebrauchstexte verstehen und nutzen
• verschiedene Textfunktionen und Textsorten unterscheiden: z.B. informieren: Nachricht; appellieren: Kommentar, Rede; regulieren: Gesetz, Vertrag; instruieren: Gebrauchsanweisung, • ein breites Spektrum auch längerer und komplexerer Texte verstehen und im Detail erfassen, • Informationen zielgerichtet entnehmen, ordnen, vergleichen, prüfen und ergänzen, • nichtlineare Texte auswerten: z.B. Schaubilder, • aus Sach- und Gebrauchstexten begründete Schlussfolgerungen ziehen, • Information und Wertung in Texten unterscheiden.
Medien verstehen und nutzen
• Informations- und Unterhaltungsfunktion unterscheiden, • medienspezifische Formen kennen: z.B. Print- und Online-Zeitungen, Infotainment, Hypertexte, Werbekommunikation, Film, • Intentionen und Wirkungen erkennen und bewerten, • Informationsmöglichkeiten nutzen: z. B. Informationen zu einem Thema/Problem in unterschiedlichen Medien suchen, vergleichen, auswählen und bewerten (Suchstrategien).
Methoden und Arbeitstechniken
• *Exzerpieren, Zitieren, Quellen angeben,* • *Wesentliches hervorheben und Zusammenhänge verdeutlichen,* • *Texte zusammenfassen: z. B. im Nominalstil, mit Hilfe von Stichwörtern, Symbolen, Farbmarkierungen, Unterstreichungen,* • *Inhalte mit eigenen Worten wiedergeben, Randbemerkungen setzen,* • *Texte gliedern und Teilüberschriften finden,* • *Inhalte veranschaulichen: z. B. durch Mindmap, Flussdiagramm.*

Auszug aus den Bildungsstandards für den Mittleren Abschluss im Fach Deutsch (S.13f.)

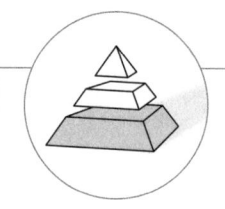

Die hier aufgelisteten Standards sind auf vielfältige Prozesse und Funktionen der Aufbereitung von Bezugstexten und -materialien bezogen. Wenngleich der zugrunde gelegte Medienbegriff undeutlich bleibt und „medienspezifische Formen" eher willkürlich zusammengestellt werden („Print- und Online-Zeitungen, Infotainment, Hypertexte, Werbekommunikation, Film"), so sind die damit verknüpften Kompetenzen einschlägig für den Umgang mit funktional verschiedenen Textsorten (z.B. „Informations- und Unterhaltungsfunktion unterscheiden"). Auch für diese Standards lassen sich mit Blick auf das materialgestützte Schreiben Kompetenzen unterscheiden, die auf die Erschließung und Aufbereitung von Texten/Materialien bezogen sind (z.B. alle genannten Methoden und Arbeitstechniken) und solchen, die stärker dazu angetan sind, die Funktionen und Machart von Materialien zu reflektieren (z.B. „Intentionen erkennen und bewerten").

Material erschließen, Material reflektieren

Die Standards des Kompetenzbereichs *Lesen* in den *Bildungsstandards für die Allgemeine Hochschulreife* sind ganz überwiegend auf die Einzeltextlektüre und das sinnhafte Verstehen und Reflektieren von linearen Texten bezogen. Zwar ist das Verstehen und Durchdringen einzelner Texte und Quellen auch für das materialgestützte Schreiben notwendige Voraussetzung. Hier geht es aber an vielen Stellen um ein selektives, textvergleichendes Lesen, das potentiell relevante Inhalte und Aspekte für den eigenen Zieltext hervorzubringen vermag. Insgesamt finden sich überraschenderweise kaum Standards, die spezifischer auf materialgestützte Lernprozesse bezogen sind, obwohl das Lesen hier zentral und obwohl die Standards hier v.a. auch wissenschaftspropädeutische Funktionen erfüllen sollten. Vorausgesetzt, dass mehr oder weniger alle Standards im Bereich Lesen für das Erschließen von Quellen konstitutiv sind – z.B. die Fähigkeit den „komplexen Zusammenhang zwischen Teilaspekten und Textganzem" zu erschließen, werden im Folgenden exemplarisch nur die folgenden drei aufgeführt, die eine besondere Funktion für das materialgestützte Schreiben erfüllen können.

Fehlende Standards für materialgestützte Aufgaben

Lesen (Bildungsstandards Allgemeine Hochschulreife)

Die Schülerinnen und Schüler können
– aus anspruchsvollen Aufgabenstellungen angemessene Leseziele ableiten und diese für die Textrezeption nutzen
– Rückschlüsse aus der medialen Präsentation und Verbreitungsform eines Textes ziehen
– die Qualität von Textinformationen vor dem Hintergrund ihres fachlichen Wissens prüfen und beurteilen
– …

Auszug aus den Bildungsstandards für die Allg. Hochschulreife im Fach Deutsch (S.18)

Die Ableitung angemessener Leseziele ist eine zentrale Kompetenz, wenn es darum geht, Texte und Materialien mit Blick auf eigene Schreibziele und einen neuen Zieltext zu sichten und aufzubereiten. Denn der potentielle Materialüberschuss – einzelne Materialien enthalten mehr Informationen als genutzt werden können, zwischen Materialien ergeben sich inhaltliche Bezüge, die andere Aspekte des Materials in den Hintergrund treten lassen – wird über Leseziele gesteuert und kontrolliert. Andernfalls verlieren sich die LernerInnen im Material. Die beiden anderen hier herausgegriffenen Standards betreffen dagegen stärker die *Herausbildung von metatextuellem Wissen*. Für das materialgestützte Schreiben ist es wichtig, sich den Status und die Qualität des Materials bewusst zu machen. Ein Diagramm folgt anderen Funktionen als ein argumentativer Text. Nicht alle Materialien lassen sich gleich behandeln. Einzelne Materialien können inhaltlich einseitig ausgerichtet sein, um z. B. eine Position zuzuspitzen. Für die Rezeption verlangt das Distanz und die Fähigkeit, die ‚Machart' von Texten zu durchschauen.

Metatextuelles Wissen

Sich mit Texten und Medien auseinandersetzen

Auch die in dem Kompetenzbereich *Sich mit Texten und Medien auseinandersetzen* formulierten *Bildungsstandards für die Allgemeine Hochschulreife* sind ganz überwiegend auf das Lesen und Verstehen von Einzeltexten bezogen, die unter den Kapitelüberschriften „Sich mit literarischen Texten auseinandersetzen" (2.4.1) (S. 18) und „Sich mit pragmatischen Texten auseinandersetzen" (2.4.2) (S.19) aufgehoben sind. Der Befund, dass die Bildungsstandards für die Allgemeine Hochschulreife kaum das Lesen mehrerer Bezugsmaterialien einschließen, und dass die angeführten Medien vergleichsweise eng ausgelegt werden, ist angesichts der Einführung des neuen Aufgabenformats in der Oberstufe erstaunlich und überraschend. Gerade für den Bereich *Sich mit Texten und Medien auseinandersetzen* wäre erwartbar gewesen, dass die Auseinandersetzung mit verschiedenen Bezugsquellen im Sinne der Anbahnung wissenschaftspropädeutischer Kompetenzen systematischer integriert wird.

Fehlende Standards zum Lesen mehrerer Bezugsmaterialien

Sprechen und Zuhören

Auch für den Kompetenzbereich *Sprechen und Zuhören* haben materialgestützte Schreibaufgaben ein großes Potential. Wenn es in den Bildungsstandards für die Allgemeine Hochschulreife zum Bereich Sprechen und Zuhören beispielsweise heißt, dass „anspruchsvolle Fachinhalte" auf der Grundlage „selbst verfasster stützender Texte" referiert werden sollen (ebd., S.17), bieten materialgestützte Aufgaben gute Grundlagen dafür. Hier kann die Nutzung materialgestützter Aufgaben unterrichtlich produktiv werden, wenn Fachinhalte z.B. selbständig recherchiert und „umfangreiche Redebeiträge zu komplexen Sachverhalten adressatengerecht" entwickelt werden. Ebenso stützen sich „Kurzdarstellungen und Referate", die frei vorgetragen werden sollen, wie bei den Bildungsstandards des mittleren Abschlusses beschrieben auf schriftliche Dokumente, die materialgestützt erarbeitet werden können (ebd.).

Anknüpfungspunkte für die Anbahnung von Kompetenzen beim Sprechen und Zuhören

Das materialgestützte Schreiben für Zieltexte in mündlichen Kommunikationssituationen beinhaltet andere Anforderungen an die (Aus-)Formulierung des Textes als bei Zieltexten, die von vornherein auf die schriftliche Rezeption hin angelegt sind, wie z.B. Zeitungsartikel. Das folgende Beispiel aus der Aufgabensammlung dieses Buchs (vgl. Aufgabe *Warum lesen wir?*) zeigt, wie der Zusammenhang von schriftlichem Text und mündlicher Rede innerhalb von Lernaufgaben materialgestützten Schreibens modelliert werden kann.

Beispiel für eine Aufgabe, die Kompetenzen im Bereich „Sprechen und Zuhören" miteinbezieht

> **BEISPIEL**
>
> **Verfassen eines Redemanuskripts**
>
> Bei der Aufgabe *Warum lesen wir?* sollen die SchülerInnen auf der Grundlage von mehreren Materialien ein Rede- bzw. Vortragsmanuskript entwickeln. Thematischer Bezugspunkt ist dabei die Frage, welche Leistungen und welche Funktion dem Lesen zukommen. Die Aufgabe bedingt, dass sich die SchülerInnen Gedanken machen müssen, wie sie komplexe Sachverhaltsdarstellung und heterogene Quellen (u.a. Diagramme) für den Zieltext einer mündlichen Rede aufbereiten.
>
> **Aufgabenstellung „Warum wir lesen"**
>
> Anlässlich des alljährlich stattfindenden Welttags des Buches am 23. April hat Ihr Kurs eine Lesewoche organisiert, in deren Rahmen namhafte Schriftsteller eingeladen worden sind, um aus ihren aktuellen Werken zu lesen. Am Abend vor Beginn der Lesewoche findet eine festliche Eröffnung in der Aula Ihrer Schule statt. Neben Mitgliedern der Schulgemeinde (Schüler, Eltern und Lehrer) sind auch einige Schriftsteller sowie andere Interessierte, die die Lesewoche auch finanziell unterstützt haben, der Einladung Ihres Kurses gefolgt. Sie haben, nachdem der Schulleiter einige Begrüßungsworte verloren hat, die Aufgabe, die Abendveranstaltung durch einen einführenden Vortrag zu eröffnen.
>
> Verfassen Sie einen Vortragstext, der die Anwesenden über die Bedeutung des Lesens informiert. Gehen Sie dabei sowohl auf den gegenwärtigen Stellenwert sowie die verschiedenen Funktionen des Lesens ein. Nutzen Sie zur Gestaltung Ihres Vortrags ausgewählte Informationen aus den gegebenen Materialien und ggf. eigene Leseerfahrungen in schulischen und außerschulischen Zusammenhängen, die Ihren Zuhörern einen Eindruck davon vermitteln, was das Lesen – individuell sowie gesellschaftlich – bedeuten kann (...).
>
> Das Schreiben des Textes steht bei der Aufgabe im Vordergrund und nicht das Vortragen selbst. Die Aufgabe eröffnet aber Möglichkeiten der Anschlusskommunikation; sie bietet eine Grundlage, um die innerhalb des Kompetenzbereichs *Sprechen und Zuhören* angesiedelten Standards zu *Monologische Gesprächsformen: vor anderen sprechen* umzusetzen. Zwischen den, auf mündliche Darbietungen einerseits und auf konzeptionell und medial schriftliche Textformen andererseits hin angelegten Schreibaufgaben liegen Zieltexte materialgestützten Schreibens wie das Podcast, das Radiofeature etc. Sie stützen sich auf schriftliche Manuskripte, Skripts und Regieanweisungen, sind aber auf mündliche Formen der Verbalisierung und Kommunikation angelegt. Auch dies ist ein zentrales Handlungsfeld für Sprechen und Zuhören ebenso wie für das materialgestützte Schreiben.

Sprache und Sprachgebrauch reflektieren

Für das materialgestützte Schreiben sind sprachreflexive Prozesse auf nahezu alle Anforderungen beziehbar, die die Planung und sprachliche Formulierung der Zieltexte betreffen. Mit der Hereingabe unterschiedlicher zu verarbeitender Materialien, die sich inhaltlich auch widersprechen können, sind vergleichende und kontrastierende kognitive Prozesse angelegt, die reflexive Prozesse begünstigen. Die Planung des Zieltextes fordert und fördert metatextuelles Bewusstsein. Ebenso erzwingt die Formulierung eine vertiefte Auseinandersetzung mit entsprechenden sprachlichen Mitteln, etwa Textprozeduren der Redewiedergabe (vgl. Feilke/Jost 2015). Wechselnde Adressatengruppen und kommunikative Kontexte der Aufgaben können Perspektivwechsel und damit auch sprachreflexive Prozesse in Gang setzen.

Förderung von Sprachreflexion und metatextuellem Bewusstsein

Materialgestütztes Schreiben im Deutschunterricht

Grundlagen

Schließlich sind für das materialgestützte Schreiben auch Aufgaben geeignet, in denen die Reflexion von Sprache und Sprachgebrauch selbst thematisch wird. Dies ist, um auch hier auf die vorliegenden Aufgabenvorschläge dieses Buchs zurückzugreifen, der Fall, wenn die SchülerInnen beispielsweise über geschlechtsspezifische Sprache und Sprachgebrauchsformen nachdenken und Argumente verarbeiten müssen, die für und gegen die Markierung des Geschlechts in der Sprache angeführt werden (Aufgabe *Kann es eine geschlechtergerechte Sprache geben?*) oder wenn das Verhältnis von Denken, Sprache und Wirklichkeit zum Gegenstand des Schreibens gemacht wird (vgl. Aufgabe *Wie bunt ist die Welt?*). In diesem Fall müssen die SchülerInnen erkunden, ob und in welcher Weise Einzelsprachen zu bestimmten Arten der Weltwahrnehmung führen oder auch nicht. Dies führt zu der Frage, welche Rolle die Sprache für das Denken hat – eine unausweichlich reflexive Frage.

1.4 Ausblick auf die folgenden Kapitel des Buches

Das Aufgabenformat des informierenden und argumentierenden materialgestützten Schreibens ist als verbindliche Prüfungsaufgabe für das Abitur schon 2012 festgelegt worden. Aber es ist nach wie vor neu. Die damit verbundenen Herausforderungen nicht nur für die SchülerInnen, sondern auch für die Lehrenden werden einerseits als Verunsicherung wahrgenommen. Andererseits bieten sie vielfältige Chancen für einen auf die Schreibpraxis des Berufsalltags wie des Studiums vorbereitenden Deutschunterricht. Die didaktischen Herausforderungen werden in den folgenden Punkten noch einmal umrissen:

1. Wie können durch materialgestützte Schreibaufgaben die einschlägigen Teilprozesse des Lesens und Schreibens, namentlich das Lesen heterogener, fremder und das Planen, Konzipieren, Formulieren und Überarbeiten eigener Texte gefördert werden? (Kap. 2 „Schreibdidaktische Grundlagen")
2. Was ist bei der Entwicklung von Aufgaben zu beachten? Wie verhindert man z.B., dass die SchülerInnen einfach nur aus den Materialien abschreiben? Was ist ein angemessener Materialumfang? Welche Gesichtspunkte sind für die Materialauswahl didaktisch relevant und an welchen Kriterien kann sich die Aufgabenentwicklung orientieren? (Kap. 3 „Konstruktion materialgestützter Schreibaufgaben")
3. Was sind angemessene Bewertungs-, Beurteilungs- und Rückmeldeinstrumente für das materialgestützte Schreiben? Welche Kriterien sind neben, zusätzlich oder anstelle bestehender Kriterien und Richtlinien zu bedenken? (Kap. 4 „Bewerten und Beurteilen materialgestützten Schreibens")
Wie kann man sich materialgestützte Schreibaufgaben überhaupt konkret vorstellen? Welche Hilfen brauchen SchülerInnen im Kontext der Aufgabenstellung? Welche Lernsituationen und welche „kleinen" Lernaufgaben sind geeignet, auf die Bearbeitung der „großen" materialgestützten Schreibaufgabe vorzubereiten? Woher kann ich Beispiele und Anregungen für die eigene Entwicklung von Aufgaben bekommen? Auf diese Fragen ist der Aufgabenteil dieses Buches bezogen.

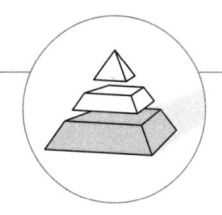

2 Didaktik materialgestützten Schreibens

Materialgestütztes Schreiben integriert didaktisch unterschiedliche Lernbereiche des Deutschunterrichts. Es ermöglicht eine Erweiterung und Öffnung des schreibdidaktischen Problemhorizonts. Schreibdidaktische Herausforderungen ergeben sich im Blick auf Lesen, Planen, Formulieren und Überarbeiten. Für den Zusammenhang dieser Bausteine im Schreiben muss zunächst die Schreibaufgabe selbst geklärt werden. Im Folgenden wird ein kurzer Überblick dazu gegeben. Im Anschluss werden in einzelnen Teilkapiteln die Punkte gründlicher behandelt. Zunächst der Überblick:

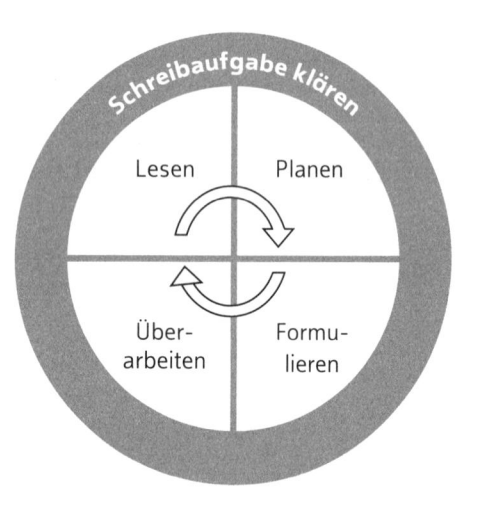

Abb. 1: Bausteine materialgestützten Schreibens

2.1 Die Schreibaufgabe klären

Teilaufgaben greifen ineinander

Die Bausteine materialgestützten Schreibens setzen auf dem Fundament einer Klärung der Schreibaufgabe selbst auf: Es geht darum, unter Rückgriff auf die zur Verfügung gestellten Materialien einen informierenden oder argumentierenden Text für einen in der Aufgabe bestimmten Adressaten und einen bestimmten kommunikativen Zweck zu verfassen. Das bestimmt schon das Lesen und die Planungsprozesse. Hier ist ein Punkt anzusprechen, der für das Verständnis materialgestützter Schreibaufgaben nicht unwesentlich ist: Bereits in Kapitel eins sind wir auf die in den Standards getroffene Unterscheidung zwischen informierendem und argumentierendem materialgestütztem Schreiben eingegangen. Die Bildungsstandards selbst gehen auch bereits darauf ein, dass diese beiden Aufgabentypen oft nicht klar zu trennen sind, weil sowohl das Informieren wie das Argumentieren erklärende Anteile umfassen können. Schaut man genauer hin, so wird deutlich, dass das Erklären wie auch das Argumentieren selbstverständlich informierende Handlungen mit enthalten. Man kann sich also das Verhältnis von Argumentieren, Erklären und Informieren beim materialgestützten Schreiben so vorstellen wie in Abbildung 2.

Didaktik materialgestützten Schreibens

Grundlagen

Argumentieren	• Abwägen kontroverser Positionen • eigene Positionierung und deren Begründung
Erklären	• Erklären der Kontroverse • Erklären der Sachverhalte
Informieren	• Inhalte wiedergeben • Berichten • Beschreiben

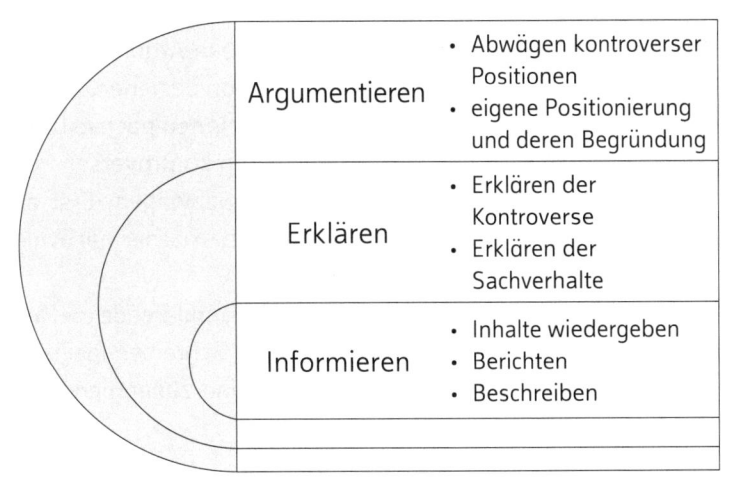

Abb. 2: Informieren, Erklären und Argumentieren beim materialgestützten Schreiben

Das *informierende* materialgestützte Schreiben ist in erster Linie sachverhaltsorientiert: Auf der Grundlage der Materialien werden Sachverhalte informativ beschrieben, es wird über Ereignisse und Ergebnisse, z. B. einer Untersuchung berichtet, und es werden vor allem in diesem Sinn Inhalte aus den Materialien schriftlich referiert und wiedergegeben: Wie lange schlafen Tiere? Wie nutzen Jugendliche das Internet? Wie entstehen neue Wörter (Neologismen)? usw.

Informieren

Bei vielen Sachverhalten stößt man schnell darauf, dass unterschiedliche Erklärungen vorliegen und es in der Wissenschaft oft kontroverse Auffassungen zu auf den ersten Blick einfach erscheinenden Informationsfragen gibt: Wie beeinflusst die Sprache das Denken? Welchen Bildungswert hat das Schreiben mit der Hand? Warum lesen wir? Dann gehört es auf jeden Fall auch zur Schreibaufgabe, für die AdressatInnen die unterschiedlichen Positionen nachvollziehbar darzustellen. Welche Positionen gibt es, wie unterscheiden sie sich und wie können die kontroversen Auffassungen erklärt werden? Es ist klar, dass vor einem solchen Hintergrund die Erklärung der Sachverhalte immer auch ein Erklären der Kontroverse voraussetzt. Im Blick auf diese Formen eines materialgestützten Schreibens, die gewissermaßen zwischen dem informierenden und dem argumentierenden Schreiben liegen, wird in diesem Buch von einem *informierend-argumentierenden* Schreiben gesprochen (vgl. Kap. 1).

Erklären

Von hier aus ist leicht nachvollziehbar, was genau das *argumentierende* materialgestützte Schreiben charakterisiert. Es enthält auch informierende und erklärende Anteile, aber es geht darüber noch hinaus. In den Bildungsstandards für die Oberstufe heißt es dazu: „Der dabei entstehende Text soll die Kontroverse sowie die Argumentation und die vom Prüfling eingenommene Position für den Adressaten des Textes nachvollziehbar machen. Argumentierende Texte enthalten immer auch erklärende und informierende Anteile." (BS AHR 2012, S. 33). Argumentierendes materialgestütztes Schreiben ist ein Schreiben zu Kontroversen: Gibt es eine geschlechtergerechte Sprache?

Argumentieren

Wie romantisch ist die Romantik? usw. Weil es beim Argumentieren immer darum geht, dass die SchreiberInnen selbst Position beziehen und dass dies in einer Art und Weise geschieht, die für die LeserInnen nachvollziehbar ist, ist es eine elementare Aufgabe, die verschiedenen kontroversen Positionen darzustellen und vergleichend gegeneinander abzuwägen. Erst auf einer solchen Grundlage kann die eigene Position für den Leser nachvollziehbar werden.

Es ist also wichtig festzuhalten, dass informierende, erklärende und argumentative Sprachhandlungen beim materialgestützten Schreiben ineinandergreifen und sich im Sinne aufeinander aufbauender und zunehmend komplexer werdender Anforderungen stützen.

Das materialgestützte Schreiben setzt eine prozessorientierte Schreibdidaktik voraus. Wenn der Schreibprozess gelingen soll, müssen Lesefähigkeiten, Planungskompetenzen, Formulierungs- und Überarbeitungskompetenzen unterrichtlich gestützt und gefördert werden:

Lesen, um zu schreiben

Lesen: Lesen für materialgestütztes Schreiben ist nie losgelöst, sondern immer schon bestimmt durch die konkrete Schreibaufgabe und bezogen auf die Ziele des Schreibens. Verschiedene Materialien und Texte sind zu lesen und im Blick auf das eigene Schreiben zu verarbeiten. Dabei ist es nicht mit dem Lesen der einzelnen Texte getan; gefordert ist ein text- und material-*vergleichendes* Lesen, das bereits die Materialauswahl und die Synthese von unterschiedlichen Inhalten im Blick hat. Dadurch sind alle Ebenen etablierter Lesemodelle angesprochen und lassen sich in der Umsetzung erproben. Das gilt nicht nur für die sozialen und persönlichen Umfeldbedingungen, sondern auch für das Lesen i.e.S.: Informationen ermitteln, textbezogenes Interpretieren, Reflektieren und Bewerten; alle diese Teilkomponenten des Lesens sind gefordert und mit materialgestützten Aufgaben zu fördern. Dabei kann das Schreiben das Lesen auf allen Ebenen stützen.

Planen ist wichtig

Planen: Einen eigenen Stellenwert haben beim materialgestützten Schreiben die unterschiedlichen Planungsaktivitäten. Das Planen hat bisher in der Schreibdidaktik, verglichen etwa mit dem Überarbeiten, eine eher nachgeordnete Rolle gespielt. Für materialgestütztes Schreiben wird es zentral. Denn die Vielfalt und Unterschiedlichkeit der Materialien zwingt die SchreiberInnen dazu, sich zu überlegen, was aus den Materialien ausgewählt und wie es im eigenen Text zusammengeführt werden soll. Schon unter Aspekten der Leistungsbeurteilung kann der Umgang mit den Materialien am besten anhand der Planung beurteilt werden, weil sich hier die Leseergebnisse konkretisieren; und ob das Schreiben gelingt, hängt nicht zuletzt davon ab, wie der Weg zum Produkt im Plan angelegt worden ist. Ein guter und kreativer Schreiber kann auch Texte schreiben, ohne dass ein expliziter und konkreter Schreibplan vorliegt. Dann wird das Schreiben z.B. über Vorformulierungen im Kopf, sogenannte Prätexte, implizit geplant. Erfahrene Schreiber unterscheiden sich von wenig erfahrenen dadurch, dass sie im Regelfall immer auch explizit planen; gerade beim materialgestützten Schreiben gibt es dafür viele gute Gründe, denn der Plan bereitet das Material für den Schreibprozess auf.

Formulieren: Das Formulieren stützt sich einerseits auf die Textplanung, andererseits ist für das materialgestützte Schreiben die Integration der verschiedenen Materialien im eigenen Text nicht nur kognitiv, sondern auch sprachlich und für das Formulieren eine ganz eigenständige Herausforderung. Vergleichen, Kontrastieren, Zitieren, Verweisen, das sind explizite intertextuelle Handlungen, für die man die entsprechenden Formulierungsmittel – sogenannte Textprozeduren - erst einmal kennenlernen muss.

Formulieren und Textprozeduren

Überarbeiten: Wie beim Formulieren gibt es didaktisch beim Überarbeiten noch einmal eigenständige Herausforderungen. Denn wie andere informierende und argumentierende Texte auch müssen Produkte materialgestützten Schreibens sprachlich korrekt und verständlich, ebenso wie informativ oder überzeugend sein und im Blick darauf überarbeitet werden. Aber anders als andere Schreibprodukte müssen sie zugleich auch den Bezug auf die Materialien explizit machen und mit kommunizieren. Wie wird mit dem Material umgegangen und wie sollte damit umgegangen werden? Damit entstehen für das schulische Schreiben neue, bisher weniger beachtete, gleichwohl aber elementare Bewertungs- und Überarbeitungskriterien.

Überarbeiten: Qualitätskontrolle

2.2 Lesen

Materialgestütztes Schreiben ist ein Schreiben, das didaktisch auf den kommunikativen Stoffwechsel von Lesen und Schreiben zielt. Es soll die engen Zusammenhänge von Lesen und Schreiben im Schriftgebrauch und die dafür geforderten Fähigkeiten fördern. Das ist eine didaktisch neue Anforderung. Das Lesen im Deutschunterricht ist traditionell einzeltextbezogen; auch die Forschung zu Leseprozessen und die entsprechenden Kompetenzmodelle des Lesens sind primär bezogen auf das Lesen von Einzeltexten. Diese Modelle haben eine Struktur, die gewissermaßen von innen nach außen geht, wie man das in Abb. 3 im Modell von Rosebrock/Nix (2014, S. 15) sieht. Innen liegen die Prozesse der Wort- und Satzidentifikation und der textlichen lokalen und globalen Kohärenzbildung, kurz die Auseinandersetzung mit dem zu lesenden Text. Ziel dieser Prozesse ist die Erstellung eines so genannten referentiellen Modells oder Situationsmodells des Textes. Modelle der Förderung von Lesestrategien, etwa die sogenannte Fünf-Schritte-Lesemethode oder auch andere Verfahren stellen diese Zusammenhänge in den Mittelpunkt. Erst nachgeordnet kommen dann die weiter außen liegenden Faktoren ins Spiel, die Subjektebene und die soziale Ebene. Sie haben mit den LeserInnen und ihren Leseinteressen, der Lesesituation und den sozialen Zielen des Lesens zu tun. Es ist eine besondere Stärke dieses Modells, dass es im Unterschied zum Beispiel zum PISA-Kompetenzmodell die Ebene des Subjekts und die soziale Ebene mit einbezieht.

Ein Lesemodell

Didaktik materialgestützten Schreibens

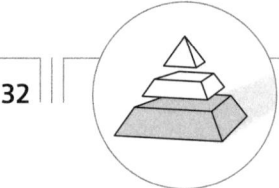

Grundlagen

```
                    • Wort-
                 und Satz-
               identifikation
   Prozess-     • lokale Kohärenz
   ebene              ***
                 • globale Kohärenz
               • Superstrukturen erkennen
             Darstellungsstrategien identifizieren
   Subjekt-
   ebene      Wissen Beteiligung Motivation Reflexion
              Selbstkonzept als (Nicht-) Leser/in
   soziale    Familie - Schule - Peers - Kulturelles Leben
   Ebene              Anschlusskommunikation
```

Abb. 3: Mehrebenenmodell des Lesens (Rosebrock/Nix 2014, S. 15)

Gleichwohl wird nach diesem Modell zunächst einmal ein einzelner Text gelesen. Dann kann man sich darüber hinausgehend noch fragen, ob und wie man gegebenenfalls das Gelesene in der Anschlusskommunikation nutzen möchte. Das Lesen i.e.S. und die Anschlusskommunikation werden hier, das sagt schon das Wort *Anschluss*-Kommunikation, zeitlich getrennt gesehen, bilden aber auch funktional und kognitiv zunächst einmal getrennte Anforderungsbereiche.

Lesen in mehreren Materialien

Diese Modellierung des Lesens wird durch das materialgestützte Schreiben gleich mehrfach verändert:

- Der Faktor Anschlusskommunikation steht ganz am Anfang und ist beim materialgestützten Schreiben eine das Lesen unmittelbar steuernde Größe.
- Das Lesen ist nicht einzeltextbezogen, sondern polytextuell.
- Die semantischen Integrationsprozesse beim Lesen der verschiedenen Materialien sind von der Zielgröße her, d.h. von der Schreibaufgabe und dem zu schreibenden Text her, gesteuert.

Auswählendes Lesen

Beim materialgestützten Schreiben ist die kommunikative Situierung der Schreibaufgabe das wesentliche steuernde Element: Was ist mein Kommunikationsziel? Mit welchen Adressaten habe ich es zu tun? Welche Kommunikationsform und Textsorte ist geeignet bzw. von der Aufgabe verlangt? Diese Fragen umschreiben die Forderungen der sogenannten Anschlusskommunikation, nur stehen sie hier ganz am Anfang des Lesens. Wenngleich für didaktische Zwecke in der Schule das Material in der Regel vorgegeben wird, sind auch schulisch Kontexte relevant (z.B. Facharbeit), in denen das Material im Hinblick auf die Schreibziele recherchiert und ausgewählt wird. Das bestimmt auch den weiteren Umgang mit den einzelnen Materialien im Lesen. Materialgestütztes Schreiben verlangt ein *auswählendes Lesen*. Lesedidaktisch resultieren daraus zwei Anforderungen:

Es ist erstens wichtig, allen SchülerInnen vor Beginn des Lesens der Materialien die Anforderungen der Schreibaufgabe noch einmal bewusst zu machen und sie im Leseprozess verfügbar zu halten. Hilfreich hierfür kann auch eine gemeinsame Diskussion in der Klasse über das *Textziel*, die *Adressatenkonzepte* und die *Kommunikationsform* sowie *Textsorte* des Schreibens und die damit verbundenen Erwartungen sein. Diese drei Größen sind die wesentlichen Punkte, auf die für eine sinnvolle Situierung der Schreibaufgabe zu achten ist. Von hier aus kann dann mit den Schülern über die Ziele des Lesens nachgedacht werden: Was könnten für den Adressaten wichtige Informationen sein? Welche Argumente könnten ihn oder sie überzeugen? Findet man in den zu lesenden Materialien anschauliche Beispiele für die LeserInnen? Wie verhalten sich z.B. bei einem Streitthema verschiedene Positionen in den Materialien zueinander?

Ebenso wichtig wie die Klärung der Schreibaufgabe und der Leseziele ist die didaktische Stützung der *Auswahlprozesse* der SchülerInnen beim Lesen. Bereits hier greifen Lesen, Planen und Schreiben eng ineinander. Das Lesen zielt einerseits nach wie vor auf ein Verständnis der zu lesenden einzelnen Materialien, dies aber immer schon im Hinblick auf die Auswahl von Materialkomponenten für den zu schreibenden eigenen Text. Lesedidaktisch resultiert daraus die Notwendigkeit, die Fähigkeit der Schüler zu fördern, die gelesenen Materialien im Blick auf ihre Relevanz für die Schreibaufgabe zu beurteilen und in den gelesenen Texten und Materialien entsprechende Markierungen und Auszeichnungen vorzunehmen. Was sind wichtige Informationen? Was ist ein wichtiger Begriff, was eine zentrale These und ein gutes Argument dafür, was sind anschauliche Beispiele?

Auswahlprozesse stützen

Materialerschließung: Lesen, Schreiben und „Landkarten" des Materials

Alle mit den aufgeworfenen Fragen zusammenhängenden Aktivitäten der SchülerInnen fassen wir unter den Begriff der *Materialerschließung*. So, wie das materialgestützte Schreiben das Lesen voraussetzt, ist umgekehrt das Lesen und eine sachgerechte Materialerschließung in diesem Aufgabenkontext fast nicht ohne Schreibaktivitäten denkbar. Der Psychologe Maik Philipp resümiert dazu: „Ein Schreiben ohne Lesen ist kaum sinnvoll vorzustellen, und es mehren sich die Hinweise, dass auch das Lesen vom Schreiben profitiert" (Philipp 2012, S. 58).

Das Schreiben spielt beim Lesen, wenn man es nicht auf das Schreiben ganzer Texte beschränkt, sondern alle Formen der Markierung, des Anlegens von Stichworten und der noch so rudimentären Kommentierung beim Lesen hinzuzählt, eine große Rolle. Das „Lesen mit dem Stift" ist eine produktive Form der Materialerschließung: Wichtige Informationen, Begriffe und Formulierungen werden vielleicht nur unterstrichen oder farblich markiert; am Rand notiert man Stichworte aus dem Text, möglicherweise aber auch schon Bezüge einer Textstelle zu einer anderen Textstelle im Material. Ebenso können Fragen an den Text oder Unstimmigkeiten, die im Lesen auffallen, am Textrand notiert werden. Alles dies sind Schreibaktivitäten während des Lesens. Vertieft werden diese Aktivitäten, wenn SchreiberInnen dann dazu übergehen, nicht nur einzelne Informationen zu markieren oder zu notieren, sondern etwa absatzbezogen mit einem Stichwort oder einer Phrase ihr Verständnis

Lesen mit dem Stift

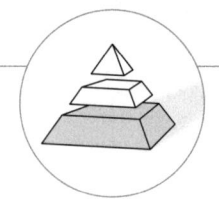

Didaktik materialgestützten Schreibens

Grundlagen

eines Textabschnitts zu vermerken oder gar unter dem Text in wenigen Zeilen eine Kommentierung des Textes vornehmen. Dann wird schon die subjektive Aneignung, das eigene Verhältnis zum Text und die eigene Interpretation zum Thema der Notizen. Je mehr zu einem Text geschrieben wird, desto tiefer ist die Verarbeitung und desto nachhaltiger die Aneignung. Die Qualität des Verstehens verbessert sich mit dem Umfang und der Differenzierung des eigenen Schreibens zu den Materialien (Graham/Hebert 2010, Schüler 2016, S. 308 f.). Das ist für das materialgestützte Schreiben besonders bedeutsam, denn ein Zusammenhang zwischen den verschiedenen gelesenen Materialien stellt sich im eigenen Schreiben dazu her. Abb. 4 gibt – orientiert an den Anforderungsniveaus des PISA-Kompetenzmodells – einen Überblick zu für das Lesen einschlägigen Schreibformen. Allerdings liegt hier der Fokus noch klar auf dem Umgang mit Schrifttexten; diskontinuierliche Texte sind nicht berücksichtigt.

Schreiben verbessert Verstehen und Behalten

Entscheidend an der folgenden Übersicht ist für das materialgestützte Schreiben vor allem die letzte Zeile zu unterschiedlichen Schreibformen und Schreibaufgaben. Die letzte Zeile in Abb. 4 umreißt zusammengehörende Schubladen eines Werkzeugkastens für den schreibenden Umgang mit unterschiedlichen Textmaterialien: Sie kommen zum Zuge auch in Alltagssituationen, die materialgestütztes Schreiben implizieren, etwa bei der Recherche zu einem bestimmten Thema in Zeitungen, das heißt bei einem thematisch fokussierten Lesen und Erschließen von Informationen aus unterschiedlichen Materialien. In solchen Kontexten ist das gesamte Arsenal des Lesens mit dem Stift sehr gut einsetzbar.

Textvergleichend lesen

Dabei sind die beiden Spalten links auf alle Textsorten beziehbar, sie stützen die Analyse des Textsinns, die linke Spalte vor allem satz- und aussagenbezogen, die mittlere bezogen auf makrostrukturelle Einheiten bzw. Absätze eines Textes. Demgegenüber beschreibt die rechte Spalte Schreibverfahren vor allem für den Umgang mit Meinungstexten, und hier besonders mit einer größeren Zahl von Meinungstexten, die *vergleichend* gelesen werden. Es geht dabei um das Leseverstehen stützende Verfahren, die über den einzelnen Text hinausgehen und textübergreifende, diskursbezogene Kohärenzbildungsprozesse initiieren können.

Den Blick auf das Autorhandeln lenken

Entscheidend auch für das materialgestützte Schreiben ist dabei: Hier wird der Blick auf das Autorhandeln gelenkt, das beschrieben werden soll. Das ist keine leichte Aufgabe: Der Autor *beginnt seinen Kommentar mit dem Hinweis …, er stellt in Frage, dass ….er kommentiert in ironischer Weise …. er weist hin auf den Widerspruch …. , kommt zu dem Ergebnis, dass…* usw. Formulierungen dieser Art bringen eine Analyse der rhetorischen Struktur etwa von Kommentaren zum Ausdruck und fordern damit das pragmatische Textverstehen heraus. Es lohnt sich, auf die Suche nach Ausdrücken dieser Art zu gehen, sie zu sammeln und für das Schreiben zur Verfügung zu stellen. Solche Ausdrücke fassen Texte nicht als Behälter mit Inhalten, sondern als Resultate von Handlungen auf und legen damit die Grundlage für ein kritisches Lesen des Materials, wie es vor allem für argumentierendes materialgestütztes Schreiben gefordert ist.

Didaktik materialgestützten Schreibens

Grundlagen

PISA-Lesekompetenzbereich (Skalen)	Informationen ermitteln	Textbezogenes Interpretieren	Reflektieren und Bewerten
Textverarbeitungsebenen (Schnotz 2000)	Textoberfläche	Textbasis & Referentielles Modell	Kommunikationsabsicht & Textsorte
Primärer Bezug	Wörter und Sätze	Absätze	Textkohärenz & Autorintention
Verstehensfördernde Handlungen	– Begriffe nennen – Aussagen identifizieren – Aussagen paraphrasieren	*Zusammenfassen:* (reduktiv & elaborativ) – Auslassen – Selegieren – Integrieren – Generalisieren – Konstruieren *Visualisieren*	– *Distanzieren* – *Vergleichen* – *Kommentieren* – *Synthetisieren*
Schreibendes Lesen	– *Unterstreichen* – *Stichwortliste* – *Randnotizen/ Glossen* – *Paraphrasieren & Umformulieren* – *Fragen zum Text stellen, die aus dem Wortlaut beantwortbar sind (mdl. oder schrftl.)*	– *Absatzthema & Absatzaussage formulieren* – *Absatzaussagen zu einer Zusammenfassung integrieren* – *Voraussagen zum Textfortgang formulieren (z. B. ausgehend von Überschriften oder einzelnen Sätzen)* *Analytische Mindmap*	– *Beschreiben der Autorhandlungen,* Liste handlungsbeschreibender und -kommentierender Ausdrücke erstellen – *Fragen an den Text formulieren* (z.B. zu Haltbarkeit und Schlüssigkeit von Argumenten und Beispielen) – *Schriftliches Vergleichen verschiedener Texte zum gleichen Thema:* (Wie geht der Autor vor? Highlighting & Hiding) – *Vergleichsaspekt bestimmen* – *Synthetische Mindmap erstellen* – *Kommentierendes synthetisches Referat schreiben*

Abb. 4: Lesen und Schreiben

Dabei ist einerseits klar, dass das Lesen für die Zwecke materialgestützten Schreibens nicht auf vollständige Text- und Materialanalysen zielt. Andererseits können Informationen, Begriffe, Thesen, Argumente und Beispiele nur dann zuverlässig für das eigene Schreiben genutzt und gebraucht werden, wenn

Keine Textanalyse? Ja, aber!

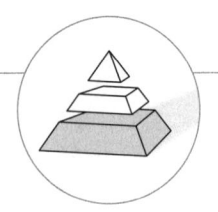

sie nicht einfach aus dem Kontext gerissen oder gar entgegen ihrem Sinn im Ausgangsmaterial verwendet werden. Deshalb kann die Materialerschließung nicht ohne eine Materialanalyse auskommen. Eine didaktisch hilfreiche Metapher ist hier vielleicht die der Materialien-*Landkarte*: Eine Landkarte ist immer eine Abstraktion. Sie verzeichnet nicht alles, sondern nur das zur Orientierung Wichtige. Was kommt in den Materialien vor, wie ist es dort verortet, wie sehen die Beziehungen zwischen den verschiedenen Materialien aus? Antworten auf diese Fragen ergeben als wichtiges Ergebnis des Lesens ein Bild der Materialienstruktur (Rouet/Britt 2011). So, wie auch Landkarten erst aus der Begehung und Vermessung verschiedener Teile eines Territoriums entstehen, kann man sich auch die Erschließung der verschiedenen Materialien vorstellen. Aus der Erschließung entsteht – wie bei einer Landkarte – eine Übersicht der relevanten Komponenten und Beziehungen im Material.

Materialien-Landkarte

Eine gute Möglichkeit, eine solche Übersicht herzustellen – bevorzugt beim argumentierenden materialgestützten Schreiben – besteht im Anlegen von Tabellen, bei denen jede Spalte für eines der Materialien vorgesehen ist. In die Spalten werden dann parallel Thesen und Argumente aus den Materialien als Zitate oder Paraphrasen eingetragen, die sich aufeinander beziehen lassen, sei es in der Form von gegensätzlichen Positionen, sei es in der Form einander stützender Äußerungen aus den Texten. Dies ist eine gute Übung auch für die Vorbereitung einer eigenständigen Kategorienbildung (vgl. Schüler 2015).

Arbeiten mit Texttabellen

Neben den Markierungs-, Auszeichnungs-, Interpretations- und Ordnungsfähigkeiten, die für die Materialerschließung zu fördern sind, kommt es in einem weiteren Schritt darauf an, auf der Grundlage des Lesens die Planungsfähigkeiten der Schüler zu stützen. Wie kann die in den verschiedenen Texten und Materialien für vorläufig geeignet befundene Auswahl von Informationen, Begriffen, Thesen, Argumenten und Beispielen zusammengeführt und für den selbst zu schreibenden Text in eine eigene Ordnung gebracht werden? Mit diesen Fragen kommen wir zur *Materialaufbereitung* als erstem Schritt des Planens.

Die Darstellung bisher ergibt unter lesedidaktischen Aspekten das folgende Ablaufschema für den Unterricht. Dabei ordnen wir den Aspekt der Materialaufbereitung bereits dem Planen zu, denn hier geht es nicht mehr in erster Linie um das Material, sondern um den neu zu schreibenden Text.

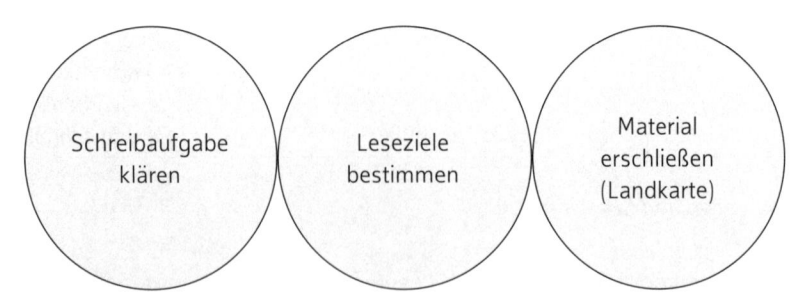

Schreibaufgabe klären — Leseziele bestimmen — Material erschließen (Landkarte)

Abb. 5: Lesedidaktische Elemente für materialgestütztes Schreiben

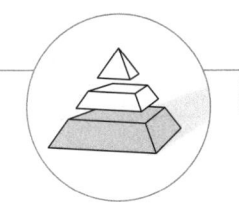

2.3 Planen

Alle Schüleraktivitäten im Lesen, die auf eine Darstellung und Repräsentation von Text- und Materialauszügen und deren Einordnung, Bewertung und Kommentierung für das eigene Schreiben zielen, fassen wir unter den Begriff der *Materialaufbereitung*. Sie ist die zentrale Komponente des Planens. Sie ist aber – auch didaktisch - nicht die zeitlich erste Komponente. Denn bei Licht betrachtet, beginnt ja der Planungsprozess für den zu schreibenden Text, wie im letzten Kapitel deutlich wurde, bereits vor dem eigentlichen Lesen. Wenn Überlegungen dazu angestellt werden, was für die Adressaten des Textes relevant sein könnte und was sie interessiert, wenn überlegt wird, was man mit dem zu schreibenden Text bei den Adressaten erreichen möchte und wenn z.B. etwa darüber nachgedacht wird, ob der in Frage stehende Sachverhalt besser in Form eines offenen Briefes oder aber z.B. als Zeitungsartikel publiziert werden soll, dann sind das Planungsfragen. Diese Planungsfragen betreffen nicht die inhaltliche Seite des zu schreibenden Textes, sondern dessen kommunikative Seite. Im Blick darauf sprechen wir deshalb von der **kommunikativen Planung**. Wann genau sie zeitlich stattfindet, mag beweglich sein, wichtig ist aber auch für den Unterricht zum materialgestützten Schreiben, dass sie überhaupt stattfindet und dass die angesprochenen Fragen (Kommunikationsziele, Adressaten, Kommunikationsform und Textsorte) mit den Schülern bedacht werden. Auch wenn diese Planungsfragen tatsächlich noch während der Materialerschließung und vielleicht sogar noch während des Schreibens im engeren Sinn immer wieder eine Rolle spielen mögen, ist es sicher sinnvoll, erste Überlegungen zur kommunikativen Planung schon vor Beginn der Arbeit mit dem Material anzustellen. Von der kommunikativen Planung zu unterscheiden sind die Inhaltsplanung und die Textplanung.

Planungsarten unterscheiden

Was will ich erreichen?

Kommunikative Planung

Schreibziele
Adressaten
Textsorte

– Was ist mein Ziel?
– Wen will ich erreichen?
– Was fordert die Textsorte?

Inhaltsplanung

Materialaufbereitung
Inhaltsordnung

– Welche Materialteile will ich verwenden?
– Welche Inhaltspunkte kann ich bilden?
– Wie ordne ich die Inhaltspunkte?
– Wie koordiniere ich Inhalt & Material?

Textplanung

Reihenfolge
Rhetorische Struktur

– Wie beginne ich?
– Wie geht es weiter?
– Wie ist der Schluss?

Abb. 6: Planungsschritte

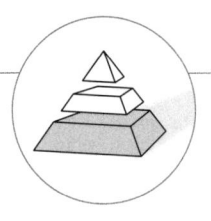

Was will ich schreiben?

Bei der **Inhaltsplanung** gibt es gegenüber der Materialerschließung noch einmal Auswahlprozesse: Nicht alles, was für das Thema interessant ist, wird schließlich in den eigenen Text übernommen. Der Inhaltsplan zeigt die vom Schreiber selbst gebildeten inhaltlichen Knotenpunkte, die mit Bezügen auf die Materialien hinterlegt sind. Wichtig für die Inhaltsplanung sind außerdem die Beziehungen zwischen diesen Knotenpunkten: Stützen und ergänzen sich die jeweiligen inhaltlichen Gesichtspunkte, sind sie gleichrangig oder stehen sie in einem hierarchischen Verhältnis von Unterordnung und Überordnung usw.? Bei der Inhaltsplanung geht es um die Aufbereitung und Strukturierung der Ergebnisse der Materialerschließung für den eigenen Text. Auch hier kann eine Metapher hilfreich sein, um den Unterschied zwischen *Materialerschließung* einerseits und *Materialaufbereitung* andererseits deutlich zu machen: Wenn wir für die Materialerschließung die Metapher der Landkarte vorgeschlagen haben, dann eignet sich für die Materialaufbereitung die Metapher eines Park- oder Gartenplans. Auch der Plan eines Parks ist eine Abstraktion, aber anders als bei der Landkarte geht es hier um die *Möglichkeiten zur Gestaltung* einer Landschaft. Ein Park wird planvoll angelegt, und es wird überlegt, aus welchen Landschaftskomponenten (Wegen, Pflanzen, Gewässern etc.) er zusammengestellt werden soll. Es geht um Sichtachsen und Perspektiven, die in dieser Landschaft für die Parkbesucher angelegt werden. Hier steht also – nun bezogen auf das materialgestützte Schreiben – nicht die Analyse der Materialien im Vordergrund, sondern die Synthese von Komponenten aus den Materialien für den eigenen Text. Dies soll die Materialaufbereitung für den zu schreibenden Text leisten.

Material aufbereiten

(1) Material auswählen	(2) Inhaltspunkte bilden
Materialaufbereitung	
(3) Inhaltspunkte ordnen	(4) Materialien & Inhaltspunkte zuordnen

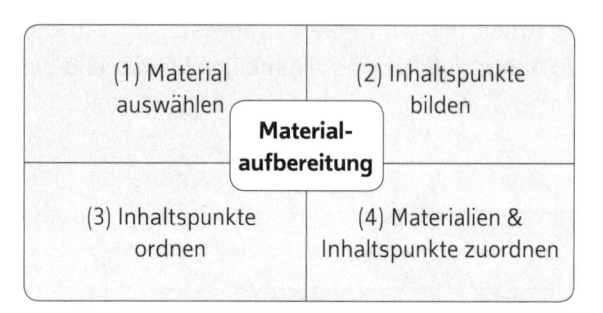

Abb. 7: Inhaltsplanung und Materialaufbereitung

Bei der Materialaufbereitung nutzen die SchreiberInnen vielfältige Möglichkeiten, aus den Materialien für das eigene Schreiben Inhalte, z.B. wichtige Informationen oder Argumente, aber auch prägnante Formulierungen in Form von Zitaten herauszuziehen. Diese Auszüge und Notizen aus den Materialien werden dann weiter verarbeitet. Beobachtet man empirisch, wie bei der Aufbereitung von Komponenten aus den Materialien für die Inhaltsplanung vorgegangen wird, kann man mit den Schreibforschern Hayes und Flower vier Hauptmöglichkeiten unterscheiden, die sich als Fragen formulieren lassen (vgl. Hayes/Flower 1980, nach Schüler 2016, S. 189):

- Kann ich die Materialnotiz für den Anfang oder das Ende meines zu schreibenden Textes brauchen?
- Kann ich die Materialnotiz einem meiner inhaltlichen Hauptpunkte zuordnen?

Didaktik materialgestützten Schreibens

Grundlagen

- Ist die vorliegende Materialnotiz einem meiner bisherigen inhaltlichen Hauptpunkte unter- oder übergeordnet?
- Ist die vorliegende Materialnotiz geeignet, einen neuen inhaltlichen Hauptpunkt zu begründen, dem wiederum andere Notizen zugeordnet werden können?

Diese Fragen sind im Zusammenhang mit den jeweiligen Materialien und insbesondere den Resultaten der Materialerschließung von hohem praktischem Wert. So kann in der Form einer Mindmap anhand der Fragen die Zusammenstellung der Inhaltspunkte erfolgen, die für das Schreiben herangezogen werden sollen. Weitere Ausführungen zum Erstellen von Mindmaps ersparen wir uns hier, weil es dazu sehr viel einschlägiges Material gibt. Zwei Hinweise nur: 1) Die Knoten innerhalb von Mindmaps bestehen in der Regel aus thematischen und begrifflichen Konzepten, denen andere thematische und begriffliche Konzepte jeweils wieder untergeordnet sind. Es sollten nicht mehr als 6–7 Hauptknoten sein. Es ist für den späteren Schreibprozess hilfreich, wenn diese Knoten und Unterknoten jeweils mit nachvollziehbaren Verweisen auf die Materialsammlung versehen werden. 2) Der Inhaltsplan in Form einer Mindmap enthält noch keine Hinweise zur Reihenfolge der Bearbeitung der verschiedenen Inhaltspunkte im Schreiben. Eine Möglichkeit, hier über den Inhaltsplan hinauszugehen und sich schon in Richtung der Textplanung zu bewegen, besteht darin, die einzelnen Knotenpunkte durchzunummerieren, und zwar in der Reihenfolge, in der sie beim Schreiben bearbeitet werden sollen.

Mit Mindmaps planen

Aggregatives oder synthetisches Ordnen?

Die beiden Fragen: „Welche Inhaltspunkte kann ich bilden?" und „Wie kann ich diese Inhaltspunkte ordnen?" sind in vielen Fällen materialgestützten Schreibens nicht ganz leicht zu trennen. Eine große Herausforderung für die Planung ist es, die verschiedenen Materialien im entstehenden Text nicht einfach nebeneinanderzustellen, sondern sie unter selbst gefundenen Inhaltspunkten aufeinander zu beziehen. Das ist der Unterschied zwischen sogenanntem aggregativem und synthetischem Ordnen. Ein gutes Beispiel dafür ist das argumentierende materialgestützte Schreiben. Hier liegen in den Materialien oft Äußerungen von Autoren vor, die verschiedene Positionen zu einer Streitfrage vertreten. Man kann nun so vorgehen, dass man sich an den einzelnen Autoren orientiert und deren Auffassungen inhaltlich wiedergibt, um schließlich zu einem eigenen Resumee zu kommen. Das wäre ein aggregatives Ordnen der Inhalte. Oder man fragt, welche von den einzelnen Autoren abgelösten inhaltlichen Schwerpunkte es in der Debatte gibt. Diesen Inhaltspunkten werden dann Positionen aus den einzelnen Materialien zugeordnet. Das wäre ein synthetisches Ordnen. Synthetisches Ordnen verlangt eine höhere Eigenständigkeit im Zugriff auf die Materialien, und es ist planerisch anspruchsvoller, denn für die Synthese muss man selbstständig Ordnungspunkte bilden. Es gibt aber durchaus auch SchreiberInnen, denen es gelingt, ihre Argumentation einerseits im aggregativen Modus an den verschiedenen Autoren zu orientieren, indem sie deren Positionen vorstellen, die aber zugleich andererseits die Vielfalt

Wie kann ich selbstständig ordnen?

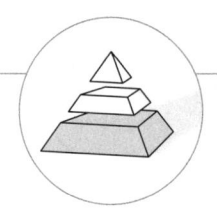

der Beziehungen zwischen diesen Positionen im eigenen Text kenntlich machen und für die eigene Argumentation nutzen können. Die Markierung und Vernetzung verschiedener wiederzugebender Positionen beim Schreiben stellt hohe Ansprüche an die Formulierungsfähigkeit und an die vorauszusetzenden sprachlichen Textkompetenzen. Darauf gehen wir im nächsten Kapitel ein.

Mit Thesen planen

Es gibt neben Mindmaps auch weitere produktive Verfahren der Inhaltsplanung. Dazu zählt etwa das Formulieren von Thesen, die den eigenen Beitrag strukturieren können. Anders als Begriffe sind Thesen, weil sie Bedeutungsbeziehungen formulieren, bereits näher am Schreibprozess. Man kann einen Text schon schreiben, indem man erläutert, was in den Thesen formuliert ist. Allerdings ist die Formulierung solcher, von den Einzelmaterialien abstrahierender Thesen für den eigenen Text schon anspruchsvoll.

Für die Inhaltsplanung gibt es viele produktive Möglichkeiten, kooperatives Lernen zu nutzen. Das gilt etwa für die Erstellung von Inhaltsplänen in Partnerarbeit. Wenn zwei Partner sich auf eine Folge von z.B. fünf Thesen zu Materialien einer kontroversen Debatte einigen sollen, kann dies ein Beitrag nicht nur zur Schreibplanung, sondern vor allem auch zu einem vertieften Verstehen der Materialien sein. Die Inhaltsplanung eignet sich überdies für konferenzartige Arbeitsformen, in denen die SchülerInnen sich wechselseitig ihre Inhaltspläne vorstellen und Vorschläge zur Verbesserung machen.

Textplanung: Wie fange ich an und wie höre ich auf?

Auf die Inhaltsplanung folgt die **Textplanung**. Hier geht es nicht mehr um die Inhalte, sondern um die Textkomposition, das heißt den konkreten Textaufbau und die damit verbundenen Auswahlentscheidungen. Diese Entscheidungen sind einerseits mitbestimmt von der Textsorte, andererseits von inhaltlichen und rhetorischen Überlegungen. So muss sich der Absender, wenn er dem Adressaten unbekannt ist, bei einem Brief in der Regel zunächst einmal selbst kurz vorstellen. Danach ist, wiederum abhängig von der Textsorte, z.B. wenn es ein Reklamationsbrief ist, das Anliegen, um das es dem Schreiber geht, vorzustellen usw. Bei der Textplanung geht es um Fragen der konkreten Textgestaltung: Beginne ich meinen ersten Inhaltspunkt mit einem Zitat, beginne ich mit einer Frage, beginne ich mit einer persönlichen Erfahrung oder dem Bericht eines bisher nicht bekannten Faktums? Hier müssen die SchreiberInnen sich für ihren Textplan festlegen. Die jeweilige Auswahlentscheidung hat dann Konsequenzen für die Frage, wie inhaltlich dann angeschlossen werden kann. Sowohl die Frage des Textanfangs als auch des Textendes zeigen exemplarisch, dass es dabei nicht nur um Inhaltliches, sondern gerade auch Fragen der Wirkung auf mögliche Leser, also rhetorische Aspekte der Planung geht. Was ist ein Anfang, der die Aufmerksamkeit der Leser gewinnt, was ein wirksamer Schluss für eine Argumentation?

Für die Verbindung von Inhaltsplanung und Textplanung kann man den SchülerInnen Unterstützung bieten, z.B. in der Form einer zweispaltigen Tabelle, bei der die SchülerInnen in die linke Spalte die sequenzierten Inhaltspunkte und Unterpunkte aus ihrer Mindmap eintragen und in der rechten Spalte parallel dazu festhalten, welches Zitat, welches Material, welche Zusammenfassung oder Bewertung sie hier zuordnen möchten.

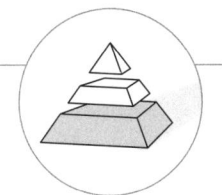

2.4 Formulieren

Etwas zu formulieren umfasst weit mehr, als einfach nur das Geplante und Ausgedachte aufzuschreiben. Die Schreibforschung sieht das Formulieren als eine Aufgabe, bei der es darum geht, kognitive und kommunikative Schreibprobleme zu lösen: Wie schaffe ich es, die Aufmerksamkeit des Lesers zu gewinnen? Wie kann ein Sachverhalt treffend ausgedrückt werden? Wie kann ich etwas inhaltlich Komplexes für den Leser anschaulich darstellen? Das sind einfache Beispiele für Formulierungsprobleme. Hier wird schon deutlich, dass es beim Formulieren sehr stark auf sprachliches Können und Wissen ankommt. Schreiberinnen und Schreiber müssen ihre Probleme beim Formulieren zwar individuell lösen, denn das macht ja schließlich die besondere Qualität eines Textes aus, aber sie können dafür auf sprachliche Routinen zurückgreifen, die für die verschiedenen Anforderungen beim Schreiben von Texten zur Verfügung stehen. Diese Routinen nennen wir „Textprozeduren" (Feilke 2014).

Textprozeduren = sprachliches Schreibwissen

Routinierte SchreiberInnen
- können z. B. Texte gliedern, und sie wissen, welche Mittel ihnen dafür zur Verfügung stehen. Sie können Überschriften und Zwischenüberschriften formulieren, und kennen die Muster dafür.
- Sie können Materialien, die sie gelesen haben, aufeinander beziehen, sie vergleichen, voneinander abgrenzen oder sie z. B. als einander ergänzende Belege für eine These verwenden;
- sie wissen, wie man Inhalte aus anderen Texten im eigenen Text wiedergibt (Zitieren und Verweisen), und
- sie wissen, wie man z. B. eine Tabelle oder eine Abbildung beschreiben und ihre Informationen in den eigenen Text integrieren kann.

Dies alles sind auch beim materialgestützten Schreiben wiederkehrende Anforderungen, für die sich sprachliche Routinen, Textprozeduren also, ausgebildet haben. Wer eine Textprozedur beherrscht, der weiß erstens, was getan werden muss (Handlungschema) und er kennt zweitens Formulierungsmuster (Prozedurausdrücke), die dafür zur Verfügung stehen. Beispielhaft möchten wir auf einen Bereich etwas genauer eingehen, der charakteristisch für besondere Formulierungsanforderungen beim materialgestützten Schreiben ist. Er betrifft Muster der Redewiedergabe beim Wiedergeben von Inhalten aus den Materialien.

Zum Beispiel: Inhalte und Äußerungen aus Materialien wiedergeben

In den Bildungsstandards für die Allgemeine Hochschulreife werden zur Erläuterung einer Beispielaufgabe zum materialgestützten Schreiben informierender Texte die relevanten Schreibstandards angeführt (vgl. BS AHR 2012, 146). Es heißt dort unter anderem:

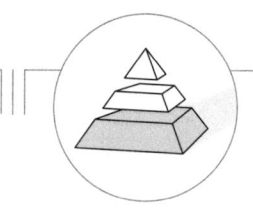

„Die Schülerinnen und Schüler können
- ... aus [...] Informationsquellen Relevantes für die eigene Textproduktion auswählen und in geeigneter Form aufbereiten,
- Textbelege und andere Quellen korrekt zitieren bzw. paraphrasieren, [...]
- Inhalte und Argumentationen komplexer Texte zusammenfassen, exzerpieren und referieren."

Eigenes und Fremdes unterscheiden

Selbst viele Studierende verfügen über diese Fähigkeiten nicht. Die Hauptherausforderung liegt darin, dass es beim Erwerb dieser Kompetenzen um weit mehr geht, als um das bloße Lernen von Zitierkonventionen. Es geht beim materialgestützten Schreiben ganz zentral um das Verhältnis von Eigenem und Fremdem: Der eigene Text entsteht erst in der Auseinandersetzung mit Texten anderer und unter Verwendung von Ideen, unter Umständen auch von Formulierungen aus den Materialien. Andererseits bleibt er in der Regel nicht dabei stehen, sondern es kommen die eigene Auffassung des Schreibers, seine Interpretation der Materialien und entsprechende Schlussfolgerungen hinzu. Bei der Unterscheidung von Eigenem und Fremdem geht es nicht nur um den sogenannten Schutz geistigen Eigentums. Die Unterscheidung ist wichtig, wenn man Wert darauf legt, zu erfahren, was der jeweilige Textautor meint. Dafür muss man die Botschaft des Autors unterscheiden können von Inhalten, die der Schreiber zwar referiert und nutzt, aber sich nicht selbst zu eigen machen möchte. Schon für frühe Annäherungen an das materialgestützte Schreiben in der Sekundarstufe I ist es deshalb elementar, dass die SchülerInnen lernen, dass es ein hoher Wert ist, Eigenes und Fremdes im Schreiben unterscheiden zu können. Aber wie geht das? Wie kann fremdes Material in den eigenen Text eingebunden werden, und wie kann diese Einbindung für die Leser markiert werden? Darüber hinaus kommt es beim *argumentierenden* materialgestützten Schreiben gerade auch darauf an, fremdes Material nicht nur zu nutzen und einzubinden, sondern dabei auch die eigene Position gegenüber zitierten Argumenten zum Ausdruck bringen zu können. So heißt es auch hierzu in den Standards: „[...] Der entstehende Text soll die Kontroverse sowie die Argumentation und die vom Prüfling eingenommene Position für den Adressaten nachvollziehbar machen." (BS AHR, S. 33). Wenn also beim materialgestützten Argumentieren zum Beispiel eine Kontroverse dargestellt wird, so muss der Schreiber die verschiedenen Positionen referieren und als fremde Positionen kenntlich machen, und zugleich wird erwartet, dass er auch die eigene Positionierung gegenüber diesen fremden Auffassungen für den Leser deutlich macht. Es kann also zunächst festgehalten werden, dass die entsprechenden Leistungen im Text ein wichtiger und in der Aufgabe ausdrücklich anzusprechender Teil des Erwartungshorizonts für materialgestütztes Schreiben sind.

Quellen wiedergeben, aber wie?

SchülerInnen begegnen diesen Anforderungen beim materialgestützten Schreiben nicht zum ersten Mal. Schon früh in der Sekundarstufe I wird im Kontext der Behandlung von Berichten etwa die berichtete Rede zum Thema. Wenn dann die ersten Inhaltsangaben geschrieben werden, geht es ebenfalls darum, Textinhalte zusammenfassend darzustellen und dafür eine referierende Haltung gegenüber dem Bezugstext einzunehmen, die im eigenen Text auch für den Leser erkennbar wird. Hier kommen die Textprozeduren der Redewiedergabe ins Spiel. Noch viele Studierende sind der

Didaktik materialgestützten Schreibens

Grundlagen

Auffassung, man müsse, wenn man Inhalte eines fremden Textes verwendet und wiedergibt, auf jeden Fall den Konjunktiv I der Redewiedergabe dafür benutzen. Das führt dann oft zu sehr steifen und zwanghaften Texten. Es ist wenig bekannt über das breite Spektrum der Möglichkeiten, Inhalte fremder Texte wiederzugeben. Abb. 8 gibt eine vereinfachte Übersicht dazu.

Inhaltswiedergabe	Indirekte Redewiedergabe	Direkte Redewiedergabe
Umschreiben, Zusammenfassen	Redewiedergabe im Konjunktiv; Redewiedergabe im Indikativ z. B. mit Zitatverb und mit dass-Satz, mit Zitatnomen, mit Zitatpräposition	Zitieren, Teil-Zitate

Abb. 8: Wiedergabeformen im materialgestützten Schreiben

Inhalte wiedergeben

Man muss zunächst die Inhaltswiedergabe von der Redewiedergabe unterscheiden. Wenn man fremde Texte zusammenfasst oder mit eigenen Worten reformuliert, werden Inhalte aus den Materialien wiedergegeben, aber es wird keine Rede wiedergegeben. Das ist eine gute Möglichkeit, Inhalte zu referieren. Ein Beispiel dafür ist der folgende Auszug aus einem Schülertext zur Schreibaufgabe „Wie bunt ist die Welt?". Die Schreiberin leitet ihren Text ein, indem sie Inhalte zum Thema aus den Materialien nutzt und wiedergibt.

Mit eigenen Worten

Die Sprache gilt schon seit Jahrhunderten als ein machtvolles Instrument und hat einen Einfluss auf das menschliche Denken, die individuelle Wahrnehmung und das Gedächtnis (vgl. Kupferschmidt 2011). Dabei kann in vielen unterschiedlichen, wissenschaftlichen Bereichen untersucht werden, inwiefern die Einzelsprachen das menschliche Denken und das Weltbild des Individuums beeinflussen, beispielsweise im Bereich der Farbwörter. Fast jeder Mensch kennt die unterschiedlichen Farbbezeichnungen und doch existieren in den Einzelsprachen verschiedene Farbskalen sowie auch differenzierte Farbunterscheidungen (vgl. Schramm; Wüstenhagen 2012). Diese Kontroversität innerhalb dieses Bereiches soll in folgendem Artikel näher beleuchtet und erläutert werden.

Dass der Inhalt trotzdem nicht von ihr selbst stammt, macht die Schreiberin deutlich, indem sie einfach auf ihre Quelle(n) bzw. die Materialien verweist. Man kann den Autor oder den Titel des Textes erwähnen, auf den man sich bezieht. Für Aufgaben zum materialgestützten Schreiben ist es deshalb wichtig, dass alle Materialien ihrerseits bibliografisch ausgewiesen und mit einem Titel versehen sind, unter dem die Schüler darauf Bezug nehmen können.

Äußerungen original wiedergeben: Zitieren

Authentisches Wiedergeben

Sehr oft ist es bei der Wiedergabe aber auch so, dass nicht nur der Inhalt dargestellt werden soll, sondern gerade die Art und Weise, wie er im Material formuliert worden ist, wiedergegeben werden soll. Dann geht es um das *Zitieren*, entweder in Form von Vollzitaten oder auch durch Einbindung von Teilzitaten in eigene Formulierungen. Das ist die rechte Spalte in Abbildung 8. Die Möglichkeiten der *direkten Redewiedergabe* werden vor allem dann genutzt, wenn es sich um prägnante Formulierungen oder wichtige Aussagen handelt, die jemand Bestimmtem zuzuschreiben sind und die man gerne im eigenen Text verwenden möchte. Beim materialgestützten Argumentieren etwa sind es oft Autoritäts-Zitate, bei denen diese direkte Form der Redewiedergabe sinnvoll ist. Im Unterschied zu Inhaltswiedergaben und Formen indirekter Redewiedergaben bedeutet ein Zitat immer: Es ist tatsächlich so gesagt oder geschrieben worden. Deshalb werden direkte Redewiedergaben bekanntlich durch Anführungszeichen in besonderer Weise markiert. Damit übernimmt der Schreiber eine hohe Verantwortung für das Zitierte.

Was ein Zitat sagt, hängt vom Gebrauch ab

Für das materialgestützte Schreiben ist es wichtig, die Aufmerksamkeit der SchülerInnen für das Problem falschen Zitierens zu stärken. Wie kann ein Zitat durch Auslassungen und Verkürzungen in seinem Inhalt verändert werden? Und wie kann - selbst wenn genau zitiert wird - sein Sinn dadurch verändert werden, dass das Zitat in einen neuen und fremden Kontext gestellt wird, dass es also aus dem Zusammenhang gerissen wird? Hierzu sollte man mit den SchülerInnen einige Übungen machen, in denen genau der Aspekt des Einbindens von Zitaten in wechselnde Kontexte spielerisch erprobt und im Blick auf die Wirkungen befragt wird. So können die SchülerInnen erkennen, dass bei Zitaten im materialgestützten Schreiben eine genaue Redewiedergabe zwar wichtig ist, dass aber vor allem der Kontext, in den der Schreiber oder die Schreiberin das Zitat beim Schreiben stellt, den Ausschlag für das Verständnis des Zitats gibt:

- Die Bundeskanzlerin stellt sachlich fest: „Wir schaffen das!"
- Die Bundeskanzlerin ermutigt nachdrücklich: „Wir schaffen das!"
- Die Bundeskanzlerin strahlte naiv: „Wir schaffen das!"
- Die Bundeskanzlerin tröstete mütterlich: „Wir schaffen das!"
- Die Bundeskanzlerin meint bekanntlich: „Wir schaffen das!"
- Das zuversichtliche „Wir schaffen das!" der Bundeskanzlerin ist zwischenzeitlich einer verbreiteten Skepsis gewichen.

Vor allem das letzte Beispiel der Reihe zeigt, dass Schreiberinnen und Schreiber Zitate für vollkommen eigenständige Aussagen nutzen können.

Kontexte für Wiedergaben bestimmen den Sinn

Kontexte schaffen

Für den Sinn der Wiedergaben aus den Materialien kommt es – bei Zitaten ebenso wie bei indirekten Wiedergaben – vor allem auf den Wiedergabekontext an, den die SchreiberInnen selbst gestalten. Das sieht man an dem Bundeskanzlerin-Beispiel: Redekennzeichnende Verben wie *sagen, ermuti-*

gen, trösten und *meinen*, aber auch *bestätigen, bezweifeln, kritisieren, einschränken* und viele andere mehr, die nicht vom Zitierten selbst stammen, sondern die der Schreiber einsetzt, prägen den Sinn des Zitats. Das gilt auch für ein Verb wie „strahlen", das freilich kein Zitatverb ist, aber hier so gebraucht wird.

Sehr stark kann der Schreiber die Redewiedergabe auch durch Adverbiale modifizieren. Im Beispiel: *sachlich, nachdrücklich, naiv, mütterlich, bekanntlich*. Adverbiale werden auch genutzt, um Äußerungen zu anderen Positionen ins Verhältnis zu setzen:

- *im Unterschied zu* X stellt Y dazu fest: „...",
- *In diesem Sinn* formuliert auch X: „...".
- *Einschränkend* bemerkt Y dazu, dass ..... .

Beziehungen herstellen

Für das materialgestützte Schreiben ist dies ein wichtiges Thema: Welche Formen des Zitierens sind sinnentstellend? Was sind Kriterien für eine verlässliche Wiedergabe? Wie können die Schülerinnen und Schüler beim Wiedergeben z. B. durch Verben und Adverbiale das Verhältnis zwischen den Materialien und eigene Perspektiven mit zum Ausdruck bringen? Es ist sinnvoll, diese Fragen nicht abstrakt zu behandeln, sondern zum Beispiel im Kontext von Überarbeitungssituationen, in denen sich die Schüler wechselseitig Rückmeldungen zu ihren materialgestützt verfassten Texten geben. Nur so kann ein Sensorium für die entsprechenden Probleme geschaffen werden.

Äußerungen indirekt wiedergeben

Zentral für das Handwerk der Redewiedergabe im materialgestützten Schreiben sind schließlich insbesondere auch die Möglichkeiten der indirekten Redewiedergabe. In Abb. 8 ist dies die mittlere Säule. Während das Zitieren durch die wörtliche Rede Authentizität und Unmittelbarkeit herstellt, signalisiert eine indirekte Wiedergabe größere Distanz. Hier hat der Schreiber oder die Schreiberin mehr Möglichkeiten, Äußerungen aus dem Material in das eigene Schreiben einzubinden. Während direkte Zitate die Aufmerksamkeit der Leser vor allem auf die Form, in der etwas gesagt worden ist, lenken, rücken die indirekten Formen der Redewiedergabe stärker die Inhalte der wiedergegebenen Äußerung in den Mittelpunkt. Es wird außerdem deutlich, dass es der Schreiber ist, der diese Inhalte für die Leser aufbereitet. Die Vielfalt der Möglichkeiten, die es hier gibt, wird in den folgenden Beispielen deutlich, die einem Schülertext zu unserer materialgestützten Schreibaufgabe *Wie bunt ist die Welt?* entnommen sind. Kursiv sind jeweils die Wiedergabe signalisierenden Ausdrücke hervorgehoben. Mit solchem Material kann man die Schüler produktiv arbeiten lassen, um ihnen das Spektrum der hier zur Verfügung stehenden Textprozeduren zugänglich zu machen.

Distanz signalisieren

Vielfalt indirekter Wiedergaben

1. Bereits 1978/79 *stellten die Forscher Berlin und Kay fest, dass* einige Sprachen auf einem niedrigeren Niveau in der Beschreibung der Farben bleiben als andere.

2. Ein mexikanischer Maya-Dialekt kam dabei nicht über die Beschreibung von Weiß, Schwarz, Gelb und Grün hinaus. Das Mandarin-Chinesisch kennt die sechs Hauptfarben.
3. In einer anderen Studie kam man zu *der Erkenntnis, dass* universelle Erscheinungen, wie Tag und Nacht oder Erdboden, für die Namensgebung von Hauptfarben verantwortlich seien.
4. Letztendlich kommen alle dieser Untersuchungen zu der *Erkenntnis, dass* es eine große Menge an Farbnamen gibt, die je nach Sprache unterschiedlich verwendet werden.
5. Farbbezeichnungen erscheinen deshalb als *„günstiges Experimentierfeld"*, wie es die Weltwoche 2004 titelt.
6. Einige wissenschaftliche Ansätze *gehen davon aus, dass* alle Menschen das gleiche Farbspektrum sehen, was den vorangegangenen Thesen widerspricht.
7. Was *den Theorien zufolge* jedoch fast überall gleich ist, sind die vier Primär- und Fokalfarben Rot, Gelb, Grün und Blau, sowie das achromatische Weiß und Schwarz.
8. Diese *seien* überall identisch, da sie die stärksten Signale an die Augen liefern.
9. Die Sprachen folgen, *so diese Theorie*, also der Farbwahrnehmung.

Indirekt: nicht nur im Konjunktiv

Diese neun Beispielsätze kommen in dieser Reihenfolge auch im Originaltext vor. Wir haben lediglich einige wenige Sätze dazwischen herausgenommen, die nichts mit der Redewiedergabe zu tun haben. Die Art und Weise, wie in diesen neun Beispielsätzen referiert und Rede wiedergegeben wird, entspricht der Wirklichkeit des Sprachgebrauchs. Lediglich in Beispiel 3 und in Beispiel 8 kommt jeweils eine Form des Konjunktivs der Redewiedergabe vor und auch hier wird sie mit Indikativ-Formen kombiniert. Die Möglichkeiten indirekter Redewiedergabe sind keineswegs beliebig und lassen sich auch für didaktische Zwecke übersichtlich darstellen. Sehr häufig gebraucht ist gleich das im ersten Beispiel vorkommende Muster:

- Zitatverb (z.B. feststellen) + dass + [Redewiedergabe im Indikativ]

Zitatverben als Leserhinweise

Dieses Muster bestimmt mit geringen Abweichungen auch die Beispiele 3, 4 und 6. Es kann nicht nur für die Sprachreflexion, sondern auch schreibdidaktisch eine schöne Übung sein, solche Zitatverben sammeln und ordnen zu lassen: *feststellen, meinen, behaupten, bezweifeln, in Frage stellen*, usw. In Beispiel 6 kommt das ebenfalls häufige Zitatverb *davon ausgehen, dass ...* vor. Solche Zitatverben sind wichtige Signale für den Leser. Sie zeigen, dass Rede wiedergegeben wird. Wenn der Leser dann weiß, dass es um Redewiedergabe geht, hat er auch keine Probleme, Folgesätze, die im Indikativ stehen, als referierte Sätze zu verstehen. So ist es auch hier in Beispiel 2. Wenn es also – wie in Beispiel 1 – für den Leser ein Signal gegeben hat, dass referiert wird, stützt eine solche Rahmung das Verstehen auch des Folgenden als Wiedergabe. Beispiel 3 und 4 funktionieren wie Beispiel 1, nun aber nicht mit einem Zitatverb wie *feststellen*, sondern mit einem Zitatnomen: *die Erkenntnis, dass* ... Gerade in Referaten zu kontroversen Sachfragen ist dieses Muster zur Redewiedergabe sehr verbreitet.

Didaktik materialgestützten Schreibens

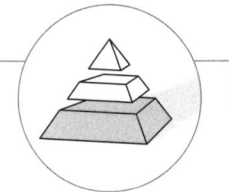

Grundlagen

- die Erkenntnis, dass …
- die Annahme, dass …
- die These, dass …
- die Behauptung, dass … etc.

Eine weitere Variante ist Beispiel 7. Hier funktioniert die Präposition *zufolge* als Redewiedergabesignal, und deshalb kann auch hier im Indikativ wiedergegeben werden. Solche Präpositionen sind auch *laut* oder *nach*. Man muss also Äußerungen aus den Materialien nicht im Konjunktiv referieren. Es geht auch, wie man sieht, sehr gut im Indikativ.

2.5 Überarbeiten

„Writing is rewriting" lautet der oft zitierte Aphorismus eines bekannten Schreibforschers, und das gilt auch für das materialgestützte Schreiben. Ganz wichtig: Überarbeiten ist etwas anderes als Korrigieren. Das Korrigieren bezieht sich auf die Textoberfläche, auf grammatische und orthografische Korrektheit des Textes. Viele SchülerInnen verwechseln das Überarbeiten mit dem Korrigieren. Beim Überarbeiten geht es im Unterschied dazu um die Qualität des Textes:

Überarbeiten = mehr als Korrigieren

- Berücksichtigt der Text mögliche Verstehensschwierigkeiten des Lesers, und spricht er die Leser an; ist er also adressatenorientiert?
- Ist der Textaufbau inhaltlich stimmig und stützt er die Textfunktion, zum Beispiel, den Adressaten zu überzeugen?
- Enthält der Text zentrale Informationen aus den Materialien, und sind die Inhalte gut strukturiert dargestellt?

Überarbeiten ist nicht einfach. Es muss geübt werden und dafür müssen im Unterricht die didaktisch geeigneten Situationen erst hergestellt werden. Es kennzeichnet nicht nur unerfahrene Schreiber und Schreiberinnen, dass sie in den eigenen Texten oft große Schwierigkeiten haben, einen Überarbeitungsbedarf zu erkennen. Der Schreiber weiß stets, was er gemeint hat, und hat deshalb weniger Schwierigkeiten, den eigenen Text zu verstehen. Das sieht für Leser oft ganz anders aus. Das Überarbeiten ist deshalb eigentlich keine Aufgabe, mit der man den einzelnen Schreiber alleine lassen sollte. Schreibdidaktisch ist das Überarbeiten besonders produktiv, wenn es auf Situationen des Austauschs zwischen SchreiberInnen und LeserInnen über die geschriebenen Texte gestützt wird. Hierfür sind kooperative Überarbeitungsszenarien ein Gewinn. Lehnen (2014, S. 425) diskutiert nach Sharples drei Typen solcher Szenarien für kooperatives Schreiben, die in Abb. 8 dargestellt sind. Wir wenden Sie hier auf das Überarbeiten an. Sie können sowohl auf Zwischenprodukte materialgestützten Schreibens, zum Beispiel Inhaltspläne in Form von Mindmaps oder Tabellen, als auch auf den fertigen Text bezogen werden.

Zusammen überarbeiten

| Parallel | Sequential | Reciprocal |

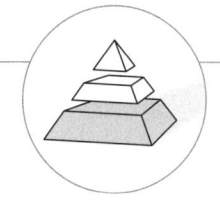

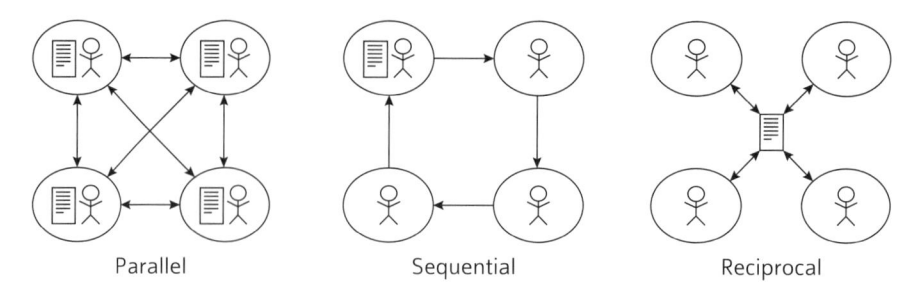

Abb. 9: Überarbeitungsszenarien (Sharples 1999, 1, cit. nach Lehnen 2014, S. 425)

Zeitgleich, nacheinander und wechselseitig

Beim *parallelen Überarbeiten* bekommen alle Mitglieder einer Arbeitsgruppe ein Exemplar des Textes, und jeder achtet auf einen anderen Bereich: So könnte sich einer der SchülerInnen mit der Frage befassen, ob zentrale Inhalte aus den Materialien im geschriebenen Text hinreichend berücksichtigt sind, jemand anders könnte darauf achten, ob verlässlich zitiert und wiedergegeben worden ist, jemand Drittes wiederum könnte vor allem auf die Adressatenorientierung des Textes achten und hierzu Rückmeldungen vorbereiten. Beim *sequenziellen Überarbeiten* wird der Text von verschiedenen Mitgliedern der Arbeitsgruppe nacheinander gelesen und mit Überarbeitungshinweisen zu allen Bereichen versehen. Das *reziproke Überarbeiten* schließlich hat seinen Sinn darin, dass jeweils Paare von Lesern aus der Arbeitsgruppe ihre Überarbeitungsvorschläge aufeinander abstimmen und *wechselseitig* kommentieren. So kann man unterschiedliche Lesarten des Textes für die Überarbeitung nutzen. Auf diese Art und Weise lernt nicht nur der Verfasser oder die Verfasserin des materialgestützt geschriebenen Textes etwas über seinen oder ihren Text, sondern auch die Kommentatoren lernen etwas über das materialgestützte Schreiben insgesamt, denn erfolgreiches gemeinsames Überarbeiten „setzt die Verständigung über Ziele und Funktionen des Textes sowie daraus erwachsene, von allen geteilte sprachlich strukturelle Entscheidungen voraus" (Lehnen 2014, S. 425). Das heißt, schreibdidaktisch ist das kooperative Überarbeiten gerade auch beim materialgestützten Schreiben ein wichtiges methodisches Instrument, aber dessen Einsatz ist gebunden an eine vorausgehende Verständigung aller Beteiligten über Ziele und Mittel materialgestützten Schreibens und an eine unterrichtliche Erarbeitung funktionaler und struktureller Kriterien, die den Rückmeldungen an die Autoren zu Grunde gelegt werden können.

Inhaltspläne und Textpläne kooperativ überarbeiten!

Ja, mach nur einen Plan – oder mehr!

Wenn man nach den besonderen Herausforderungen, aber auch nach den besonderen Chancen fragt, die das kooperative Überarbeiten für das materialgestützte Schreiben bereithält, dann bietet sich neben der gewissermaßen natürlichen Situation einer Überarbeitung der (nahezu) fertiggestellten Texte im Unterricht eine zweite prominente Situation an, die wir hier noch einmal besonders hervorheben wollen: das gemeinsame Überarbeiten der Pläne, insbesondere der Inhaltspläne für das materialgestützte Schreiben.

Didaktik materialgestützten Schreibens
Grundlagen

An dieser Stelle möchten wir auf einen gerade für Lernaufgaben zum materialgestützten Schreiben zentralen Punkt hinweisen: Es gibt, das lässt sich ohne Übertreibung sagen, im Kontext bisheriger schulischer Schreibaufgaben keine Schreibsituation, in der vergleichbar viele sensible Prozessaspekte eine Rolle spielen wie beim materialgestützten Schreiben. Aus den Endprodukten der SchülerInnen ist kaum noch abzuleiten, wie sie vorgegangen sind, wie sie zum Beispiel die gelesenen Materialien verstanden und verarbeitet haben. Selbst wenn Lehrerinnen und Lehrer - mühsam und unsicher genug – noch in irgendeiner Weise rekonstruieren können, wie ein Schüler wohl beim Verfassen seines materialgestützten Textes vorgegangen sein mag, didaktisch gesehen, ist das Kind dann schon in den Brunnen gefallen.

Deshalb muss nach unserer Auffassung das *Planen* materialgestützt verfasster Texte didaktisch besonders stark unterstützt werden. Empirische Untersuchungen zeigen eindeutig: Je differenzierter die Textpläne beim materialgestützten Schreiben sind, desto besser sind die resultierenden Texte (Schüler 2016, S. 350). Schreibkonferenzen im Sinne kooperativer Überarbeitungssituationen zu den Inhalts- und Textplänen der SchülerInnen sollten für das materialgestützte Schreiben deshalb zu einer festen methodischen Komponente im Unterricht werden. Die Argumente dafür liegen auf der Hand und werden durch die Forschung nachdrücklich untermauert:

Pläne kooperativ überarbeiten

- Das kooperative Überarbeiten von Inhalts- und Textplänen eröffnet die Chance, unmittelbar nach Abschluss der Materialsichtung und Materialerschließung Rückmeldungen zum Leseprozess zu geben. Haben die SchülerInnen überhaupt die zentralen Informationen, Thesen, Argumente in den Materialien erfasst? Haben sie die Materialien verstanden? Diese Frage darf der Unterricht nicht im Beliebigen lassen. Eine Möglichkeit, sie zu bearbeiten, ist die Schreibkonferenz zu Inhalts- und Textplänen. Das kooperative Überarbeiten dient hier dem Rückblick auf die Rezeption der Materialien.
- Zugleich ist das kooperative Überarbeiten der Pläne unterrichtlich die Schaltstelle für die Vorschau auf das eigene Schreiben und den Zieltext. Hier ist es noch möglich, im Zusammenhang mit den Leseprozessen didaktisch einzuwirken auf die Gestaltung der Schreibprodukte. Die dafür geforderten Fähigkeiten der Schüler können vorausschauend angesprochen werden.
- Insbesondere auch unter dem Aspekt der kriterialen Bewertung der Schülerleistungen in Lernsituationen ist dies ein wichtiger Punkt. Kooperative Planungskonferenzen, in denen es darum geht, die entwickelten Inhalts- und Textpläne zu überarbeiten, ermöglichen der Lehrperson die Beantwortung von zwei Hauptfragen zum materialgestützten Schreiben: Hat der Schüler, hat die Schülerin es geschafft, die relevanten Inhaltsstrukturen der Materialien zu erschließen und zu verstehen? Und: Inwieweit ist es der Schülerin bzw. dem Schüler gelungen, Inhaltsplanung und Textplanung im geschriebenen Text umzusetzen? Schreiben ist Überarbeiten! Das sollte gerade auch für das Planen materialgestützten Schreibens gelten.

Kriterien für Lehrerinnen und Lehrer

Didaktik materialgestützten Schreibens

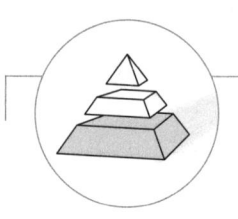

Grundlagen

- Die Darstellung in Abb. 10 zeigt die verschiedenen schreibdidaktisch relevanten Komponenten des materialgestützten Schreibens noch einmal im Zusammenhang. Dabei ist einerseits klar, dass es einen typischen Ablauf im Schreibprozess gibt: Es kann erst formuliert werden, wenn die Materialien gelesen worden sind und es kann erst überarbeitet werden, wenn die Pläne oder der Zieltext erarbeitet worden sind. Andererseits enthält aber auch Abb. 1 dieses Kapitels, die die Zusammenhänge von Lesen, Planen, Formulieren und Überarbeiten in einem Kreislauf darstellt, einen didaktisch wichtigen Grundgedanken: Die verschiedenen Arbeitsschritte sind zyklisch verbunden. Es ist z.B. wichtig, auch beim Formulieren noch einmal in die Materialien hineinzuschauen, nachzulesen und das Textverständnis zu sichern, ja es ist sogar damit zu rechnen, dass sich durch das eigene Schreiben zum Gelesenen das Verstehen der Materialien noch einmal verändert und vertieft.

Schreibaufgabe
klären

Lesen
Materialsichtung & Materialerschließung

Material A

Material B

Material C

Material D

Planen
Kommunikative Planung
Materialaufbereitung
Inhaltsplanung
Textplanung

Überarbeiten I
Inhalts- und Textpläne

Formulieren
Textprozeduren
eigener Text = Zieltext

Überarbeiten II
Zieltext

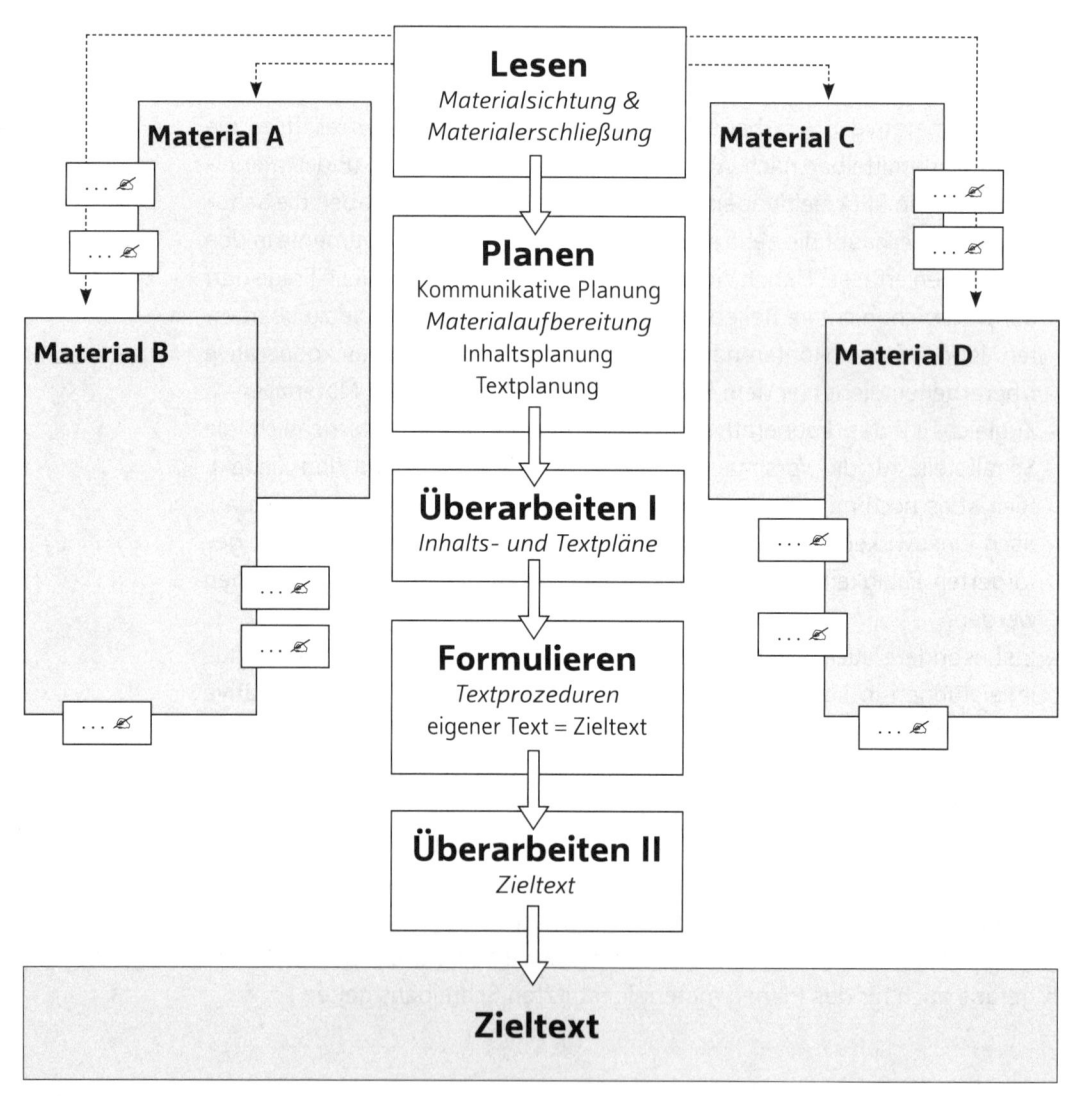

Zieltext

Abb. 10: Komponenten materialgestützten Schreibens

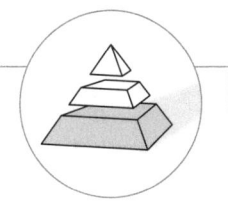

3 Zur Konstruktion materialgestützter Schreibaufgaben

3.1 Didaktische Rolle der Aufgabe

Bei der Konstruktion von materialgestützten Aufgaben stellt sich aus fachdidaktischer Sicht **erstens** die Frage, ob es sich um eine Lern- oder Leistungsaufgabe handeln soll. Während es bei Lernaufgaben darum geht, den Erwerb von Kompetenzen und Wissensbeständen anzustoßen, haben Leistungsaufgaben die Funktion, die Leistungen zu überprüfen, die sich aus den fachlichen Erwerbsprozessen ergeben. Diese Unterscheidung ist wichtig, denn erwerbslogisch kann nur geleistet werden, was schon erworben ist. Es ist wenig sinnvoll, SchülerInnen in einer Klassenarbeit das Script zu einem Radio-Feature schreiben zu lassen, wenn kein Gattungs- und Genrewissen zu dieser Textsorte verfügbar ist.

Lern- oder Leistungsaufgabe?

> **DEFINITION**
>
> **Lernaufgaben** dienen dem Aufbau von Wissen und Kompetenzen in Lernsituationen. Sie stehen ganz im Dienst des fachlichen Erwerbs, d.h., sie begleiten und strukturieren den fachlichen Lernprozess durch Anleitung und Unterstützung.
>
> **Leistungsaufgaben** dagegen überprüfen, was in Lernsituationen erworben worden ist. Während in Lernsituationen Irrwege, Umwege oder auch Fehler als Elemente des Lernprozesses willkommen sind, gilt es in Leistungssituationen, Erfolge zu erzielen und Fehler zu vermeiden.

Zweitens muss geklärt werden, was überhaupt gelernt bzw. geprüft werden soll. Worin besteht der Erwerbs-, worin der Prüfungsfokus? Generell sind Aufgaben des materialgestützten Schreibens multifokal, d.h., sie beziehen sich auf eine Vielzahl von prozessbezogenen und sprachlichen Kompetenzen. Daher ist es notwendig, vorab zu bestimmen, worauf das Hauptaugenmerk des Erwerbs bzw. der Prüfung gelegt werden soll. Alle in Kapitel II erläuterten Kompetenzen kommen dabei infrage. Für die nähere Bestimmung der zu erwerbenden bzw. zu überprüfenden Kompetenzen können sogenannte „kleine Aufgaben" hilfreich sein.

Worin besteht der Kompetenzfokus?

> **DEFINITION**
>
> Unter **großen Aufgaben** verstehen wir die eigentlichen Schreibaufgaben, also die komplexen Aufgabenstellungen, aus denen alle von den SchülerInnen geforderten Leistungen klar hervorgehen. Große Aufgaben initiieren den Arbeitsprozess; sie gelten als die zentrale Steuereinheit des materialgestützten Schreibens (vgl. Kap. 3.2).
>
> Unter **kleinen Aufgaben** verstehen wir Aufgaben, die der Unterstützung und Entlastung des komplexen Arbeitsprozesses dienen. Sie dekomponieren das materialgestützte Schreiben in Teilaspekte, die ihrerseits bewertet und beurteilt werden können. Einerseits konkretisieren kleine Aufgaben, was im Lern- bzw. Leistungsprozess an bestimmten Stellen gelernt bzw. geleistet werden soll. Andererseits beugen sie schülerseitiger Überforderung vor, indem sie Hilfestellungen bieten und Lösungswege anregen. Im vorliegenden Band ist jeder großen Aufgabe ein Arbeitsblatt mit kleinen Aufgaben zu einem bestimmten Kompetenzfokus zugeordnet.

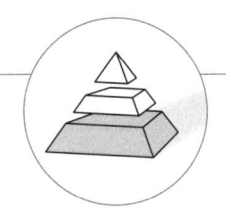

Unterstützung und Hilfestellungen durch kleine Aufgaben

Vor diesem Hintergrund muss **drittens** geklärt werden, welche Unterstützungs- und Entlastungsmaßnahmen durch kleine Aufgaben im Rahmen des Kompetenz- und Wissensstands der Lerngruppe sinnvoll sind. Unterstützungsmaßnahmen lassen sich auf die folgenden drei Bereiche beziehen:

Lesen
- *Kleine Aufgaben können sich auf das Sichten des Materials beziehen.* Manche Aufgaben des materialgestützten Schreibens erfordern, nur einen Teil des Materials für die Weiterarbeit auszuwählen. In diesem Fall bietet es sich an, den SchülerInnen Hilfestellungen für die Auswahlentscheidungen zu geben. Denkbar ist die Bereitstellung von zielbezogenen Relevanzkriterien oder Entscheidungsfragen.
- *Kleine Aufgaben können sich auf das Erschließen des Materials beziehen.* Denkbar sind Aufgaben, die Hilfestellungen zu ordnenden oder elaborierenden Lesetechniken bieten. Das kann z. B. durch strukturierende Fragen, die eine gegenstandsangemessene Textgliederung ermöglichen, oder durch vorformulierte Leseziele, die den Lektüreprozess auf Wesentliches lenken, geleistet werden. Auch Aufgaben zur Aktivierung von Vorwissen oder zum Aufbau von materialspezifischem Textsortenwissen sind möglich.

Planung
- *Kleine Aufgaben können sich auf die kommunikative Planung des Schreibens beziehen.* Denkbar sind Aufgaben, die hervorheben, was im Rahmen der Kommunikationssituation alles zu bedenken ist. Sinnvoll ist, die Lernenden dazu anzuhalten, die drei wichtigen Kommunikationselemente *Adressat*, *Funktion* und *Textsorte* zu explizieren und entsprechende Schlussfolgerungen zu ziehen. Hilfestellungen zur Zieltextsorte sind immer dann erforderlich, wenn entsprechendes Vorwissen nicht vorausgesetzt werden kann.
- *Kleine Aufgaben können sich auf die Inhaltsplanung beziehen.* Bei der Inhaltsplanung geht es darum, die verschiedenen Materialien nach Maßgabe übergreifender Gesichtspunkte zusammenzuführen. Für die Entlastung der Inhaltsplanung sind inhaltliche und formale Hilfestellungen zu Mindmaps oder zu strukturierenden Tabellen denkbar.
- *Kleine Aufgaben können sich auf die Textplanung beziehen.* In der Textplanung muss das, was in der Inhaltsplanung ausgearbeitet worden ist, für den zu schreibenden Text in einen linear-sequenziellen Zusammenhang gebracht werden. Hierfür sind Gliederungshilfen zur Textorganisation oder zu wichtigen rhetorischen Strategien denkbar.

Formulieren
- *Kleine Aufgaben können sich auf die Formulierungsprozesse beziehen.* Denkbar sind Formulierungshilfen, etwa zu Prozeduren des Strukturierens, der Redewiedergabe, des Vergleichens, Erklärens, Argumentierens oder Zusammenfassens. Grundsätzlich sind bei Textprozeduren, die SchülerInnen noch nicht kennen, eigene Erwerbs- und Übungseinheiten geboten.

- *Kleine Aufgaben können sich auf die Überarbeitung des Textes beziehen.* Denkbar ist, Kriterienkataloge anzubieten, die sich bspw. an Merkmalen der Zieltextform orientieren. Grundsätzlich haben hier auch Methoden wie „Textlupe" oder „Schreibkonferenz" ihren Platz (vgl. Beste 2015).

Die Anforderungen der komplexen materialgestützten Schreibaufgabe einerseits und die fokussierenden Unterstützungsmaßnahmen in Gestalt von kleinen Aufgaben andererseits müssen so aufeinander abgestimmt sein, dass sich für die Lerngruppe eine motivierende Herausforderung ergibt, andererseits aber eine faire Chance zur Bewältigung besteht (vgl. Winkler 2010). Eine lernerangemessene Abstimmung beider Größen gewährleistet am Ende den Lern- bzw. Prüfungserfolg bei den SchülerInnen.

3.2 Aufgabenstellung

Aufgaben des materialgestützten Schreibens bestehen (dem hier vorgelegten Konzept nach) aus drei Komponenten: Aus einer komplexen Aufgabenstellung, der sogenannten großen Aufgabe, aus den themenorientierten Materialien und aus kleinen Aufgaben.

Was alles zur Aufgabe gehört

Große Aufgabe
- Der *Offene Kanal Berlin* stellt jede Woche 10 Minuten Sendezeit für Schülerbeiträge zur Verfügung zum Thema *Literatur der Moderne*.
- Verfassen Sie ein Sendemanuskript für einen Hörbeitrag im Stile eines *Radio-Features*, indem Sie ...

Materialien
- Text 1
- Text 2
- Text 3
- Text 4
- Text 5

Arbeitsblätter mit kleinen Aufgaben

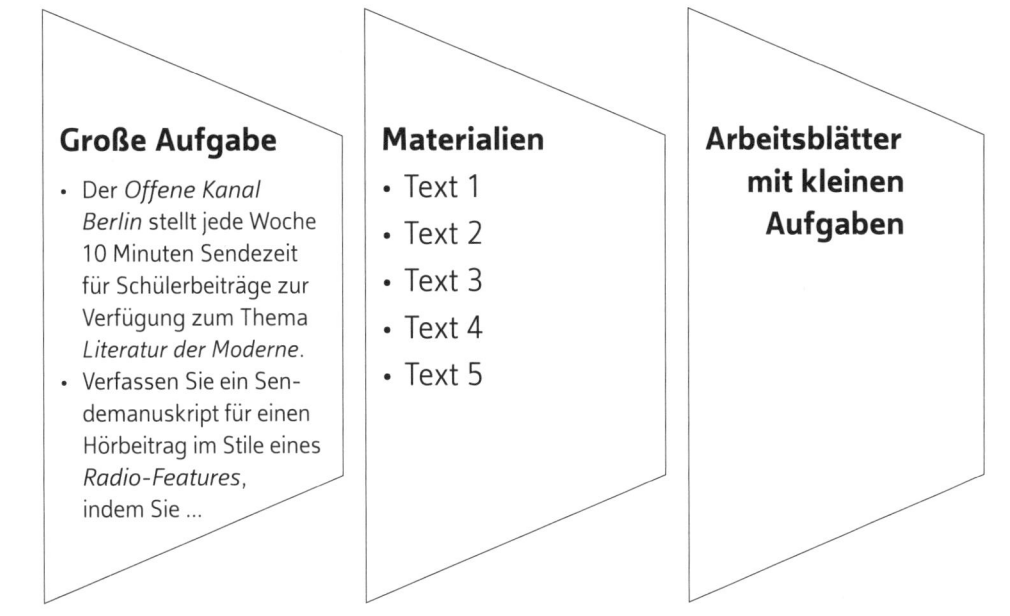

Abb. 1: Komponenten materialgestützter Aufgaben

Die **große Aufgabe** ist die zentrale Steuereinheit für die Aufgabenbearbeitung, aus ihr müssen alle geforderten Leistungen klar hervorgehen. Die im vorliegenden Band vorgeschlagenen Aufgaben lassen zwar einzelne (vor allem methodische) Parameter bewusst offen, um nicht wichtige Unterrichtsentscheidungen vorwegzunehmen. Grundsätzlich aber gehören folgende **Hinweise** in die Aufgabenstellung:

Große Aufgabe als zentrale Steuereinheit

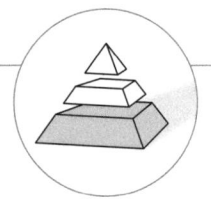

allem methodische) Parameter bewusst offen, um nicht wichtige Unterrichtsentscheidungen vorwegzunehmen. Grundsätzlich aber gehören folgende **Hinweise** in die Aufgabenstellung:

Hinweise zur Kommunikationssituation
- Unbedingt erforderlich sind Angaben zum Schreibanlass, zum Adressaten, zur kommunikativen Absicht und zur Textsorte des Zieltextes. Daraus ergibt sich, ob es sich um eher informierendes oder eher argumentierendes Schreiben handelt.
- Je nachdem, ob eine echte oder eine fiktive Situierung vorliegt, gehören auch Publikationsmedium bzw. Publikationsort dazu.

Hinweise zum Thema
- Das Thema bzw. die Frage, zu dem bzw. der ein informierender oder argumentativer Text geschrieben werden soll, muss präzise formuliert werden.
- Hilfreich, wenn auch nicht notwendig, ist ein expliziter Bezug auf das Vorwissen der SchülerInnen. Es ist zu begrüßen, wenn SchülerInnen ihr Vorwissen einbringen können. Es muss allerdings gesichert sein, dass Vorwissen, das zur Lösung der Aufgabe erforderlich ist (etwa Vorwissen zur Zieltextsorte), bereits erworben worden ist oder aber im Rahmen der Aufgabe erworben werden kann; das gilt nach u. E. auch für Leistungsaufgaben.

Hinweise zum Material
- Wichtig sind Angaben zur Verbindlichkeit der verfügbaren Materialien. Welche Materialien müssen, welche können genutzt werden? Diese Fragen sind vor allem für Leistungssituationen von Belang. Geklärt werden muss außerdem, ob das verfügbare Material erweitert werden darf oder muss. Denkbar ist, dass SchülerInnen das Material durch eigenständige Bibliotheks- oder Internetrecherche ergänzen. Diese Fragen sind vor allem für Lernsituationen von Belang.
- Eine hilfreiche Unterstützung kann darin bestehen, in der Aufgabenstellung anzudeuten, in welcher Verbindung die Materialien zum Thema stehen. Das heißt, dass die Materialien (kurz) anmoderiert werden.

Hinweise zum methodischen Vorgehen
- Wichtig sind Angaben zur verfügbaren Zeit, zum Umfang des Zieltextes und zur Sozial- bzw. Arbeitsform.
- Hinweise dazu, wie und wann mit welchem Material und mit welchen Arbeitsblättern gearbeitet werden soll, können den Arbeitsprozess ungemein entlasten. Auch ein Inventar, das alle Aufgabenteile listet, kann nicht schaden. Schließlich bestehen die Aufgaben insgesamt aus einer Aufgabenstellung, aus inhaltlichen Materialien und aus kleinen Aufgaben (zumeist in Form von eigenen Arbeitsblättern). Da können SchülerInnen schnell den Überblick verlieren.

```
┌─────────────────────────────────┬─────────────────────────────────┐
│   KOMMUNIKATIONSSITUATION       │            THEMA                │
│                                 │                                 │
│   Für wen? Mit welchem Ziel?    │         Worüber?                │
│   Textsorte?                    │         Zentrale Frage?         │
│              ┌──────────────────────────┐                         │
│              │ Informationen der großen │                         │
│              │        Aufgabe           │                         │
│              └──────────────────────────┘                         │
│        MATERIAL                 │   METHODISCHES VORGEHEN         │
│                                 │                                 │
│   Verbindlichkeit?              │   Zeit? Umfang des Zieltextes?  │
│   Funktion?                     │   Sozial- und Arbeitsform?      │
└─────────────────────────────────┴─────────────────────────────────┘
```

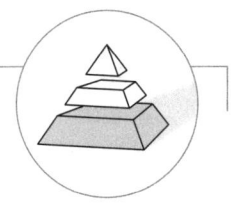

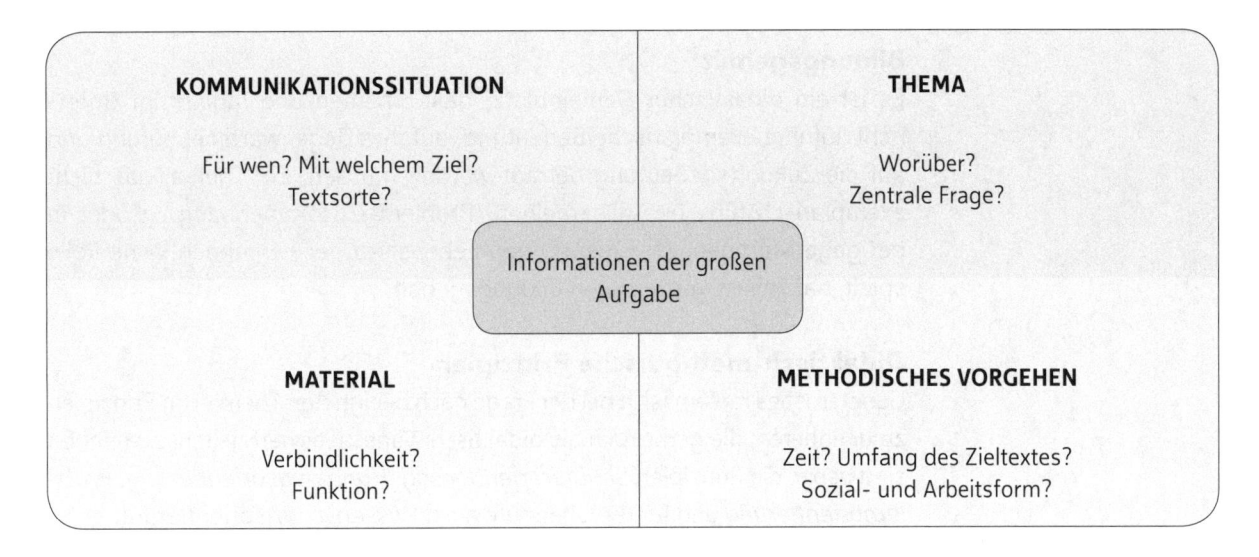

Abb. 2: Notwendige Informationen der großen Aufgabe

Die **kleinen Aufgaben** haben dann die Funktion, die große Aufgabe an entscheidenden Punkten zu konkretisieren und den Arbeitsprozess gezielt zu entlasten. Sinnvoll ist es in jedem Fall, kleine Aufgaben zur Zieltextsorte anzubieten, weil entsprechendes Vorwissen (zur Petition, zum Essay oder zum Radio-Feature) in den seltensten Fällen vorausgesetzt werden kann. Die in diesem Band vorgeschlagenen Aufgaben haben jeweils einen eigenen Kompetenzfokus, der durch kleine Aufgaben operationalisiert wird.

Funktion der kleinen Aufgaben

3.3 Themen

Wie kommt man zu geeigneten Themen? Grundsätzlich ist es sinnvoll, sich auf der Suche nach Themen an den folgenden **fünf Bezugsgrößen** zu orientieren:

Kriterien für die Themenwahl

Kommunikative Bedürfnisse und thematische Interessen der Schülerinnen und Schüler

Die Anforderungen, die das materialgestützte Schreiben an die SchülerInnen stellt, sind überaus komplex. Die Bewältigung materialgestützter Schreibaufgaben ist mit einem hohen Arbeitsaufwand verbunden. Ohne die Berücksichtigung dessen, was die Lernenden im Rahmen ihrer Lebenswirklichkeit bzw. ihrer aktuellen Bedürfnisse interessiert, wird es schwer, die nötige Motivation für die Aufgabenbearbeitung zu schaffen. Denkbar ist, die Lernenden bei der Themenfindung aktiv miteinzubeziehen.

Fachlichkeit

Da die Aufgabenart des materialgestützten Schreibens ihren systematischen Ort im Fach Deutsch hat, ist es sinnvoll, die Themen an den inhaltlichen Konzepten des Fachs Deutsch auszurichten. Auch wenn fachfremde Themen sinnvoll sein können, sollten sich die Themen an fachlichen Kernideen der Auseinandersetzung mit Sprache, Literatur und Medien orientieren. Auch die im Aufgabenteil vorgeschlagenen Aufgaben verteilen sich hauptsächlich auf sprach-, literatur- und medienaffine Themen.

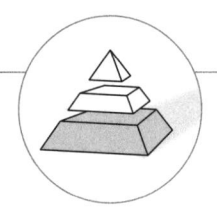

Bildungsgehalt

Es ist ein didaktischer Gemeinplatz, dass Themen und Inhalte im Unterricht auf ihre exemplarische Bedeutung, auf ihre Gegenwartsbedeutung und auf die Zukunftsbedeutung befragt werden müssen. Ein Thema, das nicht exemplarisch für einen allgemeinen (Problem-)Zusammenhang ist oder in der gegenwärtigen oder zukünftigen Lebenswelt der Lernenden keine Rolle spielt, hat keinen vertretbaren Bildungsgehalt.

Didaktisch-methodische Prinzipien

Generell ist es ratsam, sich bei der Frage nach geeigneten Themen an Prinzipien zu orientieren, die gemeinhin als didaktisch wünschenswert gelten: Zu nennen sind bspw. die Prinzipien *Schülerorientierung*, *Handlungsorientierung*, *Problemorientierung* und für die Oberstufe auch *Wissenschaftsorientierung*.

Curriculare Bestimmungen

Eine wichtige Bezugsgröße sind die Curricula, also Kerncurriculum, Lehrplan, Bildungsstandards, Schulcurriculum etc. Inhalte und Themen müssen mit den administrativen Vorgaben für die entsprechenden Klassenstufen abgestimmt sein.

3.4 Situierung

Materialgestütztes Schreiben ist situiertes Schreiben

Materialgestützte Schreiben ist situiertes Schreiben. Das heißt, dass das Schreiben immer in einen realen oder fiktiven kommunikativen Handlungszusammenhang eingebunden ist. SchülerInnen verfassen einen Leitfaden zur Vorbereitung auf ein Betriebspraktikum, sie erstellen einen Stadtführer für ihre Klassenfahrt oder sie konzipieren ein informatives Buch über die Spiele ihrer Großeltern (vgl. Abraham/Baurmann/Feilke 2015). Zum kommunikativen Handlungszusammenhang des Zieltextes gehören wichtige Parameter, die für jede Aufgabe eigens zu bestimmen sind: **Funktion, Adressat und Textsorte** (ggf. auch Publikationsmedium und Publikationsort). Diese Parameter gelten auch als wichtige Stellschrauben für Situierungsvarianten, wenn bereits ein Materialfundus vorliegt.

Adressat

Der Adressat ist eine wichtige Determinante des materialgestützten Schreibens. Von ihm hängt nicht nur ab, an welchen grammatischen, lexikalischen und stilistischen Normen sich die SchülerInnen orientieren müssen, auf welches Vorwissen sie sich verlassen dürfen und mit welchem Explizitheitsgrad sie bestimmte Sachverhalte erläutern sollten. Nach ihm richtet sich auch, was überhaupt als informationell relevant gilt. Ein Berlin-Stadtführer muss für Berliner anders gestaltet werden als für Stadtfremde, ein Kommentar in der Schülerzeitung muss andere Informationen liefern als ein Kommentar in der Regionalzeitung.

Zur Konstruktion materialgestützter Schreibaufgaben

Grundlagen

Textsorte

Als Zieltext des materialgestützten Schreibens bietet sich alles an, was eine pragmatische Funktion aufweist bzw. aufweisen kann. Im Rahmen der handlungs- und produktionsorientierten Unterrichtsverfahren haben bereits viele Textformen Einzug in den Deutschunterricht gehalten, die sich für das materialgestützte Schreiben eignen. Hier muss das Rad nicht neu erfunden werden. Wichtig ist, dass nicht traditionelle didaktische Gattungen wie *Inhaltsangabe* oder *Erörterung* gewählt werden, sondern kommunikative Textformen.

	Auswahl möglicher Textsorten	
Kommentar	Lexikonartikel	Leserbrief
Reportage	Praktikumsleitfaden	Theaterbeiheft/Programmführer
Audio-Guide	offener Brief	Festrede
Reiseführer	Petition	Beratungstexte
Radio-Feature	Beschwerdebrief	Essay

Funktion

Mit Funktion ist zunächst die durch die Textsorte bereits vorbestimmte allgemeine Textfunktion gemeint. Mit einer Petition möchte man einen Entscheidungsträger von der eigenen Position überzeugen und so zum Handeln bewegen, mit einer Festrede möchte man einen Jubilar vor einer Gruppe von Menschen angemessen würdigen. Während der Schreiber einer Petition für eine Position *argumentiert*, hat der Schreiber einer Festrede eher die Absicht, ein Publikum über den Jubilar zu *informieren*. Entsprechend wird das Materialgestützte Schreiben gemeinhin in das Verfassen informierender und argumentierender Texte unterteilt. Diese Funktionen sind natürlich nicht trennscharf, ein Praktikumsleitfaden ist zwar primär informativ, aber er ist – weil er in der Regel Handlungsempfehlungen begründet – auch argumentativ. Wichtiger als eine konkrete Zuordnung ist die Präzisierung der Funktion unter Berücksichtigung der konkreten kommunikativen Absicht. Mit einem Praktikumsleitfaden bspw. sollen die Lernenden Gleichaltrigen eine Orientierung bieten, indem sie über Inhalte, Vorgänge, Rechte und Pflichten des Praktikums aufklären und hilfreiche Handlungsempfehlungen liefern. Es ist wichtig, dass sich SchülerInnen die konkrete Funktion ihres Schreibens immer wieder vergegenwärtigen.

Die drei genannten Parameter sollten für jeden Aufgabenzusammenhang expliziert werden.

> **Beispiel**
>
> **Beispiel für eine konkrete Bestimmung der kommunikativen Situation**
>
> Ein Praktikumsleitfaden für das Schülerpraktikum (Textsorte) soll Schülerinnen und Schüler der neunten Klassestufe (Adressat) über Funktionen, Inhalte, Vorgänge, Rechte und Pflichten des Betriebspraktikums aufklären und die Praktikanten mit hilfreichen Handlungs- und Verhaltenstipps bei der Vorbereitung und Durchführung des Praktikums entlasten (Funktion).

Die kommunikative Situation muss den SchülerInnen klar sein

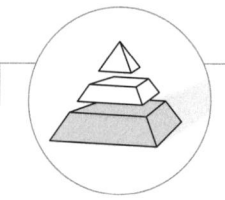

In der Regel werden Textsorte, Adressat und Funktion durch die Aufgabenstellung vorgegeben. Damit ist aber nicht geklärt, was es konkret bedeutet, wenn an Gleichaltrige und nicht an die Lehrerinnen und Lehrer geschrieben wird, wenn der Zieltext ein Leitfaden und keine Informationsbroschüre ist, wenn die SchülerInnen sachlich informieren und nicht persönlich überzeugen sollen. Daher ist es ratsam, durch kleine Aufgaben den Lernenden zu vergegenwärtigen, was genau im Rahmen der drei Größen zu berücksichtigen ist. All das ist Aufgabe der kommunikativen Planung (vgl. Kap. 2).

Echte vs. fiktive Handlungskontexte

Es ist weder möglich noch notwendig, im Unterrichtsalltag stets echte kommunikative Handlungskontexte zu entfalten. Auch fiktive Handlungskontexte, bei denen die Handlungsabsicht am Ende nicht auf einen echten Adressaten trifft, können didaktisch sinnvoll sein. Natürlich ist den Lernenden der Sinn einer Schreibaufgabe unmittelbar einsichtig, wenn sie mit dem zu schreibenden Text eine echte Wirkung erzielen, die real überprüfbar ist (vgl. Bachmann/Becker-Mrotzek 2010). Die Gelegenheiten realer Adressaten- und Funktionskontexte sind im schulischen Kontext aber begrenzt. Und mit Blick auf Leistungssituationen sind reale Kommunikationssituationen sogar überaus problematisch. In Anbetracht der didaktischen Funktion der Aufgaben, die darin besteht, dass SchülerInnen bestimmte Kompetenzen erwerben, einüben oder nachweisen, sind echte Kommunikationssituationen ohnehin nicht notwendig. Wichtiger als Authentizität ist die Verknüpfung der Kontexte und Problemstellungen mit der Erfahrungswelt der Lernenden.

3.5 Material

Material als Herzstück des materialgestützten Schreibens

Das Material ist das Herzstück des materialgestützten Schreibens. Geeignetes Material zu finden, zählt zu den schwierigsten Aufgaben der Aufgabenkonstruktion. Zwei Fragen sind wesentlich: Welchen Umfang muss das Material haben und – was viel wichtiger ist – wie muss das Material beschaffen sein?

Manche Autoren sprechen schon dann von materialgestütztem Schreiben, wenn zwei Texte als Grundlage des Schreibens dienen (vgl. Schumacher 2013, S. 18). Wir plädieren aber dafür, immer einen Überschuss, also wenigstens drei, besser aber vier und mehr Texte anzubieten, damit themenrelevante Kontraste, Unterschiede und Gemeinsamkeiten erkannt werden können. Länge und Anzahl der Texte nehmen Einfluss auf die Anforderungen, die an die Materialauswertung gestellt werden. Je mehr Text, desto anspruchsvoller wird die Auswertung. Insofern ist es angezeigt, unerfahrenen SchülerInnen zunächst wenige und eher kürzere Texte anzubieten und den Umfang mit steigender intertextueller Schreibkompetenz zu erhöhen.

Zur Konstruktion materialgestützter Schreibaufgaben

Grundlagen

Theoretisch kommen alle Formen kontinuierlicher und diskontinuierlicher Texte infrage. Praktisch sind aber nur wenige Texte geeignet. Geeignete Texte zu finden, zählt zu den schwierigsten Aufgaben der Aufgabenkonstruktion. Wann sich ein Material eignet, hängt von unterschiedlichen Kriterien ab. Wir schlagen vor, folgende **Auswahlkriterien** zu berücksichtigen:

Auswahlkriterien des materialgestützten Schreibens

Funktion

Wozu dient das Material im Aufgabenzusammenhang? Diese Frage ist didaktisch zentral. Hilft der Text, ein entscheidendes Argument zur Untermauerung oder Ablehnung einer aufgabenrelevanten Position zu extrahieren, liefert er Fakten oder Beispiele für aufgabenrelevante Zusammenhänge? Material, das zwar mit dem Thema verknüpft ist, aber für den zu erstellenden Zieltext über keinen erkennbaren Nutzen verfügt, ist unbrauchbar. Es ist didaktisch wichtig, die genaue Funktion des Materials im Aufgabenzusammenhang benennen zu können. Das gilt für diskontinuierliche Texte im Besonderen. Nur weil ein Gemälde typisch romantisch ist, eignet es sich nicht unbedingt als Material für das Verfassen eines Essays zur Romantik. Denn um tatsächlich auf das Gemälde (z. B. das Typische der Romantik illustrierend) Bezug nehmen zu können, müsste der Lernende das Gemälde aufwändig beschreiben. Die SchülerInnen werden zu Recht die Frage stellen, was sie denn damit machen sollen, wenn die Funktion für den zu verfassenden Text nicht unmittelbar einleuchtet.

Thematische Relevanz

Die Materialien müssen zum Thema passen. Sie müssen einen wichtigen Beitrag für die Bearbeitung der Schreibaufgabe leisten (können). Das klingt trivial, ist aber überaus schwierig zu gewährleisten. Häufig findet man (vor allem im Internet) Texte, die nur an wenigen Stellen und unter sehr speziellen Gesichtspunkten zum Thema oder zur Problemfrage passen. Je weniger Themenrelevantes in einem Text zu finden ist, desto mehr werden die SchülerInnen die Verhältnismäßigkeit von Leseaufwand und Erarbeitungsnutzen anzweifeln. Es empfiehlt sich daher, nur solche Texte bzw. Textteile auszuwählen, die ohne Umwege und zusätzlichen Erklärungsaufwand für das Thema ergiebig sind.

Seriosität

Vor allem bei der Recherche im Internet stößt man häufig auf Texte, deren Seriosität stark zweifelhaft ist. Dabei ist die Frage nach der Informationsqualität zentral. Generell gilt, dass im Zweifel die Informationsqualität mit der Originalquelle geprüft werden sollte. Auch das Vergleichen unterschiedlicher Quellen kann hilfreich sein. Texte, die von Internetanbietern mit professionellen Redaktionen im Rücken stammen, sind weitgehend unproblematisch (etwa Nachrichtendienste wie *Spiegel Online* oder die Internetvertretungen der Landesrundfunkanstalten wie *MDR.DE* oder *WDR.DE*). Es empfiehlt sich natürlich immer, Texte jenseits des Internets zu suchen. Einerseits ist die Seriosität der Printmedien in der Regel durch die Verlage gesichert. Andererseits sind häufig genau die Texte, die man für die Aufgabe braucht, im Internet nicht (frei) verfügbar. Lohnenswert ist es bspw., in Wissensmagazinen wie *GEO* oder *Zeit Wissen* zu recherchieren.

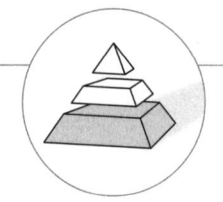

Transformationsbedarf

Dem Reiz, einfach vom Material abzuschreiben, sollte schon bei der Materialauswahl Einhalt geboten werden. Schließlich zielt das materialgestützte Schreiben auf das Verfassen eines eigenständigen Textes. Daher empfiehlt es sich, kontinuierliche Texte so zu wählen, dass sie sich von den Zieltexten wenigstens in ihrer Textfunktion unterscheiden. Diskontinuierliche Texte haben häufig einen höheren Transformationsbedarf als kontinuierliche Texte – das gilt bspw. für Tabellen oder Schaubilder –, allerdings stellen sie die Lernenden auch vor ganz eigene Herausforderungen.

Authentizität

Das materialgestützte Schreiben möchte u.a. die Kompetenz anbahnen, auf Basis eigenständiger Recherche brauchbare Texte für das eigenständige Schreiben zu wählen. Vor diesem Hintergrund sind authentische Texte gefragt, also Texte, die nicht eigens für den Unterricht entwickelt worden sind (auch wenn solche Texte nicht ausgeschlossen sind). Dennoch wird es in der Regel erforderlich sein, die Texte aufgabenbezogen zu kürzen. Vor allem für Leistungsaufgaben kann man nicht umhin, den Umfang des Materials durch die Bildung von Sequenzen zu begrenzen.

Altersangemessenheit

Das Kriterium Altersangemessenheit zielt u.a. auf die Frage, ob das Material eine altersangemessene Textschwierigkeit hat. Erfahrungsgemäß ist es gar nicht so einfach, authentische Texte zu finden, die sich für die Unter- oder Mittelstufe eignen. In jedem Fall empfiehlt es sich, bei der Textauswahl schwierigkeitsbestimmende Merkmale in den Blick zu nehmen: Auf Wort- und Satzebene lässt sich etwa danach fragen, wie vertraut, abstrakt und komplex die Wörter und Sätze sind. Auf Ebene der lokalen und globalen Kohärenz sollte darauf geachtet werden, wie klar und deutlich Themen und Inhalte entfaltet und welche Wissensbestände zur Herstellung von inhaltlichen Zusammenhängen vorausgesetzt werden. Auf Ebene der Superstrukturen lässt sich z.B. fragen, wie offensichtlich und textsortentypisch Aufbau und Gliederung sind und welche Textsortenkenntnisse erforderlich sind.

Diskussion

Dass es *material-* und nicht *textgestütztes* Schreiben heißt, ist kein Zufall. Es geht nicht nur um kontinuierliche Texte, also Texte im klassischen Sinn, sondern auch um diskontinuierliche Texte, also Tabellen, Grafiken und Schaubilder einerseits, und um visuelle und audiovisuelle Medien, also um Bild-, Ton- und Filmdokumente andererseits.

Ein Großteil der aktuell kursierenden Aufgaben zum materialgestützten Schreiben integriert Materialen, die über den klassischen Text hinausgehen. Das ist einerseits begrüßenswert, trägt es doch den Ansprüchen moderner Kommunikationsbedingungen Rechnung, das ist andererseits nicht ganz unproblematisch.

Die Transformation diskontinuierlicher Texte in kontinuierliche Texte erfordert Textprozeduren, die nicht ohne weiteres vorausgesetzt werden können. Eine Info-Grafik möchte nicht nur verstanden, sondern auch funktional ausgewertet und für den eigenen Text verarbeitet werden. Zwar gibt es sehr brauchbares didaktisches Material zur Auswertung und Interpretation von diskontinuierlichen Texten, allerdings vornehmlich auf die Bedürfnisse anderer Unterrichtsfächer ausgerichtet (Naturwissenschaften, Politik, Geographie, Wirtschaft). Die fachspezifische Anforderung, Tabellen, Grafiken und Schaubilder nach Maßgabe einer eigenen Fragestellung auszuwerten und die Ergebnisse in einem neuen Text zusammenführen, lässt sich mit einem allgemeinen, fachfremden Auswertungsschema kaum bewältigen. Insofern ist es empfehlenswert, im Unterricht auch unabhängig vom materialgestützten Schreiben Lerngelegenheiten zu schaffen, in denen die SchülerInnen Informationen aus diskontinuierlichen Texten zielbezogen einsetzen (vgl. die Aufgabe *Schreibst du noch oder tippst du schon?*).

Auch auditive oder audiovisuelle Medien sollten mit Bedacht eingesetzt werden. Wenn die Lernenden einen Lexikonartikel zu Beethoven schreiben sollen, ist ein Tondokument der *Neunten Sinfonie* als Material denkbar ungeeignet: Nicht nur, dass die Verwendungsmöglichkeit infrage steht, es ist auch eine eigene Beschreibungssprache nötig, die bei den Lernenden nicht vorausgesetzt werden kann.

Bilder eignen sich eher, allerdings gilt auch bei ihnen: Funktion und Anforderung müssen geklärt sein. Wie kann das Bild sinnvoll integriert werden? Ein referentieller Verweis auf das Titelbild vom *Struwwelpeter* kann helfen, die Hässlichkeit der Moderne zu veranschaulichen (vgl. Aufgabe *Warum wird schöne Literatur hässlich?*). Und bei einer Aufgabe zum Wandel literarischer Figuren können unterschiedliche Illustrationen aus unterschiedlichen Zeiten zu Vergleichsobjekten werden (vgl. die Aufgabe *Wie viele Pippis gibt es?*). Das Beschreiben von Bildern ist aber wie das Beschreiben von Musik eine Kompetenz *sui generis* und erfordert Unterstützung.

Wichtig ist, dass sowohl den Lehrenden als auch den Lernenden klar ist, welche Funktion das Material im Aufgabenzusammenhang hat und welche Möglichkeiten der intertextuellen Bezugnahme bestehen.

Transformationsbedarf diskontinuierlicher Texte

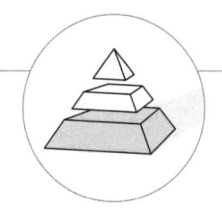

3.6 Sozialformen und Zeitaspekte der Bearbeitung

Materialgestütztes Schreiben erfordert Zeit

Eine Aufgabe des materialgestützten Schreibens lässt sich nicht in einer Unterrichtsstunde bearbeiten. Die komplexen Planungs-, Umsetzungs- und Überarbeitungsprozesse erfordern Zeit und sind nur im Rahmen größerer Unterrichtseinheiten zu leisten. Daher ist es ratsam, das materialgestützte Schreiben in größere (themenorientierte oder kompetenzorientierte) Unterrichtseinheiten zu integrieren. Zwar lässt sich durch eine rigorose Begrenzung des Materialumfangs und der Zieltextlänge eine Aufgabe des materialgestützten Schreibens durchaus in einer Doppelstunde bewältigen; in der Regel aber erfordern die komplexen Lese-, Planungs-, Formulierungs- und Überarbeitungsprozesse weit mehr Zeit.

Sozialformen

Welche Sozialformen bieten sich an? Für Textplanungs- und Textüberarbeitungsprozesse ist (Klein)Gruppenarbeit sinnvoll. SchülerInnen können gemeinsam recherchieren, Texte auswerten sowie Inhalts- und Textpläne entwickeln. Auch können sie ihre Texte kooperativ überarbeiten, wofür sich die Verfahren „Textlupe" oder „Schreibkonferenz" besonders eignen. Die inhaltliche, sprachliche und textliche Realisierung des Textes dagegen erfordert eher Einzelarbeit, obwohl auch Formen kooperativen Formulierens (etwa am Computer) als Mittel gegen Schreibblockaden etc. durchaus sinnvoll sein können.

Phasierung

Wichtig ist eine ausgewogene Phasierung des Arbeitsprozesses, wobei Arbeits-, Sicherungs- und Rückmeldungsprozesse ausbalanciert sein sollten. Insbesondere in Lernsituationen kann es nicht darum gehen, eine komplexe Aufgabe zu stellen und die SchülerInnen bis zur Fertigstellung des Produkts alleinzulassen. Immer wieder sollte in Sicherungsphasen (z. B. im Plenum) geprüft und rückgemeldet werden, ob die SchülerInnen auf dem richtigen Weg sind. Sollte die Prozess- und Produktbeurteilung (vgl. Kap. 5) zielgefährdende Defizite zeigen, ist ggf. Intervention mit angemessenen Unterstützungsmaßnahmen geboten.

4 Bewerten und Beurteilen materialgestützten Schreibens

4.1 Spezifische Herausforderungen der Bewertung und Beurteilung

Das materialgestützte Schreiben stellt die Bewertungs- und Beurteilungspraxis des Deutschunterrichts vor ganz neue und spezifische Herausforderungen, da es als Aufgabenformat im Vergleich zu anderen Aufgabenformaten im Bereich des Schreibens sehr komplex ist. Aufgaben des materialgestützten Schreibens sind multifokal, sie setzen eine Vielzahl von prozessbezogenen und sprachlichen Kompetenzen voraus, die bei der Bewertung und Beurteilung zu bedenken sind.

Komplexität des Aufgabenformats als Herausforderung für die Beurteilung

> **DEFINITION**
>
> Unter **Bewertung** wird in Anlehnung an Becker-Mrotzek/Böttcher (2012) der mentale Prozess des Einschätzens prozessbezogener und sprachlicher Kompetenzen beim materialgestützten Schreiben verstanden.
>
> Die Bewertung bildet die Grundlage für die **Beurteilung**, d.h. die verbal geäußerte (mündliche oder schriftliche) Bewertung, die auf der Grundlage impliziter oder expliziter Kriterien erfolgt.
>
> Im Zusammenhang mit der Bewertung von Lernaufgaben materialgestützten Schreibens sprechen wir von **förderndem Beurteilen**, während sich **prüfendes Beurteilen** auf die Bewertung von Leistungsaufgaben zum materialgestützten Schreiben bezieht.

Materialgestütztes Schreiben ist daher bei der Bewertung und Beurteilung nicht auf das Endprodukt zu reduzieren, sondern es müssen Wege gefunden werden, um die Spezifik des materialgestützten Schreibens bei der Bewertung und Beurteilung angemessen zu berücksichtigen. Damit ist **erstens** gemeint, dass alle Bereiche des materialgestützten Schreibens in die Bewertung und Beurteilung einfließen sollten: die Recherche, das Lesen (Materialsichtung, Materialerschließung), die Planung des Zieltextes (kommunikative Planung, Inhaltsplanung, Textplanung) sowie das Formulieren und Überarbeiten (vgl. Kap. 2). **Zweitens** ist damit verbunden, den Prozess des materialgestützten Schreibens adäquat bei der Bewertung und Beurteilung zu berücksichtigen.

Teilkompetenzen materialgestützten Schreibens beurteilen

Prozess materialgestützten Schreibens beurteilen

Aus diesen Anforderungen ergeben sich für die Bewertung und Beurteilung des materialgestützten Schreibens folgende Fragen, die in diesem Kapitel leitend sind:

1. Welche Teilkompetenzen in den Bereichen der Recherche, des Lesens, der Planung und des Formulierens/Überarbeitens sind bei der Bewertung und Beurteilung zu berücksichtigen?

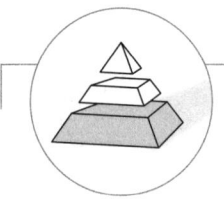

2. Welche Möglichkeiten gibt es, um den Prozess der Entstehung eines Zieltextes angemessen in die Bewertung und Beurteilung zu integrieren, so dass nicht nur eine Produktbeurteilung, d.h. eine Beurteilung des Zieltextes, erfolgt, sondern auch der Prozess der Recherche, des Lesens und der Planung berücksichtigt wird?
3. In welchem Verhältnis sollten die Bewertung der Prozessaspekte und die Bewertung der Produktaspekte stehen?

4.2 Kriterien zur Bewertung und Beurteilung der (Teil-)Kompetenzen

Um materialgestütztes Schreiben angemessen zu bewerten und zu beurteilen, ist es notwendig, konkrete Beurteilungskriterien für alle Bereiche, d.h. für die Recherche, das Lesen (Materialsichtung, Materialerschließung), die Planung des Zieltextes (kommunikative Planung, Inhaltsplanung, Textplanung) sowie das Formulieren und Überarbeiten bereitzustellen. Mit herkömmlichen Kriterienkatalogen, die zur Beurteilung von Texten eingesetzt werden, können die Anforderungen und die Komplexität materialgestützten Schreibens nicht adäquat bei der Beurteilung abgebildet werden, weil diese in der Regel ausgehend vom Schreibprodukt lediglich Kompetenzen im Bereich des Formulierens und Überarbeitens berücksichtigen.

Beurteilungskriterien nicht nur für das Formulieren und Überarbeiten bereitstellen

Im Folgenden werden für jeden Bereich materialgestützten Schreibens Beurteilungskriterien in Form von Fragen angeführt, die sich aus den entsprechenden Teilkompetenzen des Bereichs ergeben bzw. daraus abgeleitet wurden.

Recherche
Haben SchülerInnen die Aufgabe, für den zu schreibenden Zieltext eigenes Material zu recherchieren, müssen sie dazu in der Lage sein, eigene Themen und Fragestellungen zu entwickeln und entsprechendes Material zu recherchieren. Das ausgewählte Material muss bezogen auf das Schreibziel und den Adressaten qualitativ und quantitativ geeignet sein.

Für die Bewertung und Beurteilung der Recherche sind daher folgende Kriterien grundlegend:

Kriterien zur Beurteilung der Recherche

- Wurde Material recherchiert, das bezogen auf das Thema, zu dem recherchiert wurde, qualitativ angemessen ist und Antworten auf die Fragestellungen zum Thema bereitstellt?
- Wurde ausreichend Material recherchiert, so dass eine umfassende Beantwortung der Fragestellungen zum Thema möglich ist?

Rechercheaufträge können so konzipiert werden, dass den SchülerInnen explizite Hinweise zur Recherche gegeben werden. Auf diese Weise ist es zum einen möglich, die Qualität der Rechercheergebnisse positiv zu beeinflussen, zum anderen sind spezifische Hinweise auch eine gute Grundlage für

Bewerten und Beurteilen materialgestützten Schreibens

Grundlagen

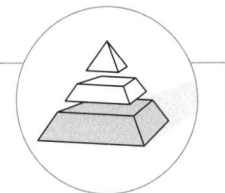

die Beurteilung der recherchierten Ergebnisse (vgl. Aufgabe *Was bewegte(n) Goethe und Schiller in Weimar?*). Je spezifischer der Rechercheauftrag ist, umso einfacher ist es, die Qualität der Recherche zu beurteilen. Gleichzeitig darf natürlich der Freiraum der Recherche nicht zu stark eingegrenzt werden, denn dann würde sich der Sinn von Rechercheaufträgen verkehren.

BEISPIEL

Rechercheaufgabe: Was bewegte(n) Goethe und Schiller in Weimar?

a) Recherchieren Sie im Internet unter www.friedrich-schiller-archiv.de zu den „Xenien". Wählen Sie Xenien aus, um Ihre Ausführungen zu Goethes und Schillers Zusammenarbeit exemplarisch an den Originaltexten zu veranschaulichen.

b) Recherchieren Sie unter www.friedrich-schiller-archiv.de den Briefwechsel zwischen Schiller und Goethe, in dem Goethe zur Mitarbeit bei den *Horen* eingeladen wird.

(vgl. Aufgabe *Was bewegte(n) Goethe und Schiller in Weimar?*, S. 151)

Lesen

Wesentlich in diesem Bereich ist ein selektives Lesen, das orientiert ist an den in der Schreibaufgabe formulierten Hinweisen zur Kommunikationssituation, d.h. zum Schreibanlass, zum Adressaten, zur kommunikativen Absicht und zur Textform des Zieltextes. Abraham/Baurmann/Feilke (2015) sprechen hier auch vom „Prinzip der auswählenden Lektüre", die eine Materialsichtung und -erschließung beinhaltet.

Trotz des selektiven Lesens müssen die SchülerInnen in der Lage sein, den wesentlichen Gehalt des Materials zu verstehen. Das Verstehen umfasst sowohl das Verstehen linearer als auch nichtlinearer Texte (z.B. Diagramme, Tabellen). Textverstehen ist eine Kombination aus textbasierten, erfahrungs- und wissensbasierten Operationen, wobei das Lesen nichtlinearer Texte andere Leseherausforderungen darstellt als das Lesen linearer Texte. Voraussetzung für das Verständnis nichtlinearer Texte ist das Erkennen von Mustern und Systematiken, welches gesondert erlernt werden muss. Um das Verständnis in diesem Bereich zu sichern, ist es möglich, nichtlineare Texte ggf. in lineare Texte umzuformen oder im Hinblick auf die Aufgabenstellung auf den wesentlichen Gehalt hin zu explizieren. Konkrete Vorschläge, wie das Versprachlichen nichtlinearer Texte geübt werden kann, bieten die Arbeitsblätter zum Modell „Schreibst du noch oder tippst du schon."

Lineare und nichtlineare Texte erschließen

Nichtlineare Texte versprachlichen

Für die Beurteilung der Materialsichtung und Materialerschließung während des Lesens können folgende Kriterien leitend sein:
- Wird der wesentliche Gehalt der Materialien verstanden?
- Wird der Gehalt nichtlinearer Texte verstanden, z.B. Grafiken, Tabellen, Bilder? Werden entsprechende Schlussfolgerungen aus den Materialien gezogen?

Kriterien zur Beurteilung der Materialsichtung und -erschließung

> **DISKUSSION**
>
> **Umgang mit Bildern im materialgestützten Schreiben**
>
> Werden Bilder als Material gegeben, sollte den SchülerInnen immer ein Hinweis gegeben werden, welche Funktion diese Bilder für den Zieltext haben.
> Sind die Bilder eher ein Impuls für die Erschließung des weiteren Materials, dann müssen sie nicht notwendigerweise versprachlicht werden. In diesem Fall kann der Umgang mit dem Bildimpuls auch nicht in die Beurteilung des Zieltextes einfließen. Geht die Funktion von Bildern im materialgestützten Schreiben über einen reinen Impuls hinaus, besteht die Herausforderung darin, den Gehalt des Bildes so zu versprachlichen, dass dieser in den Zieltext integrierbar ist. In diesem Fall fließt die Erschließung des Bildes auch in die Beurteilung ein. Voraussetzung dafür ist aber eine Bildkompetenz, d.h. die Fähigkeit Bilder zu beschreiben, zu analysieren und zu deuten. Die Vermittlung von Bildkompetenz ist eine genuine Aufgabe des Kunstunterrichts. Wenn die Erschließung und die Integration des Gehalts von Bildern beim materialgestützten Schreiben beurteilt werden soll, sollte also gewährleistet sein, dass die SchülerInnen bereits über grundlegende Fähigkeiten im Umgang mit Bildern verfügen. Dies kann beispielsweise durch gesonderte kleine Aufgaben geschehen, in denen das Beschreiben, Analysieren und Deuten von Bildern sowie die entsprechenden sprachlichen Mittel thematisiert werden.

Bildkompetenz und materialgestütztes Schreiben

Planen

Beim Planen wird zwischen der kommunikativen Planung, der Inhaltsplanung und der Textplanung unterschieden (vgl. Kap. 2).

Die **kommunikative Planung** ist grundlegend für die Inhaltsplanung, denn erst ein Bewusstsein für das Schreibziel, den Adressaten und die Textsorte ermöglicht den Schreibenden, einen inhaltlichen Fokus zu erzeugen. Die kommunikative Planung ist übergreifend und daher immer auch relevant bei der Inhalts- und Textplanung. Die Beurteilung der kommunikativen Planung ist anhand des folgenden Kriterium operationalisierbar:

Kriterien zur Beurteilung der kommunikativen Planung

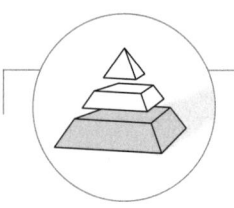

- Werden die ausgewählten Komponenten im Hinblick auf Zielsetzung und Adressaten sinnvoll im eigenen Text aufeinander bezogen?

Bei der **Inhaltsplanung** müssen im ersten Schritt relevante Komponenten/Inhalte aus dem Material im Hinblick auf Schreibziel und Adressat(en) ausgewählt werden. Dabei ist es durchaus möglich, dass es zunächst zu einem inhaltlichen „Überschuss" bei der Materialauswahl kommt. Im zweiten Schritt wird dann eine Gewichtung der Materialien aufgrund der Relevanz vorgenommen. Für die Strukturierung und Integration der Materialen ist schließlich noch die Entwicklung eigener bzw. übergreifender inhaltlicher Gesichtspunkte notwendig.

Kriterien zur Beurteilung der Inhaltsplanung

Inhaltspläne, die vor dem Formulieren des Zieltextes schriftlich entwickelt werden (z.B. in Form von Mindmaps), können mit Hilfe folgender Kriterien beurteilt werden:

- Wurden aus den Materialien relevante Komponenten für den Zieltext ausgewählt?
- Ist die Anzahl der ausgewählten Komponenten für die Darstellung des Themas ausreichend? Wurden zu viele oder zu wenige Komponenten ausgewählt?
- Sind die ausgewählten Komponenten für den/im Zieltext untereinander angemessen gewichtet?

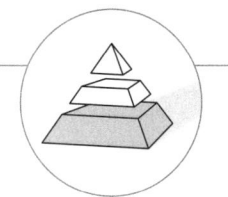

Im Idealfall hinterlässt die Inhaltsplanung auch Spuren im entstandenen Endprodukt. Die Bewertung und Beurteilung des Konzeptplans ist daher auch aus der Analyse des entstandenen Endproduktes möglich und notwendig. Dafür können dann noch folgende Kriterien herangezogen werden:
- Spiegelt der Textzusammenhang *eigene* strukturierende Gesichtspunkte bzw. eigene übergreifende Themenaspekte wider, durch die die Materialien strukturiert und integriert werden? (= Strukturierung von Inhaltselementen)
- Ist der Text insgesamt inhaltlich kohärent?

Die im Inhaltsplan vorgenommene inhaltliche Fokussierung und Strukturierung mündet dann in einen **Textplan**. Hier wird die konkrete Reihenfolge und rhetorische Struktur festgelegt. Orientierung für den Textplan bietet sicherlich die in der Schreibaufgabe genannte Zieltextsorte, die einen Rahmen für den konkreten Aufbau des Zieltextes vorgibt. Allerdings sollte die Linearisierung der ausgewählten Inhalte sich nicht auf das Ausfüllen fester „Muster" reduzieren. Vielmehr sollte auch Raum sein, die individuellen Entscheidungen des Schreibers zu berücksichtigen und zu würdigen. Als Beurteilungskriterien für den Textplan ergeben sich dann folgende:

Kriterien zur Beurteilung von Textplänen

- Ist der Text sinnvoll aufgebaut/gegliedert? (= Strukturierung von Textelementen)
- Wie werden die inhaltlichen Gesichtspunkte und entsprechenden Textelemente zu einer nachvollziehbaren Struktur linearisiert (= Textkomposition)? Z.B. Was kommt zu Beginn? Was am Schluss?
- Wird die geforderte Zieltextsorte im Hinblick auf zugrundeliegende Texthandlungstypen und ihre spezifischen Kennzeichen angemessen realisiert?

DISKUSSION

Vorwissen und Kontextwissen beim materialgestützten Schreiben beurteilen

Bei der inhaltlichen Planung des Zieltextes ist es grundsätzlich möglich, auch auf ein Wissen zurückzugreifen, das nicht durch das zugrunde gelegte Material erworben wurde, sondern ein Vorwissen bzw. ein Kontextwissen der SchülerInnen darstellt.
In den Aufgaben zum materialgestützten Schreiben in den Bildungsstandards AHR (2012) und in der Aufgabensammlung des IQB wird explizit darauf verwiesen, dass das Vorwissen bzw. das eigene Wissen der SchülerInnen zum Thema in den Zieltext einfließen soll und damit auch relevant für die Beurteilung ist. Beispielsweise wird in den Bewertungshinweisen zur Aufgabe „Sprachvarietät" aus der IQB-Aufgabensammlung angeführt, dass Informationen aus dem Material „mit eigenen Kenntnissen" verknüpft werden sollen und die Argumentation des Zieltextes unter „Einbezug fundierten fachlichen Kontextwissens" erfolgen soll. (IQB, Aufgabensammlung_D_materialgestütztes_Verfassen_argumentierender_Texte_grundlegend.pdf, S. 119)

Die Beurteilung des Vorwissens bzw. Kontextwissens ist nur dann sinnvoll, wenn das relevante Wissen tatsächlich im Unterricht oder durch entsprechende kleine Aufgaben erworben wurde (vgl. Arbeitsblatt 1 der Aufgabe *Warum lesen wir?*). Eine Beurteilung eines Vorwissens, das nicht unterrichtlich erworben wurde und damit nicht gleichermaßen bei allen SchülerInnen vorhanden ist, ist eher problematisch im Hinblick auf die mit dem Aufgabenformat verbundenen Zielsetzungen einzuschätzen.

Im Unterricht erworbenes Wissen kann bei der Beurteilung berücksichtigt werden.

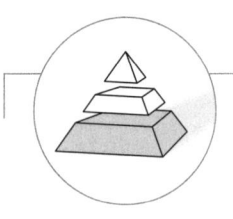

Formulieren und Überarbeiten

Es sind die intra- und intertextuellen Kompetenzen, d.h. die Fähigkeiten, das Material synthetisierend und integrativ zu verarbeiten, die die Spezifik des materialgestützten Schreibens ausmachen und die im Bereich des Formulierens und Überarbeitens zum Tragen kommen. Was muss in diesem Bereich im Einzelnen geleistet werden? Nach Feilke (2015: 131) sind dies die „intertextuelle Bezugnahme" sowie die „intratextuelle Synthese".

Intertextuelle Bezugnahme

Intertextuelle Bezugnahme: Das Material muss sprachlich verarbeitet und im Hinblick auf den gewählten inhaltlichen Fokus referiert bzw. zitiert werden. Es geht hier um die Frage, *ob, wann* und *wie* ausgewählte Komponenten referiert, zitiert bzw. paraphrasiert werden.

Intratextuelle Synthese

Intratextuelle Synthese: Die Materialauswahl muss mit Blick auf das Ziel und den Adressaten in den Zieltext integriert werden und vergleichend und ggf. bewertend aufeinander bezogen werden. Hier geht es um die Frage, wie ausgewählte Materialaspekte textintern verbunden und integriert werden können.

Kriterien zur Beurteilung des Formulierens und Überarbeitens

Daraus lassen sich für die Beurteilung folgende Kriterien ableiten, die in der Regel aus dem Schreibprodukt ableitbar sind:

- Werden die ausgewählten Materialien/Komponenten inhaltlich richtig dargestellt bzw. referiert?
- Wird der Gehalt nichtlinearer Texte inhaltlich angemessen wiedergegeben? Werden z.B. Grafiken, Tabellen angemessen versprachlicht?
- Werden die ausgewählten Komponenten im Hinblick auf Zielsetzung und Adressaten sinnvoll im eigenen Text aufeinander bezogen?
- Werden inhaltliche Bezüge zwischen den ausgewählten Komponenten explizit gemacht? Gelingt es dem Schreiber, über eine rein additive Wiedergabe der Bezugstexte hinauszugehen und zu einem synthetisierenden Darstellungsmodus zu gelangen?
- Werden die ausgewählten Materialien reflektiert und synthetisch oder eher schematisch und patchworkartig verwendet?
- Sind die Materialien und die daraus ausgewählten Komponenten verlässlich dargestellt oder aus dem ursprünglichen Kontext gerissen?
- Werden ausgewählte Komponenten sachgerecht zitiert?
- Werden Textprozeduren des Gliederns und Strukturierens, der Redewiedergabe, des Vergleichens und Bewertens, des Beschreibens und Erklärens, des Argumentierens, des zusammenfassenden Darstellens angemessen verwendet?
- Gelingt es dem Schreiber über eine reine Reproduktion und Collage des Materials hinauszugehen (in Form von begründeten Wertungen und kritischen Einschätzungen?)
- Neben den intra- und intertextuellen Kompetenzen sind natürlich auch die Ausdruckskompetenzen im Allgemeinen zu berücksichtigen. Dazu gehören die Sprachrichtigkeit im Bereich der Orthographie und Grammatik sowie die Sprachangemessenheit in den Bereichen Sprachstil, Wortwahl, Satzbau und im Hinblick auf die Merkmale der Textsorte. Für die Beurteilung der Ausdruckskompetenz können bereits vorhandene Kriterienkataloge zur Beurteilung von Texten herangezogen werden. Grundlegende Kriterien sollen an dieser Stelle der Vollständigkeit halber angeführt werden:

- Ist der Text im Hinblick auf Orthographie, Grammatik (Syntax, Morphologie) und Interpunktion richtig/angemessen?
- Sind die Wortwahl, die Formulierungen und der Stil des Textes angemessen im Hinblick auf die Merkmale der Zieltextsorte und im Hinblick auf die Adressaten? (z.B. zu umgangssprachlich, zu fachsprachlich, zu kompliziert ...)

Für die Beurteilung der Überarbeitung des Zieltextes können je nach Überarbeitungsfokus die oben angeführten Kriterien herangezogen werden.

4.3 Prozess- und Produktbeurteilung

Im Vergleich zu anderen Schreibaufgaben kommt dem Prozess der Entstehung des Zieltextes beim materialgestützten Schreiben besonderes Gewicht zu. Bei der Bewertung und Beurteilung ist daher die Recherche, das Lesen (Materialsichtung, Materialerschließung) und die Planung des Zieltextes (kommunikative Planung, Inhaltsplanung, Textplanung) in besonderer Weise zu würdigen. Eine reine Beurteilung des Zieltextes, also eine Produktbeurteilung, kann die Kompetenzen, die für die Recherche, das Lesen und die Planung notwendig sind, nicht adäquat berücksichtigen. Sowohl der Prozess als auch das Produkt, d.h. der Zieltext, müssen bei der Beurteilung von Lernaufgaben materialgestützten Schreibens in einem gleichwertigen Verhältnis berücksichtigt werden.

Recherche, Lesen und Planen besonders würdigen

Gleichwertige Prozess- und Produktbeurteilung

Möglichkeiten der Prozessbeurteilung

Für die Beurteilung der Prozesshaftigkeit materialgestützten Schreibens eignet sich ein Rückgriff auf die sogenannten „kleinen Aufgaben" (vgl. Kap. 3.1). Kleine Aufgaben werden während des Schreibprozesses als Entlastungs- und Stützungsfunktion für das materialgestützte Schreiben eingesetzt und sind als Zwischenprodukte fassbar. Diese Zwischenprodukte können für die Bewertung und Beurteilung des Prozesses herangezogen werden. Sie bieten zudem gute Möglichkeiten, die SchülerInnen an den Beurteilungsprozessen zu beteiligen und ihnen Einblick in beurteilungsrelevante Kriterien zu geben.

Kleine Aufgaben zur Prozessbeurteilung

Im Bereich der Materialsichtung und Materialerschließung sind es (kooperative) Leselernaufgaben (Feilke u.a. 2015), die im Sinne von „Lesen durch Schreiben" in die Beurteilung einbezogen werden können, z.B. indem beurteilt wird, wie die SchülerInnen
- das Material durch Unterstreichen/Herausschreiben von Begriffen/Aussagen bearbeiten
- Textstellen paraphrasieren
- Randkommentare und eigenständige Kommentierungen formulieren oder Verweise auf andere Textstellen herstellen
- Fragen zum Text formulieren
- den Gehalt von Textabschnitten in Form von Sätzen, Tabellen, Stichwortlisten zusammenfassen

Ergebnisse von Leselernaufgaben beurteilen

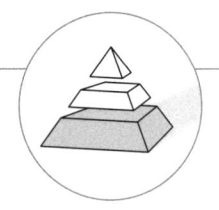

- ausgewählte Textstellen ordnen,
- Textstellen bewerten und Schlussfolgerungen aus Textstellen ziehen.

Inhaltspläne und Konzeptnotizen beurteilen

Für die Planung können SchülerInnen kleine Aufgaben bearbeiten, in denen es darum geht, die Materialauswahl zu begründen, einen Inhaltsplan oder einen Textplan zu erstellen. Diese Zwischenprodukte sind dann im Hinblick auf die Qualität der inhaltlichen Erschließung des Materials beurteilbar. Zwischenprodukte in diesem Bereich können beispielsweise
- Inhaltspläne in Form von Mind-Maps, Placemats, Tabellen
- Konzeptnotizen

sein.

Textpläne beurteilen

Die Beurteilung der Qualität der Linearisierung (Textplan) kann durch die Beurteilung von Zwischenprodukten wie
- Stichwortlisten zum geplanten Textaufbau mit Verweisen auf das zu integrierende Material
- „Textgerüsten" zu spezifischen Textsortenschemata (z.B. Feature), die stichwortartig ausgefüllt werden
- die Formulierung von Zwischenüberschriften

erfolgen.

Fokusaufgaben zum Formulieren beurteilen

Auch der Prozess des Formulierens kann durch „kleine Aufgaben" gesondert beurteilt werden, indem Fokus-Aufgaben zum Formulieren, d.h. Aufgaben, in denen der Umgang mit Textprozeduren des Gliederns und Strukturierens, der Redewiedergabe, des Vergleichens und Bewertens, des Beschreibens und Erklärens, des Argumentierens, des zusammenfassenden Darstellens isoliert geübt wird, gesondert beurteilt werden.

Produktbeurteilung

Globalbeurteilung und Kriterienbeurteilung kombinieren

Für die Produktbeurteilung schlagen wir ein zweischrittiges Vorgehen in Anlehnung an Fix (2008) vor. Der Zieltext wird in einem ersten Schritt global beurteilt. Diese Globalbeurteilung sollte sich an folgenden Fragen orientieren:

Ist der Text angemessen im Hinblick auf
- das Schreibziel?
- den Adressaten?
- die Zieltextsorte?
- die Integration des Materials (intertextuelle Bezugnahmen und intratextuelle Synthese)?

Daran kann sich dann eine Beurteilung mit Hilfe des folgenden Kriterienkatalogs, der die spezifischen Anforderungen materialgestützten Schreibens berücksichtigt, anschließen. Die Ergebnisse der beiden Beurteilungsschritte müssen schließlich miteinander abgeglichen werden.

Bewerten und Beurteilen materialgestützten Schreibens

Grundlagen

Kriterienkatalog zur Beurteilung materialgestützten Schreibens					
Dimension		Kriterium	1	0,5	0
Inhalt	1.	Wurden aus den Materialien relevante Komponenten für den Zieltext ausgewählt?			
	2.	Ist die Anzahl der ausgewählten Komponenten für die Darstellung des Themas ausreichend? Wurden zu viele oder zu wenige Komponenten ausgewählt?			
	3.	Sind die ausgewählten Komponenten im Zieltext untereinander angemessen gewichtet?			
	4.	Spiegelt der Textzusammenhang *eigene* strukturierende Gesichtspunkte bzw. eigene übergreifende Themenaspekte wider, durch die die Materialien strukturiert und integriert werden? (= Strukturierung von Inhaltselementen)			
	5.	Werden die ausgewählten Komponenten im Hinblick auf Zielsetzung und Adressaten sinnvoll im eigenen Text aufeinander bezogen?			
	6.	Ist der Text insgesamt inhaltlich kohärent?			
Aufbau	7.	Ist der Text insgesamt sinnvoll aufgebaut?			
	8.	Werden die inhaltlichen Gesichtspunkte des Themas mit entsprechenden Textelementen aus dem Material zu einer nachvollziehbaren Struktur linearisiert (= Textkomposition)?			
	9.	Wird die geforderte Zieltextsorte im Hinblick auf zugrundeliegende Texthandlungstypen und ihre spezifischen Kennzeichen angemessen realisiert?			
Sprache I: Intra- und Intertextualität	10.	Werden die ausgewählten Materialien/Komponenten inhaltlich richtig dargestellt bzw. referiert?			
	11.	Wird der Gehalt nichtlinearer Texte inhaltlich angemessen wiedergegeben? Werden z.B. Grafiken, Tabellen angemessen versprachlicht?			
	12.	Sind die Materialien und die daraus ausgewählten Komponenten verlässlich dargestellt oder aus dem ursprünglichen Kontext gerissen?			
	13.	Werden ausgewählte Komponenten sachgerecht zitiert?			
	14.	Werden die ausgewählten Materialien reflektiert und synthetisch oder eher schematisch und patchworkartig verwendet			
	15.	Werden inhaltliche Bezüge zwischen den ausgewählten Komponenten explizit gemacht? Gelingt es dem Schreiber, über eine rein additive Wiedergabe der Bezugstexte hinauszugehen und zu einem synthetisierenden Darstellungsmodus zu gelangen?			
	16.	Werden Textprozeduren des Gliederns und Strukturierens, der Redewiedergabe, des Vergleichens und Bewertens, des Beschreibens und Erklärens, des Argumentierens, des zusammenfassenden Darstellens angemessen verwendet?			
	17.	Gelingt es dem Schreiber über eine reine Reproduktion und Collage des Materials hinauszugehen (in Form von begründeten Wertungen und kritischen Einschätzungen?)			
Sprache II (allgemeine Ausdruckskompetenz)	18.	Ist der Text im Hinblick auf Orthographie, Grammatik (Syntax, Morphologie) und Interpunktion richtig/angemessen?			
	19.	Sind die Wortwahl, die Formulierungen und der Stil des Textes angemessen im Hinblick auf die Merkmale der Zieltextsorte und im Hinblick auf die Adressaten? (z.B. zu umgangssprachlich, zu fachsprachlich, zu kompliziert...)			

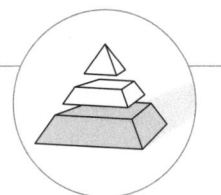

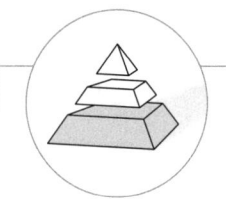

Basiskatalog in Abhängigkeit vom Lern- und Aufgabenfokus modifizieren

Der Kriterienkatalog versteht sich als ein Basiskatalog zur Beurteilung materialgestützten Schreibens. Er kann je nach Lern- und Aufgabenfokus um bestimmte Kriterien gekürzt bzw. ergänzt werden. Eine Gewichtung der Einzelkriterien sollte immer über die Gewichtung der jeweiligen Dimensionen des Katalogs (Inhalt, Aufbau, Sprache I, Sprache II) erfolgen. So liegt es nahe, für die Sekundarstufe I die Dimension „Sprache II" stärker auszudifferenzieren. Wortwahl und Stil könnten dann beispielsweise als zwei Einzelkriterien angeführt werden. Dafür könnten dann Kriterien, die für das materialgestützte Schreiben in der Sekundarstufe I noch nicht im Vordergrund stehen, z.B. aus den Dimensionen „Inhalt" und „Sprache I", entfallen oder zu einem Kriterium zusammengefasst werden.

Sollen SchülerInnen an der abschließenden Beurteilung beteiligt werden, ist es sinnvoll, den Fokus auf eine spezifische Dimension des Katalogs bzw. auf ausgewählte Kriterien zu legen, um auf diese Weise die Komplexität des Beurteilens zu reduzieren.

4.4 Förderndes versus prüfendes Beurteilen

Verhältnis von Prozess- und Produktbeurteilung

Die Frage, in welchem Verhältnis die Prozess- und die Produktbeurteilung stehen sollten, hängt stark davon ab, ob das materialgestützte Schreiben als eine Lernaufgabe (förderndes Beurteilen) oder Leistungsaufgabe (prüfendes Beurteilen) eingesetzt wird.

Lernaufgaben beurteilen

Bei **Lernaufgaben** steht der Erwerbsprozess von Kompetenzen und Wissensbeständen im Vordergrund. Entsprechend sollte bei der Beurteilung von Lernaufgaben zum materialgestützten Schreiben grundsätzlich angestrebt werden, die Prozess- und Produktaspekte des materialgestützten Schreibens gleichwertig (50%/50%) in die Bewertung und Beurteilung einfließen zu lassen. Je nach Erwerbs- und Prüfungsfokus des materialgestützten Schreibens kann eine Verschiebung dieser Anteile sinnvoll sein. Bei der Bewertung und Beurteilung von Lernaufgaben ist immer zu fragen, welche Kompetenzen im Erwerbsprozess fokussiert wurden und wie diese entsprechend bei der Bewertung und Beurteilung geprüft werden können.

Leistungsaufgaben beurteilen

Bei **Leistungsaufgaben** geht es dagegen darum, einen vorangegangenen Kompetenzerwerb zu überprüfen. Auch hier ist es grundsätzlich möglich, neben der reinen Produktbeurteilung auch Zwischenprodukte zu beurteilen. Die Hinweise zur prüfenden Beurteilung materialgestützten Schreibens in den Bildungsstandards für die allgemeine Hochschulreife (vgl. BS AHR 2012: 22) und in der Aufgabensammlung des Abituraufgabenpools (IQB) sehen solche mehrstufigen Beurteilungsformen allerdings nicht vor, sondern konzentrieren sich auf eine reine Produktbeurteilung. Differenziert wird bei den Beurteilungshinweisen zwischen Verstehensleistung und Darstellungsleistung, wobei der Verstehensleistung ein Anteil von 70% und der Darstellungsleistung ein Anteil von 30% der Gesamtbeurteilung zukommt. Eine solche Gewichtung birgt die Gefahr, die intratextuelle Synthese und die intertextuelle Bezugnahme – und damit die spezifischen Besonderheiten materialgestützten Schreibens – eher in den Hintergrund zu rücken.

5 Literatur

- Abraham, Ulf/Baurmann, Jürgen/Feilke, Helmuth (2015): Materialgestütztes Schreiben. In: Praxis Deutsch 251, 4–12.
- Bachmann, Thomas/Becker-Mrotzek, Michael (2010): Schreibaufgaben situieren und profilieren. In: Pohl, Thorsten/Steinhoff, Torsten (Hg.): Textformen als Lernformen. [KoeBes. Kölner Beiträge zur Schreibforschung]. Duisburg: Gilles & Francke, 191–210.
- Becker-Mrotzek, Michael/Böttcher, Ingrid (2012): Schreibkompetenz entwickeln und beurteilen. 4. überarbeitete Auflage. Berlin: Cornelsen.
- Beste, Gisela (2015): Deutschmethodik. Praxishandbuch für die Sekundarstufe I und II. Berlin: Cornelsen.
- Bildungsstandards im Fach Deutsch für den Mittleren Abschluss (KMK 2003): http://www.kmk.org/fileadmin/Dateien/veroeffentlichungen_beschluesse/2003/2003_12_04-BS-Deutsch-MS.pdf (eingesehen am: 28.03.2016).
- Bildungsstandards im Fach Deutsch für die Allgemeine Hochschulreife im Fach Deutsch (KMK 2012): http://www.kmk.org/fileadmin/Dateien/veroeffentlichungen_beschluesse/2012/2012_10_18-Bildungsstandards-Deutsch-Abi.pdf (eingesehen am: 28.03.2016).
- Bildungsstandards und Inhaltsfelder. Das neue Kerncurriculm des Bundeslandes Hessen im Fach Deutsch für die Sekundarstufe I (Realschule): https://kultusministerium.hessen.de/sites/default/files/media/kerncurriculum_deutsch_realschule.pdf (eingesehen: 28.03.2015).
- BS AHR (2012): Bildungsstandards im Fach Deutsch für die Allgemeine Hochschulreife. (Beschluss der Kultusministerkonferenz vom 18.10.2012).
- Feilke, Helmuth (2002): Lesen durch Schreiben. Fachlich argumentierende Texte verstehen und verwerten. In: Praxis Deutsch 176, 58–66.
- Feilke, Helmuth (2014): Argumente für eine Didaktik der Textprozeduren. In: ders./Bachmann, Thomas (Hg.): Werkzeuge des Schreibens. Beiträge zu einer Didaktik der Textprozeduren. Stuttgart: Fillibach bei Klett, 11–34.
- Feilke, Helmuth (2015): Transitorische Normen. Argumente zu einem didaktischen Normbegriff. In: Didaktik Deutsch 38, 115–133.
- Feilke, Helmuth/Jost, Jörg (2015): Sprache und Sprachgebrauch reflektieren. Unter Mitarbeit von Angelika Buss und Ulrich Nill. In: Becker-Mrotzek, Michael u.a. (Hg.): Bildungsstandards aktuell: Deutsch in der Sekundarstufe II. Braunschweig: Schroedel, 236–296.
- Fix, Martin (2008): Texte schreiben. Schreibprozesse im Deutschunterricht. 2. Auflage. Paderborn: UTB.
- Flower, Linda/Stein, Victoria/Ackerman, John/Krantz, Margaret J./McCormick, Kathleen/Peck, Wayne, C. (1990): Reading to write Exploring a Cognitive and Social Process. New York: Oxford University Press.
- Graham, Steve/Hebert, Michael (2011): Writing to Read: A Meta-Analysis of the Impact of Writing and Writing Instruction on Reading. In: Harvard Educational Review, 81 (4), 710–744.

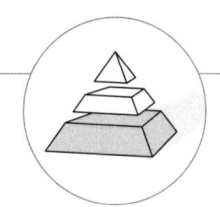

- Graham, Steve/Hebert, Michael A. (2010): Writing to read: Evidence for how writing can improve reading. A Carnegie Corporation Time to Act Report. Washington, DC: Alliance for Excellent Education (79 Seiten). Download unter: https://www.carnegie.org/publications/?page=2&y=2010&q=&per_page=25&per_page=2
- IQB. Aufgabensammlung — Begleitende Dokumente für das Fach Deutsch. Kriterien für Aufgaben, Erwartungshorizonte und Bewertungshinweise. https://www.iqb.hu-berlin.de/bista/abi/deutsch/dokumente (eingesehen am 25.3.2016)
- Knapp, Werner (2014): Schreiben zu Texten. In: Feilke, Helmuth/Pohl, Thorsten (Hg.): Schriftlicher Sprachgebrauch. Texte verfassen. Baltmannsweiler: Schneider-Verlag Hohengehren, 399–413 (Deutschunterricht in Theorie und Praxis Bd. 4)
- Lehnen, Katrin (2014): Gemeinsames schreiben. In: Feilke, Helmuth/Pohl, Thorsten (Hg.). Schriftlicher Sprachgebrauch – Texte verfassen. Baltmannsweiler: Schneider-Verlag Hohengehren, 414–431 (Deutschunterricht in Theorie und Praxis Bd. 4)
- Philipp, Maik (2012): Besser lesen und schreiben. Wie Schüler effektiver mit Sachtexten umgehen lernen. Stuttgart: Kohlhammer.
- Rosebrock, Cornelia/Nix, Daniel (2014): Grundlagen der Lesedidaktik und der systematischen schulischen Leseförderung. 7. überarbeitete und erw. Auflage. Baltmannsweiler: Schneider-Verlag Hohengehren.
- Schmölzer-Eibinger, Sabine/Thürmann, Eike (Hg.): Schreiben als Medium des Lernens. Kompetenzentwicklung durch Schreiben im Fachunterricht. Münster: Waxmann (Reihe: Fachdidaktische Forschungen, Bd. 8).
- Schüler, Lisa (2015): Wie hängt das zusammen? Suchen und Finden textübergreifender Themen beim Schreiben zu mehreren Quellen. In. Praxis Deutsch 251, 42–51.
- Schüler, Lisa (2016): Materialgestütztes Schreiben argumentierender Texte als Wissenschaftspropädeutik in der Oberstufe. Untersuchungen zu Textkonzeption und Textkomposition bei der Darstellung fachlicher Kontroversen. Dissertation Giessen (Februar 2016).
- Schumacher, Arne (2013): Die neuen Aufgabenarten im schriftlichen Abitur. In: Fachverband Deutsch im Deutschen Germanistenverband (Hg.): Rundbrief 45. Hamburg, 17–26.
- Steinhoff, Torsten (2014): Lernen durch Schreiben. In: Feilke, Helmuth/Pohl, Thorsten (Hg.): Schriftlicher Sprachgebrauch. Texte verfassen. Baltmannsweiler: Schneider-Verlag Hohengehren, 331– 346 (Deutschunterricht in Theorie und Praxis Bd. 4).
- Steinseifer, Martin (2014): Vom Referieren zum Argumentieren – Didaktische Modellierung von Textprozeduren der Redewiedergabe und Reformulierung. In: Bachmann, Thomas/Feilke, Helmuth (Hg.): Werkzeuge des Schreibens. Beiträge zu einer Didaktik der Textprozeduren. Stuttgart: Fillibach bei Klett, 199–221.
- Winkler, Iris (2010): Lernaufgaben im Literaturunterricht. In: Kiper, Hanna/Meints-Stender/Waltraud; Peters, Sebastian/Schlump, Stephanie/Schmit, Stefan (Hg.): Lernaufgaben und Lernmaterialien im kompetenzorientierten Unterricht. Stuttgart: Kohlhammer, 103–113.

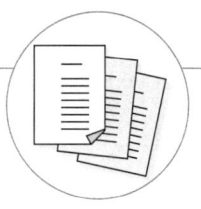

6 Aufgaben

6.1 Hinweise zum Aufgabenteil und zur Nutzung der Aufgaben

Die folgenden Aufgaben zum materialgestützten Schreiben haben alle einen identischen, vierteiligen Aufbau:

- Zu Anfang *(Überblick)* wird eine tabellarische Übersicht über die Aufgabe gegeben, die Informationen zur Klassenstufe, zum Aufgabentyp, zu den Materialien, zum Zieltext sowie zum Kompetenzfokus (Lesen, Planen, Formulieren, Überarbeiten) und den damit zusammenhängenden Arbeitsmaterialien enthält. Es folgen in einem gesonderten Kasten die Schreibaufgabe sowie Hinweise zum Material und zum möglichen Umgang damit. Diese Hinweise richten sich explizit an die SchülerInnen.
- Der zweite Teil der Aufgabe *(Material)* ist der quantitativ größte Teil, weil dieser die Materialien zur Schreibaufgabe enthält.
- Der dritte Teil *(Kompetenzfokus)* enthält zwei bis drei Arbeitsblätter zu einem bestimmten Kompetenzbereich des materialgestützten Schreibens. Die Arbeitsblätter können eingesetzt werden, um die Recherche, die Materialerschließung, das Schreiben zu Grafiken, die Textplanung usw. bei der jeweiligen Schreibaufgabe zu stützen.
- Der letzte Teil enthält *Hinweise für Lehrerinnen und Lehrer* zu inhaltlichen, sprachlichen und textsortenbezogenen Anforderungen der jeweiligen Aufgabe. Außerdem werden Informationen zum jeweiligen Kompetenzfokus und zum Umgang mit den Arbeitsblättern gegeben.

Aufgaben und Materialien modellieren keinen Unterricht, sondern sind so konzipiert, dass sie je nach Zielsetzung modifiziert werden können und sollen. Im Einzelnen bedeutet dies:
- Nicht alle *Materialien* müssen verwendet werden, sondern sind flexibel einsetzbar. So kann die Anzahl der Materialien reduziert werden, um z.B. die Komplexität der Aufgaben zu reduzieren oder um ausgewählte Materialien für bestimmte Förderziele in kleinen Aufgaben bearbeiten zu lassen, oder auch, um eigene Materialien zu den Themen von den SchülerInnen recherchieren zu lassen.
- Die *Zieltextsorten* bei den Aufgaben können durch andere Zieltextsorten ersetzt werden. Bei den gewählten Zieltextsorten in den Aufgabenvorschlägen handelt es sich in der Regel nicht um traditionelle schulische Textsorten wie Erörterung oder Inhaltsangabe, sondern um kommunikative Textformen wie zum Beispiel Kommentar, Reportage, Radio-Feature. Es ist ratsam, durch kleine Aufgaben in die jeweilige Zieltextsorte einzuführen und den Lernenden die Spezifika der Zieltextorte zu vergegenwärtigen. Anregungen für ein solches Vorgehen bieten die Arbeitsmaterialien zur Aufgabe „Warum wird schöne Literatur hässlich?" (Zieltext: Radio-Feature) und zur Aufgabe „Wie schlafen Tiere?" (Zieltext: Informationstext für ein Kinder-Sachbuch). Hier befindet sich in den Materialien ein Mustertext als Beispiel.

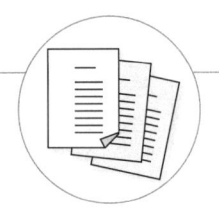

- Die *Aufgabenstellungen* sind grundsätzlich veränderbar. Es handelt sich bei unseren Vorschlägen um komplexe Aufgabenstellungen, bei denen eine Situierung vorgenommen wurde, um das materialgestützte Schreiben in einen möglichst authentischen Schreibkontext einzubetten. Diese Situierung erweist sich schreibdidaktisch zwar als sinnvoll, kann aber im Unterrichtsalltag und insbesondere in Prüfungssituationen nicht durchgängig eingelöst werden.

Ein letzter Hinweis: Materialgestütztes Schreiben trägt dazu bei, den *Umgang mit Quellen* und das Zitieren zu lernen. Alle Materialien tragen Quellennachweise, die die Schüler nutzen sollten. Für genaue Bezüge und für das Unterrichtsgespräch haben die Materialien Nummern und sind mit Zeilenzählungen versehen.

6.2 Die Aufgaben im Überblick

Titel	Klassenstufe	Typ	Kompetenzfokus	Zieltext
Wie schlafen Tiere? (S. 80–93)	6.–7.	informierend	Planen: Inhaltsplanung und Textplanung	Informationstext für ein Kinder-Sachbuch
Wie viele Pippis gibt es? (S. 94–107)	7.–8.	informierend	Materialerschließung: Bilder und Texte vergleichen	Informationsflyer
Können Tiere sprechen? (S. 108–121)	7.–8.	informierend-argumentierend	Lesen: Materialerschließung	Variante 1: Informativ-erklärender Text für die Schülerzeitung Variante 2: Infobroschüre für den Zoo
Wie digital sind deine Freunde? (S. 122–135)	8.–11.	informierend-argumentierend	Funktionen und Formen der Redewiedergabe	Text zu einem Buch der Klasse über Internetkommunikation
„Wann hat es ‚tschick' gemacht...?" – Warum soll unsere Schule Wolfgang-Herrndorf-Schule heißen? (S. 136–150)	8.–11.	informierend-argumentierend	Inhaltsplanung	Plädoyer für den Namensvorschlag in der Schülerzeitung
Was bewegte(n) Goethe und Schiller in Weimar? (S. 151–173)	10.–12.	informierend	Recherche	Vortragstext für einen Stadtrundgang in Weimar
Schreibst du noch oder tippst du schon? (S. 174–187)	9.–13.	informierend-argumentierend	Beschreiben und Interpretieren von Grafiken	Textbeitrag des Stufensprechers zu einer Informationsbroschüre
Wie bunt ist die Welt? (S. 188–202)	10.–13.	informierend-argumentierend	Vergleichendes Lesen: Materialerschließung	Text zu einem Sachbuch über Sprache für jugendliche Leser

Materialgestütztes Schreiben

Aufgaben

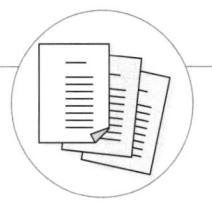

Titel	Klassenstufe	Typ	Kompetenzfokus	Zieltext
Warum wird schöne Literatur hässlich? (S. 203–217)	11.–13.	informierend-argumentierend	Inhaltsplanung und Textplanung	Radio-Feature
Wie romantisch ist die Romantik? (S. 218–231)	10.–13.	informierend-argumentierend	Schreiben, Formulieren	Essay (Schülerzeitung)
Warum lesen wir? Zum Sinn und Zweck von Literatur (S. 232–245)	11.–13.	informierend-argumentierend	Materialerschließung	Vortragstext / Redemanuskript
Kann es eine geschlechtergerechte Sprache geben? (S. 246–260)	11.–13.	informierend-argumentierend	Themenerschließung, Formulieren	Artikel zu einem Schreibwettbewerb mit linguistischer Preisfrage
Warum schreiben wir? (S. 261–272)	11.–13.	informierend	Themenerschließung, Materialauswahl	Einführungstext für ein Programmheft

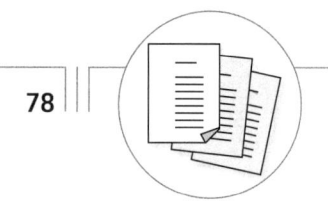

Materialgestütztes Schreiben: Übersicht

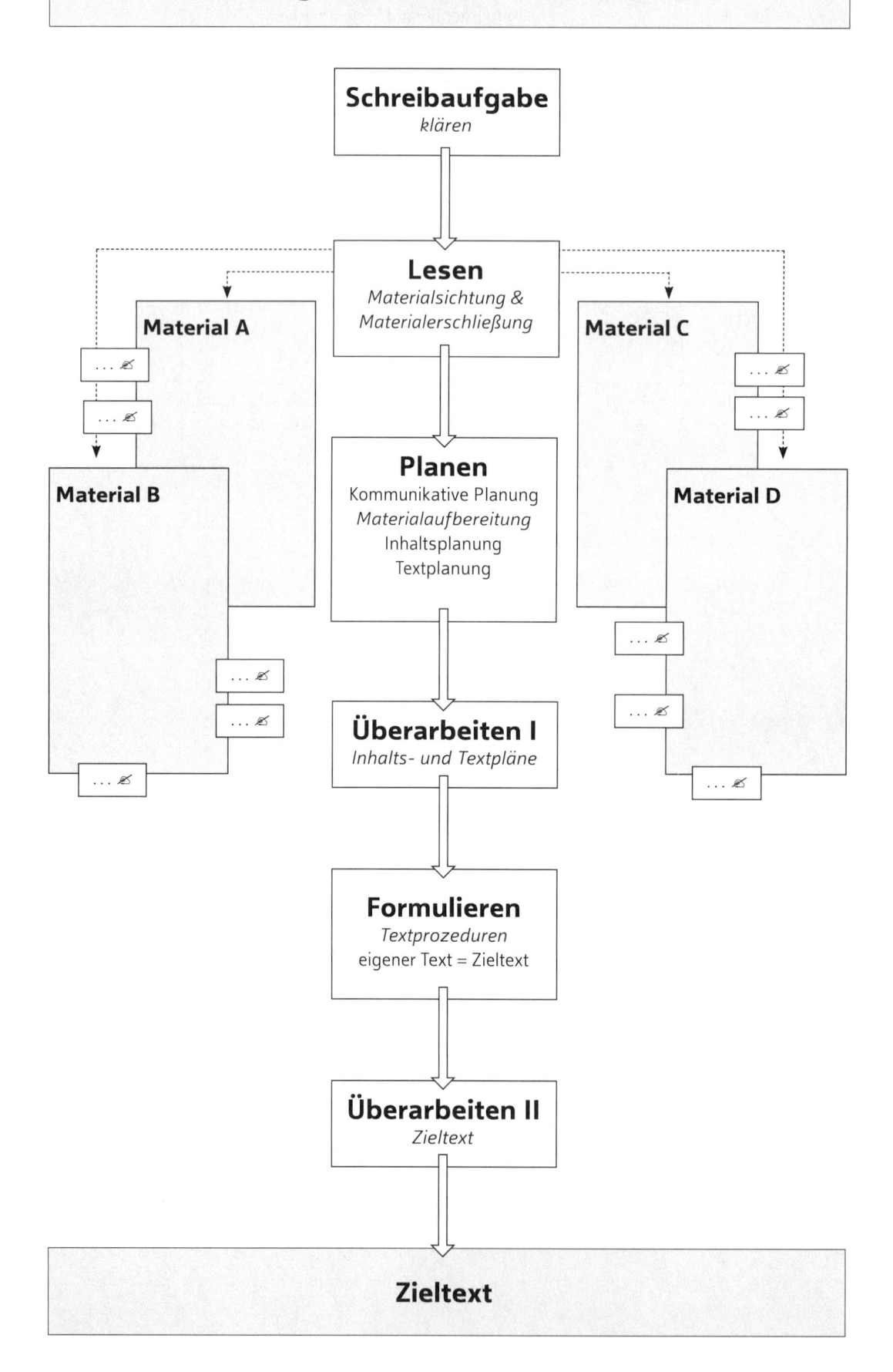

Schreibaufgabe
klären

↓

Lesen
Materialsichtung & Materialerschließung

Material A
Material B
Material C
Material D

↓

Planen
Kommunikative Planung
Materialaufbereitung
Inhaltsplanung
Textplanung

↓

Überarbeiten I
Inhalts- und Textpläne

↓

Formulieren
Textprozeduren
eigener Text = Zieltext

↓

Überarbeiten II
Zieltext

↓

Zieltext

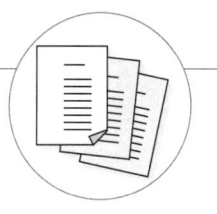

Materialgestütztes Schreiben: Leitfragen

Schreibaufgabe klären
- Was ist das **Thema**, zu dem der Zieltext verfasst werden soll?
- Was ist mein **Kommunikationsziel**? Soll ich im Zieltext in erster Linie informieren, erklären oder argumentieren?
- Welche **Textsorte** wird durch die Aufgabenstellung verlangt?
- Wer ist der **Adressat** des Textes?

Lesen
- Was könnten für den Adressaten wichtige Informationen sein? Welche Argumente könnten ihn oder sie überzeugen? Finden sich in den Materialien anschauliche Beispiele für die Adressaten?
- Was kommt in den Materialien vor? Was sind wichtige Informationen, wichtige Begriffe, anschauliche Beispiele, wichtige Argumente...)?
- Wie sehen die Beziehungen zwischen verschiedenen Materialien aus?

Planen
- **Kommunikative Planung**
  - Was ist mein Ziel? Wen will ich erreichen? Was fordert die Textsorte?
- **Inhaltsplanung**
  - Welche Materialteile will ich verwenden?
  - Welche Inhaltspunkte kann ich bilden?
  - Wie ordne ich Inhaltspunkte?
  - Wie koordiniere ich Inhalt und Material?
  - Wie ordne ich Materialien den Inhaltspunkten zu?
- **Textplanung**
  - Wie beginne ich? Wie geht es weiter? Wie ist der Schluss?

Formulieren
- Auf welche Weise möchte ich Komponenten aus dem Material inhaltlich wiedergeben (zusammenfassen, referieren, zitieren, paraphrasieren)?
- Wie kann ich ausgewählte Materialaspekte im Text sprachlich in Beziehung setzen (z.B. durch sprachliche Mittel des Vergleichens, Kontrastierens, Verweisens)?

Überarbeiten
- Berücksichtigt der Text mögliche Verstehensschwierigkeiten des Lesers und spricht er die Leser an; ist er also adressatenorientiert?
- Ist der Textaufbau inhaltlich stimmig und stützt er die Textfunktion, zum Beispiel den Adressaten zu überzeugen?
- Enthält der Text zentrale Informationen aus den Materialien, und sind die Inhalte gut strukturiert dargestellt?

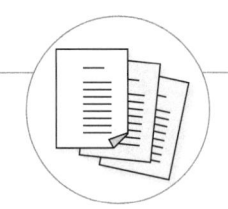

Wie schlafen Tiere?

Thema	Besonderheiten des Schlafes bei Tieren; Schlafmützen und Kurzschläfer im Tierreich
Klassenstufe	6.–7. Schuljahr
Typ	Informierendes Schreiben
Materialien	M1: Welche Tiere schlafen? M2: Wie viele Stunden Schlaf benötigen einzelne Tierarten? M3: Schlafbedarf und äußere Lebensumstände M4: Wenn die Siebenschläfer schlafen M5: Winterschlaf und Winterruhe – Wie Tiere im Winterschlaf die kalte Jahreszeit überstehen M6: Wenn Vögel schlafen M7: Wie schlafen Delfine
Zieltext	Informationstext für ein Kinder-Sachbuch
Kompetenzfokus	Planen: Inhaltsplanung und Textplanung
Arbeitsmaterial	AB1: Aufgaben zur Inhaltsplanung AB2: Aufgaben zur Textplanung und zum Aufbau der Zieltextsorte AB3: Beispiel für einen Kinder-Sachtext (Was-ist-Was-Text)

Wie schlafen Tiere?

Überblick

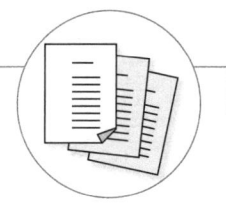

AUFGABE

Verfasse auf der Grundlage des vorliegenden Materials einen informierenden Text für ein Kinder-Sachbuch zum Thema „Wie schlafen Tiere?". Der Text soll Kinder zwischen 10 und 14 Jahren über die Vielfalt und Besonderheiten des Schlafes bei Tieren informieren.

Der Text sollte ca. 2 Seiten umfassen. Für den Aufbau des Textes könnt ihr euch am Arbeitsblatt 1 orientieren.

Hinweise zur Aufgabe

Die Materialien M1 und M2 bieten allgemeine Informationen zum Schlaf bei Tieren. In M1 wird darüber informiert, bei welchen Tieren man überhaupt davon sprechen kann, dass sie schlafen. M2 ist eine Grafik zum Schlafbedarf von einzelnen Tieren. Dass die äußeren Lebensumstände der Tiere ein wichtiger Grund für die Schlafdauer sind, wird am Beispiel der Giraffe in M3 erläutert.

M4 und M5 haben den Winterschlaf zum Thema. Winterschlaf ist ein schlafähnlicher Zustand bei Tieren in der kalten Jahreszeit. In M4 wird grafisch dargestellt, welche Tiere im Winter Winterschlaf, Winterruhe oder Winterstarre halten. M5 bietet ausführliche Informationen zum Winterschlaf und der Winterruhe bei Tieren.

Außergewöhnliche Schlafgewohnheiten werden im M6 und M7 am Beispiel von Vögeln und Delfinen beschrieben.

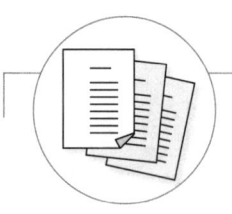

M1 Dieter E. Zimmer
Welche Tiere schlafen?

Schlaf, so lässt sich definieren, ist eine periodisch auftretende Ruhepause, zu der eine artspezifische Schlafposition eingenommen wird und in der die Empfänglichkeit für Sinnesreize deutlich
5 herabgesetzt ist, aber (anders als etwa im Koma oder im Winterschlaf) nicht so sehr, dass ein ausreichend starker äußerer Reiz den Schläfer nicht doch weckte. In diesen Ruhepausen tritt ein charakteristisches EEG*-Muster auf.

10 Nach diesen alterallgemeinsten Kriterien muss man sagen: Schlaf gibt es nur bei Warmblütern, bei Vögeln also und Säugetieren. Auch andere Tiere - Insekten, Amphibien, Reptilien - haben
15 tägliche Ruhephasen, bei denen Aktivität und Empfindlichkeit herabgesetzt sind. Aber ob diese Ruhephasen mit dem Schlaf verwandt sind, ob bestimmte, sonst nicht auftretende EEG-Muster sie kennzeichnen, ist bis heute strittig. Hier und
20 da glauben Forscher, auf etwas dem Schlaf Ähnliches gestoßen zu sein. Auf jeden Fall aber wäre es nur etwas Ähnliches; „richtiger" Schlaf scheint durchaus auf Warmblüter beschränkt.

Nur Warmblüter schlafen - und, soweit bisher bekannt, ausnahmslos alle Warmblüter schlafen. So 25 verschieden sie sind, ein so verschiedenes Leben sie führen: aktiv bei Tag, aktiv bei Nacht, aktiv bei Tag und Nacht; ständig bedroht von Fressfeinden oder ungefährdet; Vielfraße oder Wenigfraße; in welchem Element oder Klima auch zu Hause; wo 30 auch immer einzuordnen in der Skala der Evolution – alle sind sie in der großen Bruderschaft des Schlafs vereint. Es liegt nahe, daraus den Schluss zu ziehen, dass der Schlaf irgendeine lebensnotwendige biologische Funktion erfülle; täte er es 35 nicht, so hätte ihn die natürliche Auslese dort, wo er stört, auch beseitigt. Und nahe liegt ebenfalls der Schluss, dass er etwas mit eben der Warmblütigkeit zu tun habe.

---

* EEG: EEG ist eine Abkürzung für das Wort Elektroenzephalografie. Eine Elektroenzephalografie ist eine Methode, um elektrische Aktivitäten des Gehirns zu messen. In einem Elektroenezephalogramm wird die elektrische Aktivität grafisch dargestellt.

Quelle: Zimmer, Dieter E. (1984): Wenn wir schlafen und träumen. Die Nachtseite unseres Lebens. München, Kösel Verlag. S. 45f.

Wie schlafen Tiere?

Material

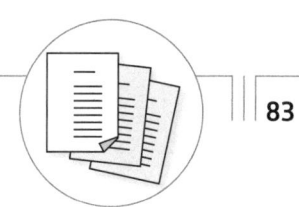

Wie viele Stunden Schlaf benötigen einige Tierarten?

M2

Dass der Mensch mit seinen siebeneinhalb Schlafstunden im Vergleich zu anderen Tieren eher weniger Schlaf benötigt, spricht gegen die Vermutung, der Zweck des Schlafs sei die Wartung und Reparatur des Zentralnervensystems – sonst wäre eigentlich zu erwarten, dass das komplizierteste aller Nervensysteme, das des Menschen, auch die längsten Überholungszeiten braucht.

Quelle: Zimmer, Dieter E. (1984): Wenn wir schlafen und träumen. Die Nachtseite unseres Lebens. München, Kösel Verlag. S. 84.

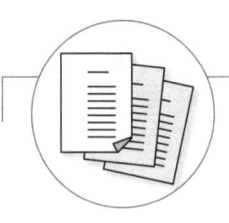

M3 Dieter E. Zimmer
Schlafbedarf und äußere Lebensumstände

1976 machten sich Truett Allison und Domenic V. Cicchetti auf die Suche nach den anderen Faktoren, die den Schlafbedarf beeinflussen könnten. Sie suchten nicht im Stoffwechsel des Körpers, sondern in den äußeren Lebensumständen. Ein Tier, das ständig von Raubfeinden bedroht ist, so nahmen sie an, kann sich weniger Schlaf leisten als eines, das keine Raubfeinde hat; ein Tier, das zum Schlafen einen geschützten Ort aufsuchen kann, müsste auch länger schlafen können als eines, das ständig exponiert ist. Tatsächlich fanden sie einen solchen Zusammenhang.
[...]
Ein extremer Kurzschläfer ist die Giraffe. Sie legt sich nachts mehrmals zum Schlafen hin, jedes Mal nur für einige Minuten; zusammen schläft sie dabei nur etwa eine Stunde. Als ein grasendes Steppentier führt sie ohnehin ein gefährdetes Leben; ganz besonders gefährdet aber ist sie, weil sie mit ihren langen Beinen über zehn Sekunden braucht, um sich zu erheben. Wird sie im Schlaf angegriffen, so ist sie also erst nach über zehn Sekunden bereit zur Flucht. Die Verwegenheit ihrer Anatomie macht den Schlaf für sie zu etwas sehr Unzweckmäßigem und hat ihn darum auf ein äußerstes Mindestmaß verkürzt. Dass sie aber trotzdem schläft, wenn auch nur sehr kurz, spricht dafür, dass der Schlaf in der Tat eine lebenswichtige biologische Funktion erfüllt, die über eine Energieersparnis durch Ruhe hinausgeht. Sonst hätte die Evolution bei solchen Tieren den Schlaf ganz abgeschafft.

Quelle: Zimmer, Dieter E. (1984): Wenn wir schlafen und träumen. Die Nachtseite unseres Lebens. München, Kösel Verlag. S. 50.

Wie schlafen Tiere?

Material

M4

WENN DIE SIEBENSCHLÄFER SCHLAFEN

Tiere, die nicht in den Süden ziehen und auch nicht wach bleiben, verbringen den Winter im Schlaf, in einer Starre oder mit vielen Ruhephasen.

In seinem kugelförmigen, mit Gras und Moos weich gepolsterten Kobel verschläft das Eichhörnchen nasskalte Tage.

Winterruhe

Tiere wie Eichhörnchen und Dachs halten keinen Winterschlaf, sondern eine Winterruhe. Sie sind auch im Winter zeitweise aktiv, schlafen aber während Schlechtwetterperioden in einem geschützten Nest oder Bau.

Dachs

Winterschlaf

Winterschläfer wie Feldhamster, Siebenschläfer, Igel und Fledermäuse schlafen bis ins Frühjahr hinein. Während dieser Zeit laufen alle Lebensvorgänge nur noch langsam ab.

Sieben Monate lang, von Oktober bis Mai, schläft der Siebenschläfer in seinem Nest in Baumhöhlen oder Nistkästen. Aber auch in der Sommerzeit ist der kleine „Schlafratz" mit bis zu 20 Stunden am Tag ein wahrer Langschläfer.

Zitronenfalter können sogar frei im Gebüsch hängend den Winter überstehen, weil sie in ihrem Körper Frostschutzmittel gebildet haben.

Winterstarre

Käfer und Schmetterlinge, Schnecken, Frösche oder Eidechsen sind wechselwarme Tiere, die ihre Körpertemperatur immer der Außentemperatur angleichen. Sie fallen in eine Winterstarre. Die meisten von ihnen vergraben sich in der Erde.

Marienkäfer liegen starr unter einer Decke aus Laub oder hinter loser Rinde.

Weinbergschnecken verschließen die Gehäuseöffnung mit einem dicken Kalkdeckel.

Im Frühjahr wird der Winterdeckel abgestoßen.

Wawra's Naturpostkarten

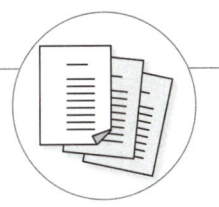

Quelle: Winterschlaf und Winterruhe, aus: Wawra's Naturpostkarten, Set 3, Natur-Verlag Wawra, Aachen 2014.

M5 Stefan Bosch
Winterschlaf und Winterruhe

Wie Tiere im Winterschlaf die kalte Jahreszeit überstehen

Wie Winterschläfer schlafen gehen, ist nicht eindeutig geklärt. Den Impuls zum Schlafen geben nicht herbstliche Temperaturen oder Nahrungsmangel. Vielmehr spielen der Jahresrhythmus der „inneren Uhr", hormonelle Umstellungen und die Tageslänge eine Rolle. [...]

Strategie für schlechte Zeiten

Winterschlaf ist eine faszinierende Strategie, um strenger Witterung und Nahrungsknappheit zu entgehen. Anstatt wie die Zugvögel abzuwandern, Futter zu deponieren oder sich ein dickes Fell anzulegen, verschlafen Winterschläfer einfach die kalte Jahreszeit und setzen alle Lebensfunktionen auf Sparflamme.

Unterschieden werden Winterschlaf, Winterruhe und Winterstarre. Echte Winterschläfer sind Fledermäuse, Siebenschläfer, Hamster und Murmeltiere. Sie senken ihre Körpertemperatur und alle Körperfunktion drastisch ab. Winterruhe ohne Absenkung der Körpertemperatur halten Dachs, Eichhörnchen, Waschbär und Braunbär. Einen Sommer- oder Trockenschlaf bei Wärme und Wassermangel kennt man von Weinbergschnecken, Zieseln, Krötenfröschen und tropischen Igeln. Kleine Tiere mit hohem Stoffwechsel schieben bei Kälte und Nahrungsknappheit kurzfristige Schlafphasen ein, wie Mauersegler, Kolibris, Ziegenmelker, Meisen, Spitzmäuse oder Fledermäuse im Sommer. In Winterstarre fallen Amphibien und Reptilien. Ihr Körper passt sich der Umgebungstemperatur an – sie fallen in Kältestarre und können selbst aktiv nichts für ihren Wärmehaushalt tun.

Kurze Tage machen schläfrig

Wie Winterschläfer schlafen gehen, ist nicht eindeutig geklärt. Den Impuls zum Schlafen geben nicht herbstliche Temperaturen oder Nahrungsmangel. Vielmehr spielen der Jahresrhythmus der „inneren Uhr", hormonelle Umstellungen und die Tageslänge eine Rolle. Letztere beeinflusst die Bildung von Fettdepots und diese wiederum die Schlafbereitschaft. Winterschlaf ist kein Tiefschlaf von Oktober bis März, er verläuft in Abschnitten. Meistens wechseln sich Ruhephasen ab mit kurzen Wachphasen, in denen die Tiere aktiv sind. Sie geben mitunter Kot und Urin ab oder wechseln den Schlafplatz. Winterruher sind häufig wach und wechseln die Schlafposition, Winterschläfer haben tage- bis wochenlange Schlafperioden.

Sprichwörtliche Winterschläfer sind Murmeltiere. In ihren unterirdischen Höhlen verbringen sie 90 Prozent des Lebens, davon sechs Monate schlafend. Wenn draußen bei minus fünf Grad Celsius der Wind über die Almwiesen pfeift, hat es im Winterbau in über zwei Metern Tiefe kuschelige fünf bis zehn Grad Celsius Dazu werden alljährlich neu bis 15 Kilogramm Gras als Polstermaterial eingetragen. Zusätzlich brauchen Murmeltiere Fettreserven. Im September haben fünf Kilogramm schwere Tiere ein Kilogramm Depotfett angelegt. Über den Winter zehren sie 30 bis 50 Prozent ihres Körpergewichtes auf.

Murmeltiere halten sozialen Winterschlaf: Pro Bau ruhen bis zu 20 Tiere und wärmen sich. Das erhöht die Überlebenschancen der Jungen, deren Sterblichkeit im ersten Winter wegen geringer Reserven und höherem Wärmeverlust am größten ist. Da Winterschläfer unbeweglich sind, verschließen Murmeltiere Winterbaue mit einem langen „Zapfen" aus Erde, Steinen und Polstermaterial. Früher wurden die hilflos schlummernden Murmeltiere ausgegraben, um Fleisch und Öl gegen Gicht und Rheuma zu gewinnen. Murmeltiere legen keine Nahrungsdepots an und gehen mangels geeigneter Nahrung bereits im Oktober schlafen.

Anstrengende Not-Thermostate

Braunbären könnten in nördlichen Regionen ohne Winterruhe nicht überleben. Dort verbringen sie bis zu sieben Monaten in der Bärenhöhle in echtem Schlaf ohne zu koten, urinieren, fressen oder

Wie schlafen Tiere?

Material

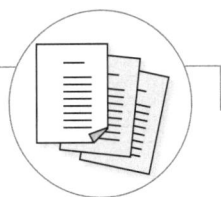

trinken. In Mitteleuropa verlassen sie mehrfach die Höhle über den Winter und bringen im Januar bis zu zwei Jungbären zur Welt. Im warmen Zoo mit ständigem Futterangebot halten Bären keinen Winterschlaf.

Fledermäuse legen im Herbst 20 bis 30 Prozent an Gewicht zu. Schon am späten Nachmittag kann man oft große Scharen intensiv jagender Abendsegler sehen. Zum Schlafen suchen sie Höhlen und Verstecke auf, in denen es nicht kälter als ein bis zwei Grad Celsius wird. Obwohl Winterschläfer ihre Temperatur drastisch absenken, bleibt die Temperaturregulation erhalten. Und wenn die Umgebungstemperatur unter die Schlaftemperatur sinkt, springt der Thermostat an und gibt Signal zum „Nachheizen" um nicht zu erfrieren – allerdings auf Kosten der begrenzten Fettreserven. Deshalb verkriechen sich viele Arten in Ritzen und Spalten und die kopfunter Freihängenden hüllen sich einem Mantel gleich in die Flughaut, um Oberfläche und Wärmeverluste zu verringern. [...]

Reduzierter Stoffwechsel

Igel wiederum schlafen von November bis April, wobei regionale Unterschiede vorkommen. Sie drosseln ihren Stoffwechsel auf ganze ein bis zwei Prozent des normalen Grundumsatzes. Fällt die Körpertemperatur unter den Nullpunkt, setzt die Wärmebildung ein. Lebenswichtige Organe und Sinnesorgane funktionieren auch bei Kälte. Deshalb können Störungen zum Erwachen führen. Mit Hilfe des Fettes steigt die Körpertemperatur in wenigen Stunden um 30 Grad Celsius an. Bei über 30 Grad unternehmen Igel Gehversuche. Für Igel hat man errechnet, dass ein Tag Leben bei Normaltemperatur zehn Tagen Winterschlaf entspricht.

Ziemlich verschlafen sind Siebenschläfer. Von September bis Mai oder sogar Juni ruhen sie in Erdlöchern, Felsspalten und Wurzelstöcken. Ihre Schlafphasen dauern 20 bis 29 Tage. Werden Gebäude als Winterquartier gewählt, sind Winteraktivitäten möglich. Hamster haben eine lange Winterschlafperiode, erwachen aber häufiger um zu fressen. Ihre Nahrungsdepots hat man früher genutzt, indem man die Baue der damals weit verbreiteten Hamster aufgegraben und die Korndepots geplündert hat. Goldhamster dagegen bleiben in der Wohnung putzmunter, denn in der Wärme unterschreiten sie nie die niedrige schlafauslösende Temperaturschwelle. [...]

Quelle: https://www.nabu.de/tiere-und-pflanzen/saeugetiere/02722.html (10.3.2016)

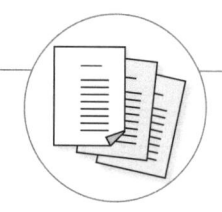

M6 Wenn Vögel schlafen …

Jeder kennt sie, unsere gefiederten Freunde, die tagsüber munter durch unsere Gärten schwirren. Doch wer weiß schon, was sie nachts machen. Schlafen sie? Und wenn sie schlafen, wie kommt es, dass sie nicht vom Ast fallen? Mittlerweile weiß man einiges über den Vogelschlaf und dennoch gibt es noch viel zu entdecken. Hier ein kurzer Überblick.

Menschen schlafen, Vögel auch?

Ja, Vögel schlafen, gewöhnlich in einer Folge kurzer, intensiver „Nickerchen". Sie brauchen wie der Mensch Phasen, in denen sie zur Ruhe kommen und ihr Körper „auftanken" kann. Dies geschieht in der traumlosen Schlafphase, in der die körperlichen Vorgänge so weit wie möglich „heruntergefahren" werden.

Vögel scheinen auch zu träumen. Damit die Tiere sich im Traumschlaf nicht bewegen, wird die Aktivität der Muskeln gehemmt. Die Traumphasen sind aber wesentlich kürzer als bei den Menschen, da die dabei auftretende Bewegungshemmung im Notfall die Flucht verhindern würde. Wissenschaftler fanden heraus, dass junge Zebrafinken nachts vom Singen Träumen. Im Schlaf wiederholen sie stumm das tagsüber gehörte. Offenbar ist dies ein unverzichtbarer Bestandteil des Lernprozesses.

Wachsam bis in den Schlaf

Selbst im Schlaf müssen Vögel auf der Hut vor Feinden sein. Enten, die nicht auf Bäumen übernachten können, bedienen sich hierzu eines besonderen Tricks. Damit sie im Schlaf nicht überrumpelt werden können, schalten sie nur eine Hälfte des Gehirns ab. Die andere Hirnhälfte bleibt wach und warnt die Vögel bei Gefahr. Auch Tauben sind äußerst wachsam. Im Schlaf öffnen sie immer wieder kurz die Augen, wahrscheinlich, um mögliche Gefahren in der Umgebung frühzeitig zu erkennen. Schlafen Tauben in Gruppen, öffnen sie ihre Augen weitaus weniger häufig – man wechselt sich ab.

Die Schlafgewohnheiten der Vögel

Wir schlafen zumeist in kuscheligen Betten. Bei den Vögeln findet man jedoch die unterschiedlichsten Schlafvarianten. Teichhuhnjunge machen es sich auf den alten Nestplattformen bequem. Spechte zimmern eigens Schlafhöhlen. Viele Singvögel sitzen im Schlaf aufgeplustert auf einem Ast. Wieder andere – wie die Flamingos – tun es lieber im Stehen auf nur einem Bein. Das andere wird, wie auch der Schnabel, ins Gefieder gesteckt. Enten sieht man schwimmend, stehend oder bäuchlings liegend ruhen. Und von Mauerseglern weiß man, dass sie im Flug schlafen.

Von der Kunst im Sitzen zu schlafen

Jeder, der schon mal im Sitzen eingeschlafen ist, weiß, wie schwierig es ist, dabei seinen Körper aufrecht zu halten. Schnell wird man zum Gespött der Klasse, wenn dann der Kopf nach vorne oder zur Seite kippt und man schließlich sogar komplett vom Stuhl purzelt. Vögeln kann dies nicht passieren. Ein raffinierter „Klammermechanismus" der Zehen sorgt dafür, dass sie ohne Kraftanstrengung auf dem Ast hocken bleiben und ruhig schlafen können.

Der Lauf und die Zehen der Vögel werden über lange Sehnen bewegt. Diese Sehnen gehen vom Ober- und Unterschenkel aus. Setzt sich ein Vogel, knickt das Gelenk zwischen Unterschenkel und Lauf ein. Dadurch verkürzen sich die hinten über das Gelenk laufenden Sehnen und die Zehen schließen sich um den Ast. Durch eine entsprechende Gewichtsverlagerung bleiben die Sehnen ohne aktive Muskelleistung gespannt. Bevor der Vogel wegfliegt, muss er den gesamten Lauf aufrichten, um den Klammerfuß zu öffnen. Dies geschieht oft mit Hilfe einiger Flügelschläge. Offenkundig wirkt dieser Mechanismus so zuverlässig, dass man sogar tote Vögel gefunden hat, die sich noch lange nach ihrem Tod an ihrem Zweig festgeklammert haben. Bei den „Stand-Schläfern" verhindert übrigens eine Art Sperrvorrichtung das Einknicken des Standbeins.

Quelle: http://www.wasistwas.de/archiv-natur-tiere-details/wenn-voegel-schlafen.html (8.3.2016)

Wie schlafen Tiere?

Material

Wie schlafen Delfine?

M7

Schwimmen unter Wasser ja, aber ein Nickerchen halten? Wie machen das die Meeresbewohner? Laura, 11 Jahre, möchte wissen, wie Delfine unter Wasser schlafen.

Delfine brauchen als sehr aktive Meeresbewohner auch regelmäßige Schlaf- und Ruhepausen
Forscher haben bei Delfinen Folgendes beobachtet: Sie ruhen zum Teil horizontal oder vertikal im Wasser oder schlafen bei langsamer Bewegung an der Wasseroberfläche. Dabei atmen sie nur noch drei bis sieben Mal pro Minute. Zu aktiven Zeiten holt ein Delfin acht bis zwölf Mal Luft. Delfine atmen dabei ganz gezielt und nicht unbewusst, wie wir Menschen.

Delfine brauchen kein Bett
Delfine benötigen also offensichtlich zum Schlafen kein Nest. Aber sie ziehen sich nach ihren nächtlichen Jagdausflügen gerne in ruhige Buchten zurück, wo sie relativ sicher und ungestört schlafen können. Russische Forscher haben in den 70er Jahren entdeckt, dass sich bei Delfinen im Schlaf die Hirnhälften abwechseln.

Besondere Tricks im Gehirn
Dabei achtet die aktive Hirnhälfte in einer Art Dämmerzustand auf mögliche Feinde, Hindernisse, rechtzeitiges Atmen und sichert der schlafenden Hirnhälfte so ihre Ruhe und Entspannung. Das der schlafenden Gehirnhälfte gegenüberliegende Auge wird in der Regel geschlossen. Nach etwa zwei Stunden wechseln sich die Hirnhälften ab.

Allerdings schlafen Delfine nicht die komplette Nacht durch. Zwischendurch gibt es immer wieder aktive Phasen, etwa zum Fressen. Dank Untersuchungen hat man herausgefunden, dass beispielsweise Große Tümmler etwa ein gutes Drittel des Tages verschlafen.

Quelle: http://www.wasistwas.de/archiv-natur-tiere-details/wie-schlafen-delfine-1.html

Wie schlafen Tiere?

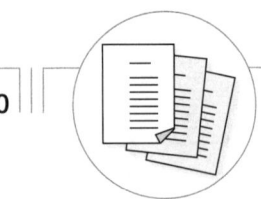

Kompetenzfokus

AB1 Aufgaben zur Inhaltsplanung

Euer Text für ein Kinder-Sachbuch soll Antwort geben auf die Frage, wie Tiere schlafen. Die Materialien helfen euch dabei, diese Frage zu beantworten, aber sie bieten auch eine Menge an Informationen. Wichtig ist es daher, Inhaltspunkte zum Material zu bilden und diesen Inhaltspunkten Materialausschnitte zuzuordnen. Dabei sollen euch die folgenden Aufgaben helfen. Voraussetzung für die Bearbeitung der Aufgaben ist, dass ihr euch bereits einen Überblick über das Material verschafft habt.

1. Markiert im Material die Stellen, die Antwort auf folgende Fragen geben. Benutzt dafür unterschiedliche Farben:
   a) Welche Tiere schlafen? Wie viel Schlaf brauchen Tiere?
   b) Wie schlafen Tiere im Winter? Welche Tiere halten Winterschlaf?
   c) Warum ist der Schlaf von Tieren so unterschiedlich?
   d) Was sind besonders lustige Schlafgewohnheiten von Tieren?

2. Verfasst zu zweit Antworten auf die oben gestellten Fragen. Die Antworten sollten ca. eine halbe Seite umfassen.
   a) Überlegt, welche Materialteile ihr verwenden wollt, welche ihr für nicht so wichtig erachtet.
   b) Verfasst nun zu zweit auf der Grundlage der von euch ausgewählten Stellen im Material Antworten zu den Fragen.

AB2 Aufgaben zur Textplanung und zum Aufbau der Zieltextsorte

1. Auf Arbeitsblatt 3 seht ihr zwei Seiten aus einem „Was-ist-Was"-Buch zu Pinguinen. Schaut euch die Seiten mit eurem Partner an und beschreibt mündlich, wie sie aufgebaut sind.

2. Versucht nun euren Text zu der Frage „Wie schlafen Tiere?" so ähnlich aufzubauen, wie der Was-ist-Was-Text aufgebaut ist.
   a) Überlegt, wie ihr eure Antworttexte, die ihr bereits zu den Fragen verfasst habt, in euren Text einbauen könnt. Vielleicht müsst ihr auch noch ein wenig umformulieren.
   b) Versucht Informationen in den Randspalten zu geben: „Zahlen und Fakten" zum Thema und „Wusstest du, …?"
   c) Erstellt eigene Abbildungen oder wählt Abbildungen von Tieren oder auch die Grafik aus dem Material aus, um euren Text zu illustrieren.

© Bildungshaus Schulbuchverlage

Wie schlafen Tiere?

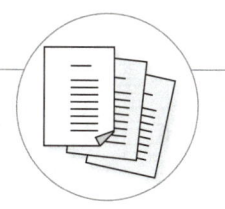

Kompetenzfokus

Pinguine

AB3

Zahlen und Fakten ! Pinguine haben sehr große Augen und können auch bei schwacher Beleuchtung noch ausgezeichnet sehen. Ihre Linse ist viel anpassungsfähiger als unsere und kann sich so stark verformen, dass die Tiere an Land ebenso gut sehen können wie unter Wasser.

Adeliepinguine beim Start ins Meer. An Land wirken Pinguine unbeholfen und watscheln mit ihren kurzen Beinchen tolpatschig umher. Kaum im Wasser, verwandeln sie sich jedoch in elegante Schwimmer und Taucher. Pfeilschnell schwimmen sie zu ihren Jagdgebieten.

Wie kamen die Pinguine zu ihrem Namen? Viele Pinguinarten wurden nach ihren Entdeckern benannt, wie der Humboldtpinguin und der Magellanpinguin. Andere haben ihren Namen von besonders auffälligen Merkmalen, wie etwa der Goldschopfpinguin. Woher aber kommt das Wort „Pinguin"? Wenn man das lateinische Wort „penguis" ins Deutsche übersetzt, so bedeutet dies so viel wie fett oder wohl genährt. Mit dem Namen Pinguin wurden wahrscheinlich Alke und Lummen bezeichnet, die im hohen Norden leben und sich mit einer Speckschicht gegen die Kälte isolieren, aber nicht einmal weitläufig mit den Pinguinen verwandt sind. Sie waren von jeher von Fischern und Seeleuten als Nahrung geschätzt. Das wussten auch die portugiesischen Seefahrer. Als sie ähnlich schwarz-weiß gefärbte Vögel in Afrika und Südamerika sahen, dachten sie wohl, es mit großen Alken zu tun zu haben. Sie gaben ihnen daher kurzerhand denselben Namen, auf Portugiesisch „Penguigo". Es ist aber auch denkbar, dass das Wort Pinguin aus den zwei walisischen Wörtern (per = weiß und gewyn = Kopf) gebildet wurde. Walisische und englische Seefahrer gebrauchten das Wort „Pengwyn" ursprünglich für den pinguinähnlichen, ausgestorbenen Riesenalk.

Warum können Pinguine nicht fliegen? Die Flügel von Pinguinen sind nicht für die Fortbewegung in der Luft, sondern für den „Unterwasserflug" ausgelegt: Pinguine fliegen gewissermaßen im Wasser. Die Flügel sind kurz, sehr schmal, mit festen, kurzen, aber elastischen Federn bedeckt, und treiben das Tier mit raschen Schlägen voran. Sie beschleunigen die Pinguine besser, als es eine Schiffsschraube könnte.

Oberflächlich betrachtet, haben Pinguine mit dem Verlust ihrer Flugfähigkeit ein schlechtes Geschäft gemacht. Im Vergleich zu Flugkünstlern wie Albatrossen, Sturmschwalben und Sturmvögeln können sie nicht mit großer Geschwindigkeit zu ihren Jagdgebieten auf See fliegen, sondern müssen mühsam dorthin schwimmen. Sie können sich nicht hoch in die Lüfte erheben und sich einen guten Überblick verschaffen, sondern werden von den Wellen auf und ab geschaukelt, wobei ihr Kopf nur wenige Zentimeter aus dem Wasser herausragt. Wo also liegt der Vorteil der Flugunfähigkeit?

Fliegende Vögel müssen leicht gebaut sein, haben im Wasser viel Auftrieb und das beeinträchtigt ihre

© Bildungshaus Schulbuchverlage

Quelle: TESSLOFF Verlag © 2011, 1998 / WAS IST WAS Band 107 Pinguine

Wie schlafen Tiere?

Kompetenzfokus

DER GRÖSSTE UND DER KLEINSTE

Der größte heute lebende Pinguin, der Kaiserpinguin, wird einen Meter groß und wiegt beachtliche 30 Kilo. Die kleinste Art, der Zwergpinguin, wird nur 30 Zentimeter groß und erreicht ein Fliegengewicht von einem Kilogramm. Alle anderen Pinguinarten liegen in Körpergröße und Gewicht dazwischen.

| Erwachsener Mann 1,8 m | Pachydyptes ponderosus (ausgestorben) 1,6 m | Kind (8 Jahre) 1,3 m | Kaiserpinguin 1,0 m | Adeliepinguin 0,6 m | Baby 0,5 m | Zwergpinguin 0,3 m |

Tauchfähigkeit. Albatrosse zum Beispiel sind so leicht, dass sie auf dem Wasser schwimmen wie Enten. Auch durch Stoßtauchen – sie stürzen dabei aus großer Höhe ins Wasser herab – können sie nur Wassertiefen bis etwa zehn Meter Tiefe erreichen. Alle Nahrung, die sich in größerer Tiefe aufhält, bleibt für sie unerreichbar. Pinguine sind hingegen für ihre Körpergröße sehr schwer, liegen tief im Wasser und können mühelos abtauchen. Der kleine Zwergpinguin taucht regelmäßig 30 Meter tief und die großen Kaiserpinguine erreichen sogar über 500 Meter Tauchtiefe. In diesen Tiefen können sie ungestört durch ihre fliegenden Verwandten fischen. Da sie nach dem Fischzug nicht fliegen müssen, können sie sich richtig vollfressen, denn das Wasser trägt sie ja mühelos. Pinguine können bis zu einem Viertel ihres Körpergewichts an Nahrung aufnehmen. Ein Grund für die Beliebtheit der Pinguine ist ihr elegantes Aussehen. Die Gefiederfärbung der Pinguine, der dunkle Rücken und die helle Unterseite, erfüllt

Wozu dienen schwarzer Anzug und weißes Hemd?

natürlich einen ganz anderen Zweck: den der Tarnung. Feinde wie Seeleoparden oder Schwertwale machen Jagd auf Pinguine, während Schwarmfische und Leuchtgarnelen ihrerseits vor den gefräßigen Pinguinen die Flucht ergreifen. Um sowohl bei Räubern als auch bei Beutetieren nicht allzu sehr aufzufallen, sind schwimmende Pinguine von oben gesehen dunkel und heben sich daher kaum von dem dunklen Meeresboden ab. Von unten betrachtet sind sie weiß, wodurch sie sich von der silbrig hellen Wasseroberfläche ebenfalls kaum abzeichnen.

Trotz der typischen Frackkleidung lassen sich die verschiedenen Pinguinarten gut voneinander unterscheiden. Sie haben spezielle Merkmale ausgebildet. Diese befinden sich alle im Kopfbereich, denn es ist ja nur der Kopf, der über die Wasseroberfläche herausragt.

Wusstest du, ... dass Pinguine mehrere hundert Kilometer zu Fuß zurücklegen können?

Goldschopfpinguin
Foto: Juniors Bildarchiv GmbH

© Bildungshaus Schulbuchverlage

Quelle: TESSLOFF Verlag © 2011, 1998 / WAS IST WAS Band 107 Pinguine

Wie schlafen Tiere?

Hinweise für Lehrerinnen und Lehrer

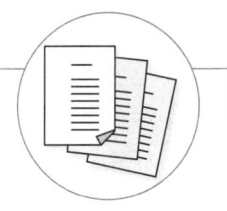

Hinweise für Lehrerinnen und Lehrer

Inhaltliche Anforderungen

Das Material bietet vielfältige Anknüpfungspunkte, um die Frage „Wie schlafen Tiere?" zu beantworten. Es ist möglich, diese Frage nur anhand der Beschreibung des Schlafverhaltens von einzelnen Tieren, d.h. exemplarisch, zu beantworten. Ein solch „aneinanderreihendes" Informieren über den Schlaf bei verschiedenen Tieren ist allerdings nicht mit der Aufgabenstellung intendiert. Vielmehr geht es darum, das Material nach inhaltlichen Schwerpunkten zu erschließen und die Schlafgewohnheiten einzelner Tiere exemplarisch heranzuziehen. Das Material bietet folgende inhaltliche Schwerpunkte: Kennzeichen von Schlaf bei Tieren (M1), Schlafdauer von Tieren (M2, M3, M6), Winterschlaf als besonderer Schlafzustand in einer Jahreszeit (M4, M5), Gründe für die unterschiedliche Schlafdauer von Tieren, außergewöhnliche Schlafgewohnheiten bei Tieren (M3, M6, M7).

Das Arbeitsblatt 1 zur Inhaltsplanung bietet Arbeitsaufträge, mit deren Hilfe das Material nach diesen inhaltlichen Schwerpunkten erschlossen werden kann.

Sprachliche und textsortenbezogene Anforderungen

Der Großteil des Materials besteht aus Texten, die bereits informierend sind. Insofern haben diese Texte in sprachlicher Hinsicht, d.h. bezogen auf die grundlegenden Texthandlungen des informierenden Schreibens, Modellcharakter für den zu erstellenden Zieltext.

Eine sprachliche Anforderung stellt möglicherweise das Material M2 dar. Eine sinnvolle Einbettung der Grafik in den Zieltext erfordert, dass die Schlafdauer der dargestellten Tiere vergleichend wiedergegeben wird. Dafür müssen Sprachmittel des Vergleichens (z.B. „Im Gegensatz zu Tier A schläft Tier B X Stunden.") verwendet werden.

Einige Schüler kennen sicherlich „Was-ist-Was"-Bücher und sind rezeptiv mit den Besonderheiten dieser Texte vertraut. Ein Wissen zum Aufbau und den Spezifika der Textsorte (z.B. Fragekästen zur Textstrukturierung, Illustrationen, exemplarisches Wissen der Kategorie „wusstest du...?" etc.) muss allerdings im Unterricht vermittelt werden. Dazu bieten die Arbeitsblätter 2 und 3 Anregungen.

Zum Kompetenzfokus

Arbeitsblatt 1 stellt in Form von Fragen Inhaltspunkte für den zu erstellenden Zieltext bereit. Die Fragen betreffen
a) Kennzeichen von Schlaf bei Tieren und die Schlafdauer von Tieren,
b) den Winterschlaf als besondere Form des Schlafs in einer Jahreszeit,
c) Gründe für die unterschiedliche Schlafdauer von Tieren sowie
d) außergewöhnliche Schlafgewohnheiten bei Tieren.

Indem die SchülerInnen Textstellen markieren, die Fragen auf die Antworten bieten, wird das Material inhaltlich strukturiert. Auf dieser Grundlage können die SchülerInnen entscheiden, welche Materialteile sie für die Beantwortung dieser Fragen auswählen (Vgl. Aufgabe 2). Der Schreibprozess wird entlastet, indem die SchülerInnen zunächst Teiltexte verfassen, die dann in den Zieltext integriert werden müssen.

Ein Wissen zum Aufbau und den Spezifika der Zieltextsorte soll durch die Arbeitsaufträge auf Arbeitsblatt 2 erworben werden. Spezifika, die beschrieben werden sollten, sind die Kästen mit Fragen und die damit verbundenen Textabschnitte, die Gestaltung der Randspalten durch spezifische Informationen („Zahlen und Fakten", „wusstest du...?") und die Einbindung grafischer Elemente (Abbildung von Tieren, grafische Darstellung). Für die grafische Gestaltung können die SchülerInnen eigene Grafiken, Bilder erstellen, aber auch auf Material aus dem Internet (hier: Abbildungen von Tieren) zurückgreifen.

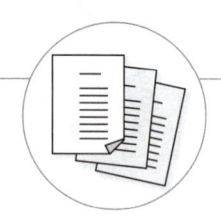

Wie viele Pippis gibt es?

Thema	Pippi Langstrumpf, Kinder- und Jugendliteratur, Lesarten und Rezeptionskonventionen
Klassenstufe	7.–8. Schuljahr
Typ	informierendes Schreiben
Materialien	M1: Pippi Langstrumpfs Gesichter im Laufe der Zeit M2: Literatur! Eine Reise durch die Welt der Bücher M3: Vergleich der abgelehnten „Ur-Pippi" (1944) mit der später gedruckten „Pippi" (1945) M4a: Skizze der internationalen Verbreitungswege M4b: Zeittafel der Verbreitung von „Pippi Langstrumpf" M5: Pippi Langstrumpf international I M6: Pippi Langstrumpf international II M7: Pippi Långstrump
Zieltext	Informationsflyer
Kompetenzfokus	Materialerschließung (Bilder und Texte vergleichen)
Arbeitsmaterial	AB1: Bilder vergleichen AB2: Texte vergleichen

Wie viele Pippis gibt es?

Überblick

AUFGABE

Im Rahmen eines Schulprojekts zum Thema „literarische Figuren der Kindheit" sollen Informationsflyer gestaltet werden, die über die zeitliche und räumliche Entwicklung von verschiedenen literarischen Figuren aufklären. Die Zeichentrickfigur He-Man sieht in den 80ern anders aus als in den 2000ern. Die Figur Heidi aus dem gleichnamigen Kinderbuch ist etwas anderes als die Heidi aus den uns bekannten Spielfilmen. Und auch Pippi Langstrumpf war ursprünglich anders als wir sie kennen.

Verfasse auf der Grundlage des vorliegenden Materials einen informativen Text zur Frage: „Wie viele Pippis gibt es?", indem du auf folgende Punkte eingehst:
- Pippis Charakterentwicklung von der „Ur-Pippi" hin zur uns bekannten „Pippi Langstrumpf"
- Pippis äußerliche Entwicklung im Laufe der Zeit in Deutschland
- Pippis weltweite Verbreitung
- Pippis Erscheinungsbild in unterschiedlichen Ländern

Der Text soll später auf einen Informationsflyer gedruckt werden und gleichaltrige MitschülerInnen über die Vielfältigkeit von „Pippi Langstrumpf" informieren. Der Flyer soll die Gestalt eines Klappkärtchens haben, du hast also insgesamt vier Seiten (von A3 auf A4 oder von A4 auf A5 gefaltet).

Hinweise zur Aufgabe

Einerseits stehen dir Originaltexte und Originalbilder *aus* den Pippi-Büchern zur Verfügung: Da sind zum einen Textauszüge im internationalen Vergleich (M5) und im Vergleich zwischen der „Ur-Pippi" und dem uns bekannten Buch „Pippi" (M3), zum anderen Bildauszüge im nationalen und internationalen Vergleich (M1, M5). Mit diesem Original-Material kannst du Unterschiede und Gemeinsamkeiten verdeutlichen, entweder durch direktes Zitieren oder durch genaues Beschreiben der unterschiedlichen Pippis.

Andererseits gibt es Texte *über* Pippi. Es handelt sich um einen Lexikonartikel aus einem populären Literaturlexikon, der über den Inhalt des Kinderbuches aufklärt und Wissenswertes rund um Pippi vermittelt (M2), und um einen Auszug aus einem eher wissenschaftlichen Lexikon, der die unterschiedlichen Erscheinungsbilder von Pippi in unterschiedlichen Ländern beschreibt (M7). Außerdem stehen ein Text-Bild-Auszug über die Buchtitel von „Pippi Langstrumpf" in unterschiedlichen Ländern (M6) und ein anspruchsvoller wissenschaftlicher Text über die internationale Verbreitung der Pippi-Bücher (M4) zur Verfügung. Dieses Material liefert viele wichtige Informationen, die dir dabei helfen, über die Frage „Wie viele Pippis gibt es?" zu informieren.

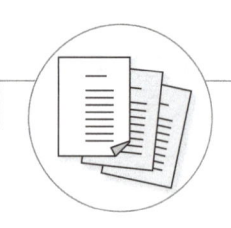

M1 Pippi Langstrumpfs Gesichter im Laufe der Zeit

Die Gesichter von Pippi Langstrumpf in Deutschland

Im Laufe der Jahre hat sich unsere Pippi Langstrumpf verändert: Die Schwedin Ingrid Vang Nyman war die erste Illustratorin, die Pippi gezeichnet hat. In Deutschland wurde die Erstausgabe allerdings von Walter Scharnweber illustriert, ihm folgte Rolf Rettich. Heute zeichnet Katrin Engelking unsere Pippi in Deutschland.

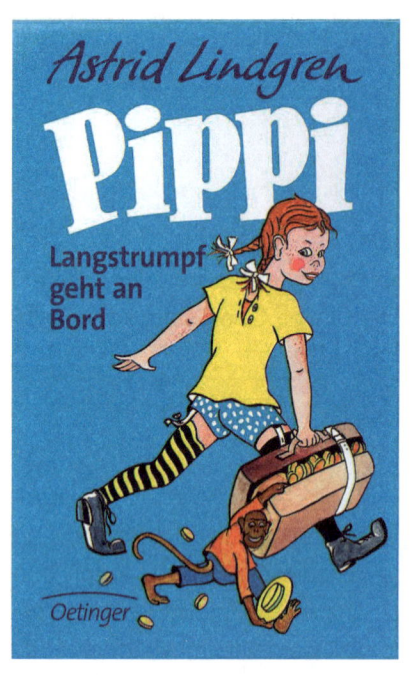

Illustrator: Walter Scharnweber

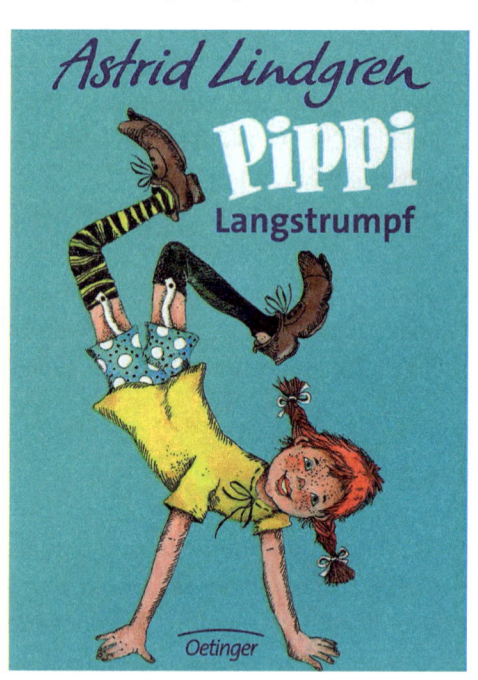

Illustrator: Rolf Rettich

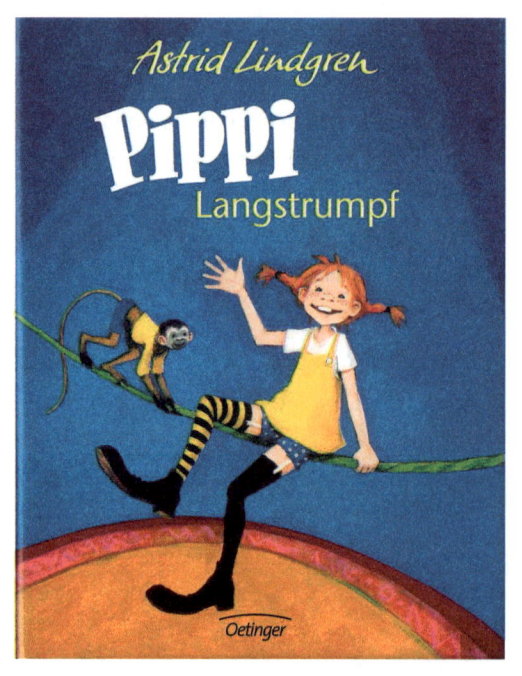

Illustratorin: Katrin Engelking

Illustratorin: Ingrid Vang Nyman

Quellen: Verlag Friedrich Oetinger GmbH; o. l.: 1986/Astrid Lindgren: Pippi Langstrumpf geht an Bord, ISBN-13: 978-3-7891-1852-4; o. r.: 1987/Astrid Lindgren: Pippi Langstrumpf Gesamtausgabe, ISBN-13: 978-3-7891-2944-5; u. l.: 2007/Astrid Lindgren: Pippi Langstrumpf, ISBN-13: 978-3-7891-4161-4; u. r.: 2015/Astrid Lindgren: Pippi Langstrumpf. Der Comic, ISBN-13: 978-3-7891-4190-4

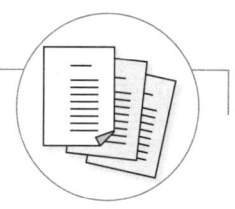

Wie viele Pippis gibt es?
Material

Katharina Mahrenholtz/Dawn Parisi
Pippi Langstrumpf

M2

Inhalt
Am Rande der kleinen, kleinen Stadt lag ein alter, verwahrloster Garten. In dem Garten stand ein altes Haus und in dem Haus wohnte Pippi Langstrumpf. Sie war neun Jahre alt und sie wohnte ganz allein dort.
So beginnt das berühmteste Kinderbuch der Welt. Das alte Haus heißt natürlich *Villa Kunterbunt*, und PIPPI wohnt nicht ganz allein dort, sondern zusammen mit ihrem gescheckten Pferd und ihrem Äffchen HERRN NILSSON. Nebenan wohnen THOMAS und ANNIKA SETTERGREN - *zwei sehr liebe, wohlerzogene und artige Kinder.*
Die anarchische PIPPI hat einen verrückten Einfall nach dem nächsten, die braven Nachbarskinder gucken staunend zu oder lassen sich sogar zum Mitmachen überreden. Besonderen Drive bekommt das Ganze durch PIPPIS leicht übernatürliche Fähigkeiten. Sie kann unverletzt aus großen Höhen springen (und so die Polizisten überlisten), unglaublich viel Kuchen essen, balancieren wie eine Profi-Artistin (und Kinder aus einem brennenden Haus retten), freche Jungen über einen Ast hängen und zwei Diebe auf den Schrank heben.
Weil ihre Mutter tot ist und ihr Vater König auf einer Südseeinsel*, kann PIPPI immer machen, was sie will. Lange aufbleiben, wahnwitzige Lügengeschichten erzählen, ihr Pferd mit in die Küche nehmen, Pfefferkuchen auf dem Fußboden ausstechen, Eigelb in die Haare schmieren, mit Scheuerbürsten Schlittschuh fahren und dabei den Boden wischen.
Die Erwachsenen sind entsetzt und möchten gleichzeitig das arme Waisenkind erziehen: FRAU SETTERGREN lädt sie zum Kaffeekränzchen ein (und PIPPI benimmt sich komplett daneben), die Lehrerin tut ihr Bestes (aber *Plutimikation* ist nicht PIPPIS Ding), Polizisten kommen, um sie ins Kinderheim zu bringen. Das sei nicht nötig, meint PIPPI: »*Ich habe schon einen Platz in einem Kinderheim. Ich bin ein Kind, und das hier ist mein Heim.*«
Auch in den beiden Folgebänden *PIPPI GEHT AN BORD* und *PIPPI IN TAKA-TUKA-LAND* triumphiert kindliche Logik immer wieder über erwachsene Vernunft.

Smalltalk-Info
PIPPIS voller Name lautet: PIPPILOTTA VIKTUALIA ROLLGARDINA PFEFFERMINZ EPHRAIMSTOCHTER LANGSTRUMPF. Für den Film wurde der vierte Name in SCHOKOMINZA geändert. Nur im Film hat übrigens auch das Pferd den Namen KLEINER ONKEL.

Same, same but different
2007 erschien in Deutschland die „Ur-PIPPI", das Originalmanuskript, das Astrid Lindgren [im Jahre 1944] einem schwedischen Verlag geschickt hatte, der es ablehnte. Daraufhin überarbeitete sie die Geschichte. PIPPI wurde deutlich freundlicher, der ganze Text etwas weniger anarchisch.

---
* Im Original ist PIPPIS Vater ein Negerkönig, und überhaupt kommt das Wort *Neger* häufiger vor. 2007 hat der deutsche Verlag in einer Neuausgabe zunächst eine Fußnote eingefügt, die erklärt, dass *Neger* damals ein üblicher Ausdruck war, man heute aber *Schwarzer* sagen würde. Zwei Jahre später dann wurde das N-Wort komplett aus dem Buch gestrichen. Nun ist PIPPIS Vater Südseekönig und PIPPI nicht mehr Negerprinzessin, sondern Taka-Tuka-Prinzessin.

Quelle: Katharina Mahrenholtz/Dawn Parisi (2012): Literatur! Eine Reise durch die Welt der Bücher. 3. Auflage. Hamburg: Hoffmann und Campe Verlag, S. 124.

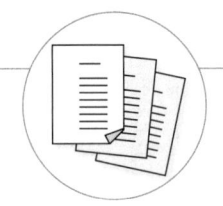

M3 Vergleich der abgelehnten „Ur-Pippi" (1944) mit der später gedruckten „Pippi" (1945)

Im Kapitel „Pippi geht in die Schule" entwickelt sich folgender Dialog zwischen Pippi und der Lehrerin:

Auszug aus der „Ur-Pippi"

„Willkommen in der Schule, kleine Pippi. Ich hoffe, dass es dir gefällt und dass du recht viel lernst."
„Ja, und ich hoffe, dass ich Weihnachtsferien krieg", sagte Pippi. „Deshalb bin ich hergekommen. Gerechtigkeit vor allem!"
„Wie wäre es, wenn wir jetzt ein bisschen prüfen, was du weißt«, fuhr die Lehrerin fort. »Vielleicht sollten wir mit Rechnen anfangen. Na, Pippi, kannst du mir sagen, wie viel 7 und 5 ist?"
Pippi sah sie erstaunt und ärgerlich an. Dann sagte sie: „Ja, wenn du das nicht selbst weißt, denk ja nicht, dass ich es dir sage."
Die ganze Klasse starrte Pippi an, und die Lehrerin schnappte nach Luft. Sobald sie wieder sprechen konnte, erklärte sie Pippi, dass man in der Schule solche Antworten nicht geben dürfe, dass man die Lehrerin nicht mit „Du" anreden dürfe, dass man »Fräulein« und „Sie" sagen müsse, dass man sich anständig benehmen müsse und so weiter.
Da legte Pippi ihren roten Kopf auf die Tischplatte und sagte:
„Weck mich, wenn du mit deinen Ermahnungen fertig bist!"
Die Lehrerin schnappte wieder nach Luft. Aber dann dachte sie, es sei vielleicht am besten, vorsichtig mit Pippi umzugehen. Deswegen sagte sie sehr freundlich: „Nein, kleine Pippi, jetzt wollen wir lieb und fleißig sein und uns aufrecht hinsetzen und versuchen, etwas zu lernen. Dann werde ich dir sagen, dass 7 und 5 gleich 12 ist."
„Sieh mal an", sagte Pippi, „du wusstest es ja. Warum fragst du dann?"
Die Lehrerin tat so, als hätte sie nichts gehört, und fuhr fort: (...)

Quelle: Astrid Lindgren (2007) [1944]: Ur-Pippi. Hamburg: Friedrich Oetinger, S. 37f.

Auszug aus der später gedruckten „Pippi"

„Willkommen in der Schule, kleine Pippi. Ich hoffe, dass es dir gefällt und dass du recht viel lernst."
„Ja, und ich hoffe, dass ich Weihnachtsferien krieg", sagte Pippi.
„Deshalb bin ich hergekommen. Gerechtigkeit vor allem!"
„Wenn du mir jetzt erst einmal deinen vollständigen Namen sagen willst, dann schreibe ich dich in das Klassenbuch ein."
„Ich heiße Pippilotta Viktualia Rollgardina Pfefferminz Efraimstochter Langstrumpf, Tochter von Kapitän Efraim Langstrumpf, früher der Schrecken der Meere, jetzt Südseekönig. Pippi ist eigentlich nur mein Kosename, denn Papa meinte, Pippilotta wäre zu lang."
„Aha", sagte die Lehrerin. „Dann wollen wir dich also auch Pippi nennen. Aber was meinst du, wollen wir jetzt nicht mal sehen, was du weißt? Du bist ja ein großes Mädchen und kannst sicher schon eine ganze Menge. Wir wollen mit Rechnen anfangen. Na, Pippi, kannst du mir sagen, wie viel 7 und 5 ist?"
Pippi sah die Lehrerin erstaunt und ärgerlich an. Dann sagte sie:
„Ja, wenn du das nicht selbst weißt, denk ja nicht, dass ich es dir sage."
Alle Kinder starrten Pippi entsetzt an. Und die Lehrerin erklärte ihr, dass man in der Schule solche Antworten nicht geben dürfe. Man dürfe die Lehrerin auch nicht mit „Du" anreden, sondern man müsse „Fräulein" und „Sie" sagen.
„Ich bitte sehr um Verzeihung", sagte Pippi reumütig. „Das wusste ich nicht. Ich will es nicht wieder tun."
„Nein, das will ich hoffen", sagte die Lehrerin. „Und jetzt will ich dir sagen: 7 und 5 ist 12."
„Sieh mal an", sagte Pippi, „du wusstest es ja. Warum fragst du dann? Ach, ich Schaf, jetzt sag ich schon wieder ‚DU' zu dir. Verzeihung", sagte sie und kniff sich selbst ordentlich ins Ohr.
Die Lehrerin beschloss, darüber hinwegzugehen, und setzte die Prüfung fort.

Quelle: Astrid Lindgren (2014) [1945]: Pippi Langstrumpf. Hamburg: Friedrich Oetinger, S. 45f.

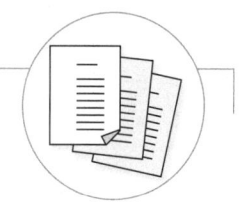

Astrid Surmatz
Skizze der internationalen Verbreitungswege

M4a

Rezeptionswellen lassen sich grob nach Jahrzehnten und nach nationalen Zusammenhängen einteilen. Zuerst setzte die innerskandinavische Rezeption ein. Noch in den 1940er Jahren war es in Skandinavien in höherem Maße üblich, Neuerscheinungen aus den Literaturen der benachbarten skandinavischen Länder unmittelbar in die eigene Sprache zu übersetzen. Im Wesentlichen erschienen die skandinavischen Übersetzungen von *Pippi Långstrump* ein oder spätestens zwei Jahre nach der schwedischen Erstpublikation [1945]. [...]

Anschließend erschienen 1949 die [...] deutsche und ab 1950 die Übersetzungen in weitere bedeutende westliche und europäische Sprachen wie in das britische und amerikanische Englisch, das Französische (1951) und auch das Niederländische (1952). In diese Sprachen wurde zeitlich recht eng hintereinander übertragen, wobei die US-amerikanische (1950) sogar deutlich vor der britischen Übersetzung (1954) erschien.

Dann kamen im weiteren Verlauf der 1950er Jahre die meisten Übersetzungen auch weiterer Bände in europäische Sprachen und für den europäischen Markt heraus, wonach diese zudem in den jeweiligen Kolonialstaaten oder ehemaligen Kolonien vertrieben wurden.

[...] Einer Reihe von osteuropäischen Übersetzungen, so der slowenischen 1958 und der polnischen 1961, folgte in den 1960er und 1970er Jahren die Herausgabe in den eurasischen Sprachbereichen der ehemaligen UdSSR. Doch die Rezeptionsrichtung ist weniger eindeutig, so erschien beispielsweise die russische Übersetzung 1968 vor der deutschen Lizenzausgabe in der ehemaligen DDR 1975. Des Weiteren erfolgen aktualisierende Neuübersetzungen und Übersetzungen in den slawischen Ländern ab den 1980er Jahren sowie eine bearbeitete Neuausgabe in Polen 1992. Als Trend seit den frühen 1980er Jahren zeigt sich ein erhebliches Interesse aus Fernost. Insbesondere Japan (1963), jedoch auch eine Reihe anderer Länder weisen hohe Umsatzzahlen und regelmäßige Übersetzungen von Neuerscheinungen auf. In diesem Kulturraum nehmen die japanischen Zieltexte seit den 1960er Jahren eine Vorreiterrolle ein, doch eine auflagenstarke chinesische Übersetzung (1983) ist ebenfalls erschienen.

Quelle: Astrid Surmatz (2005): Pippi Långstrump als Paradigma. Die deutsche Rezeption Astrid Lindgrens und ihr internationaler Kontext. Tübingen/Basel: A. Francke Verlag, S. 216f.

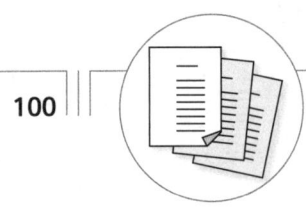

M4b Zeittafel der Verbreitung von „Pippi Langstrumpf"

1945	schwedische Erstausgabe
1949	deutsche Übersetzung
1950	englische Übersetzung für den US-amerikanischen Markt
1951	französische Übersetzung
1952	niederländische Übersetzung
1954	englische Übersetzung für den britischen Markt
1958	slowenische Übersetzung
1961	polnische Übersetzung
1960er/1970er	Erscheinen in der UdSSR
1963	japanische Übersetzung
1975	Ersterscheinung in der DDR
1983	chinesische Übersetzung

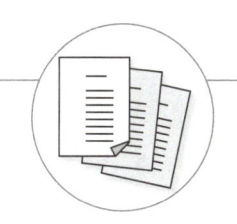

Pippi Langstrumpf international I

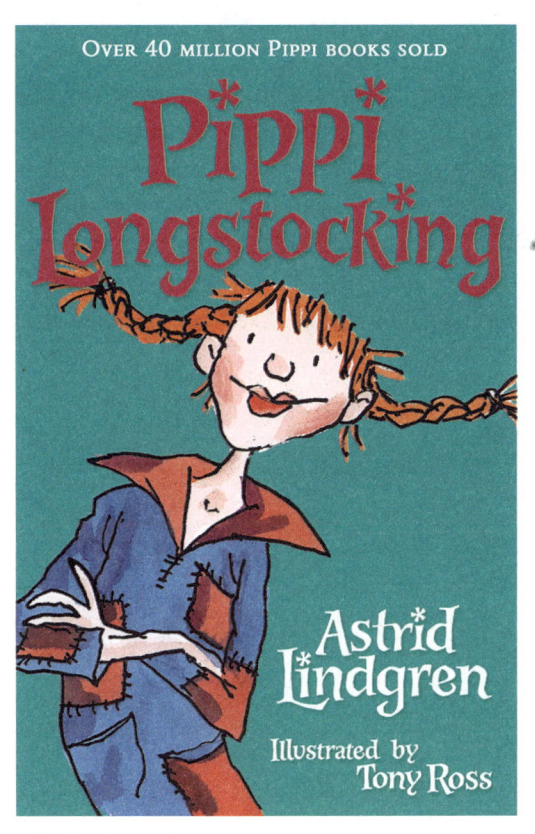

Englische Ausgabe

"Way out at the end of tiny little town was an old overgrown garden, and in the garden was an old house, and in the house lived Pippi Longstocking. She was nine years old, and she lived there all alone".

Quelle: Oxford University Press, Kettering/Northamptonshire (Cover image illustrated by Tony Ross for Pippi Longstocking by Astrid Lindgren (OUP, 2012), (© Saltkraken AB/Astrid Lindgren 1945, English translation copyright © Oxford University Press 1954), reproduced by permission of Oxford University Press)

Französische Ausgabe

„À la limite de la toute petite ville, il y avait un vieux jardin envahi par les mauvaises herbes. Une vieille maison se trouvait dans ce jardin et c'est dans cette maison que vivait Fifi Brindacier. Elle avait neuf ans et elle y vivait toute seule, sans papa ni maman."

Quelle: © 2015/Astrid Lindgren, Fifi Brindacier, Illustration: Ingrid Vang Nyman, Livre de Poche Jeunesse

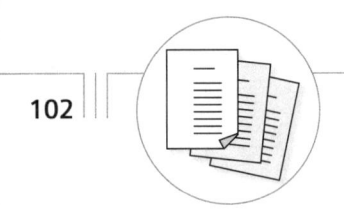

M6 Pippi international II

Pippi im Ausland

Astrid Lindgrens Bücher sind in 86 Sprachen übersetzt worden. Pippi Langstrumpf ist dabei die populärste Figur, die allein in über 50 Sprachen übersetzt wurde. Schon 1946 erschienen in Norwegen, Finnland und Dänemark Pippi-Bücher. In Deutschland wurden die meisten Bücher verkauft – ca. 30 Mio. Exemplare, etwa ein Viertel davon sind Pippi-Bücher.

5 1958 erschien die Pippi-Gesamtausabe in Italien, wo Astrid Lindgren großen Erfolg in dern 60ern und 70ern hatte.

Die geschätzte Weltauflage aller Bücher von Astrid Lindgren beträgt 130 Mio. Exemplare und setzt sich aus ca. 3000 Ausgaben zusammen.

Hier kannst du nachlesen, wie Pippi in anderen Ländern heißt:

Land	Name
England	Pippi Longstocking
Finnland	Peppi Pitkätossu
Frankreich	Fifi Brindacier
Griechenland	Pipe Phakidomyte
Indonesien	Pippi Si Kaus Panjang
Island	Nina Langsokkur
Japan	Nagakutsushita no Pippi
Mazedonien	Pipi dolgiot corap
Polen	Pippi Pończoszanka
Portugal	Bibi Meia-longa
Schweden	Pippi Långstrump
Serbien	Pipi Dugacka Carapa
Slowakai	Pippi Dlhá Pancucha
Slowenien	Pika Nogavicka
Spanien	Pippa Mediaslargas
Thailand	Pippi Thung-taow Yaow
Türkei	Pippi Uzuncorap issiz köskte
Ungarn	Hariesnyás Pippi

Quelle: http://astrid-lindgren.de/pippi/kuriosa/utland.htm (gesehen am 08.03.2016)

Wie viele Pippis gibt es?

Material

Bettina Kümmerling-Meibauer
Pippi Långstrump

M7

Bei der deutschen, aber mehr noch bei der französischen Übersetzung ist ein Pädagogisierungsprozeß* zu beobachten, der zu einer Verfälschung der Kernaussagen beiträgt [...].
Obwohl die deutsche Übersetzung zweimal (1986/1988) – allerdings ohne entsprechende Angaben im Impressum – revidiert* wurde, glich man den Text eher dem modernen Sprachgebrauch an, statt die revolutionäre Aussagekraft des Buches stärker hervorzuheben [...]. Selbst die kongenialen Illustrationen* der dänischen Künstlerin Ingrid Vang Nyman wurden bei den ausländischen Ausgaben durch neue Illustrationen ersetzt (Lindgren hat für ihre UrPippi selbst ein Bild ihrer Hauptfigur gemalt, bei der diese mit an Charlie Chaplin erinnernden Zügen ausgestattet ist). In der schwedischen Erstausgabe bekommt Pippi surreale* Züge verliehen, in der amerikanischen Übersetzung erscheint sie wie eine Comicfigur, in der englischen Ausgabe wird sie verniedlichend als emsige Hausfrau dargestellt, die niederländische Ausgabe betont das dekorativ theatralische Moment*, während die deutsche Ausgabe sich eng an die schwedische Vorlage hält, aber die surrealen Elemente abschwächt [...].

Dieses Buch ist das beliebteste Werk Lindgrens. Es wurde in über 60 Sprachen übersetzt und hat eine Gesamtauflage von ca. drei-Millionen. Pippi Långstrump wurde in mehrere audiovisuelle und interaktive Medien umgesetzt: außer der Dramenversion von Lindgren, drei Bilderbuchfassungen, einer Vertonung, mehreren Filmen und einer Comicserie (die in den 50er Jahren in der Zeitschrift *Klumpe-Dumpe* erschien) gibt es von Pippi Långstrump sogar eine CD-ROM-Fassung [...].

Quelle: Bettina Kümmerling-Meibauer (1999): Klassiker der Kinder- und Jugendliteratur. Ein internationales Lexikon. Bd. 2. Stuttgart/Weimar: Metzler, S. 630.

Glossar

Pädagogisierungsprozess: Veränderungsvorgang mit erzieherischen Zielen
revidieren: überarbeiten, prüfen, berichtigen
kongeniale Illustrationen: Bilder, die so genial sind wie das Buch selbst
surreal: unwirklich, überwirklich
dekorativ theatralisches Moment: betont auf (übertriebene) Wirkung bezogene Darstellung

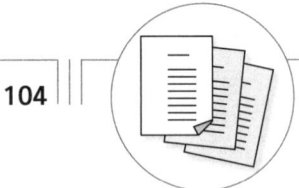

AB1 Bilder miteinander vergleichen

Interessant ist, dass Pippi ganz unterschiedlich illustriert wird, je nachdem, wo (M5) oder wann (M1) sie in einem Buch erscheint. Um diese Unterschiede auf eurem Informationsflyer zum Thema zu machen, ist es erforderlich, die Bilder miteinander zu vergleichen.

> **Hinweise zum Vergleich**
> Beim Vergleich geht es darum, Gegenstände (Bilder, Texte oder Objekte) einander gegenüberzustellen, um nach bestimmten Gesichtspunkten Gemeinsamkeiten und Unterschiede herauszufinden. Beim Vergleich von Bildern fallen uns Gemeinsamkeiten und Unterschiede in der Regel gleich auf, allerdings fällt es uns zumeist schwer, darüber zu sprechen. Uns fehlen schlichtweg die Ausdrucksformen. Eine Gesichtsform kann „oval", „kreisförmig" oder „birnenförmig" sein, eine Nase „spitz", „gedrungen" oder „knollenförmig". Das sind keine Beschreibungsausdrücke, die wir täglich benutzen, insofern müssen wir uns Zeit nehmen, um eine angemessene Sprache zu finden.

Aufgaben

1. Vergleiche die Umschlag-Illustrationen in M1, indem du die vorgegebene Tabelle vervollständigst.

2. Vergleiche die Buchcover in M5 miteinander. Erstelle dazu eine Tabelle mit selbst gewählten Gesichtspunkten.

Gesichtspunkt	Illustration von			
	Walter Scharnweber	Rolf Rettich	Katrin Engelking	Ingrid Vang Nyman
Farbe (schwarz-weiß, farbig, kontrastreich ...)	farbig (Haare in Rotbraun)	farbig (Haare in Rotbraun)	farbig (Haare in knalligem Rot)	farbig (Haare in hellem Rotbraun)
Stil („realistisch", „comicartig" ...)				
Gesichtsform (rund, oval, breit, herzförmig, quadratisch ...)				
Gesichtsausdruck (freundlich, frech, verschmitzt, reif ...)				
auffällige Details (Sommersprossen, Schmuck, Kleidung ...)				

Wie viele Pippis gibt es?

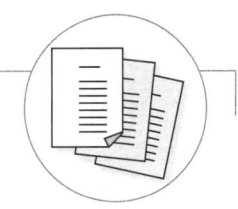

Kompetenzfokus

Texte miteinander vergleichen

AB2

Pippi, wie wir sie kennen, war ursprünglich ganz anders. Das erkennt man, wenn man die „Ur-Pippi" mit der uns bekannten „Pippi Langstrumpf" vergleicht. Für den Informationsflyer ist dieser Unterschied ganz wesentlich, denn Interesse für die „Ur-Pippi" kann nur geweckt werden, wenn die „Ur-Pippi" auch etwas Interessantes bzw. Neues bietet.

Aufgaben

1. Lies den Auszug aus der „Ur-Pippi" und der uns bekannten „Pippi Langstrumpf" ein erstes Mal genau (M3). Lies ihn dann ein zweites Mal und markiere (am besten mit unterschiedlichen Farben),
   a) wo es etwas gibt, was im anderen Text nicht vorkommt,
   b) wo es etwas gibt, was sich gravierend vom anderen Text unterscheidet.

Als Astrid Lindgren die „Ur-Pippi" beim Verlag einreichte, ahnte sie schon, dass nicht alle mit dem Buch einverstanden sein würden. Die Figur Pippi hatte einfach einen Charakter, der vor allem bei den Erwachsenen auf Kritik stieß. Daher entschloss sich Astrid Lindgren, die „Ur-Pippi" umzuschreiben.

2. Mache dir Notizen dazu,
   a) was die alte Pippi von der neuen Pippi unterscheidet,
   b) wie die alte Pippi und die neue Pippi auf dich wirken,
   c) wie man die alte Pippi und die neue Pippi (mit entsprechenden Adjektiven) charakterisieren kann,
   d) warum Astrid Lindgren diese Veränderungen wohl vorgenommen hat.

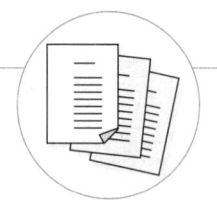

Hinweise für Lehrerinnen und Lehrer

Inhaltliche Anforderungen

Die Aufgabe und das Material sind so konzipiert, dass die Lernenden einen informativen Text zur Frage „Wie viele Pippis gibt es?" verfassen können. Die Lernenden müssen ihre MitschülerInnen darüber aufklären, wie sich Pippis Charakter von der „Ur-Pippi" hin zur uns bekannten „Pippi Langstrumpf" entwickelt, wie sich Pippi äußerlich in Deutschland entwickelt, wie sich Pippi weltweit verbreitet und wie sich Pippis Erscheinungsbild von Land zu Land wandelt. Dafür stehen ihnen sowohl Orginaltext und -bild *aus* „Pippi Langstrumpf" als auch Sachtexte *über* „Pippi Langstrumpf" zur Verfügung:

M1 ist ein Auszug aus einer Website und zeigt, wie sich das äußere Erscheinungsbild der Figur Pippi im Laufe der Jahre in Deutschland verändert hat. Pippi ist erst mit vielen Sommersprossen, später mit keinen bzw. weniger Sommersprossen gezeichnet, anfänglich eher realistisch, am Ende eher im Comic-Stil dargestellt. Auch scheint die Figur im Laufe der Jahre jünger geworden zu sein.

M2 ist ein Auszug aus einem populären Literaturlexikon und klärt über den Inhalt von *Pippi Langstrumpf* auf und liefert wichtige „Smalltalk-Infos". Besonders wichtig ist die Information, dass es eine *Ur-Pippi* gibt, die sich von der uns bekannten Version wesentlich unterscheidet.

M3 besteht aus einem Auszug aus der *Ur-Pippi* und einem Auszug aus der bekannten *Pippi*. Es lässt sich erkennen, dass Pippi in der ersten Version aufmüpfiger und unerschrockener ist als in der später veröffentlichten Version. Während Pippi sich in der neuen Version z. B. bei der Lehrerin für ihr tendenziell respektloses Antwortverhalten entschuldigt, legt sie im Originalmanuskript den Kopf auf den Tisch und sagt: „Weck mich, wenn du mit deinen Ermahnungen fertig bist!"

M4a ist ein wissenschaftlicher Text, der über die internationale Verbreitung von „Pippi Langstrumpf" aufklärt. Da dieser Text einen sprachlich hohen Anspruch hat, wird mit M4b eine Zeitleiste angeboten, deren Erschießung einen geringeren Verarbeitungsaufwand erfordert. Je nach Lerngruppe kann die Lehrperson die eine oder die andere Variante bereitstellen. Inhaltlich macht es keinen Unterschied: Die Verbreitung erfolgt von der schwedischen Erstpublikation (1945) über die deutsche Übersetzung (1949) hin zu den englischen, französischen und niederländischen Übersetzungen in den frühen 50ern. Der osteuropäische Raum wird dann in den späten 50ern bis in die 70er erschlossen, in der DDR erscheint „Pippi Langstrumpf" erst 1975. Interessant ist auch die fernöstliche Verbreitung: In Japan erscheint das Buch schon in den 60ern, in China in den frühen 80ern.

M5 besteht aus den Titelbildern und den ersten Eröffnungssätzen der englischen und der französischen Ausgabe. Dieses Material dient vor allem der Veranschaulichung der internationalen Verbreitung. Die Lernenden können die fremdsprachigen Zitate nutzen, um eine interessante Einleitung zu verfassen.

M6 informiert als Auszug aus einer Website über die Weltauflage von *Pippi* (130 Millionen Exemplare) und liefert die Titelnamen von 18 internationalen Ausgaben.

M7 schließlich ist ein Auszug über einen Lexikoneintrag, der – ähnlich wie M4 – über die internationale Rezeption von *Pippi* informiert. Wichtig für die Aufgabe ist u. a. die Beschreibung der unterschiedlichen Illustrationen der Figur in unterschiedlichen Ländern. Da der Text einen sprachlich sehr hohen Anspruch hat, ist ein Glossar beigefügt.

Sprachliche und textsortenbezogene Anforderungen

Die kommunikative Funktion des Informationsflyers besteht darin, die MitschülerInnen durch die Veranschaulichung der vielen nationalen und internationalen Pippi-Gesichter über die Rezeptions- und Wirkungsgeschichte von „Pippi Langstrumpf"

Wie viele Pippis gibt es?

Hinweise für Lehrerinnen und Lehrer

aufzuklären. Der Text muss also – bestenfalls auf interessante Weise – die Verbreitung, Rezeption und Veränderung von Pippi referieren und exemplarisch veranschaulichen. Um das bewerkstelligen zu können, werden sowohl Bild- und Textauszüge aus den Pippi-Büchern selbst (M1, M3, M5) als auch Bild- und Textauszüge aus Sachbüchern und Websites über „Pippi Langstrumpf" (M2, M4, M6, M7) bereitgestellt.

Eine besondere Herausforderung der Aufgabe besteht darin, Originalbild und -text miteinander zu vergleichen. Während die expositorischen Texte die Unterschiede und Gemeinsamkeiten zum Teil ausdrücklich erläutern und so Informationen bieten, die ohne nennenswerte Transformation (zitierend bzw. wiedergebend) übernommen werden können, müssen die Originale konzeptionell und sprachlich aktiv miteinander ins Verhältnis gesetzt werden. Die beigefügten Arbeitsblätter versuchen diesen Prozess zu unterstützen.

Zum Kompetenzfokus

Die Arbeitsblätter sollen die Lernenden bei der zielorientierten Materialerschließung unterstützen. Das Vergleichen der unterschiedlichen Pippis ist ja eine der Hauptaufgaben der Schreibaufgabe – sowohl bei der Materialerschließung als auch bei der Planung und Formulierung des Textes.

AB1 zielt auf den Vergleich von Bildern; den SchülerInnen werden Vergleichsaspekte und Formulierungsanregungen an die Hand gegeben, um die verschiedenen Erscheinungsbilder der Pippis zu skizzieren. Es handelt sich hierbei um Angebote und nicht um strikte Vorgaben, andere Gesichtspunkte können ebenso wichtig sein. Sinnvoll wäre eine Sicherung im Plenum: Dass Pippi im Laufe der Zeit in Deutschland jünger zu werden scheint, Sommersprossen verliert und zu einer Comic-Figur wird, sagt ja durchaus etwas über die Veränderung unserer Rezeptionsgewohnheiten aus. Solche Einsichten können für den Zieltext – vor allem mit Blick auf die Textfunktion, Interesse zu wecken – von großem Wert sein.

AB2 zielt auf Textvergleich; mithilfe von fokussierenden Fragen wird der Pädagogisierungsprozess, den Pippi von der „Ur-Pippi" hin zur gedruckten „Pippi" durchläuft, ins Bild gerückt. Die Einsicht, dass Pippi in der ursprünglichen Fassung unerschrockener, aber auch reueloser und aufmüpfiger (und möglicherweise auch weniger sympathisch) erscheint, kann Lust auf das Lesen des Originals machen. Wichtig wäre auch hier eine Sicherung im Plenum; denn dass Pippi für den Markt „handzahmer" gemacht worden ist, ist eine wichtige Information, um potenzielle Leserinnen und Leser neugierig zu machen, die allen Schreibenden zur Verfügung stehen sollte.

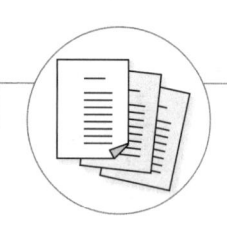

Können Tiere sprechen?

Thema	Sprache, Kommunikation, menschliche Sprachfähigkeit, tierische Kommunikationsfähigkeit
Klassenstufe	7.–8. Schuljahr
Typ	informierend-argumentierendes Schreiben
Materialien	M1: „Was meint ihr, können Tiere sprechen?" M2: Warum können Tiere nicht so sprechen wie wir? M3: Warum können Tiere nicht sprechen?" M4: Was sprechen Papageien? M5: Die Sprache der Affen M6: Tierisch sprachbegabt Pflichttexte: M2, M6
Zieltext	Variante 1: informativ-erklärender Text für die Schülerzeitung Variante 2: Infobroschüre für den Zoo
Kompetenzfokus	Lesen: Materialerschließung
Arbeitsmaterial	AB1: Was denkst du? Können Tiere sprechen? AB2: Sprache und Kommunikation

Können Tiere sprechen?

Überblick

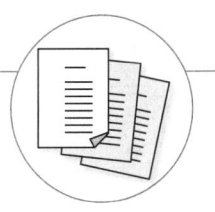

AUFGABE

Variante 1:
Die nächste Ausgabe der Schülerzeitung hat das Thema „Tiere". Die Redaktion der Schülerzeitung sucht noch nach Beiträgen für die Ausgabe und wünscht sich einen Beitrag zu dem Thema „Können Tiere sprechen?".
Verfasst gemeinsam einen informierenden Text für die Schülerzeitung zu dieser Frage. Der Text soll die Leser der Schülerzeitung darüber informieren, warum Tiere nicht so sprechen können wie Menschen. Für das Schreiben stehen euch die Materialien 1–6 zur Verfügung, die ihr für den Text auswählt.
Der Text sollte ca. eine Druckseite umfassen.

Variante 2:
Der Zoo in Münster möchte eine Info-Broschüre zu Themen rund um Tiere herausgeben. Diese Broschüre soll von Kindern für Kinder geschrieben sein.
Verfasst für die Broschüre einen informierenden Text zu der Frage „Können Tiere sprechen?".
Der Text soll die Leser der Broschüre darüber informieren, warum Tiere nicht so sprechen können wie Menschen. Für das Schreiben stehen euch die Materialien 1–6 zur Verfügung, die ihr für den Text auswählt.
Der Text sollte ca. eine Druckseite umfassen.

Hinweise zur Aufgabe

M1, M2 und M3 geben einen Überblick über das Thema. Wichtig ist hier, dass in den Texten der Unterschied zwischen Kommunikation und Sprache aufgegriffen wird. Auf diese Weise wird eine differenzierte Sicht auf die Frage, ob Tiere sprechen können, eingenommen.

In M4, M5 und M6 wird über die Sprach- bzw. Kommunikationsfähigkeit von ausgewählten Tieren (Papageien, Affen, Bienen, Nashörner ...) informiert. Dieses Material kann zur Veranschaulichung der in Material eins bis drei dargestellten Positionen herangezogen werden.

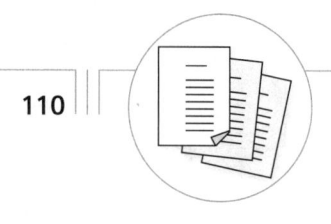

M1 Julian Nida-Rühmelin und Nathalie Weidenfeld
„Was meint ihr, können Tiere sprechen?"

[...] Wer hat einen Vorschlag: Was ist also menschlich?
„Vielleicht etwas, was alle Menschen gemeinsam haben?", schlägt ein Mädchen vor.

Zum Beispiel:
„Lesen!", „Essen!", „Pippi machen!", werfen die Kinder ein und kichern.

Das tun Elefanten auch!
„Denken!" schlägt ein Junge in einem schwarzen T-Shirt vor. „Und sprechen!", fügt er noch hinzu.
„Aber Tiere sprechen doch auch", sagt ein Mädchen in weißem Glitzer-T-Shirt.

Was meint ihr, können Tiere sprechen? Wer meint Ja? Wer meint Nein?
Die Kinder stimmen ab. Eine Mehrheit meint Ja.
„Also, die Tiere unterhalten sich doch!", sagt ein Junge.

Habt ihr ein Beispiel?
„Die Tiger haben ihre Tigersprache und die Affen die Affensprache, und die Delfine, die sprechen auch!", erklärt ein Mädchen mit dünnen braunen Haaren, „Und zwar mit so hohen Tönen!", fügt sie hinzu.

Bienenforscher haben herausgefunden, dass Bienen sich untereinander zeigen, wo besonders schöne Blüten zu finden sind. Wenn sie in einer bestimmten Frequenz und Richtung fliegen, heißt das zum Beispiel rechts entlang, und wenn sie in einer anderen Frequenz fliegen: links entlang. Kann man jetzt sagen, dass sie sich miteinander unterhalten?
„Na ja, verstehen tun die sich schon...", sagt ein Junge zaghaft.
„Die Papageien, die sprechen schon die Menschensprache", sagt ein Mädchen mit grünen Augen.

Kann man sich mit einem Papagei unterhalten?
„Nee, der plappert doch nur alles nach", sagt das Mädchen mit den glatten Haaren.

Wo ist der Unterschied?
„Der Papagei weiß doch gar nicht, was er sagt!"
„Ich glaube, das ist so was wie ein Instinkt. So wie bei meiner Katze. Die konnte sofort Mäuse jagen, obwohl ihr das niemand beigebracht hatte."

Die Sprache, die sprachliche Verständigung ist jedenfalls für uns Menschen von besonders großer Bedeutung im Vergleich zu Tieren. Kein Tier spricht eine Sprache, die so reichhaltig ist wie unsere. Wir können uns über Gefühle austauschen, Wünsche äußern, um etwas bitten, etwas versprechen, eine Geschichte erzählen, Freundschaft schließen usw. Das können Tiere nicht. Eine Sprache zu sprechen, sich mit Worten zu verständigen scheint etwas typisch Menschliches zu sein.

Aus: Nida-Rühmelin, Julian/Weidenfeld, Nathalie (2014): Der Sokrates Club. Philosophische Gespräche mit Kindern. München: btb Verlag. S. 144–146.

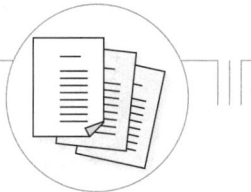

Noam Chomsky
Warum können Tiere nicht so sprechen wie wir?

Jedes Tier kann sich auf irgendeine Weise mit anderen Tieren seiner Art unterhalten - Schimpansen mit Schimpansen, Bienen mit Bienen und so weiter. Es ist nicht so, dass sie sprechen. Es kann sein, dass sie Rufe ausstoßen oder mit den Flügeln schlagen oder sonst etwas von den vielen Dingen tun, zu denen ein Tier in der Lage ist. Tiere können sich nicht auf unsere Weise miteinander unterhalten, und wir können gewöhnlich nicht auf ihre Art kommunizieren - auch wenn manche Leute Vogelrufe so gut nachahmen können, dass der Vogel darauf hereinfällt und glaubt, da sei tatsächlich ein anderer Vogel.

Bienen können anderen Bienen mitteilen, wie weit eine Blume entfernt ist, in welcher Richtung sie liegt und was für eine Blume es ist. Sie tun dies durch einen komplizierten Tanz, den wir nie nachahmen könnten. Und es wäre schwierig für uns, diese Information so genau weiterzugeben, wie Bienen es tun.

Affen geben spezielle Rufe von sich, wenn sie denken, dass ein gefährliches Tier auf sie zukommt oder wenn sie hungrig sind oder etwas anderes mitteilen wollen. Und andere Tiere haben ähnliche Mittel.

Die menschliche Sprache ist in vielerlei Hinsicht ganz anders; es gibt in der Tierwelt nichts Vergleichbares. Tiere haben eine Art Liste mit Dingen, über die sie anderen etwas mitteilen können. Sie können dieser Liste nichts Neues hinzufügen. Menschen dagegen können sich neue Dinge sagen, etwas, das sie noch nie gehört haben und das vielleicht noch nie jemand gesagt hat, seit es Menschen gibt.

Menschen und andere Tiere können ein bisschen miteinander reden. Wenn du einen Hund hast, kannst du ihm beibringen, sich hinzusetzen, wenn du »Sitz!« sagst, oder auch etwas anderes, wenn du lange mit ihm übst. Eine Katze kann lernen zu miauen, wenn sie will, dass du etwas für sie tust. Aber diese Tiere verstehen nicht wirklich, was du sagst, und sie können etwas Neues nicht so verstehen, wie ein anderes Kind das kann.

Es gibt Vögel, die können den Gesang anderer Vögel oder auch menschliche Laute sehr gut nachahmen. Papageien kann man das sehr gut beibringen. Das klingt ein bisschen wie eine Sprache, aber sie benutzen die Sprache nicht so wie wir Menschen. Und wie andere Tiere können auch sie sich keine neuen Wörter ausdenken. Einige Wissenschaftler, die mit Affen arbeiten, glauben, dass man ihnen die menschliche Sprache ein kleines bisschen beibringen kann. Andere – wie ich – glauben, dass sich diese Wissenschaftler etwas vormachen, und dass die Affen in Wirklichkeit etwas ganz anderes tun. Es ist eine interessante Frage, und vielleicht möchtest du mehr darüber lesen und erfahren. Wenn du älter bist, wirst du vielleicht in dieser Hinsicht etwas Neues entdecken. Es gibt immer noch eine Menge, das wir nicht verstehen – sowohl im Hinblick auf die menschliche Sprache als auch auf Tiere.

Chomsky, Noam (2013): Warum können Tiere nicht so sprechen wie wir? In: Gemma Elwin Harris (Hrsg.): Das Buch der Antworten auf Fragen, die sie nie stellen würden. München: Riemann Verlag. S. 64–66

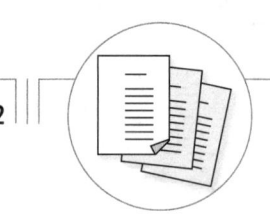

M3 Warum können Tiere nicht sprechen?

Gute Frage, aber sprechen sie wirklich nicht?

Stell dir einen Raum vor, indem sich die verschiedensten Tiere befinden. Was würden die wohl für ein Krach machen? Ein einziges Blöken, Bellen, Schreien, Wiehern, Gackern, Gurren, Piepsen, Muhen, Quaken, Grunzen ...

Würde man versuchen, Teile aus diesem Wirrwar an Geräuschen zu übersetzen, fände man z. B.: „Komm nicht näher", „Das ist mein Gebiet", „Achtung Feind", „Was bist du hübsch". Wir nehmen an, dass diese Art der Kommunikation unter Tieren nicht viel weiterführt. Aus diesem Grund sagt man zum Beispiel auch nicht, dass Tiere miteinander reden, sie kommunizieren eben. Miteinander reden, das heißt, eine artikulierte Sprache zu benutzen, ist bislang nur der menschlichen Spezies eigen.

Was aber haben wir, was Tiere nicht haben?

Erstens braucht man einen **stimmbildenden Apparat**. Dieser setzt sich zusammen aus: den Lungen, Muskeln, dem Kehlkopf, dem Rachen, den Nasenhöhlen, den Stimmbändern, dem Gaumensegel, der Zunge und den Lippen. Der bei den Affen höher gelegene Kehlkopf könnte ein Grund für das nicht vorhandene Sprechen sein.

Zweitens braucht man ein **gut entwickeltes Gehirn**. Zwei Bereiche im Gehirn sind besonders wichtig für die Sprache: das Broca- und das Wernicke-Areal. Das Broca-Areal ist zuständig für das Erzeugen der gesprochenen Wörter und das Wernicke-Areal dient dem Verstehen der Wörter. Bei Mensch und Tier sind beide Areale nicht identisch. Dies könnte ein weiterer Grund sein, warum Tiere nicht wie Menschen sprechen können.

Zudem haben Wissenschaftler vor einigen Jahren ein Gen gefunden, das die Sprachfähigkeit beeinflusst. Dieses Gen ermöglicht es den Menschen, im Gegensatz zu den Tieren, Wörter zu formen.

Trotz all diesen Kenntnissen können Wissenschaftler nicht genau sagen, warum der Mensch die Fähigkeit zum Sprechen besitzt und die Tiere nicht.

Aber wenn auch du davon überzeugt bist, dass dein Hund oder deine Katze eigentlich viel mehr zu erzählen haben, könntest du ja Verhaltensforscher werden, um die Geheimnisse der Tierkommunikation zu lüften.

http://www.levaisseau.com/de/familien/flaschenpost/article/warum-konnen-tiere-nicht-sprechen.html (10-.3.2016)

Wolfgang Blum / Reiner Flieger
Was sprechen Papageien?

Vieles! Graupapageien gelten als Sprechkünstler unter den Krummschnäbeln, obwohl auch Amazonen, Kakadus und Wellensittiche Nymphensittiche, Loris und viele andere in Gefangenschaft gehaltene Tiere sprechen lernen.

Sowohl Männchen als auch Weibchen können, zumindest bei den großen Arten, recht gut sprechen. Allerdings gibt es auch bei den begabten Nachahmungskünstlern erhebliche individuelle Unterschiede. Einige lernen besonders gut Geräusche und Pfeifmelodien, andere singen Lieder oder können Urwaldlaute imitieren.

Viele Papageien sprechen so deutlich, dass man nicht weiß, ob ein Mensch oder Vogel gesprochen hat. Sie ahmen nicht nur die Worte, sondern auch den genauen Tonfall nach. Geräusche im Haushalt feuern sie oft an und so halten sie lautstark mit, wenn Staubsauger, Toilettenspülung oder Radio ertönen.

Papageien ahmen Geräusche nach, um mit dem Partner oder ihren Artgenossen in Kontakt zu bleiben. Durch ihre Laute können sich Männchen und Weibchen auch im Dickicht außerhalb der Sichtweite verständigen, oder sich im Schwarm wiederfinden oder gegenseitig vor Feinden warnen. Oder auch „ihren" Menschen mitteilen, dass sie Hunger haben oder gekrault werden möchten. Ein paar Töne erben die Vögel schon von ihren Eltern, weitere lernen sie durch Zuhören und Nachahmen.

Quelle: Blum, Wolfgang/Flieger, Reiner (2001): Antwortbuch Natur & Tiere, Geschichte, Technik, Wissenschaft. Tesslof Verlag. S. 74 [Thema: Papageien und Sittiche: Was sprechen Papageien?]

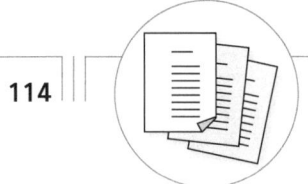

M5 Interview mit der Forscherin Julia Fischer

Die Sprache der Affen

„Manchmal bin ich mir unsicher, wer hier wen erforscht: ich die Affen oder die Affen mich...", sagt Julia Fischer. Die Biologin untersucht am deutschen Primatenzentrum in Göttingen die Kommunikation und das Sozialleben von Affen und geht regelmäßig in die Wildnis, um ihre Forschungsobjekte in ihrem eigenen Lebensraum zu beobachten. Dabei fasziniert sie weniger der Mensch im Affen, als der Affe, der in uns allen steckt.

Planet Wissen: Frau Fischer, wie sind Sie auf die Affen gekommen?
Julia Fischer: Das war kein fester Plan. Ich habe mich immer sehr für Sprachen und Gesellschaftswissenschaften interessiert, aber auch für Naturwissenschaften. Und bei den Affen kann ich das alles unter einen Hut bringen.

Haben Affen denn eine eigene Sprache?
Sie haben ein ausgeprägtes Kommunikationssystem mit Begrüßungs- und Abschreckungs-, Warn- und Werbelauten. Die klingen je nach Spezies, aber auch nach Region ganz anders: Affen haben richtige Dialekte. Die Laute sind sehr differenziert. Bei einer Gefahr unterscheidet sich der Warnruf, je nachdem, ob der Angreifer am Boden, in der Luft oder im Wasser lauert. Aber sie haben keine Sprache in unserem Sinne. Sie können keine Gedichte verfassen oder Reden halten. Sie kommunizieren anders, eher emotional mit Gesten, Berührungen.

Wie gehen Sie bei Ihrer Arbeit vor?
Ich bin ja viel wirklich vor Ort unterwegs, im Busch, da wo die Affen leben. Ich beobachte und sammle Töne von Affen, um sie quasi zu katalogisieren: In welcher Situation artikuliert sich ein Affe auf welche Weise? Dann können wir mit dem Material experimentieren. Wir spielen es in vorbereiteten Situationen den anderen Mitgliedern der Horde vor und gucken, wie sie sich verhalten: Wer reagiert auf einen Hilferuf? Was macht die Horde bei Tönen fremder Tiere? Im Institut arbeiten wir dann auch mit Versuchstieren. Sie haben gelernt, über einen Touchscreen mit uns zu kommunizieren. Wir zeigen zum Beispiel einem Affen jeweils ein Bild von einem Mann und einer Frau, und er muss entscheiden, wer die Frau ist. Das ist für Affen überhaupt kein Problem. Sie erkennen, was wir auch erkennen – auch wenn sie nicht darüber reden.

Es hat ja immer wieder Versuche gegeben, mit Affen zu kommunizieren.
Ja, es gab Forscher, die Affenbabys in ihrer Familie großgezogen haben. Die Kelloggs in den 1930er Jahren haben Gua, eine Schimpansin, parallel mit ihrem Sohn großgezogen und gesehen, dass Gua sich in vielen Punkten schneller entwickelte. Die Gardners haben der Schimpansin Washoe Gebärdensprache beigebracht. Sie hat das ganz erstaunlich gut angenommen, auch eigene Begriffe gebildet. Den Kühlschrank hat sie zum Beispiel „Offen-essen-trinken" genannt. Aber diese Affen haben nicht unter ihresgleichen gelebt. Sie haben Kleidchen getragen und in Kinderstühlchen gesessen. Diese Affen waren sehr auf den Menschen fixiert. Sie lernen auch viel, aber sie fangen nicht an zu sprechen. Und solche Affen, die Symbolsprache oder Touchscreens benutzen, tun das hauptsächlich, wenn sie etwas zu essen oder zu trinken haben wollen oder gekrault werden möchten.

Haben Sie das Gefühl, wenn Sie längere Zeit eine Affengruppe beobachten, dass eine Beziehung zwischen Ihnen und den Affen entsteht?
Natürlich, aber ich glaube, es ist eine Einbahnstraße. Es ist ein bisschen wie bei Menschen, die immer eine Fernsehserie gucken – Greys Anatomy

Können Tiere sprechen?

Material

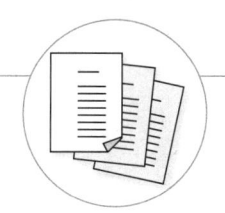

oder Verbotene Liebe: Der Zuschauer macht sich Gedanken um die Zukunft und die Handlungsgründe, aber die Figuren der Serie scheren sich nicht um den Zuschauer und seine persönlichen Motive und Erwartungen. So geht es mir mit den Affen. Obwohl: Als ich nach einigen Jahren in das Forschungscamp in Botswana zurückkam, hatte ich das Gefühl, dass die Affen mich wiedererkannt haben. Aber vielleicht habe ich mir das auch nur eingebildet.

Julia Fischer beobachtet Affen in Senegal (2'20")

Mehrere Wochen im Jahr verbringt die Affenexpertin Julia Fischer in ihrem Forschungscamp Simenti in Senegal. Hier lebt sie mit anderen Forschern in direkter Nachbarschaft zu den Affen. Inzwischen haben sich die Tiere sogar so sehr an die Menschen gewöhnt, dass sie sich in allen Lebenslagen beobachten lassen und den Biologen einzigartige Einblicke in ihr Affenleben gewähren.

http://www.planet-wissen.de/natur_technik/wildtiere/menschenaffen/interview_affenforschung.jsp (abgerufen am 22.6.2015)

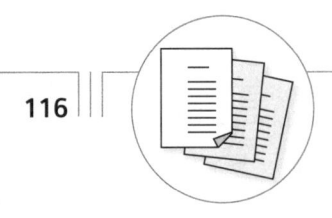

M6 Kira Schmidt in der Westdeutschen Allgemeinen Zeitung
Tierisch sprachbegabt – so sprechen Tiere miteinander

Essen. **Bienen geben Wegbeschreibungen, Delfine können lästern und Nashörner legen anrüchige Spuren: Auch wenn die wenigsten Tiere Wörter verstehen oder von sich geben können, ist ihre Kommunikationsfähigkeit doch erstaunlich.**

Auf einer großen Wiese tollen Hunde herum. Immer wieder bellen sie freudig, scheinen sich fast zu unterhalten. Davon zumindest sind Frauchen und Herrchen überzeugt. Und so falsch liegen sie damit nicht. Denn während die einen noch diskutieren, ob Tiere überhaupt denken können, erforschen andere ihre Sprache. Diese unterscheidet sich natürlich maßgeblich von unserer. In den allermeisten Fällen kommt sie ganz ohne Worte aus. Denn Tiere nutzen alle Sinne, um miteinander zu kommunizieren, einander mitzuteilen, wo es das beste Essen gibt oder dass der Artgenosse da drüben ziemlich heiß ist.

Der Tanz der Bienen
Ein Teil der Bienen in jedem Stock sind Kundschafterinnen. Ihr Job ist es, für andere einen reich gedeckten Tisch zu finden. Ist eine solche Futterquelle aufgetan, dann geht es zurück zum Volk, dem dann quasi der Weg erklärt wird. Das geschieht durch einen Tanz. Ist die Nahrung im Umfeld des Bienenstocks zu finden, führt die Kundschafterin einen Rundtanz auf. Je intensiver der ausfällt, desto mehr Futter steht zur Verfügung. Die anderen Bienen tanzen mit und nehmen über den Kontakt zur Vortänzerin den Geruch der Blüte auf, die sie dann ansteuern. Ist die Leckerei allerdings in größerer Entfernung zu finden, muss eine Wegbeschreibung her. Dann startet die Kundschafterin den Schwänzeltanz. Und dessen Code ist richtig kompliziert. Tanzend erzählt die Biene den anderen, wie viel Energie sie verbrauchte, bis das Ziel erreicht war und wie oft sich auf dem Weg dahin die Umgebung ihr Erscheinungsbild geändert hat. Danach teilt sie noch mit, in welche Richtung die hungrigen Kollegen fliegen müssen.

Echte Pfadfinder
Das Sumatra-Nashorn vermag durch ganz unterschiedliche Laute zu kommunizieren. Es gilt sogar als recht gesprächig. Während eines guten Essens etwa gibt das zufriedene Tier ständig Quietschgeräusche von sich. Und wenn danach ein Schlammbad genommen wird, dann summt der Dickhäuter gerne. Sein Revier steckt das Sumatra-Nashorn aber gerne mit Spuren ab. Vor allem die Wege zu den Nahrungsplätzen werden mit Kot und Urin markiert. Darüber hinaus knickt das Tier auch Schösslinge ab. Und jetzt kommt der Clou: Mit Hilfe ihrer Zunge binden die Tiere Knoten ins Schilf. Was das den Artgenossen sagen soll, darüber grübeln Wissenschaftler noch.

Lästern inklusive
Nur wenige Tierarten gehen soweit, dass sie sich individuelle Namen geben. Delfine etwa kommunizieren nicht nur über Töne, sie taufen sich selbst mit einer bestimmten Tonfolge, die sie als Namen verwenden. Wissenschaftler haben solche Töne aufgenommen und konnten belegen, dass ein Delfin sofort reagiert, wenn er einen Pfeifton eines nahen Verwandten hört. Aber so schön es ist, miteinander zu reden, man kann ja auch übereinander reden. Und daran haben nicht nur Menschen ihre Freude. Es wurde festgestellt, dass Delfine auch über abwesende Dritte „sprechen", also deren „Namen" in den Mund nehmen.

Überraschende Antworten
Die Biologin Irene Pepperberg erlebte in den 1970er Jahren eine echte Überraschung. Die Amerikanerin arbeitete mit ihrem Graupapagei Alex. Mit der Zeit brachte sie ihm rund einhundert Vokabeln bei, die er offenkundig auch verstehen konnte. Als er nämlich im Rahmen eines Experimentes versuchte, eine Nuss unter einer Tasse hervorzuziehen und scheiterte, bat er seine Pflegerin: „Go pick up cup".

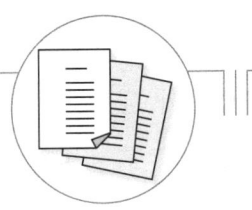

Keine Chance für Doolittle

Erst seitdem die Kommunikation mit technischen Hilfsmitteln dokumentiert werden kann, beginnen Menschen zu verstehen, dass viele Tiere eine eigene Sprache haben. Dem Menschen machen sie dennoch keine Konkurrenz. Selbst Primaten können nicht Laute formen, wie es der Mensch vermag. Kein Tier könnte es mit der Komplexität unserer Sprache aufnehmen. Somit kann es Sinn ergeben, demnächst noch etwas mehr mit dem tierischen Freund zu sprechen. Auf eine verständliche Antwort aber muss man nicht hoffen.

http://www.derwesten.de/panorama/wochenende/tierischsprachbegabt-id7624553.html
(abgerufen am 22.6.2015)

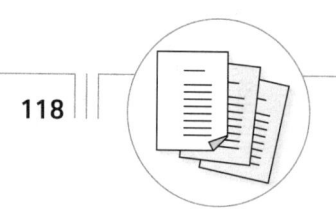

AB1 Was denkst du? Können Tiere sprechen?

Aufgabe

1. Formuliere einen kurzen Text zu der Frage, warum du denkst, dass Tiere sprechen bzw. nicht sprechen können. Dafür kannst du die Formulierungshilfen im Kasten nutzen.

> **Formulierungshilfen**
> Tiere können sprechen / können nicht sprechen, weil …
> Tiere können sprechen / nicht sprechen aus folgenden Gründen: Erstens …, zweitens …, drittens …
> Einerseits …, andererseits …
> Tiere können sprechen / nicht sprechen, aber …

Können Tiere sprechen?

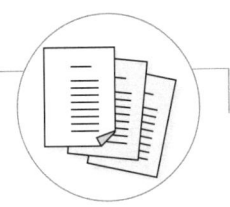

Kompetenzfokus

Sprache und Kommunikation

AB2

> „Sprache ist ein Kommunikationssystem. Menschen benutzen Sprache, um sich etwas mitzuteilen. Jedoch sind Menschen nicht die einzigen Lebewesen, die miteinander kommunizieren. Viele Tiere kommunizieren miteinander. Sie geben sich Botschaften über drohende Gefahr, über Paarungsbereitschaft, darüber, ob sie sich freundlich oder aggressiv annähern, ob sie drohen. Das kann mit Bewegungen und Gesten, Lauten oder Gerüchen geschehen."
> *(Szagun, Gisela (2013): Sprachentwicklung beim Kind. 5. Auflage. Weinheim und Basel: Beltz. S. 16.)*
>
> **Sprache:** „...Mittel zum Ausdruck bzw. Austausch von Gedanken, Vorstellungen, Erkenntnissen und Informationen [...]. In diesem Sinn bezeichnet Sprache eine artspezifische, dem Menschen eigene Ausdrucksform, die sich [...] von anderen Kommunikationssystemen unterscheidet."
> *(Bußmann, Hadumod (Hg.) (2002): Lexikon der Sprachwissenschaft. 3. Auflage. Stuttgart: Kröner. S. 616.)*
>
> **Kommunikation:** „Im weiteren Sinne: Jede Form von wechselseitiger Übermittlung von Informationen durch Zeichen/Symbole zwischen Lebewesen (Menschen, Tieren) oder zwischen Menschen und Daten verarbeitenden Maschinen."
> *(Bußmann, Hadumod (Hg.) (2002): Lexikon der Sprachwissenschaft. 3. Auflage. Stuttgart: Kröner. S. 354)*

Aufgaben

1. Lies die Information zu Sprache und Kommunikation in dem Kasten. Was ist der Unterschied zwischen Sprache und Kommunikation? Notiere in Stichpunkten, was unter Sprache und was unter Kommunikation zu verstehen ist.

Sprache	Kommunikation

2. Markiere in den Materialien M1, M2 und M3 die Stellen, in denen es um Sprache geht, rot. Markiere die Stellen, in denen es um Kommunikation geht, blau.

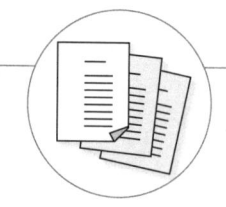

Hinweise für Lehrerinnen und Lehrer

Inhaltliche Anforderungen

Die besondere Anforderung des Materials ist darin zu sehen, dass der Begriff „Sprache" vieldeutig verwendet wird: Er wird verwendet im Sinne allgemeiner menschlicher Sprachfähigkeit, im Sinne eines konkreten Sprechvorgangs, aber auch im Sinne der Semiotik und Informationstheorie als Zeichensystem für verschiedenste Kommunikationszwecke.

Die SchülerInnen müssen für eine erfolgreiche Bearbeitung des Textes die Vieldeutigkeit des Begriffs „Sprache" anhand der Materialien erschließen und den grundlegenden Unterschied zwischen Sprache als einem kombinatorischen Symbolsystem, das kontextfrei und kulturell vermittelt ist, und Kommunikation herausarbeiten. Die Arbeitsblätter zum Kompetenzfokus sind so konzipiert, um diesen recht anspruchsvollen Erschließungsprozess zu unterstützten.

In den Materialien M1, M2 und M3 wird der Unterschied zwischen Kommunikation und Sprache aufgegriffen und eine differenzierte Sicht auf die Frage, ob Tiere sprechen können, eingenommen. In dem Gesprächsausschnitt von Nida-Rühmelin/Weidenfeld (M1) wird deutlich, dass Tiere zwar auch kommunizieren können, dass sie aber keine Sprachhandlungen (bitten, versprechen, erzählen) wie die Menschen vollziehen können. Dass Tiere kommunizieren, aber nicht sprechen können, erläutert Chomsky in seinem Text (M2) am Beispiel von Affen, Bienen und Vögeln. Es gibt in der Tierwelt nichts der menschlichen Sprache Vergleichbares. Die menschliche Sprache zeichnet sich im Gegensatz zur Tierkommunikation durch einen unendlichen Gebrauch endlicher Sprachmittel aus. Chomsky verweist in seinem Text aber auch darauf, dass insbesondere bei Affenforschern eine andere Auffassung vertreten wird. In M3 wird die physiologische und kognitive Ausstattung des Menschen als Grund für die menschliche Sprachfähigkeit im Gegensatz zur tierischen Kommunikationsfähigkeit gegeben.

Die Materialien 4, 5 und 6 können zur Veranschaulichung der in Material eins bis drei dargestellten Positionen herangezogen werden, da hier die Kommunikationsfähigkeit ausgewählter Tiere fokussiert wird.

In Material 4 (Was sprechen Papageien) geht es um Papageien, die als sprachliche „Nachahmungskünstler" bezeichnet werden. Trotz dieser Bezeichnung wird keine Differenzierung zwischen dem Kommunizieren von Tieren und dem Sprechen von Menschen vorgenommen. Die Fähigkeit der Papageien, zu kommunizieren, wird als „Sprechen" bezeichnet.

Material 5 (Die Sprache der Affen) ist ein Interview mit der Biologin Julia Fischer, die beschreibt, auf welche Weise Affen kommunizieren. Die Biologin vertritt die Ansicht, dass Affen nicht über eine Sprache im menschlichen Sinne verfügen.

In Material 6 (Tierisch sprachbegabt) informiert ein Zeitungsbeitrag über die Kommunikationsfähigkeit von Bienen, Nashörnern und Delfinen.

Sprachliche und textsortenbezogene Anforderungen

Um die Frage, warum Tiere nicht so sprechen wie Menschen, zu beantworten, müssen die SchülerInnen erklären, warum das so ist und beschreiben, wie Menschen sprechen und wie Tiere kommunizieren. Das Erklären enthält in diesem Fall beschreibende Sprachhandlungen, z.B. die Beschreibung der Kommunikation bei bestimmten Tieren. Dieses informativ-erklärende Schreiben umfasst auch das Anführen von Begründungen. Es muss begründet werden, warum Menschen anders kommunizieren als Tiere. Es geht bei der Aufgabe nicht darum, dass die SchülerInnen sich zu einer strittigen Frage positionieren im Sinne von „Ich bin der Meinung, dass ...", sondern Erklärzusammenhänge sprachlich darstellen. Voraussetzung dafür ist die Verfügbarkeit von Sprachmitteln des Begründens und Schließens (z.B. „daher", „aus diesem Grund", „weil").

Können Tiere sprechen?

Hinweise für Lehrerinnen und Lehrer

Zum Kompetenzfokus

Es ist davon auszugehen, dass das Thema der Schreibaufgabe den Interessen der SchülerInnen in dieser Altersstufe entspricht und eine Motivation vorhanden ist, über dieses Thema nachzudenken. Um das Material sinnvoll erschließen zu können, ist es allerdings wichtig, den Unterschied zwischen Kommunikation und Sprache zu verstehen. Erst dadurch sind die SchülerInnen in der Lage, den vieldeutig verwendeten Begriff „Sprache" in den Materialien einzuordnen bzw. genauer zu bestimmen.

AB1 hat die Funktion, in die Thematik der Schreibaufgabe einzuführen und das eigene Nachdenken bzgl. der Fragestellung anzuregen, noch bevor eine Auseinandersetzung mit dem Material stattgefunden hat.

AB2 enthält einen Informationskasten zu den Begriffen Sprache und Kommunikation sowie zum Verhältnis von Sprache und Kommunikation. Die Arbeitsaufträge dienen dazu, die Materialien M1, M2, M3 inhaltlich und strukturell durch die Markierungen zu erschließen. Die markierten Textstellen können im nächsten Schritt die Materialauswahl bei der Inhaltsplanung erleichtern.

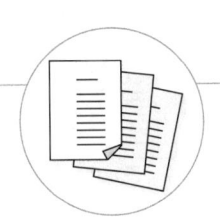

Wie digital sind deine Freunde?

Thema	Kommunikation und Freundschaft im Internet, Wie hängen Kommunikationsformen und Freundschaft zusammen?
Klassenstufe	8.–11. Schuljahr
Typ	Informierend-argumentierendes Schreiben
Materialien	M1: Wie verändert das Handy den Alltag M2: Verbunden und doch allein, Interview Deresiewicz, SZ M3: Kommentar Helbing: Zusammen im Netz M4: Was sagen Jugendliche? DIVSI U-25-Studie M5: IfD Allensbach, Kriterien für enge Freunde (Grafik) M6: KIM-Studie 2012, Kontakt zu Freunden (Grafik) M7: Mythos der Freundschaftsinflation, DIVSI U-25 Studie M8: Cartoon Geburtstagspartys 2.0
Zieltext	Text zu einem Buch der Klasse über Internetkommunikation
Kompetenzfokus	Formen und Funktionen der Redewiedergabe
Arbeitsmaterial	AB1 Erkennen von Redewiedergabeformen AB2 Anwenden von Redewiedergabeformen

Wie digital sind deine Freunde?

Überblick

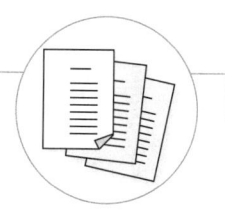

AUFGABE

In eurer Klasse sammelt ihr Stichwörter für ein eigenes Buch zu Internet und neuen Medien, das beim nächsten Schulfest verkauft werden soll. Das Buch soll Witziges und Lustiges enthalten, also unterhaltsam sein, es soll über Technik und Kommunikationsprogramme informieren, und vor allem soll es Veränderungen im täglichen Leben darstellen, die durch Internet und neue Medien entstehen.

Du hast das Stichwort „Digitale Freunde" gewählt. Dein Arbeitsauftrag lautet:

„Geht Freundschaft durch das Internet verloren? Welche Rolle spielen Freunde und Internetfreundschaften für das Leben von Kindern und Jugendlichen?

Schreibe einen informativen Artikel, der darüber Auskunft gibt, ob und wie sich Freundschaft durch die neuen Medien verändert hat. Der Artikel sollte für deine Mitschüler, aber auch für die, die unser Buch kaufen sollen, also Eltern, Großeltern usw. interessant sein. Du kannst auch ein Bild oder eine Grafik aus dem Material einbauen."

Hinweise zur Aufgabe

Das Material bietet grundlegende Informationen zum Thema und spiegelt eine Vielfalt von Meinungen, die dazu vertreten werden. M1 informiert über die Handynutzung durch Kinder und Jugendliche im Alltag. Auf die Frage, was Freundschaft ist, und welche Freundschaftsvorstellungen und -begriffe es auch in der Philosophie dazu gibt, beziehen sich die Materialien M2 und M3.

Wie jugendliche Nutzer des Internets selbst die Problematik sehen, und wie sie mit den neuen technischen Möglichkeiten umgehen, ist Thema der Materialien M4 – M7. Ein Teil der Materialien ist eher sprachlich argumentativ (M2, M3), ein Teil liefert sehr viele Informationen, auch aus wissenschaftlichen Untersuchungen, die dazu beitragen können, die Diskussion zu versachlichen (M1, M5, M6, M7).

Neben Texten gibt es auch Grafiken (M5, M6, M7) und einen Cartoon (M8). Der Cartoon hat eher veranschaulichende Funktion. Wenn du ihn nutzen möchtest, solltest du ihn auf die Erklärungen und Argumentationen in deinem Text beziehen und mit einbinden.

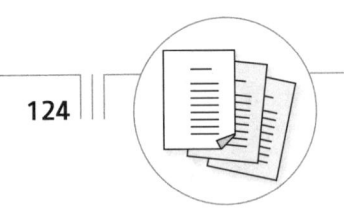

M1 Wie verändert das Handy den Alltag von Kindern und Jugendlichen?

[...] Handys und Smartphones gehören heute für die meisten Kinder und Jugendlichen zur Grundausstattung: Laut der Studie des Branchenverbandes BITKOM „Jung und vernetzt – Kinder und Jugendliche in der digitalen Gesellschaft" (Stand: Dezember 2014) verfügen 76 Prozent der Kinder und Jugendlichen zwischen 6 und 18 Jahren über ein Mobiltelefon. Bereits ein Fünftel der 6- bis 7-Jährigen nutzt ein Smartphone, mit steigendem Alter gehört das Gerät zum Alltag der Jugendlichen: 85 Prozent der 14- bis 15-Jährigen besitzen ein Smartphone, bei den 16- bis 18-Jährigen sind es 88 Prozent. Während die Jüngsten in der Regel noch auf die Geräte ihrer Eltern zugreifen, haben Kinder ab einem Alter von 10 Jahren meistens ein eigenes Mobiltelefon. [...]

Kurznachrichtendienste wie SMS, MMS oder WhatsApp sind bei den 10- bis 18-Jährigen mit 94 Prozent die wichtigste Funktion ihres Mobiltelefons – noch vor dem Telefonieren (90 Prozent). 82 Prozent nutzen Spiele, 72 Prozent surfen mobil im Netz, 66 Prozent installieren zusätzlich Apps auf ihrem Gerät und über die Hälfte (55 Prozent) ist per Smartphone in sozialen Netzwerken wie Facebook und Twitter unterwegs.

Für die Generation, die ganz selbstverständlich mit digitalen Medien aufwächst, hat sich der Begriff „Digital Natives" etabliert. Die „digitale Identität" ist ein Teil ihrer Persönlichkeit und fest in ihren Alltag integriert. Einige der Befragten gaben etwa an, dass der Austausch mit Freunden, Familienmitgliedern und Bekannten über Kurznachrichtendienste für sie wichtiger sei als persönliche Gespräche. [...]

Eltern sehen die Mediennutzung ihrer Sprösslinge oft mit gemischten Gefühlen: Einerseits ist der sichere Umgang mit digitalen Medien heute eine Schüsselqualifikation, um an der modernen Lebens- und Arbeitswelt teilzuhaben. Andererseits birgt der Gebrauch von Smartphones, Tablets & Co. auch Gefahren und kann zusätzlich von wichtigen Aufgaben ablenken. [...]

Mit steigendem Alter kümmern sich junge Nutzer verstärkt und bewusster um den Schutz der persönlichen Daten: 23 Prozent der 10- bis 11-Jährigen geben an, bei der Nutzung von sozialen Netzwerken die Einstellungen zur Privatsphäre aktiv verändert zu haben, bei den 16- bis 18-Jährigen haben dies sogar 79 Prozent getan. Wer die Privatsphäre-Einstellungen verändert, legt vor allem fest (84 Prozent), für wen das eigene Profil sichtbar ist. Dies geht aus der BITKOM-Studie „Jung und vernetzt – Kinder und Jugendliche in der digitalen Gesellschaft" hervor.

Quelle: http://informationszentrum-mobilfunk.de/wie-veraendert-das-handy-den-alltag-von-kindern-und-jugendlichen#header (gesehen am 12.3.2016)

Wie digital sind deine Freunde?

Material

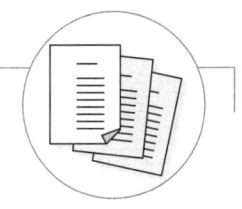

www.süddeutsche.de vom 17.5.2010 (*Interview: Johannes Kuhn*)

So verbunden und doch so alleine

William Deresiewicz lehrte von 1998 bis 2008 Literaturwissenschaft an der Universität Yale. Im vergangenen Jahr veröffentlichte er im Chronicle of Higher Education zwei vielbeachtete Essays.

SZ: Ihre beiden Essays beschäftigen sich mit Abgeschiedenheit und Freundschaft im digitalen Zeitalter. Die beiden Konzepte scheinen auf den ersten Blick jeweils am entgegengesetzten Ende des Spektrums zuliegen.

William Deresiewicz: Das denken wir, doch beides hängt eng miteinander zusammen: Wer ein echter Freund sein möchte, braucht Abgeschiedenheit, um über sich selbst zu reflektieren. Um aber ein ehrliches Verhältnis zu mir selbst zu haben, muss ich wahre Freundschaft kennen, weil ich mich im Gespräch mit dem Freund selbst entdecken kann. Unsere gegenwärtige Online-Welt macht jedoch sowohl Abgeschiedenheit, als auch echte Freundschaft zunehmend schwieriger.

SZ: Aber die erfüllte Utopie des Internets ist doch, dass wir überall Freunde entdecken können.

Deresiewicz: Das Internet ist Teil einer Entwicklung, bei der wir die Qualität der Freundschaft durch Quantität ersetzen. Wir können mit hundert Menschen gleichzeitig kommunizieren, mit Menschen, die wir kennen oder die wir nie getroffen haben. Aber worüber tauschen wir uns aus? Facebook besteht nur aus schnellen kleinen Botschaften zu meist trivialen Dingen. Für mehr gibt es keinen Platz. Und weil die Qualität dieses Austausches so unbefriedigend ist, bekommt man bei genauerem Nachdenken ein Gefühl der Einsamkeit, der negativen Form der Abgeschiedenheit.

SZ: Soziologen haben den Begriff der „Ambient Awareness" geprägt, einer Art elektronisch vermittelter Nähe. Über die Statusnachrichten sieht der Nutzer im Augenwinkel, wie es seinen Freunden geht. Das hört sich nicht nach Einsamkeit an.

Deresiewicz: Das Merkwürdige ist doch, dass wir immer glauben, dass eine neue Technik ein vorhandenes Bedürfnis befriedigt. Tatsächlich schafft sie dieses Bedürfnis oft erst. In diesem Fall ist das der Wunsch, 24 Stunden am Tag zu wissen, was unsere Freunde machen. Aber darum geht es in zwischenmenschlichen Beziehungen nicht. Ein Freund ist nicht der, der mir jeden blödsinnigen Gedanken mitteilt, der ihm im Kopf herum geht - ein Freund ist der, den ich sechs Monate nicht sehe, für den ich mir aber dann ein ganzes Wochenende Zeit für Gespräche mit ihm nehme.

SZ: Liegt Ihre Kritik vielleicht darin begründet, dass wir das Wort „Freund" im Internet falsch verwenden? „Kontakt" würde es in vielen Fällen vielleicht besser treffen.

Deresiewicz: Natürlich ist es Unsinn, jeden als Freund zu betrachten. Das Problem ist: Indem wir unsere bestehenden Freundschaften zu Facebook umziehen lassen, gibt es kaum noch Abstufungen. Unsere öffentlichen Statusnachrichten gehen an den besten Freund und den entfernten Bekannten. Wir beschäftigen uns so sehr mit trivialer Kommunikation, dass wir immer weniger verstehen, was es ausmacht, ein Mensch zu sein. [...]

Quelle: http://www.sueddeutsche.de/digital/kommunikation-im-netz-internet-ort-der-einsamkeit-1.7923 (gesehen am 3.2.2016)

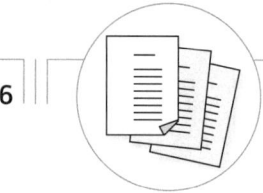

M3 Politik-digital.de, vom 1.9.2015 (Autorin: Livia Helbing)
Zusammen im Netz – Freundschaften im Wandel

[...] Was ist überhaupt Freundschaft? Aristoteles zufolge muss zunächst zwischen gleichen und ungleichen Freundschaften unterschieden werden. Letztere beschreiben beispielsweise das Verhältnis zwischen Familienmitgliedern. In gleichen Freundschaften verfügen beide Personen über dieselben Handlungsmöglichkeiten, die den Diskurs relativ herrschaftsfrei ablaufen lassen. Zudem wünschen sie sich beide dasselbe. Letztlich kommt es nach Aristoteles aber auf die Ursache der Zuneigung füreinander an. Hier differenziert er zwischen drei Arten:

Die *Nutzenfreundschaft* existiert lediglich aufgrund eines Zweckes. Fällt dieser Zweck weg, ist die Freundschaft gefährdet. Ein modernes Beispiel hierfür wären Arbeitskollegen, die sich im Büro sehr gut verstehen, aber außerhalb der Geschäftszeiten praktisch keine gemeinsamen Aktivitäten oder Kontakt pflegen. Die zweite Art ist die *Lustfreundschaft*. Die Freundschaft wird in diesem Fall durch ein bestimmtes Interesse, wie beispielsweise Basketball spielen, Horrorfilme sehen oder eine gemeinsame Musikrichtung ausgemacht. Beide Freundschaftsarten sind nach Aristoteles leicht lösbar und nur temporär, da sich die Objekte des Nutzens und der Lust für Menschen ändern.

Die einzig wahre und den ersten beiden überlegene ist die die *Tugendfreundschaft*. Sie fußt auf der Tugendhaftigkeit beider Personen, die nicht nur Nutzen und Lust, sondern auch das Gute im jeweils anderen suchen und finden. Es bedarf Zeit und Gewohnheit des Zusammenlebens zur Bildung eines solchen „Herzensbundes". Außerdem kann man nicht eher aneinander Gefallen finden, und Freundschaft schließen, bevor durch gemeinsame negative und positive Erfahrungen gegenseitiges Vertrauen und Zuneigung geschaffen wurde.

Böse Zungen behaupten diese dritte Form der Freundschaft könne gar nicht mehr existieren. Denn wie sollten 827 Facebook-„Freundschaften" tatsächlich auf Tugendhaftigkeit beruhen? Suchen und finden wir das Gute in diesen unzähligen Online-Freunden oder basieren sie nicht vielmehr auf Nutzen und Lust? Nicht nur der moderne Freundschaftsbegriff allein wird oftmals in Frage gestellt, sondern auch die Form der Kommunikation. Wir würden uns in die digitale Welt verkriechen, pausenlos mit unseren Smartphones beschäftigt sein und uns lieber über WhatsApp, den Facebook Messenger oder ähnliche Apps unterhalten, anstatt unsere Freunde in der realen Welt zu treffen, behaupten viele. Beim Drang ständig erreichbar zu sein, nichts zu verpassen und nur ja ein Foto der frisch servierten Pizza beim Italiener auf Instagram hochzuladen, kann das Gegenüber schnell einmal in Vergessenheit geraten. Freundschaften seien oberflächlich geworden und Smartphones würden einsam machen. [...]

Quelle: http://politik-digital.de/news/zusammen-im-netz-freundschaften-im-wandel-146737/ (gesehen am 12.3.2016)

Wie digital sind deine Freunde?

Material

Was sagen Jugendliche zu digitalen Freunden? M4

Auszüge aus Interviews mit Jugendlichen zum Thema „Freunde im Internet":

„Was meinst du mit Freunden? Leute mit denen man bei Facebook schreibt, oder mit denen ich befreundet bin? Weil ich mein', man hat ja immer 100 Freunde. Entscheidend ist ja, was mache ich mit wem." (14–17 Jahre, w)

„Also ich nehme auch nur Leute an, die ich irgendwoher kenne. Also vielleicht auch nur Bekannte durch Freunde irgendwie. Aber nicht irgendwelche wildfremden Leute. Die nehme ich auch nicht an." (18–24 Jahre, w)

„Aber ich habe vor ca. einem halben Jahr ziemlich viele gelöscht, über 200 oder so. Ich hatte nie Kontakt mit denen, ich kannte die nur, weil die auf meiner Schule waren. Aber selbst hallo haben wir uns nicht gesagt. Jetzt habe ich halt Überblick." (14–17 Jahre, w)

„Jeder darf mein Freund werden. Auf Facebook meinetwegen, das ist ja keine Freundschaft. Also das ist ja eigentlich nur eine Plattform, wo man Leute kontaktieren kann, und das ist eigentlich alles." (14–17 Jahre, m)

„Ich treffe mich nicht mit 400 Leuten oder so, aber ich kenne sie halt schon." (14–17 Jahre, w)

„Man hat ja mit denen eigentlich fast wirklich nichts zu tun, die man bei Facebook als Freund hat und so, sondern eigentlich hat man dann nur so ! was weiß ich, seine 50 Leute, mit denen man schreibt. Ansonsten ist ja eigentlich gar nichts mit den anderen." (14–17 Jahre, m)

Quelle: DIVSI U25-Studie (2014): Kinder, Jugendliche und junge Erwachsene in der digitalen Welt. Eine Grundlagenstudie des SINUS-Instituts Heidelberg im Auftrag des Deutschen Instituts für Vertrauen und Sicherheit im Internet (DIVSI). Hamburg, S. 112 ff.

M5 Kriterien für enge Freunde

Es ist ja ganz unterschiedlich, ab wann man jemanden zu seinen engen Freunden zählt. Wie ist das bei Ihnen: Was zeichnet in Ihren Augen enge Freunde aus, was gehört für Sie unbedingt zu engen Freunden dazu?

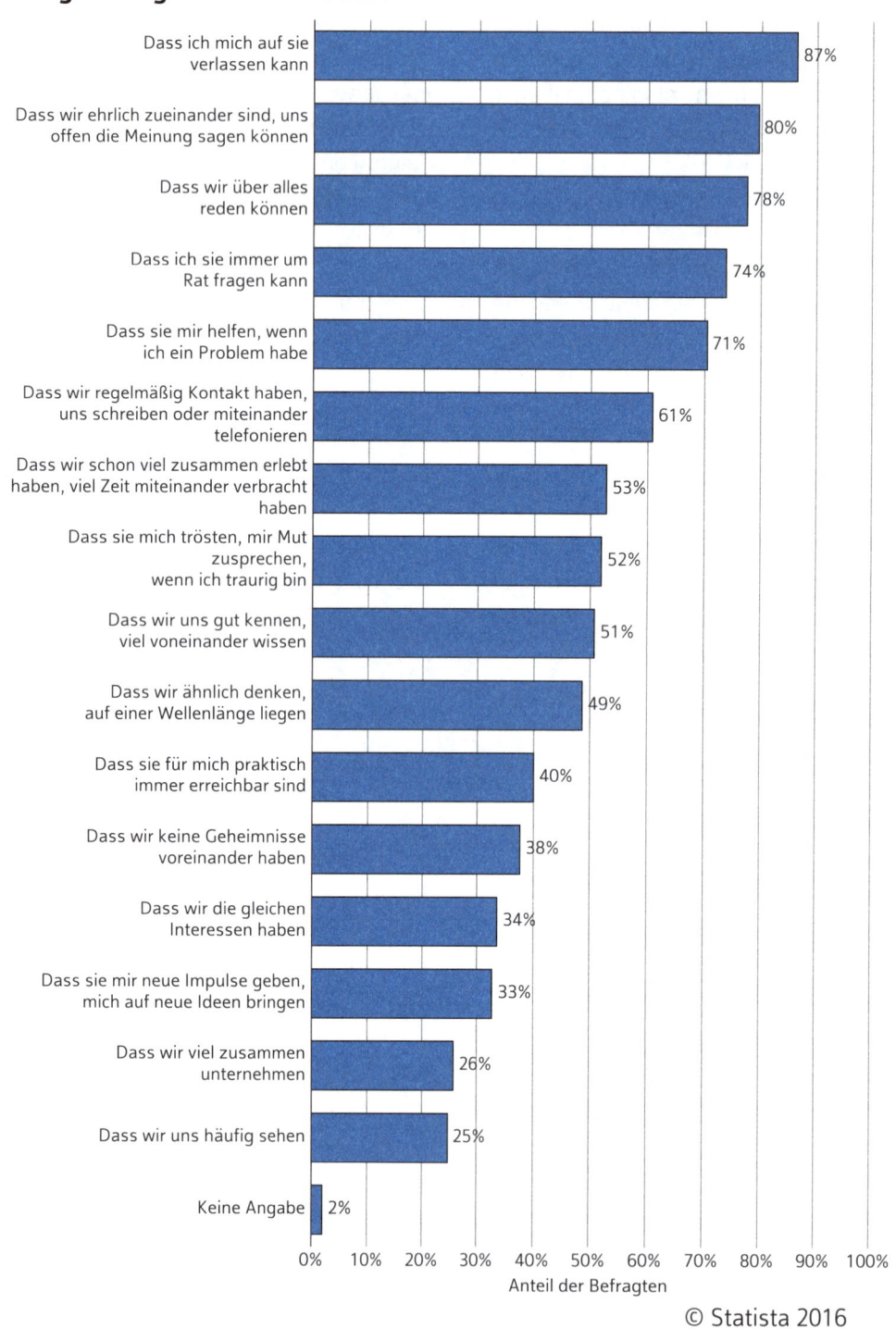

Kriterium	Anteil der Befragten
Dass ich mich auf sie verlassen kann	87%
Dass wir ehrlich zueinander sind, uns offen die Meinung sagen können	80%
Dass wir über alles reden können	78%
Dass ich sie immer um Rat fragen kann	74%
Dass sie mir helfen, wenn ich ein Problem habe	71%
Dass wir regelmäßig Kontakt haben, uns schreiben oder miteinander telefonieren	61%
Dass wir schon viel zusammen erlebt haben, viel Zeit miteinander verbracht haben	53%
Dass sie mich trösten, mir Mut zusprechen, wenn ich traurig bin	52%
Dass wir uns gut kennen, viel voneinander wissen	51%
Dass wir ähnlich denken, auf einer Wellenlänge liegen	49%
Dass sie für mich praktisch immer erreichbar sind	40%
Dass wir keine Geheimnisse voreinander haben	38%
Dass wir die gleichen Interessen haben	34%
Dass sie mir neue Impulse geben, mich auf neue Ideen bringen	33%
Dass wir viel zusammen unternehmen	26%
Dass wir uns häufig sehen	25%
Keine Angabe	2%

© Statista 2016
Quelle: IfD Allensbach

Weitere Informationen:
Deutschland; IfD Allensbach; 1.935 Befragte; ab 14 Jahre

http://de.statista.com/statistik/daten/studie/158063/umfrage/kriterien-fuer-enge-freunde/ (gesehen am 13.3.2016)

Wie digital sind deine Freunde?

Material

M6

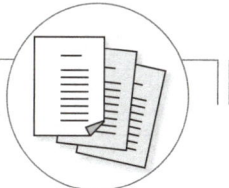

Kontakt zu Freunden, 10 bis 13 Jahre

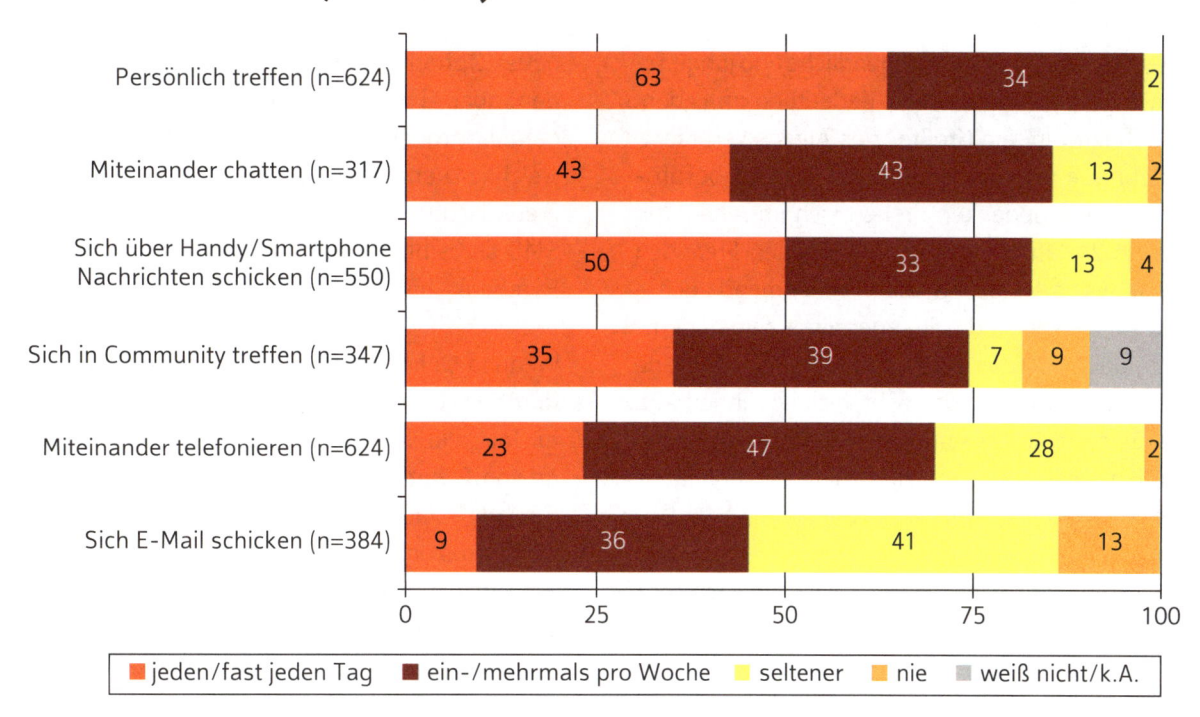

Kontaktart	jeden/fast jeden Tag	ein-/mehrmals pro Woche	seltener	nie	weiß nicht/k.A.
Persönlich treffen (n=624)	63	34		2	
Miteinander chatten (n=317)	43	43	13	2	
Sich über Handy/Smartphone Nachrichten schicken (n=550)	50	33	13	4	
Sich in Community treffen (n=347)	35	39	7	9	9
Miteinander telefonieren (n=624)	23	47	28	2	
Sich E-Mail schicken (n=384)	9	36	41	13	

Quelle: KIM-Studie 2014, Angaben in Prozent
Basis: Kinder zwischen 10 und 13 Jahren und jeweilige Nutzer

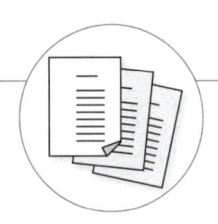

M7 Vom Mythos der Freundschaftsinflation

Freunde sind für Kinder, Jugendliche und junge Erwachsene von besonderer Bedeutung im Leben. Mit ihnen wird ein Großteil des Alltags verbracht, Erlebnisse werden geteilt und Sorgen besprochen. Viele Gedanken drehen sich im Alltag von 9- bis 24-Jährigen darum, wie es den Freunden geht, was sie machen und – zunehmend auch – wo sie gerade sind. Die Ergebnisse zeigen deutlich, dass sich das Verständnis dessen, was eine gute Freundschaft ausmacht, nicht verändert hat: Noch immer geht es um geteilte Werte, Ansichten und Interessen und die Sicherheit, sich aufeinander verlassen zu können.

Verändert hat sich jedoch die kommunikative Infrastruktur von Freundschaften, was sich vor allem in neuen Kommunikationsformen und Treffpunkten äußert. [...] Was vorher das Bushaltehäuschen oder der Jugendclub war, wird heute ergänzt durch gegenseitige Statusmeldungen und Posts bei Facebook und Co. 68 Prozent der Jugendlichen und 74 Prozent der jungen Erwachsenen sind mindestens dreimal pro Woche auf Facebook aktiv, bei den Kindern sind es bereits 26 Prozent. Nur 20 Prozent der Jugendlichen und 15 Prozent der jungen Erwachsenen haben keinen Facebook-Account. Daraus ergeben sich neue Optionen für Kontakte und Begegnungen, aber auch neue Anforderungen: Besonders genau wird abgewogen, was man zu wem in welchem Kanal sagt, mit wem man eine „echte" Freundschaft schließt, mit wem man regelmäßig SMS schreibt oder mit wem man sich „nur" bei Facebook „befreundet".

Wenn in Online-Communitys „Freunde" hinzugefügt oder entfernt werden, handelt es sich dabei für fast alle Befragten um eine spezielle Kategorie von Freunden – die sogenannten „Facebook-Freunde". Facebook-Freunde haben einen eigenen Status und in der Regel wenig mit dem zu tun, was im Alltag einen Freund ausmacht; sie sind oft nicht mehr als Bekannte. Online-Communitys sind somit Sammelbecken für potenzielle Freunde [...]. 77 Prozent aller Befragten sagen, dass es ihnen durch Online-Communitys leichter fällt, mit Leuten in Kontakt zu bleiben. [...] Für die Befragten ist es ein wesentlicher Unterschied, einen Freund zu adden oder eine Freundschaft zu schließen. Populäre Mythen rund um die Unfähigkeit junger Menschen, den Wert von echter Freundschaft noch erkennen zu können, sind somit in ihrer Pauschalität zu kurz gegriffen. [...]

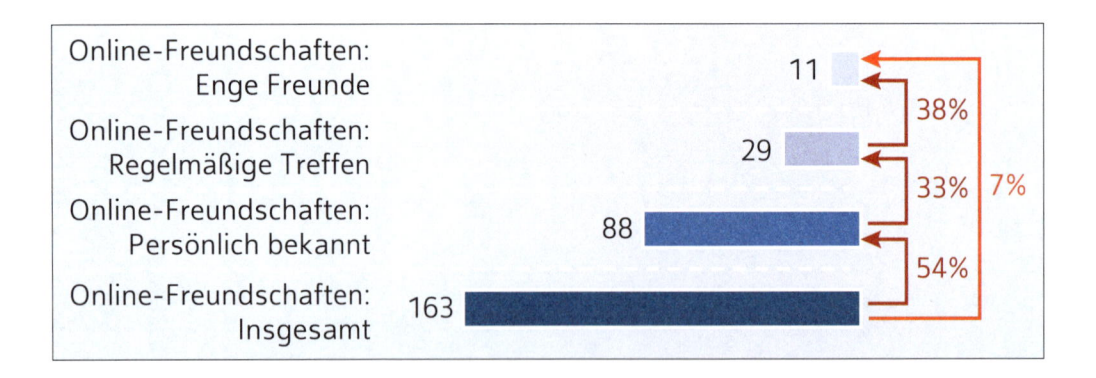

Online-Freundschaften	Anzahl
Enge Freunde	11
Regelmäßige Treffen	29
Persönlich bekannt	88
Insgesamt	163

38% / 33% / 7% / 54%

[Basis: insgesamt 1023 befragte Nutzer, Alter 9–24 Jahre; hier Ergebnisse für die Gruppe der 14–17 jährigen]
Quelle: DIVSI U25-Studie (2014): Kinder, Jugendliche und junge Erwachsene in der digitalen Welt. Eine Grundlagenstudie des SINUS-Instituts Heidelberg im Auftrag des Deutschen Instituts für Vertrauen und Sicherheit im Internet (DIVSI). Hamburg, S. 111 ff.

Wie digital sind deine Freunde?

Material

Geburtstagspartys 2.0

M8

Unser monatlicher Cartoon von Rosch – diesmal zum Thema Facebook

MORITZ FEIERT DEN GEBURTSTAG ONLINE MIT SEINEN 50 FREUNDEN. EINFACH, GÜNSTIG UND OHNE BRÖSEL.

Quelle: ROSCH

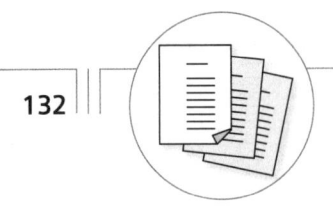

AB1 Erkennen von Redewiedergabeformen

Dieses Arbeitsblatt bietet einige Aufgaben zu den Materialien, mit denen Ihr eure Fähigkeit zur Redewiedergabe üben und verbessern könnt. Das erste Arbeitsblatt enthält noch einmal Informationen zu den sprachlichen Möglichkeiten der Redewiedergabe im Überblick und bietet dazu eine einfache Übung zum Erkennen der Formen an. Das zweite Arbeitsblatt enthält kleine Produktions- und Umformungsaufgaben, mit denen ihr eure praktischen Fähigkeiten in dem Bereich verbessern könnt.

Übersicht zu Formen der Redewiedergabe:

Inhaltswiedergabe
- Inhaltswiedergabe durch **Umschreibung**: *Beziehungen zwischen Jugendlichen werden immer vielfältiger und unverbindlicher.*

Indirekte Redewiedergabe
- Indirekte Redewiedergabe im **Konjunktiv**: z.B. Müller *behauptet, bei so vielen Kontakten gebe es keine echten Freunde mehr.*
- Indirekte Redewiedergabe im **Indikativ** z.B. mit dass-Satz: z.B. Müller *behauptet, dass es bei so vielen Kontakten keine echten Freunde mehr gibt.*
- Indirekte Redewiedergabe mit **Zitatnomen**: z.B. *Nach seiner Auffassung gibt es bei so vielen Kontakten keine echten Freunde mehr.*
- Indirekte Redewiedergabe mit **Zitatpräposition**: *Laut Müller gibt es bei so vielen Kontakten keine echten Freunde mehr. (z.B. auch: zufolge, nach, für, mit)*

Direkte Redewiedergabe
- Direkte Redewiedergabe durch **Zitat**: *Müller: „Bei so vielen Kontakten gibt es keine echten Freunde mehr."*
- Direkte Redewiedergabe durch **Teil-Zitate**: *Müller beklagt den Verlust der „echten Freunde" bei Jugendlichen.*

Aufgabe

1. Schau dir die Übersicht zu den Formen der Redewiedergabe an. Im Folgenden findest du einige Sätze aus dem Material. Bestimme jeweils die Form der Redewiedergabe als: *Umschreibung, Konjunktiv, Indikativ, Zitatnomen, Zitatpräposition, Zitat, Teil-Zitat*. Trage deine Bestimmung jeweils in die Spalte rechts ein. Manchmal können auch zwei Formen gemeinsam vorkommen, z.B. Zitatnomen & Konjunktiv oder Zitatpräposition & Indikativ.

1	Laut der Studie des Branchenverbandes BITKOM verfügen 76% der Kinder und Jugendlichen zwischen 16 und 18 Jahren über ein Mobiltelefon. (M1)	
2	Böse Zungen behaupten, diese dritte Form der Freundschaft könne gar nicht mehr existieren. (M3)	
3	Letztlich kommt es nach Aristoteles aber auf die Ursache der Zuneigung füreinander an. (M3)	
4	77% aller Befragten sagen, dass es ihnen durch die Online-Communitys leichter fällt, mit anderen in Kontakt zu bleiben. (M7)	
5	Besonders genau wird abgewogen, was man zum wem in welchem Kanal sagt, mit wem man eine „echte Freundschaft" schließt. (M7)	
6	Für die Befragten ist es ein wesentlicher Unterschied, einen Freund zu adden oder eine Freundschaft zu schließen. (M7)	
7	Viele der Befragten sind der Auffassung, ihnen könne persönlich im Netz kein Schaden entstehen.	

Wie digital sind deine Freunde?

Kompetenzfokus

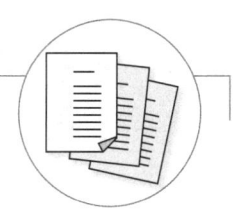

Anwenden von Redewiedergabeformen   AB2

Die folgenden Aufgaben ermöglichen das Anwenden und Üben von Redewiedergabeformen: Es geht um das Verwenden und Umformen von Äußerungen in der ersten Person (z.B. Interviewäußerungen) für den eigenen Text (Aufgabe 1), und umgekehrt darum, sich vorstellen zu können, welche wörtlichen Äußerungen wohl hinter einer indirekten Wiedergabe stecken könnten (Aufgabe 2). Die letzte Aufgabe bezieht sich auf das Zitieren. An welchen Stellen kann es sich lohnen zu zitieren? (Aufgabe 3)

Aufgaben

In eigenen Worten wiedergeben

1. Gib die Äußerungen des Literaturwissenschaftlers Deresiewicz in M2 zusammenfassend (ca. 100 Wörter) in eigenen Worten wieder. „In eigenen Worten", das heißt nicht, dass du keine Wörter aus dem Text benutzen darfst, sondern, dass du *referierst*, was er sagt. Eine Hilfe dafür sind Formulierungsmuster indirekter Rede. Verwende für deinen Text Formulierungsmuster wie:

   Deresiewicz ist der Auffassung, dass ….;
   Für Deresiewicz ist …..;
   Deresiewicz zufolge ist es ……

Mit Wiedergabeformen experimentieren

2. Stell dir vor, der letzte Absatz von M3 (Er beginnt mit „Böse Zungen behaupten ...") beziehe sich auf etwas, das Deresiewicz in dem Interview (M2) auf eine Frage geantwortet habe. Erfinde dafür eine passende Frage des Journalisten der SZ (Süddeutsche Zeitung) und verwandle den letzten Absatz von M3 (du musst nicht alles verwenden) in eine Antwort auf diese Frage, die so auch im Interview stehen könnte.

Zitate passend einbauen

3. Mit Zitaten kann man Beispiele geben oder auch ein abstraktes Argument anschaulich unterstützen. Material M7 ist ein Text, der die Ergebnisse einer Untersuchung zu Internetfreundschaften zusammenfassend referiert. Im Unterschied dazu gibt das Material M4 einige originale Äußerungen von Jugendlichen zu Internetfreunden wieder. Lies M7 und M4 genau durch, und wähle aus M4 zwei Zitate aus, die du an passenden Stellen in M7 einbaust. Formuliere dafür auch passende Zitateinleitungen:, z.B. „So sagt eine 15 Jahre alte Schülerin: [Zitat]

Vergleiche deine Lösungen im Anschluss mit Lösungen von MitschülerInnen.

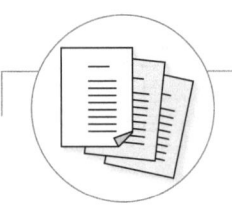

Hinweise für Lehrerinnen und Lehrer

Inhaltliche Anforderungen

Die Aufgabe verlangt zunächst einmal, die Leser des Beitrags zu *informieren* „ob und wie sich Freundschaft durch die neuen Medien verändert hat". Zum Erwartungshorizont gehört, dass relevante Daten und Fakten zum veränderten Kommunikationsverhalten aus dem Material gewonnen und im Beitrag genutzt werden. Das Informieren zur Frage „ob sich Freundschaft verändert hat" ist nicht möglich, ohne dass unterschiedliche auch kontroverse Antworten auf die Frage vorgestellt und mit Bezug auf die Daten diskutiert werden. Hier ist dann auch Argumentieren gefordert.

Dabei gibt es zum Teil Materialien, die direkt auf die Kernfrage bezogen sind (M2-M4, M7-M8), zum Teil aber auch Materialien, bei denen dieser Bezug erst herzustellen ist: Material 1 liefert viele relevante Fakten zur Nutzung von Handys im Alltag, geht aber kaum auf die Freundschaftsthematik ein. Umgekehrt liefert z.B. Material M5 wichtige Informationen zu den Vorstellungen Jugendlicher zum Thema „enge Freunde", ohne aber den Bezug zum Medienthema herzustellen. Eine wichtige inhaltliche Anforderung ist es deshalb, im eigenen Text solche Bezüge herzustellen.

Im Blick auf die Argumentation ist es eine Herausforderung, die Ebenen einer eher philosophisch ethischen Diskussion (M2, M3) und einer stärker alltagspraktischen Definition von Freundschaft durch die Jugendlichen selbst (M4, M7) erstens trennen zu können, sie aber zweitens auch mit Gewinn aufeinander zu beziehen. Empirisch zeigt sich, dass die Jugendlichen über ein stark differenziertes Freundschaftskonzept verfügen, in dem auch „enge Freundschaften" nach wie vor ihren Platz haben (M7). Im Blick darauf gibt es unterschiedliche Hinweise zur Rolle der neuen Medien: M6 zeigt einerseits, dass das persönliche Treffen mit Freunden nach wie vor ganz an der Spitze der Kontaktformen steht, andererseits zeigt M5, dass Jugendliche „enge Freunde" gar nicht primär darüber definieren, dass man viel zusammen unternimmt oder sich viel sieht. Das kann auch den neuen Medien eine eigene Rolle für Freundschaft zuweisen. Im Blick auf den Cartoon (M8) besteht die inhaltliche Anforderung darin, den Cartoon argumentativ in die eigene Darstellung einzubinden, ihn also nicht unkommentiert und als bloße Illustration zu verwenden. Das muss allerdings auch geübt werden und die Erwartung muss den SchülerInnen vertraut sein.

Sprachliche und textsortenbezogene Anforderungen

Es geht darum, einen informativ-erklärenden Text zu schreiben. Im Vordergrund steht damit die Frage, welches Wissen die Adressaten brauchen, damit sie sich zum Thema gut informiert fühlen. Das Material enthält viele Grafiken (M5, M6, M7), die dafür zu beschreiben und zu interpretieren sind. Die damit verbundenen sprachlichen Anforderungen sind Thema der Arbeitsblätter zur Aufgabe „Schreibst du noch oder tippst du schon", die auch hier genutzt werden können.

Die Materialien M2 (Interview), M4 (Schüleräußerungen) und auch die Grafik M5 (Befragung) sind grammatisch in der ersten Person fomuliert. Hier sind für die Nutzung entweder Zitate, indirekte Wiedergaben oder Referate in der dritten Person gefordert. Dazu geht der Kompetenzfokus dieser Aufgabe auf den Arbeitsblättern.

Zum Kompetenzfokus

Für das materialgestützte Schreiben ist die Beherrschung der verschiedenen Formen der Redewiedergabe zentral: Inhalte aus Texten und anderen Materialien müssen wiedergegeben werden; es muss deutlich werden, was vom Schreiber und was von Anderen stammt und oft müssen die Wiedergaben auch explizit gekennzeichnet werden (vgl. hierzu auch ausführlich Kapitel 2). Die beiden Arbeitsblätter stützen die elementaren Kenntnisse und Fähigkeiten in diesem Feld. Arbeitsblatt 1 ist bezogen auf das Erkennen und Unterscheiden unterschiedlicher Formen der Redewiedergabe. Ein wichtiges Ziel ist dabei, das breite Spektrum der Formen ins Bewusstsein zu

Wie digital sind deine Freunde?

Hinweise für Lehrerinnen und Lehrer

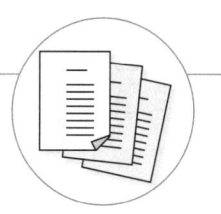

heben. Insbesondere bei der indirekten Wiedergabe kommt es darauf an, dass die SchülerInnen nicht nur den sogenannten Konjunktiv der Redewiedergabe kennen, sondern auch die Formen der Wiedergabe im Indikativ und weitere unterstützende Mittel (Zitatverben, Zitatnomen, Zitatpräpositionen) kennen und unterscheiden können.

Arbeitsblatt 2 ist dann auf die Anwendung bezogen. Es stellt einige offen Aufgaben zusammen, die auf übliche Anforderungen der Redewiedergabe bezogen sind. „Etwas in eigenen Worten" wiedergeben zu können ist eine wichtige Fähigkeit. Man darf aber nicht die Paradoxie unterschätzen, die in dieser Aufgabe liegt. Warum soll etwas mit eigenen Worten wiedergegeben werden, wenn es doch schon gut formuliert ist, und vor allem: Etwas, das schon formuliert ist, kann gar nicht ohne Weiteres im gleichen Sinn anders formuliert werden. Entscheidend sind deshalb gar nicht so sehr die eigenen Worte. Vor allem kommt es darauf an, dass erkennbar wird, wenn man fremde Worte und Inhalte benutzt. Aufgabe 1 ist deshalb auf das zusammenfassende Referieren bezogen und bietet hierfür einige Hilfestellungen an: Die SchülerInnen sollen den Interviewtext in einem eigenen referierenden Text zusammenfassen und ihn dafür umformen. Aufgabe 2 ist ein Vorschlag, der umgekehrt formuliert: Ein zusammenfassender Text wird in eine mögliche Interviewäußerung umgeformt. Das hat weniger praktischen Nutzen, als dass es die auf Redewiedergabe bezogene Vorstellungsfähigkeit und Empathie der SchülerInnen herausfordert und fördert. In der dritten Aufgabe geht es um das Zitieren i.e.S. Auch Studierende haben große Schwierigkeiten zu lernen, dass das Zitieren eine besondere Funktion hat und dass Zitate in besonderen Kontexten wichtige Funktionen haben. Wo lohnt es sich, zu zitieren und wie kann ich Zitate mit Gewinn in den Text einbauen?

Methodisch gilt für alle Aufgaben, dass der Austausch zu den gefundenen Lösungen zwischen Schülern und das Aufmerksamwerden auf unterschiedliche Möglichkeiten der Problemlösung eine wichtige Lernmöglichkeit ist. Die Sprache stellt unterschiedliche Werkzeuge der Redewiedergabe mit verschiedenen Leistungsmöglichkeiten bereit, die experimentell erprobt werden können.

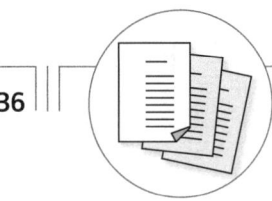

„Wann hat es ‚tschick' gemacht ...?" – Warum soll unsere Schule Wolfgang-Herrndorf-Schule heißen?

Thema	Leben, Werk und Wirkung Wolfgang Herrndorfs
Klassenstufe	9.–11. Schuljahr
Typ	Informierend-argumentierendes Schreiben
Materialien	M1: Biografie Wolfgang Herrndorfs (www.inhaltsangabe.de) M2: Tschick auf der Bühne (Werkstatistik des Deutschen Bühnenvereins) M3: Rezensionsschnipsel (Lovenberg) M4: Wann hat es Tschick gemacht, Herr Herrndorf? (FAZ, Interview) M5: Arbeit und Struktur (Wolfgang Herrndorf, Auszüge) M6: Wolfgang Herrndorfs Abenteuerroman (Stern, Rezension) M7: Definition des Adoleszenzromans (Gansel)
Zieltext	Plädoyer für den Namensvorschlag in der Schülerzeitung
Kompetenzfokus	Inhaltsplanung
Arbeitsmaterial	AB1: Planung AB2: Planung

„Wann hat es ‚tschick' gemacht …?"

Überblick

AUFGABE

Nach umfangreichen Überlegungen, die sich durch alle schulischen Gremien (Schülervertretung, Gesamtkonferenz der Lehrer, Schulelternbeirat, Schulkonferenz) gezogen haben, wurde entschieden, dass deine Schule einen neuen Namen erhalten soll, der das literarische Profil der Schule widerspiegelt. Die Schulgemeinde hat daraufhin einen „Namensgeber-Wettbewerb" initiiert, in dessen Rahmen SchülerInnen Vorschläge machen können, wie eure Schule heißen soll. Im Rahmen einer Sonderausgabe der Schülerzeitung sollen alle möglichen NamensgeberInnen der gesamten Schulgemeinschaft in jeweils eigenständigen Namensplädoyers vorgestellt werden. Das zu verfassende Plädoyer soll über Leben, Werk und Wirkung des zukünftigen Namensgebers informieren und darüber hinaus begründen, warum die Schriftstellerin bzw. der Schriftsteller geeignet scheint, der Schule seinen Namen zu leihen.

Ihr habt im vergangenen Schuljahr den Jugendroman „tschick" gelesen und euch sehr schnell darauf geeinigt, dass ihr als Klasse den Namen „Wolfgang-Herrndorf-Schule" vorschlagen wollt. Aus diesem Grund wurdest du ausgewählt, ein Plädoyer für Herrndorf für die Schülerzeitung auszuarbeiten, das die Jury, die über den Namensgeber letztlich entscheidet, überzeugt.

Hinweise zur Aufgabe

Das vorliegende Material beleuchtet verschiedene Perspektiven, die wichtig sind, um das Leben und das Werk Wolfgang Herrndorfs einzuordnen. Der kurze Überblick über bedeutende Wegmarken in Herrndorfs Leben (M1) verweist bereits auf die Existenz der für den Schriftsteller nach seiner Erkrankung so wichtigen tagebuchartigen Aufzeichnungen. In jenem Blog mit dem programmatischen Titel „Arbeit und Struktur" – man könnte diesen Titel etwa so verstehen, dass die Arbeit seinem zu Ende gehenden Leben Struktur verleihen sollte – (auszugsweise M5) zeigt sich, wie radikal Herrndorf Leben und Werk miteinander verbunden hat. In aller Offenheit berichtet er von seinem Kampf mit dem Krebs und beweist, dass seine Sprache gewordenen Assoziationen seinen Tod überdauern würden: Er schaffte es trotz des offensichtlichen Voranschreitens der Krankheit nicht nur, bereits begonnene Projekte („tschick" und „Sand") fertigzustellen, vielmehr schuf er mit dem Blog und dem posthum unter dem Titel „Bilder deiner großen Liebe" veröffentlichten „Isa-Roman" (in dem die Vorgeschichte der weiblichen Hauptfigur aus „tschick" erzählt wird) einen Nachlass, der Herrndorfs schriftstellerische Fähigkeiten eindrucksvoll belegt.

Vor diesem Hintergrund sind schließlich auch die übrigen Materialien zu verstehen: Während M2 die Beliebtheit des „tschick-Stoffs" herausstellt, liefern M3 (Rezensionauszug) und M4 (Interview mit dem Autor) vielerlei Informationen zu Leben, Werk und Wirkung.

M7 beleuchtet die Gattungsdefinition des Romans, der häufig auch als Abenteuer- und Jugendroman bezeichnet wird aus einer wissenschaftlichen Perspektive. Die Gattungsfrage könnte ebenfalls wichtig sein, um Begründungen für die Namensgebung deiner Schule zu entwickeln.

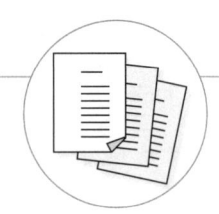

M1 Biografie Wolfgang Herrndorfs

Wolfgang Herrndorf wurde 1965 in Hamburg geboren. Nach dem Studium der Malerei hat er unter anderem für die Satirezeitschrift „Titanic" als Illustrator gearbeitet. Sein Debüt als Schriftsteller gab er 2002 mit dem Roman „In Plüschgewittern". 2007 erschien der Erzählband „Diesseits des Van-Allen-Gürtels". Seitdem erhielt er zahlreiche Literaturpreise, darunter den Deutschen Erzählerpreis (2008) und den Jugendliteraturpreis für den Roman „tschick" (2011). Wolfgang Herrndorf lebte in Berlin. Er war an einem unheilbaren Hirntumor erkrankt, worüber er in seinem Blog „Arbeit und Struktur" schrieb. Herrndorf nahm sich am 26. August 2013 im Alter von 48 Jahren das Leben.

Wichtige Daten und Ereignisse

1965   Geburt am 12. Juni 1965 in Hamburg

2010   Entdeckung eines bösartigen Gehirntumors
        und Entscheidung zur Anfertigung des digitalen Tagebuchs

2013   Tod am 26. August 2013

Werke von Wolfgang Herrndorf (Auswahl)

2002   „In Plüschgewittern" (Roman)

2007   „Diesseits des Van-Allen-Gürtels" (Erzählungen)
        „Die Rosenbaum-Doktrin" (Erzählung)

2010   „tschick" (Roman)

2011   „Sand" (Roman)

2014   „Bilder deiner großen Liebe" (Romanfragment), posthum veröffentlicht.

Auszeichnungen und Preise (Auswahl)

2008   Deutscher Erzählerpreis („Diesseits des Van-Allen-Gürtels")

2011   Clemens-Brentano-Preis („tschick")
        Deutscher Jugendliteraturpreis („tschick")

2012   Hans-Fallada-Preis
        Leipziger Buchpreis („Sand")
        Literaturpreis des Kulturkreises der deutschen Wirtschaft

Quelle: Wolfgang Herrndorf - Biografie und Inhaltsangaben
https://www.inhaltsangabe.de/autoren/herrndorf/ (gesehen am 02.04.2016)

"Wann hat es ‚tschick' gemacht ...?"

Material

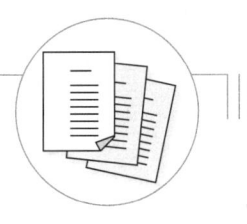

„tschick" auf der Bühne M2

Der Deutsche Bühnenverein ist der Interessen- und Arbeitgeberverband der Theater und Orchester. Er thematisiert alle künstlerischen, organisatorischen und kulturpolitischen Fragen, die die Theater und Orchester in irgendeiner Weise betreffen

Schauspielwerke mit den höchsten Inszenierungszahlen sowie Angabe der Aufführungs- und Besucherzahlen in Deutschland

Lfd. Nr.	Titel (Komponist)	Inszenierungen	Aufführungen	Besucher
1	Tschick (Herrndorf)	41	954	143401
2	Faust (Goethe)	34	445	123392
3	Kabale und Liebe (Schiller)	21	273	77235
4	Dantons Tod (Büchner)	20	258	73276
5	Werther (Goethe)	20	193	25173
6	Frau Müller muss weg (Hübner)	18	430	57499
7	Der Vorname (Delaporte/Patellière)	18	425	88089
8	Ein Sommernachtstraum (Shakespeare)	18	307	91137
9	Die Verwandlung (Kafka)	17	184	24480
10	Was ihr wollt (Shakespeare)	17	172	68548
11	Hamlet (Shakespeare)	15	211	88726
12	Leonce und Lena (Büchner)	15	164	35154
13	Die Dreigroschenoper (Brecht)	15	139	63889
14	Arsen und Spitzenhäubchen (Kesselring)	14	311	49388
15	Nathan der Weise (Lessing)	14	147	43612
16	Woyzeck (Büchner)	14	131	16468
17	Szenen (Loriot)	13	270	34930
18	Der nackte Wahnsinn (Frayn)	13	191	75545
19	Romeo und Julia (Shakespeare)	13	177	58798
20	Der Kontrabass (Süskind)	13	151	14654

Quelle: Werkstatistik des Deutschen Bühnenvereins 2013/2014.
http://www.buehnenverein.de/de/deutscher-buehnenverein/8.html

Rezensionsschnipsel (FAZ, Felicitas von Lovenberg) M3

„‚tschick' erzählt von einem Aufbruch, einer Freundschaft und einer Rückkehr, es ist ein Road-Movie und eine Coming-of-Age-Story, ein Abenteuer- und ein Heimatroman. Vor allem aber ist es ein großartiges Buch, egal, ob man nun dreizehn, dreißig oder gefühlte dreihundert ist. Das liegt natürlich am Autor Wolfgang Herrndorf, aber das vergisst man beim Lesen ziemlich schnell, weil man völlig damit beschäftigt ist, Maik zuzuhören, der die Geschichte erzählt."
„Auch in fünfzig Jahren wird dies noch ein Roman sein, den wir lesen wollen. Aber besser, man fängt gleich damit an."

Quelle: Felicitas von Lovenberg (2013)
http://www.faz.net/aktuell/feuilleton/buecher/rezensionen/belletristik/wolfgang-herrndorf-tschick-wenn-man-all-die-muehe-sieht-kann-man-sich-die-liebe-denken-1613025.html?printPagedArticle=true#pageIndex_2 (gesehen am 08.04.2016.)

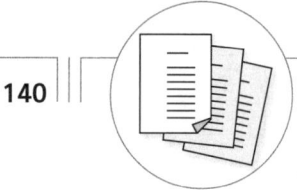

M4 Wann hat es „tschick" gemacht, Herr Herrndorf?

Interview mit Wolfgang Herrndorf in der Frankfurter Allgemeinen Zeitung

Dann sprechen wir jetzt über „tschick". Warum ein Jugendroman?
Ich habe um 2004 herum die Bücher meiner Kindheit und Jugend wieder gelesen, „Herr der Fliegen", „Huckleberry Finn", „Arthur Gordon Pym", „Pik reist nach Amerika" und so. Um herauszufinden, ob die wirklich so gut waren, wie ich sie in Erinnerung hatte, aber auch, um zu sehen, was ich mit zwölf eigentlich für ein Mensch war. Und dabei habe ich festgestellt, dass alle Lieblingsbücher drei Gemeinsamkeiten hatten: schnelle Eliminierung der erwachsenen Bezugspersonen, große Reise, großes Wasser. Ich habe überlegt, wie man diese drei Dinge in einem halbwegs realistischen Jugendroman unterbringen könnte. Mit dem Floß die Elbe runter schien mir lächerlich; in der Bundesrepublik des einundzwanzigsten Jahrhunderts als Ausreißer auf einem Schiff anheuern: Quark. Nur mit dem Auto fiel mir was ein. Zwei Jungs klauen ein Auto. Da fehlte zwar das Wasser, aber den Plot hatte ich in wenigen Minuten im Kopf zusammen.

[...] Versetzen wir uns ins Jahr 2030. Ihr Buch ist seit zehn Jahren Schullektüre. Neuntklässler stöhnen, wenn sie den Namen Wolfgang Herrndorf hören. Welche Fragen zum Buch müssen in Aufsätzen beantwortet werden?
Ich fürchte, man wird sich im Deutschunterricht am Symbolträchtigen aufhängen, an der Schlussszene ...

... in der Maik unter Wasser in einem Swimmingpool die Hand seiner Mutter hält, während oben die Polizei wartet ...
... oder an der Szene mit dem Elixier. Das bin ich jetzt auch schon häufiger gefragt worden: Was das für ein Elixier ist, das der Alte mit der Flinte den beiden da aufdrängt? Aber das weiß ich ja auch nicht. Das war nur, weil mich beim Schreiben jemand auf die „Heldenreise" aufmerksam machte, ein Schema, nach dem angeblich fast jeder Hollywood-Film funktioniert. Da müssen die Protagonisten unter anderem immer ein solches Elixier finden. Habe ich natürlich gleich eingebaut.

[...] Der Kritiker Gustav Seibt hat „tschick" in die Tradition der deutschen Romantik, Tieck, Eichendorff gestellt. „tschick" als Buch der deutschen Romantik, geschrieben mit amerikanischen Mitteln. War das so beabsichtigt?
Ich weiß nicht, ob Seibt das so meint, aber das wäre ja generell erst mal nicht falsch. Nur dass man von „beabsichtigt" bei mir nicht wirklich sprechen kann. Ich denke mir beim Schreiben meist erst mal nicht viel außer „es sollte nicht langweilig sein", und wo das dann hinsteuert, kann einem bei einem Roadmovie ja auch angenehm egal sein ... Ich merke gerade, dass ich mich in erzromantische Positionen verrenne.

In Wirklichkeit verlassen Sie Berlin doch nie. Was hat es mit den Landschaften auf sich, die Maik und Tschick durchreisen, wo gibt es diese Mondlandschaften? Wo die Berge, „ungeheuer hoch und mit Steinzacken obendrauf"?
Im Gegensatz zu meinen Helden bin ich nie in Ostdeutschland gewesen und habe die Reise nur mit Google Maps unternommen. Da kann man von oben nicht sehen, wie hoch die Berge sind. Aber ich war nie ein großer Freund der Recherche. Ich habe versucht, Gegenden zu beschreiben, wie Michael Sowa sie malt: Auf den ersten Blick denkt man, genauso sieht es aus in der Natur! Und wenn man genauer hinschaut, sind es vollkommen durchkonstruierte Sachen, die archetypischen Landschaften wie in idealen Tagträumen.

[...] Man hat ja oft einen bestimmten Leser im Kopf, für den man schreibt. Geht Ihnen das auch so beim Schreiben?
Schon. Keine konkrete Person, aber einen schlauen Leser, der alles kapiert.

"Wann hat es ‚tschick' gemacht ...?"

Material

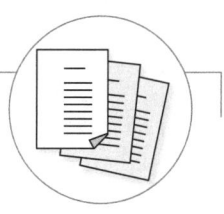

[...] Aber die Sache mit dem Bestseller hat „tschick" ja jetzt erledigt.
Ich kann mir auch nicht erklären, woran das liegt.
90 Buchhandel, Werbung, Rezensionen - keine Ahnung. Mein Lektor warf neulich die Theorie ein:

„Es könnte auch am Buch liegen." Aber ich bin vom Literaturbetrieb so gründlich desillusioniert, dass ich das nicht glaube.

Quelle: http://www.faz.net/aktuell/feuilleton/buecher/autoren/im-gespraech-wolfgang-herrndorf-wann-hat-es-tschick-gemacht-herr-herrndorf-1576165.html?printPagedArticle=true#pageIndex_2 (gesehen am 01.05.2016)

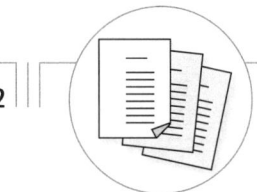

M5 Arbeit und Struktur (Auszüge)

Wolfgang Herrndorf erfuhr im Jahr 2010 von seinem Gehirntumor. Am 26. August 2013 erschoss er sich gegen 23.15 Uhr am Ufer des Hohenzollernkanals in Berlin. Das Leben, das er in diesen dreieinhalb Jahren führte, beschrieb er in seinem Blog „Arbeit und Struktur", der mittlerweile als Buch erschienen ist.

13. 3. 2010 · 11:00
Gib mir ein Jahr, Herrgott, an den ich nicht glaube, und ich werde fertig mit allem. (geweint)

14. 3. 2010 · 11:00
Arzttermin bei Gott, er versteckt sich hinter dem nom de plume[1] Prof. Drei. Kurz vor der Rente oder drüber, Jahrzehnte Erfahrung, arbeitet zwölf Stunden am Tag, jeden Tag, schiebt mich am Sonntag in der Sprechstunde dazwischen. Wartezimmer voll mit Hirntumoren, die sein Loblied singen. Inoperable Gliome, die er operiert hat, vor neun Jahren. Der erste Arzt, der redet, wie mir das gefällt: in Zahlen, in Prozenten, in Wahrscheinlichkeit und Wirkungsgrad. Auch in Graden der Wirkungslosigkeit (80% der Bestrahlten zeigten überhaupt keine Wirkung, null, lediglich Spätfolgen in zwei bis vier Jahren). Dass er überhaupt mit Spätfolgen rechnet: Bis heute Morgen war ich nicht sicher, ob ich im Sommer noch da bin. Weitere Zahlen, die ich nicht kannte: Tumor war acht Zentimeter groß, gewachsen in ca. sechs Monaten. (...) Er nimmt sich Zeit, erklärt alles, gibt mir zum Abschied die Hand und zieht mich gleichzeitig mit dem Händedruck aus dem Sprechzimmer: nächster Patient.

In der U-Bahn vor Glück außer mir.

28. 5. 2010 · 21:00
Patrick fragt unbefangen und ausführlich nach, der Erste.

1. 6. 2010 · 11:53
Müdigkeit weg. Und hey, ich kann auch drei Kapitel am Tag. Das wollen wir doch erst mal sehen, ob sie beim Deutschen Jugendbuchpreis ein rasend schnell zusammengeschissenes Manuskript von einem durchredigierten unterscheiden können.

21. 6. 2010 · 15:00
Völlige Gleichgültigkeit vor dem MRT, völlige Gleichgültigkeit nach dem MRT. Mittags dann Versuch, den Befund telefonisch zu erfragen, gescheitert. Termin bei Dr. Zwei machen müssen. Viertelstunde Fußweg. Dr. Zwei erklärt den Befund und die enthaltenen Worte Schrankenstörung, konstant, niedergradig, suspekt. In der Summe bedeuten sie, dass sich im Moment nichts verändert in meinem Hirn, nichts wächst. Gleichgültig raus aus der Charité. Zehn Minuten später dann Zusammenbruch, am Ufer der Spree gekrochen, geheult.

8. 10. 2010 · 16:07
Drei Wochen ist „Tschick" raus, und in keiner Buchmessenbeilage und keiner Zeitung. Es ist mir nicht so gleichgültig wie früher.

22. 12. 2010 · 10:22
Befund: Gliöse Veränderungen, vermutlich therapieinduziert (Strahlen), kein Tumorwachstum, Verdacht auf Niedergradiges, sagt der Radiologe, sehr unwahrscheinlich bei hochgradigem Glioblastom, sagt der Onkologe, Schrankenstörung regredient. Also alles ok? Ja, alles ok. Im ersten Jahr sterben ist für Muschis.

29. 3. 2011 · 23:12
Ich weiß, wie, ich weiß, wo, nur das Wann ist unklar. Aber dass ich zwei der Kategorien kontrolliere und die Natur nur eine – ein letzter Triumph des Geistes über das Gemüse.

18. 6. 2011 · 20:11
Den ganzen Abend mit C. zusammen Briefe von Schülern einer Frankfurter Schule gelesen, die als Hausaufgabe ein eigenes „tschick"-Kapitel

---
[1] Französische Bezeichnung für den Decknamen eines Schriftstellers.

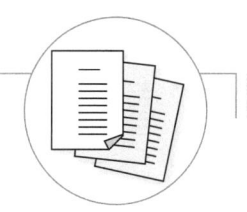

schreiben mussten und einen Brief an den Autor. Wie ich das gehasst hätte in der Neunten. Und in jeder anderen Klasse auch. Briefe an irgendwelche Idioten schreiben. Glücklicherweise thematisieren das einige auch. Aber alle ziehen sich wie ohne Mühe aus der Affäre, auch die beiden Rüpel aus der letzten Reihe, einwandfrei, hätte ich nicht gekonnt in dem Alter. Montessori-Schule, wahrscheinlich mit eingebauter Sozialkompetenz.

19. 3. 2013 · 10:17
Und es schneit. Zu Fuß die vier Kilometer zu Dr. Fünf am Kanal lang. Wege teils geräumt, teils jungfräulich. Ich trample über die aufgetürmten Seitenränder, ich nehme jede Abkürzung, rutsche über die Uferböschung hinab, ich stapfe durch die größten Wehen wie ein Fünfjähriger, Gedanke immer: Es ist vielleicht das letzte Mal, das letzte Mal, vielleicht ist es das letzte Mal. Das habe ich bei den Schuhen allerdings auch schon gedacht. Die letzten Schuhe, die letzte Hose, die letzten Johannisbeeren.

2. 8. 2013 · 20:21
Jeden Abend der gleiche Kampf. Lass mich gehen, nein, lass mich gehen, nein. Lass mich.

9. 8. 2013 · 18:56
Abschied von meinen Eltern. Ich kann nichts sagen. Ich sitze neben ihnen, ich kann nicht in ihre Gesichter sehen.

11. 8. 2013 · 12:01
August, September, Oktober, November, Dezember, Schnee. Jeder Morgen, jeder Abend. Ich bin sehr zu viel.

Schluss
Wolfgang Herrndorf hat sich am Montag, den 26. August 2013 gegen 23.15 Uhr am Ufer des Hohenzollernkanals erschossen.

Quelle: Arbeit und Struktur: Blog (2010–2013) von Wolfgang Herrndorf: http://www.wolfgang-herrndorf.de/archiv/ (gesehen am 01.03.2016)

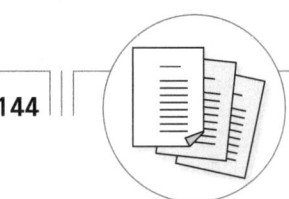

M6 Johannes von Gathen, dpa
Wolfgang Herrndorfs Abenteuerroman

Ein Buch für Erwachsene und Jugendliche zugleich: Mit „tschick" hat Wolfgang Herrndorf einen hinreißenden Abenteuerroman vorgelegt. Zwei Jungs gehen auf große Reise. Zwei
5 14-jährige Pennäler aus einem Gymnasium in Berlin-Marzahn fahren mit einem geklauten Lada durch den wilden Osten Deutschlands und erleben die Sommerferien ihres Lebens. Dies ist in einen Satz gepackt die Handlung von Wolfgang
10 Herrndorfs phänomenalem Roman „tschick". Wer ihn noch nicht gelesen hat, darf sich auf ein hinreißend komisches Lektüre-Abenteuer freuen, an dem Erwachsene ebenso ihren Spaß haben können wie Achtklässler. Ein „endgeiles" Buch, wie
15 die Protagonisten selbst sagen würden.

Und ein Überraschungs-Bestseller. Seit dem letzten Herbst verkaufte sich Herrndorfs Roman laut Rowohlt mehr als 110.000 Mal, die 6. Auflage ist
20 gedruckt, und „tschick" ist für den Preis der Leipziger Buchmesse (17.–20. März) nominiert. Aus einem aktuellen Online-Voting von 1315 Lesern ging Herrndorf bereits als Sieger hervor. Worin besteht die Faszination von „tschick"? Herrn-
25 dorf entwickelt seine Geschichte konsequent und sehr glaubwürdig aus der Perspektive seines jungen Ich-Erzählers Maik, der eines Tages in der Schule den zerzausten Russland-Deutschen Andrej Tschichatschow, kurz Tschick genannt,
30 kennenlernt. Der wilde Bursche aus den russischen Weiten ist genauso ein uncooler Außenseiter wie Maik, dessen Mutter sich immer mal wieder in die Entzugsklinik verabschiedet, während sein Vater mit der Freundin in den Urlaub fährt. Maik allein zu Haus, die Sommerferien stehen wie ein 35 unerfüllbares Versprechen vor der Tür, und dann taucht an einem brütend-heißen Morgen der verrückte Tschick auf - in einem verbeulten Lada. Eine haarsträubende Reise durch die ostdeutsche Provinz beginnt. Dabei wollten die beiden eigent- 40 lich in die Walachei. Herrndorf stellt sich nicht klüger als seine Protagonisten dar, er biedert sich nicht an, versucht erst gar nicht, Jugend-Slang zu imitieren. Stattdessen erzählt er mit viel Sinn für Timing und Situationskomik eine ganz handfes- 45 te Abenteuergeschichte, in der trotzdem immer auch die großen Themen Freundschaft, Einsamkeit oder Liebeskummer verhandelt werden. Als Maik und Tschick auf einer Müllkippe einen Gummischlauch zum Benzinabpumpen suchen, tref- 50 fen sie die verlauste Rumstreunerin Isa, und Maik entdeckt, dass Händchenhalten an einem Sommermorgen vielleicht noch schöner ist als Sex. Diese Taugenichtse erleben ihre blauen Wunder, reisen wie Helden von Eichendorff durch die 55 verzauberte Welt. Ein Bezugspunkt des Romans ist die deutsche Romantik, sehr zu Recht erhielt Wolfgang Herrndorf, der Malerei studierte, danach als Illustrator arbeitete und 2002 seinen Debütroman „In Plüschgewittern" vorlegte, in die- 60 sem Jahr den mit 10.000 Euro dotierten Clemens Brentano Preis der Stadt Heidelberg.

Quelle: http://www.stern.de/kultur/buecher/ueberraschungs-bestseller--tschick--wolfgang-herrndorfs-abenteuerroman-3863488.html (gesehen am 02.05.2016)

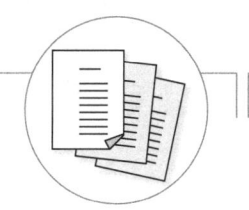

Definition des Adoleszenzromans

M7

„Im Zentrum der Darstellung stehen ein oder mehrere jugendliche Helden, wobei sich die Darstellung anders als im Entwicklungsroman auf die Jugendphase konzentriert. [...] Die Zeitspanne ist aber nicht auf die Pubertät beschränkt, sondern umfasst den gesamten Prozess der Identitätssuche junger Leute [...]. Die jugendlichen Hauptfiguren können in einer „existentiellen Erschütterung" oder einer „tiefgreifenden Identitätskrise" angetroffen werden, aber es ist unter (post)modernen Bedingungen ebenso möglich, dass die Adoleszenz als lebensgeschichtliche Phase lustvoll und offen erlebt wird, eben als Chance, sich zu erproben, und als Gewinn bei der Sinn- und Identitätssuche. Als Adoleszenztexte kennzeichnende Problembereiche gelten a) die Ablösung von den Eltern, b) die Ausbildung eigener Wertvorstellungen (Ethik, Politik, Kultur usw.), c) das Erleben erster sexueller Kontakte, d) das Entwickeln eigener Sozialbeziehungen, e) das Hineinwachsen oder das Ablehnen einer vorgegebenen sozialen Rolle. Dabei sind Romane und Erzählungen zumeist durch ein „offenes Ende" gekennzeichnet, die Protagonisten bleiben auf der Suche, eine Identitätsfindung im Sinne eines festen Wesenskerns muss in neueren Texten nicht erfolgen und auch nicht angestrebt sein."

Quelle: Gansel, Carsten (2010): Moderne Kinder- und Jugendliteratur. Vorschläge für einen kompetenzorientierten Unterricht, 4., überarbeitete Auflage, S. 168 f.

„Wann hat es ‚tschick' gemacht ...?"

Kompetenzfokus

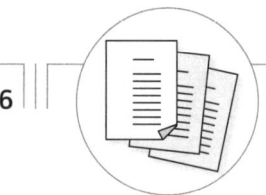

AB1 Planung

Hinweise
Auch in einer (Schüler-)Zeitung sind meinungsbildende Textsorten wichtig. Die Redaktion schreibt Kommentare, druckt aber auch Positionen anderer ab, z.B. in diesem Fall die Plädoyers für verschiedene Schulnamensgeber. Das Plädoyer verlangt unter Bezug auf den aktuellen Anlass eine eigene Positionierung der SchreiberInnen. Die Bedeutung des Themas ist herauszustellen, Zusammenhänge sind aufzuzeigen (hier etwa zwischen der Wirkung Wolfgang Herrndorfs und seiner Tauglichkeit als Namensgeber einer Schule), um den LeserInnen eine Urteilsbildung zu ermöglichen. Hierzu ist es notwendig, die Leser zunächst über Grundlegendes (wie etwa das Leben und Werk Herrndorfs) zu informieren, um daran anschließend den Namensvorschlag für die Schule zu begründen. Die gezielte Entnahme und Strukturierung von Informationen sowie die Entwicklung von Argumenten soll mithilfe der folgenden Arbeitsschritte vorbereitet werden.

Aufgaben

1. Überlege zunächst in Einzelarbeit, was einen guten Namensgeber für eine Schule auszeichnet. Halte diese Kriterien in Form einer Liste stichwortartig fest und vergleiche mit einem Partner.
Lies anschließend die Materialien und prüfe, ob sich Wolfgang Herrndorf anhand eurer Kriterien als Namensgeber eignet.

2. Lege eine Tabelle (s.u.) an und vervollständige sie, indem du die Materialien M1–M6 auswertest.

Kriterien (Argumente für meinen Standpunkt)	Materialbezug	Beleg(e) aus den Materialien
Bekanntheit / Beliebtheit / Erfolg des Schriftstellers	M2	Die Bühnenfassung von „tschick" war in der Theatersaison 2013/2014 mit großem Abstand der beliebteste Stoff (Anzahl der Inszenierungen, Anzahl der Besucher)

3. Lies die Gattungsdefinition des Adoleszenzromans nach Carsten Gansel (M7) und vergleiche diese mit der Romanhandlung von „tschick".

4. In M3 urteilt Felicitas von Lovenberg (M3) über den Roman wie folgt: „Vor allem aber ist es ein großartiges Buch, egal, ob man nun dreizehn, dreißig oder gefühlte dreihundert ist."
Erläutere vor dem Hintergrund der Gattungsdefinition, warum „tschick" gerade für Jugendliche ein großartiges Buch ist. Überlege im Anschluss, inwiefern dies deine Argumentation für die Umbenennung der Schule weiter stützen könnte.

„Wann hat es ‚tschick' gemacht ...?"

Kompetenzfokus

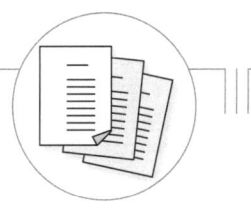

Planung

AB2

Hinweise

Sowohl informierende als auch argumentierende Texte benötigen eine übergeordnete gedankliche Strukturierung, um das Schreibziel zu verdeutlichen. Diese Strukturierung / Gliederung ermöglicht es nämlich, die bereits gewonnenen Informationen in einen sinnvollen textlichen Zusammenhang zu integrieren. Dieser Vorgang schließt sich unmittelbar an die erste Textarbeit an und ordnet die weiteren Schritte. Besonders für Texte, die eine Wirkung erzielen, z.B. die Leserschaft überzeugen, sollen (persuasive bzw. appellative Texte), sind solche Gliederungen zweckmäßig. Beispielhafte gedankliche Strukturen können sein:

Variante 1: Fragestellung → Antwort → Konsequenzen (Folgen):

Warum eignet sich Wolfgang Herrndorf als Namensgeber unserer Schule? → Themen wie ... machen Herrndorf lesenswert (auch und v.a. für junge Menschen) → Bühnen-Adaption von Herrndorfs Roman ist äußerst erfolgreich

Variante 2: Problemstellung → Lösung → Verwirklichung / Umsetzung:

Unsere Schule hat keinen aussagekräftigen Namen → Gegenwartsschriftsteller in Abgrenzung von traditionellen Namensgebern (Goetheschule, Schillergymnasium) → Literaturprojekte / Arbeitsgemeinschaften zu den Werken Herrndorfs

Variante 3: Forderung → Begründung → Folgerung:

Unsere Schule soll Wolfgang-Herrndorf-Schule heißen → Herrndorfs Ruf soll dessen Tod überdauern / Figuren bieten Identifikationspotenzial für Schülerinnen und Schüler → Schule setzt sich mit den Empfindungen und Erfahrungen der Schülerschaft auseinander

Ganz grundsätzlich weisen auch informierend-argumentative Texte die übliche formale Gliederung in *Einleitung* (Interesse für das Thema wecken), *Hauptteil* (Informationen werden gemäß der gedanklichen Struktur dargestellt), *Schlussteil* (Resümee der Ergebnisse).

Aufgaben

1. Plane die gedankliche Struktur des Hauptteils. Überlege, welche Struktur (siehe Kasten) für deinen Text geeignet ist. Begründe deine Entscheidung unter Berücksichtigung deines Schreibziels (siehe AB1).

2. Ordne die Informationen, die du aus den Materialien (M1 – M7) entnommen hast, gemäß deiner Struktur neu an und ergänze diese durch andere dir geeignet erscheinende Aspekte (z.B. dein Wissen aus dem Unterricht).

Hinweise für Lehrerinnen und Lehrer

Inhaltliche Anforderungen

Die Lernenden, die sich in der vorangegangenen Unterrichtseinheit mit dem Jugendroman „tschick" auseinandergesetzt haben, müssen zunächst die unterschiedlichen Bezugspunkte der Materialien erkennen und diese mit Blick auf die Schreibaufgabe einordnen. Die Identifikation der thematischen Schwerpunkte der zur Verfügung gestellten Materialien dürfte recht problemlos gelingen.

Die Materialien M1 und M5 fokussieren vornehmlich biografische Daten und Erlebnisse des Autors:

M1 versucht stichwortartig einen leidlich groben Abriss über Herrndorfs Leben und Wirken zu geben, so wird nicht nur die Rolle seines Blogs „Arbeit und Struktur" (M5) bereits angedeutet, sondern auch auf die unterschiedlichen Auszeichnungen Herrndorfs eingegangen. Besonders bedeutsam für den Kontext der Schreibaufgabe ist etwa die Erkenntnis, dass „tschick" nicht nur durch die mehrfache Prämierung heraussticht, sondern auch insofern einen breiten Raum in seinem Schaffen eingenommen hat, als dass in „Bilder deiner großen Liebe" auch ein weiteres Werk Bezug auf „tschick" nimmt, indem es die Vorgeschichte Isas, des Mädchens von der Müllhalde, erzählt.

Deutlich herausfordernder in diesem Zusammenhang ist allerdings die Beschäftigung mit M5. Während die Textsorte des elektronischen Tagebuchs für Jugendliche nicht unbekannt sein dürfte, so ist die Offenheit, mit der Herrndorf von den Folgen seiner Erkrankung berichtet, doch irritierend. Produktiv für die Schreibaufgabe und den Zieltext werden die Ausführungen Herrndorfs vor allem dann, wenn sich die Schreibenden dazu entschließen, Herrndorfs Denken und Fühlen zu beleuchten, etwa indem sie Herrndorfs Ton, der zwischen Verzweiflung und nüchterner Akzeptanz alterniert, beleuchten, oder aber darauf eingehen, wie Herrndorf seine literarische Arbeit selbst bewertet (vgl. hierzu die Einträge vom 01.06.2010 bzw. vom 08.10.2010).

Gerade die Unterschiedlichkeit beider Materialien ist daher produktiv für das Verstehen des Autors, der vor Bekanntwerden seiner Erkrankung eher selten öffentlich in Erscheinung getreten ist. Eine der wenigen Ausnahmen von dieser Praxis stellt das Interview mit der FAZ dar (M4), das Herrndorf anlässlich des Erfolges von „tschick" gegeben hat. Das Interview wirft nochmals die zentralen Themen des Jugendromans auf und könnte daher zentraler Referenztext gelten, der durch die übrigen Informationen (u.a. den Rezensionsausschnitt von Felicitas von Lovenberg, M3) ergänzt und in einen eigenständigen Zieltext transformiert wird.

Hinsichtlich der Materialien zeigt sich, dass sie allesamt mehr oder minder stark auf das Schreibziel bezogen werden können und es an der Auswahl und der Strukturierung und Neu-Komposition der Informationen liegt, welches Bild des Namensgebers entsteht. Eine Leitfrage, unter der die Sichtung der Materialien stehen könnte, sollte demnach vor allem klären, inwiefern Wolfgang Herrndorfs Wirken für Jugendliche relevant sein könnte.

Sprachliche und textsortenbezogene Anforderungen

Der Großteil des Materials besteht aus Texten, die mit Blick auf die Zieltextsorte einen nicht unerheblichen Transformationsbedarf aufweisen. So ist es beispielsweise notwendig, dass die Lernenden vielfach mit Mitteln der Redewiedergabe arbeiten, um die Äußerungen Herrndorfs (M4) sowie die Kerngedanken der Rezensenten (M3 und M6) für ihren Zieltext fruchtbar zu machen. Auch die übrigen Materialien sind vor allem vor dem Hintergrund der Entwicklung von Argumenten interessant: Beispielsweise bedarf es, um aus M2 Faktenargumente zu generieren, die die Popularität Herrndorfs belegen, der Fähigkeit, diskontinuierliche Texte auszuwerten und Zahlenwerte (sprachlich) zueinander in Beziehung zu setzen. Denkbar sind hier kontrastierende Prozeduren („Während ‚tschick' in der Saison 2013/2014 an 41 Orten inszeniert wurde, wurde das zweitbeliebteste Stück, Goethes ‚Faust' nur an 31 Bühnen eingespielt."). Ähnliches gilt natürlich auch für die Verwendung der literaturwissenschaftlichen Definition eines

„Wann hat es ‚tschick' gemacht …?"

Hinweise für Lehrerinnen und Lehrer

Adoleszenzromans. Die Lernenden müssen hier erkennen, dass es nicht darum geht, die Definition auf den Roman anzuwenden. Vielmehr geht es darum, eine Meta-Perspektive einzunehmen, denn gerade die Tatsache, dass sich „tschick" als Adoleszenzroman versteht und somit Problemfelder anspricht, die für die allermeisten Schülerinnen und Schüler nachvollziehbar sind, könnte eine sinnvolle Argumentationsstütze darstellen.

Vor dem Hintergrund der zu verfassenden Textsorte eines Plädoyers sind diese vorbereitenden Schritte zur Inhaltsplanung notwendig, denn gerade solche erörternden Schreibformen fordern von den SchülerInnen ein hohes Maß an Reflexionsfähigkeit, die über die reine Wiedergabe von Informationen hinausgeht, indem beispielsweise die Relevanz einer bestimmten Fragestellung inhaltlich wie sprachlich verdeutlicht werden muss, um schließlich zu einer eigenen, gut begründeten Position zu gelangen.

Zum Kompetenzfokus

Ausgehend von der Vorstellung, dass die inhaltliche Vorentlastung des Schreibens für das materialgestützte Verfassen von Texten eminent wichtig ist, unterstützen die beiden aufeinander aufbauenden Arbeitsblätter 1 und 2 diese kognitiv anspruchsvolle Planungstätigkeit. Besonders wichtig ist in diesem Zusammenhang auch die ausführliche Beschäftigung mit der Situierung der Schreibaufgabe, die durch die Aufgabenstellungen 1 und 2 erreicht wird. Während sich die zweite Aufgabenstellung ganz explizit mit der Situierung beschäftigt und diese in ihren unterschiedlichen Facetten beleuchtet, widmet sich die erste Aufgabe dem Vorwissen der Lernenden. Hier sollen die Lernenden (möglicherweise auch methodisch in Form einer ins Plenum überführenden Besprechungsphase: Think-Pair-Share) Kriterien entwickeln, die einen guten Namensgeber ausmachen. Diese Vorentlastung erscheint vor dem Hintergrund des Alters der Lernenden und der Vielgestaltigkeit des ihnen zur Verfügung stehenden Materials doppelt notwendig: Durch die vorbereitende Beschäftigung entsteht eine Fragehaltung, mit deren Hilfe nicht nur die Materialien analysiert, sondern auch in der weiteren Planung systematisiert und argumentativ ausgestaltet werden können. Denkbar sind daher in der Folge auch weitere die Inhaltsplanung unterstützende Hilfestellungen, etwa zur Entwicklung von Argumenten aus den einzelnen Materialien.

Arbeitsblatt 2 dient dazu, die zuvor erarbeiteten Inhaltspunkte zueinander in Beziehung zu setzen. Hierzu ist es erforderlich, eine gedankliche Struktur zu entwickeln, die die Aufgabenstellung und das Schreibziel beachtet. Um die Lernenden für die differierenden Perspektiven auf die Frage zu sensibilisieren, wurden drei Vorschläge gemacht, die als Bausteine für den eigens zu entwickelnden Inhaltsplan zu verstehen sind. Die schriftliche Begründung der Auswahlentscheidung soll den Lernenden nochmals verdeutlichen, inwiefern die gedankliche Struktur eines Textes auch seine weitere inhaltliche Ausgestaltung (hierzu Aufgabe 2) beeinflusst.

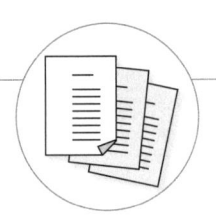

Was bewegte(n) Goethe und Schiller in Weimar?

Thema	Goethe und Schiller in Weimar; Freundschaft zwischen Goethe und Schiller; Weimarer Klassik
Klassenstufe	10.–12. Schuljahr
Typ	Informierendes Schreiben
Materialien	M1: Zeittafel Goethe und Schiller in Weimar M2: Weimar als Kulturhauptstadt M3: Erste Begegnung zwischen Goethe und Schiller (Interviewauszug) M4: Erste Begegnung im Hause Lengenfeld M5: Goethe und Schiller – das Bündnis der Antipoden M6: Gemeinsame Projekte und gegenseitige Inspiration (Interviewauszug) M7: Goethe-Schiller-Briefwechsel M8: Horen M9: Balladenjahr M10: Xenien M11: Friedrich Schiller. Sein Leben erzählt von Otto A. Böhmer (Auszug) M12: Christiane Vulpius (Interviewauszug) M13: Christiane Vulpius M14: Lotte Schiller M15: Tod Schillers (Interviewauszug) M16: Tod Schillers M17: Tod Goethes
Zieltext	Vortragstext für einen Stadtrundgang in Weimar
Kompetenzfokus	sich mit Texten und Medien auseinandersetzen, Recherche
Arbeitsmaterial	AB1 Annäherung von Goethe und Schiller: Rechercheauftrag und Informationstext zum Goethe-Schiller-Denkmal AB2: Gemeinsame Projekte und gegenseitige Inspiration: Rechercheauftrag und Informationstext zum Goethe-Schiller-Archiv AB3: Die Frauen der großen Dichter: Rechercheauftrag und Informationstext zu Goethes Wohnhaus AB4: Das Ende der Freundschaft: Rechercheauftrag Informationstext zur Fürstengruft und Russisch-orthodoxen Kirche

Was bewegte(n) Goethe und Schiller in Weimar?

Überblick

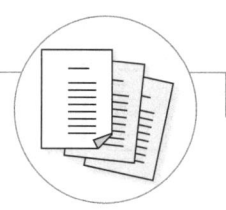

AUFGABE

Für die geplante Klassenfahrt nach Weimar sollen Sie einen individuellen Stadtrundgang zur Freundschaft von Goethe und Schiller ausarbeiten. Der Rundgang führt zu vier Sehenswürdigkeiten Weimars, an denen kurze Vorträge zu vier verschiedenen Themenschwerpunkten für Ihre Mitschüler vorgetragen werden. Sie bearbeiten in Gruppen jeweils einen Themenschwerpunkt.

Aufgabe für Gruppe 1: Sie haben die Aufgabe, für den Stadtrundgang den Themenschwerpunkt „Annäherung von Goethe und Schiller" zu bearbeiten. Verfassen Sie auf Grundlage der Materialien M1 und M2, M3, M4, M5 sowie auf der Grundlage Ihrer Recherche (vgl. AB 1) einen ca. zweiseitigen Informationstext, den Sie am Goethe-Schiller-Denkmal Ihren MitschülerInnen vortragen.

Aufgabe für Gruppe 2: Sie haben die Aufgabe, für den Stadtrundgang den Themenschwerpunkt „Gemeinsame Projekte und gegenseitige Inspiration" zu bearbeiten. Verfassen Sie auf Grundlage der Materialien M1, M2, M6 bis M10 sowie auf der Grundlage Ihrer Recherche (vgl. AB 2) einen ca. zweiseitigen Informationstext, den Sie am Goethe- und Schiller-Archiv Ihren MitschülerInnen vortragen.

Aufgabe für Gruppe 3: Sie haben die Aufgabe, für den Stadtrundgang den Themenschwerpunkt „Die Frauen der großen Dichter" zu bearbeiten. Verfassen Sie auf Grundlage der Materialien M1, M2, M11 bis M14 sowie auf der Grundlage Ihrer Recherche (vgl. AB 3) einen ca. zweiseitigen Informationstext, den Sie an Goethes Wohnhaus am Frauenplan Ihren MitschülerInnen vortragen.

Aufgabe für Gruppe 4: Sie haben die Aufgabe, für den Stadtrundgang den Themenschwerpunkt „Das Ende der Freundschaft: Schillers Tod" zu bearbeiten. Verfassen Sie auf Grundlage der Materialien M1, M2, M15 bis M17 sowie auf der Grundlage Ihrer Recherche (vgl. AB 4) einen ca. zweiseitigen Informationstext, den Sie an der Fürstengruft Ihren MitschülerInnen vortragen.

Hinweise zu den Aufgaben

Das Material M1 und M2 bildet eine allgemeine Orientierungsgrundlage für die Bearbeitung aller Themenschwerpunkte. M1 dient der zeitlichen Einordnung der in den Themenschwerpunkten auszuarbeitenden Ereignisse, während M2 über die Besonderheit Weimars als kulturelle und literarische Stadt Ende des 18. Jahrhunderts informiert.

Die Materialien M3-M5 informieren über die Anfänge der Freundschaft zwischen Goethe und Schiller: die anfängliche Abneigung, das erste Treffen, die Gründe für den Beginn der Zusammenarbeit.

Die Zusammenarbeit von Goethe und Schiller ist greifbar in den gemeinsamen Projekten der beiden Dichter. In M6–10 werden Informationen zu folgenden gemeinsamen Projekten gegeben: die Horen, die Xenien, die Balladen.

Welche Bedeutung die Frauen von Goethe und Schiller jeweils für das dichterische Schaffen hatten, aber auch für das soziale Ansehen der Dichter in der Stadt, wird in M11–14 thematisiert.

M15–17 informiert über den Tod der beiden Dichter und insbesondere darüber, wie sehr Goethe von Schillers Tod betroffen war.

Für alle Themenschwerpunkte werden Auszüge aus einem Interview mit Rüdiger Safranski, der eine Geschichte zur Freundschaft von Goethe und Schiller verfasst hat, angeboten (M3, M6, M11, M15). Diese Interviewausschnitte bieten eine Zusammenfassung der wesentlichen Aspekte des zu bearbeitenden Themenschwerpunkts und sind jeweils ein guter Ausgangspunkt für die Erschließung des Materials und die sich anschließende Recherche.

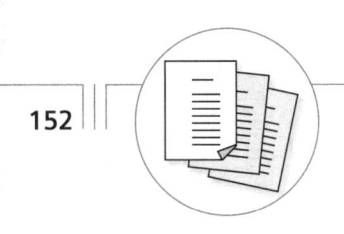

M1 Zeittafel: Goethe und Schiller in Weimar

1749   28. August, Goethe wird in Frankfurt geboren

1759   10. November, Schiller wird in Marbach am Necker geboren

1775   7. November, Goethe kommt nach Weimar

1776   21. April, Goethe bezieht das Gartenhaus im Ilmtal

1782   2. Juni, Goethe bezieht das Haus am Frauenplan

1787   21. Juli, Schiller kommt zum ersten Mal nach Weimar

1788   7. September, erstes Treffen von Goethe und Schiller im Hause Lengefeld in Rudolstadt

1791   7. Mai, Eröffnung des Weimarer Theaters unter Leitung von Goethe

1794   13. Juni, Schiller lädt Goethe zur Mitarbeit an den Horen ein
         20. Juli, Erstes Gespräch mit Goethe in Jena (Tagung der naturforschenden Gesellschaft)

1799   3. Dezember, Schiller siedelt von Jena nach Weimar um

1802   29. April, Schiller bezieht das Haus an der Esplanade

1805   8.–15. Februar, erneut schwere Erkrankung Schillers
         1. Mai, letzte Begegnung von Goethe und Schiller im Theater
         9. Mai, Schillers Tod
         12. Mai, Beisetzung Schillers im Kassengewölbe auf dem Jakobs-Friedhof

1832   22. März, Goethe in Weimar gestorben
         26. März, Goethes Beisetzung

Weimar als Kulturhauptstadt

Weimar ist der logische Ort einer Koalition von bürgerlichen Intellektuellen und Adel. Anna Amalia, die Mutter des Herzogs, schuf die Voraussetzungen für eine neue bürgerlich geprägte Kultur. Die dezentrale Lage der Stadt ist eine Bedingung dafür, dass sie zur Kulturhauptstadt avancieren kann, ihre Kleinheit macht sie tauglich fürs Modell, für das andere, das neue Leben. Es waren aber immer schon Namen, die die Stadt prägten. Kurz nach seiner Ankunft schrieb Schiller an Körner: Wie wenig ist Weimar, da der Herzog, Göthe, Wieland und Herder ihm fehlen! Zeitgenossen nennen Weimar ein «Museum des Geistes», Adel, gehobenes Bürgertum und die Künstler leben hier „gleichsam auf einer unzugänglichen Insel" unter allen anderen. Man lebt den Mythos Literatur-Hauptstadt bereits. Der livländische Schriftsteller Garlieb Merkel erinnert sich nach einem Besuch in Weimar: „Übrigens lernte ich die ganze obere ästhetische Beamtenwelt mit ihren gleichfalls ästhetischen Familien kennen und den feineren Gesellschaftston Weimars, den sonderbarsten, den ich irgendwo bemerkt habe. Man hat eine Schreibart, die man poetische Prosa nennt; der hiesige Ton hätte sehr gut prosaische Poesie genannt werden können. Er war zusammengesetzt aus Kleinstädterei, höfischen Rücksichten und literarischer Wichtigtuerei. Die Ereignisse in der Literatur wurden wie Stadtneuigkeiten besprochen." Alle wollen dazugehören: „Die Schriftstellerei wütet in dieser Stadt gleich einer Seuche, die beide Geschlechter angesteckt hat und niemand verschonet, der Finger und Feder rühren kann. Man erblicket hier mit Erstaunen eine hohe volle Stufenleiter schreibender Wesen." Gewiss war gelegentlich Dünkel dabei, und doch lebte man in dieser Stadt Kultur. Die Freie Zeichenschule, 1775 gegründet, wird zum Symbol, eine kostenlose Schule für alle; unterrichtet werden Zeichnen, Malen, Mathematik, Baulehre, Kupferstichkunde, Mythologie und Altertumskunde.

Hinweis: Literaturnachweise und Fußnoten dieses Textes sind nicht abgedruckt, können aber im Originaltext von Oellers/Steegers (2009) eingesehen werden.

Quelle: Oellers, Norbert/Steegers, Robert: Weimar. Literatur und Leben zur Zeit Goethes. Stuttgart: Reclam 2009. S. 68–70.

M3 Erste Begegnung zwischen Goethe und Schiller

Auszug aus dem Interview mit Rüdiger Safranski „Die waren schon dicke miteinander"
Von Ijoma Mangold und Adam Soboczynski

Die ZEIT: Herr Safranski, Ihr neues Buch ist der Freundschaft zwischen Schiller und Goethe gewidmet, dem deutschen Dichterpaar schlechthin. Würden Sie sagen, diese Freundschaft war blanker Zufall, oder haftete ihr etwas Zwingendes an?

Rüdiger Safranski: Die Freundschaftskultur in dieser Zeit war sehr entwickelt, im 18. Jahrhundert entsteht mit dem bürgerlichen Aufstieg ein Gefühl dafür, dass es schön ist, Gefühle zu zeigen. Auf einmal entdeckte man die inneren Kontinente. Es war also nicht unwahrscheinlich, dass auch Goethe und Schiller zueinanderfinden könnten. Aber wenn man sich diese beiden Typen dann genauer anschaut, dann würde man das nicht annehmen.

ZEIT: Da sie zu unterschiedlich waren, um sich anzufreunden?

Safranski: Ihre Freundschaft ist jedenfalls schon in ihrer Zeit als Überraschung empfunden worden. Und auch heute ist es vielen, selbst gebildeten Menschen, eine Überraschung, dass die beiden tatsächlich miteinander befreundet waren. Sie sind uns ja heute mehr als Denkmal in Weimar gegenwärtig, wie sie dort vor dem Nationaltheater stehen. Als hätte man sie nachträglich aneinandermontiert.

ZEIT: Wie und wann kam es zur ersten Begegnung zwischen Goethe und Schiller?

Safranski: Sie trafen 1779 in der Stuttgarter Karlsschule aufeinander, als Schiller noch Student war. Aber erst neun Jahre später haben sie sich in Weimar kennengelernt. Goethe war zehn Jahre älter, 39. Der *Werther* war noch jedem ein Begriff, sein Erscheinen aber lag bereits 14 Jahre zurück. Es wäre zu viel gesagt, dass Goethe in Vergessenheit zu geraten drohte, er war ja zu Lebzeiten schon ein Monument geworden. Doch hatte er eine literarische Pause eingelegt, war in Italien gewesen. Als er zurückkam, war Schiller ein Aufsteiger, ein Konkurrent, der auf einmal am literarischen Sternenhimmel aufgegangen war. Der Schriftsteller der Freiheit!

ZEIT: Das passte Goethe nicht.

Safranski: Wobei er nicht neidisch war. Wissen Sie, Goethe hatte gewiss auch manche schlechte Eigenschaft, Neid gehörte nicht dazu. Aber er spürte natürlich die Konkurrenz. Und dass da jetzt alle Welt diesen Schiller so verehrte, das erlebte er sogar in seiner unmittelbaren Umgebung. Das ging ihm schon auf die Nerven.

ZEIT: Umgekehrt blickte Schiller zu Goethe auf?

Safranski: Aber ja. Nehmen wir nur die erste Begegnung der beiden in der Karlsschule. Die Jahrgangspreise wurden verteilt. Auch der Student Schiller wurde ausgezeichnet. Er kniete nieder, küsste den Rockzipfel des württembergischen Herzogs Karl Eugen. Und Goethe, der mit dem Weimarer Herzog Karl August auf der Durchreise als Gast anwesend war? Nun ja, der blickte über ihn hinweg. Schiller wagte es nicht, ihn anzuschauen. Da entwickelte er natürlich einen ungeheuren Ehrgeiz, irgendwann auf Augenhöhe mit Goethe zu kommen.

ZEIT: Wie fanden sie schließlich zueinander?

Safranski: Charlotte von Lengefeld, die spätere Frau Schillers, hat das nächste Treffen 1788 in ihrem Familienhaus arrangiert. Es kamen viele Gäste. Goethe fühlte sich wohl, er stand im Mittelpunkt, erzählte von seiner Italienreise. Schiller kam wieder nicht recht an den Geheimrat heran. Der hatte auch eine Abneigung ihm gegenüber, er begriff ihn als Sturm-und-Drang-Autor, er kannte eigentlich nur die *Räuber*, das hat ihn an seine eigene Jugend erinnert, von der er sich distanziert hatte. Den *Don Carlos* fand er schon besser.

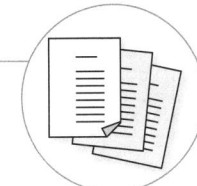

ZEIT: Goethe ließ Schiller zappeln?
Safranski: Ja, und der litt darunter. Von Schiller ist der Satz überliefert, dass ihm Goethe wie „eine stolze Prüde" erscheint, der man „ein Kind machen muß, um sie vor der Welt zu demütigen". Klaus Theweleit würde natürlich sofort sagen, die beiden sind ein unglückliches Geschlechtspaar, wo zwei Männer versuchen, Frauen nachzuahmen, und dann Werke gebären. [...]

Quelle: DIE ZEIT, 13.08.2009 Nr. 34

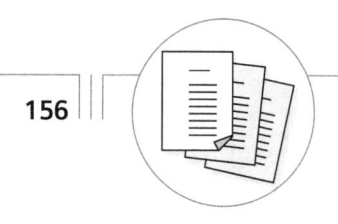

M4 Erste Begegnung im Hause Lengenfeld

Allerdings ist Weimar nur vom Namen her groß, als Stadt ist es ein Nest, und so läßt sich ein Zusammentreffen mit Schiller, von dem Goethe später sagt, er sei ihm anfangs regelrecht »verhaßt« gewesen, auf Dauer nicht vermeiden. Die erste Begegnung der beiden Dichterfürsten findet am 7. September 1788 im Hause Lengefeld statt. [...]

Sechs Jahre lebten die Dichter, mehr oder weniger, nebeneinander her. Dabei ist Schiller anfangs noch zuversichtlich, daß sich vielleicht doch eine intensivere Beziehung zu Goethe aufbauen könnte.

Goethe nämlich, so wird ihm zugetragen, hat sich persönlich dafür eingesetzt, daß Schiller tatsächlich jene Professur in Jena zugesprochen bekommt, für die er schon seit einiger Zeit im Gespräch war. Der Grund dafür ist allerdings weniger schmeichelhaft, als Schiller annehmen möchte: Goethe hegt nicht etwa eine bislang geschickt verborgen gehaltene Wertschätzung für den Kollegen, sondern möchte ihn weg haben, weswegen er auch nicht zögert, ihn von Weimar nach Jena zu loben.

Quelle: Safranski, Rüdiger: Goethe & Schiller. Geschichte einer Freundschaft. 3. Auflage. Frankfurt: Fischer 2015. S. 98–100.

M5 Goethe und Schiller - das Bündnis der Antipoden

Tatsächlich geht Goethes Zusammenarbeit mit Schiller primär auf das Interesse an der Lösung erkenntnistheoretischer Probleme zurück. Auch wenn ihr Bündnis vor allem auf ästhetischem Gebiet Epoche machte, so lag der Anlaß hierfür bezeichnenderweise im Feld der Naturforschung.

Das berühmte Gespräch zwischen den beiden, das im Juli 1794 ihre Partnerschaft einleitete, hat Goethe in einer biographischen Notiz unter dem Titel *Glückliches Ereignis* festgehalten. Darin berichtet er, wie er gerade einer Veranstaltung der naturforschenden Gesellschaft in Jena beigewohnt hatte, als er beim Hinausgehen auf Schiller traf, seinen »Geistesantipoden«. Die kurz zuvor erfolgte Einladung zur Mitarbeit an den *Horen* hatte bereits für eine erste Annäherung gesorgt; nun fand man sich während einer Plauderei im Hinausgehen auch darin einig, daß der soeben gehörte Vortrag die Natur auf eine allzu »zerstückelte« Art behandelt habe.

Quelle: Matussek, Peter: Goethe zur Einführung. Hamburg: Junius 1998. S.151f.

Was bewegte(n) Goethe und Schiller in Weimar?

Material

Gemeinsame Projekte und gegenseitige Inspiration **M6**

Auszug aus dem Interview mit Rüdiger Safranski „Die waren schon dicke miteinander"
Von Ijoma Mangold und Adam Soboczynski

ZEIT: Was reizte eigentlich Goethe an Schiller?
Safranski: Schiller war gut vernetzt, er gründete die *Horen*. Und Goethe machte bei dieser Zeitschrift mit. Er nutzte Schiller als Lokomotive, wollte nicht einfach nur noch Monument seiner selbst sein. Und dann haben sie sich natürlich ergänzt: Goethe ist ein Günstling der Natur, die Natur wirkt durch ihn schöpferisch, Schiller ist ein Virtuose des Bewusstseins und gestaltet die Natur. Im Laufe der Freundschaft wird Goethe dann auf der Seite des Subjekts aufrüsten, das beeinflusst etwa seine Farbenlehre. Schiller wiederum flirtet mit der Objektivität. Denken Sie nur an seine wunderbare Elegie *Der Spaziergang*, da kann man manchmal das Gefühl haben, dass sie von Goethe stammt.

ZEIT: Sie befruchten sich gegenseitig, halten aber doch auch an ihren Eigenheiten fest?
Safranski: Sie gestatten, dass ich mein Buch zur Hand nehme?

ZEIT: Aber bitte!
Safranski: Also. Goethe hat das auf die Formel „Polarität und Steigerung" gebracht, genauer könnte man sagen: Steigerung durch Polarität. „Neigung", schrieb er, „ja sogar Liebe hilft alles nichts zur Freundschaft, die wahre, die tätige, produktive, besteht darin, daß wir gleichen Schritt im Leben halten, daß er meine Zwecke billigt, ich die seinigen und daß wir so unverrückt zusammen fortgehen."

ZEIT: Damit rückt er Freundschaft in die Nähe eines Zweckbündnisses. War sie nicht vielleicht doch von sehr strategischer Natur?

Safranski: Das Strategische auf der einen Seite und das Authentische auf der anderen, das sind so abstrakte Extreme. Das schließt sich keineswegs aus.

ZEIT: Die beiden veröffentlichen auch die berüchtigten *Xenien*, Verse, mit denen sie literaturpolitisch Konkurrenten angriffen. Ein Skandal.
Safranski: Dieses platte Zeug. Oft einfach nur holprig, wenn auch sehr gemein. Wilhelm Heinse, ein Erfolgsautor jener Zeit, wurde mit dem Vers bedacht: „Der Dämon / Wechselt bei dir mit dem Schwein ab, und das nennest du Mensch". Da sind die heutigen Debatten unglaublich zahm.

ZEIT: Die beiden müssen eine gewisse Freude gehabt haben, als sie die Beschimpfungen loswurden.
Safranski: Ja, Goethe besuchte Schiller ständig in Jena. Christiane, Goethes spätere Frau, klagte über die Abwesenheit ihres Mannes, und Charlotte, Schillers Frau, konnte nachts nicht schlafen, weil das Gelächter der beiden so laut war. Sie hielten halt große Stücke auf ihre Einfälle. Und zur Arbeitsbeziehung kam rasch das Emotionale hinzu. Obwohl Goethe diese ständige Angst vor Tod und Krankheit hatte, besuchte er Schiller bei seinen Krankheitsschüben, oder er nahm dessen Kinder mit, um die Familie zu entlasten. Goethe brachte, wenn er Schiller besuchte, oft Geschenke für die Küche mit, Rübchen, einen Hasen, Salat. Auch für die Kinder etwas. Einmal sogar eine Spielzeug-Guillotine. Nur eine Grenze kannte diese Freundschaft.

Quelle: DIE ZEIT, 13.08.2009 Nr. 34

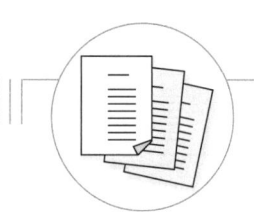

M7 Goethe-Schiller-Briefwechsel

Das Goethe- und Schiller-Archiv hat zum 261. Geburtstag Goethes am 28. August 2010 die Digitalisate des Briefwechsels zwischen Goethe und Schiller über seine Archivdatenbank im Internet weltweit zugänglich gemacht. Der umfangreiche Briefwechsel zwischen den beiden Dichtern, für dessen Erhaltung der Bund im Jahr 2007 Sondermittel bereitgestellt hat, zählt zu den herausragenden Dokumenten der Weimarer Klassik. Er ist das lebendigste Zeugnis des Austauschs, der Zusammenarbeit und der Freundschaft beider Dichter. Von den insgesamt 1015 überlieferten Briefen werden 995 im Goethe- und Schiller-Archiv aufbewahrt. Diese Briefe sind nun als hochwertige Digitalisate im Internet abrufbar und gewähren Forschern wie Literaturinteressierten einen direkten Blick auf die Originale.

Quelle: http://www.klassik-stiftung.de/forschung/digitale-dokumente/digitalisiertebestaende/goethe-schiller-briefwechsel/

M8 Horen:

Die bedeutendste Zeitschrift der deutschen Klassik, von Schiller bei Cotta herausgegeben, erschienen in drei Jahrgängen zu je 12 Heften (1795–1797), wurde von Goethes Kunstzeitschrift *Die Propyläen* abgelöst. Die *Horen* standen über dem politischen Tagesgeschehen und widmeten sich dem Ideal des reinen, harmonischen Menschentums und seiner ästhetischen Erziehung. In seinem ersten Brief an Goethe bittet Schiller ihn, „die Zeitschrift von der die Rede ist, mit Ihren Beiträgen zu beehren" und hofft, „dass Ihnen zu Zeiten eins der eingesandten Mskrpte dürfe zur Beurteilung vorgelegt werden" (13.6.1794). Goethe sagte gerne seine Mitarbeit zu: „Ich werde mit Freuden und von ganzem Herzen von der Gesellschaft sein" (an Schiller, 24.6.1794). So begann seine Mitarbeit an den *Horen*; ob als redaktioneller Berater, als Vermittler von Autoren und Manuskripten oder als Beiträger [...].

Quelle: Jeßing, Bendedikt/Lutz, Bernd, Wild, Inge (2004) (Hg.): Metzler Goethe Lexikon. 2. Verbesserte Auflage. Stuttgart, Weimar: Metzler. S. 211.

M9 Balladenjahr:

1797 dichteten Goethe und Schiller in poetischem Wettstreit eine Reihe von Balladen, die zu den bis heute bekanntesten Gedichten beider Autoren und als Gipfelpunkt deutschsprachiger Balladendichtung zum kulturellen Kannon gehören. In Schillers *Musen-Almanach für 1798*, dem „Balladen-Almanach", erschienen von Goethe: *Der Schatzgräber, Legende, Die Braut von Corinth. Der Gott und die Bajadere, Der Zauberlehrling*; von Schiller: *Der Ring des Polykrates, Der Handschuh, Ritter Toggenburg, Der Taucher, Die Kraniche des Ibykus* und *Der Gang nach dem Eisenhammer*. Die antiken oder mittelalterlichen Szenerien bilden jeweils die Folie für die Veranschaulichung abstrakt-weltanschaulicher oder human-sittlicher Probleme mit dem klassischen Anspruch allgemeingültiger Aussage. Die Absicht beider Autoren, Literatur einem breiteren Publikum zugänglich zu machen, wurde mit ihren Balladen erfolgreich verwirklicht.

Quelle: Jeßing, Bendedikt/Lutz, Bernd, Wild, Inge (2004) (Hg.): Metzler Goethe Lexikon. 2. Verbesserte Auflage. Stuttgart, Weimar: Metzler. S. 35.

Was bewegte(n) Goethe und Schiller in Weimar?

Material

M10

Xenien: Entstanden 1796; Erstdruck in Schillers *Musen-Almanach für das Jahr 1797* („Xenien"-Almanach). Die *Xenien*, ein Gemeinschaftswerk Goethes und Schillers, sind eine Reaktion auf die zurückhaltende, teilweise kritisch-abwertende Aufnahme der Schillerschen Periodika, insbesondere der *Horen*. 1795 initiierte Goethe den Plan zur Anfertigung von Spottversen; nach anfänglichem Zögern beteiligte sich Schiller mit großer Begeisterung. In der ersten Hälfte 1796 entstanden mehr als 900 Distichen (Versmaß, klassisches); sie wurden in eine Sammelhandschrift eingetragen, die zwischen Jena und Weimar kursierte. Nach dem Willen beider Autoren sollte die jeweilige Urheberschaft nicht entschlüsselt werden. Für die Publikation übernahm Schiller die Aufteilung in verschiedene Gruppen; die umfangreichsten sind die *Xenien*, die *Tabulae votivae* und die Gruppen, die Goethe später zu den *Vier Jahrszeiten* zusammenstellte. Die 414 eigentlichen *Xenien* bilden den Abschluß des Almanachs; in ihnen konzentriert sich die scharfe Polemik im Unterschied zu den »unschuldigen« Distichen, wie Schiller sie im Brief vom 1. 8.1796 an Goethe nannte.

Literarisches Vorbild waren die Xenia des römischen Epigrammatikers Martial, erschienen 85 n. Chr. „Xenia", ist der griechische Name für kleine Geschenke des Gastgebers an seine Gäste. Die „Geschenke", die G. und Schiller mit diesem Gemeinschaftswerk ihrem Publikum machten, waren ein Rundumschlag gegen die gesamte literarische Szene. Schiller schreibt am 29.11.1795 an Goethe: „Hier habe ich Lust, eine kleine Hasenjagd in unserer Literatur anzustellen und besonders etliche gute Freunde, wie Nicolai und Konsorten zu regalieren." Mit Friedrich Nicolai, dem wichtigsten Vertreter der Spätaufklärung, ist bereits eine wichtige Stoßrichtung der Polemik benannt; ein weiteres Zentrum der Kritik war die sich in den neunziger Jahren abzeichnende Hinwendung zu religiösen und schwärmerischen Positionen, wofür besonders G.s Jugendfreund Friedrich Leopold zu Stolberg einstehen mußte. Kritisiert wurden weiterhin neben vielen anderen der alte Dichter Gleim, Claudius, Friedrich Schlegel und sogar, mit vorsichtigem Spott, der hochgeachtete Weimarer Dichter Wieland. Das Spektrum der Themen reicht von der Französischen Revolution und der Kantschen Philosophie bis zu literarischen Neuerscheinungen. Zentralthema ist der Vorwurf der Mittelmäßigkeit, von der beide Autoren in durchaus elitärer Weise ihre eigene Position abgrenzten: »Eine große Epoche hat das Jahrhundert geboren,/ Aber der große Moment findet ein kleines Geschlecht.« Der Riesenskandal nach der Publikation führte dazu, daß der *Musen-Almanach* noch im Erscheinungsjahr zwei weitere Auflagen erlebte. [...]

Quelle: Jeßing, Bendedikt/Lutz, Bernd, Wild, Inge (2004) (Hg.): Metzler Goethe Lexikon. 2. Verbesserte Auflage. Stuttgart, Weimar: Metzler. S. 486f.

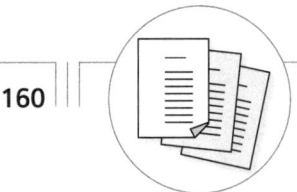

M11 Friedrich Schiller. Sein Leben erzählt von Otto A. Böhmer [Auszug]

Goethe und Schiller leben jetzt in Nachbarschaft, aber sie leben nebeneinander her. Keine Besuche, kaum Grüße. Beide sind in Liebesgeschichten verstrickt, aus denen ein Bund fürs Leben
5 hervorgehen wird. Goethe bindet sich sozial nach unten, Schiller nach oben.

Christiane Vulpius schrieb „gebirend qütirt", wenn sie den Empfang der drei Scheffel Korn
10 Versorgungsbeihilfe von der Fürstlichen Kammer zu bestätigen hatte. Diese Hilfe entfiel selbstverständlich, als Christiane nach der Geburt des gemeinsamen Sohnes August zu Goethe zog. Es war nicht das Haus am Frauenplan, in dem Goe-
15 the bis dahin zur Miete gewohnt hatte. Kurz vor Christianes Niederkunft mußte er umziehen in das vor der Stadt gelegene Jägerhaus. Die bessere Weimarer Gesellschaft war so empört über Goethes Liaison, daß es der Herzog für geraten
20 hielt, die beiden aus dem repräsentativen Haus am Frauenplan zu entfernen. Der Herzog selbst hätte wohl keinen Anstoß genommen, aber die Frauen bei Hofe wollten es nicht leiden. Die Mäkeleien hielten auch nach dem Umzug an. Nach der
25 Geburt von August am 25. Dezember 1789 ließ zum Beispiel die Herzogin Louise Goethe ausrichten, sie fände es sonderbar, „daß er ihr sein Kind alle Tage vor der Nase herumtragen lasse".

30 Goethe läßt es sich nicht anmerken, aber die Umquartierung hat doch auch etwas Demütigendes. Um so mehr bemühte sich Goethe, dem Herzog gefällig zu sein. Er ließ sich 1790 nach Venedig schicken, um die Herzoginmutter von dort nach
35 Weimar zurückzubegleiten – ich gehe diesmal ungern von Hause, schreibt er am 12. März an Herder. Er folgte dem Herzog, auf dessen Wunsch hin, dreimal ins Kriegslager: im Herbst 1790 in Schlesien; 1792 beim Feldzug gegen Frankreich
40 und 1793 nach Mainz. Als Dank dafür wurde die Ausquartierung aufgehoben. Goethe durfte im Sommer 1792 ins Haus am Frauenplan zurückkehren, das ihm Karl August zwei Jahre später, am 17. Juni 1794, zum Geschenk machte. Doch
45 er hatte sich inzwischen ans Jägerhaus gewöhnt. Hier stand er nicht so sehr unter Beobachtung,

hier war sein Liebesnest, und Goethe war seinem Herzog dankbar, daß er ihn gewähren ließ. In den Briefen an den Herzog konnte Goethe offen über sein erotisches Glück sprechen, etwa wenn er
50 am 3. April 1790 von Venedig aus an ihn schrieb, seine Liebe zu Italien sei für diesmal vorbei, da ihn das Eroticon zu Hause stärker anziehe. Unter die „Venezianischen Epigramme" nahm er ein Lobgedicht auf den Herzog auf. Dankbar mußte
55 er sein, weil sich mit Hilfe der Freundschaft des Herzogs – und der Beflissenheit des Kollegen Voigt – einige nicht geringe Schwierigkeiten beheben ließen, denn die Geburt eines unehelichen Kindes konnte auch für den Vater gefährlich wer-
60 den, sofern er sich dazu bekannte. Geldstrafen waren üblich. Voigt regelte das Nötige, damit es nicht dazu kam, und Goethe bedankte sich artig bei ihm.

65
Im Jägerhaus gab es zwei getrennte Wohnungen, eine für ihn und eine für Christiane. So konnte er ungestört arbeiten, und doch war der „Bettschatz" in greifbarer Nähe. Goethe ließ es sich nicht einfallen, Christiane in die bessere Gesell-
70 schaft oder gar bei Hofe einführen zu wollen. Das wäre eine Provokation gewesen, und darauf wollte es Goethe nicht ankommen lassen. Er wollte nur in Ruhe sein privates Glück mit Christiane genießen, und wahrscheinlich erhob Christiane
75 auch nicht den Anspruch, in jenen Kreisen zu verkehren. Ihr genügte, daß Goethe sich zu ihr und später zum gemeinsamen Sohn bekannte. Auch in bester Gesellschaft erklärte Goethe jedem, der es hören wollte, er sei eigentlich verheiratet, nur
80 nicht mit ceremonie. Als er Christiane 1806 dann auch formal ehelichte, war das für Weimar keine Überraschung mehr.

Während Goethe nur knapp einer sozialen De-
85 klassierung infolge der Verbindung mit Christiane entging, beförderte Schiller durch die Heirat mit Charlotte am 22. Februar 1790 seinen sozialen Aufstieg. Zwar waren die Lengefelds nicht vermögend – die Mutter konnte nur einige Möbel-
90 stücke und einen geringen Zuschuß (150 Taler im Jahr) zum neuen Hausstand beisteuern –, aber sie

Was bewegte(n) Goethe und Schiller in Weimar?

Material

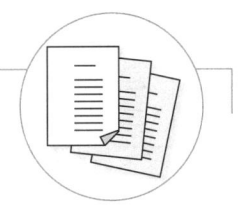

hatten gute Verbindungen, die Humboldts, Karl von Dalberg usw. Vor allem Charlottes Patentante Frau von Stein setzt sich für das Fortkommen der jungen Familie ein. Sie erwirkt beim Herzog für Schillers Professur ein Grundgehalt (200 Taler), das ursprünglich nicht vorgesehen war. Sie macht auch ihren Einfluß geltend, daß Schiller im Januar 1790 vom Meininger Fürsten das Hofratsdiplom erhält. Die Verbindung zu Frau von Stein bringt aber auch die Schwierigkeit mit sich, daß Schiller nun in das verminte Gelände zwischen Goethe und seiner ehemaligen Geliebten gerät und mit allerlei Bosheiten über Goethe reichlich versorgt wird. Sie weiß zum Beispiel zu berichten, daß der Herzog angeblich „allen Respect" vor Goethe verloren habe, daß Goethe das Bergwerk Ilmenau ruiniert habe, daß er, von Christiane verführt, zuviel trinke.

Das wird wohl auch dazu beigetragen haben, daß Goethe und Schiller einstweilen so nebeneinander her lebten. Schiller ist dabei, sich an ein Leben in den besseren Kreisen zu gewöhnen, mit Sitte, Anstand und Häuslichkeit. Ganz anders Goethe. Er brüskiert die gute Gesellschaft. Eine befreite Erotik wird ihn anderweitig entschädigen.

Quelle: Böhmer, Otto A.: Friedrich Schiller. Sein Leben erzählt von Otto A. Böhmer. Zürich: Diogenes 2005. S. 73–76.

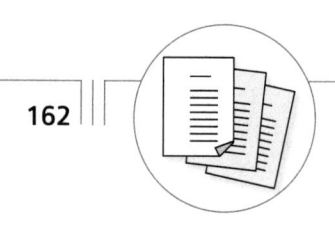

M12 Christiane Vulpius

Auszug aus dem Interview mit Rüdiger Safranski „Die waren schon dicke miteinander"
Von Ijoma Mangold und Adam Soboczynski

ZEIT: Christiane Vulpius.
Safranski: Genau. Die lässt Schiller kein einziges Mal grüßen. Die wilde Ehe Goethes ist ein gesellschaftlicher Skandal, da kann sich auch Schiller nicht von frei machen. Auch er fand Goethes Liebesleben ein wenig unordentlich. Vor allem: Schiller hat ja, im Gegensatz zu Goethe, mit Charlotte gesellschaftlich nach oben geheiratet. Das macht nicht gerade souverän. Er hätte sich eigentlich mal für die Gastfreundschaft bedanken müssen, er war ja oft am Frauenplan, und Christiane sorgte für ihn. Das hat er aber nie gemacht. Einmal hat er Christiane über einen Teich gerudert, vielleicht hat er dabei einiges gutgemacht.

Quelle: DIE ZEIT, 13.08.2009 Nr. 34

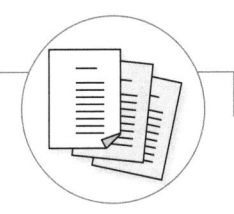

Christiane Vulpius

M13

In dieser Vereinsamung mußte Goethe das frische, unverbildete Geschöpf, das „kleine Naturwesen", wie er Christiane Vulpius einmal genannt hat, „frohglänzend Auge, Wange frisch und rot", wie die Botin aus einer anderen, schöneren Welt, wie ein Sonnenstrahl aus dem heiteren Süden erscheinen.

Christiane war damals 24 Jahre alt. Sie stand in der Blüte der Jahre. Adele Schopenhauer berichtet, sie habe mit ihrer Lockenfülle, ihren vollen Lippen, ihren runden Formen wie ein jugendlicher Dionysos ausgesehen. [...] Ihrem Äußeren entsprach ihr natürliches, heiter-naives Wesen. Goethe mag etwas Römisches darin gesehen haben; in seinen „Elegien" tritt sie immer als Römerin auf.

Vom ersten Tage an betrachtete er seine Vereinigung mit Christiane als „Gewissensehe". Er zögerte nicht, sie ganz zu sich zu nehmen. In der Geborgenheit seiner neuen Wohnung, dem Jägerhaus, kam der Bund zur Entfaltung. Hier durfte Goethe ganz Mensch sein. Hier erholte er sich vom steifen, inhaltlosen Hofleben und von der gedrechselten Konversation der Gesellschaft, indem er den Plaudereien der Geliebten lauschte. Hier genoß er ihr frisches, munteres Wesen, das ihm hundertmal lieber war als die Gesellschaft der „Damen und Herren der feineren Welt". Das Jägerhaus ward zum Schauplatz reinen und ungetrübten Glücks.

Es war vorauszusehen, daß Goethe seinen Liebesbund nicht lange vor der Welt würde verbergen können. Durch einen Zufall kam das „Geheimnis" ans Licht: Im März 1789 begegnete Fritz von Stein der „Fremden" im Gartenhaus. Nun erfuhr es Charlotte, erfuhr es die Stadt. [...] Die Entrüstung war allgemein. Sie richtete sich nicht so sehr gegen das Verhältnis als solches wie gegen die Person des „Liebchens". „Häusliche Verhältnisse" wie dieses waren nichts Ungewöhnliches, sie entsprachen den Anschauungen und dem Geschmack der Zeit und hatten Vorbilder in dem Göttinger Professor Lichtenberg, Goethes Freund Hamann und nicht zuletzt in Rousseau. Man hätte es Goethe nie verübelt, wenn er ein Mädchen „aus angesehenem Hause" oder eine Künstlerin zu seiner Lebensgefährtin erkoren hätte. Aber daß er, der Minister, der berühmte Dichter, ein armes Mädchen „aus dem Volke", eine Fabrikarbeiterin, ein „Dirnchen" zu seiner Hausgenossin machte, das empörte die Weimarer Damen. Das war eine Nichtachtung der aristokratischen Gesellschaft, eine Nichtachtung von Sitte und Moral. Man fühlte sich beleidigt, Neid und Eifersucht gesellten sich hinzu, der Klatsch sorgte dafür, daß die Flamme der Empörung nicht ausging, und die Bosheit, die nie weit vom Neid entfernt sitzt, machte aus Christiane ein Zerrbild niedrigsten Charakters und gemeinster Laster. Was konnte das arme Mädchen dafür, daß es Goethe gefiel, ihm gefiel, weil er nicht nach seiner Schul-, sondern seiner Herzensbildung, nicht nach seinen Manieren, sondern seinem natürlichen Wesen schaute?

Quelle: Kühnlenz, Fritz: Weimarer Portraits. Bedeutende Frauen und Männer um Goethe und Schiller. Rudolstadt: Greifenverlag 1993. S. 198–204.

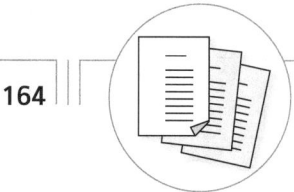

M14 Lotte Schiller

In Jena wie in Weimar steht Lotte ihrem Mann in guten wie in schlechten Tagen zur Seite. Unermüdlich in ihrer häuslichen Fürsorge, alles Störende, alles Aufregende, alles was seine schöpferische Kraft schwächen könnte, von ihm fernhaltend, ist sie - unter Verzicht auf die eigenen Wünsche - nur darauf bedacht, dem Gatten das Leben schön und behaglich zu machen. Mit den bescheidenen Mitteln, die ihr zu Gebote stehen, umsorgt sie ihn, nimmt dabei willig jedes Opfer auf sich. Lieber trinkt sie selbst keinen Kaffee, wenn sie ihm nur einen recht guten kochen kann. Glücklichem Gelingen eines neuen Werkes steuert sie, mühsam erspart, die Flasche Sekt bei. Mit fröhlichem Wort, Gesang und Klavierspiel erheitert sie ihn, wenn seine Seele sich trübt. Da er Musik liebt und sich gern durch sie anregen läßt, nimmt sie nach der Verheiratung noch einmal Unterricht und bildet sich musikalisch weiter.

Lotte ist die Frau, die Schiller braucht. Auch geistig ist sie ihm unentbehrlich, ihre Anregung und ihre Mitarbeit. Er bespricht mit ihr seine Gedanken und Pläne, liest ihr fertige Szenen seiner Dramen vor, „und ihr Gefühl", sagt Körner, „ward nicht selten ein bestimmendes Urteil für ihn".

Lotte hat nicht den Ehrgeiz, durch geistreiche Unterhaltung und eigene Arbeiten zu glänzen wie die anderen Frauen Weimars; mit ihren geistigen Gaben will sie allein ihm dienen, dem sie sich auch im Schaffen innig verbunden fühlt. An seinen Ideen bildet sie sich weiter, wird die Vertraute seiner Geisteswelt und Mitschöpferin seiner Werke. Ihr Urteil schätzt der Dichter ebenso wie ihren sicheren Geschmack, gern läßt er sich von ihr beraten, wenn es um den Fortgang eines Werkes geht. Goethe und Humboldt bezeugen wiederholt, wie tief er sich von ihr verstanden fühlt. [...]

Schon nach einjähriger Ehe bricht die unheilvolle Krankheit aus, die ihn für sein ganzes Leben zeichnet. Jahr für Jahr wiederholen sich die Anfälle, Fieber, Krämpfe, Erstickungszustände, tagelang bis zur völligen Erschöpfung des Kranken. Aufopfernd pflegt Lotte ihren Mann; bis an die Grenze ihrer Kraft geht ihre Hingabe in den Tagen und Nächten, da sie an seinem Krankenbett sitzt und mit ihm um sein Leben kämpft. [...]

Was wäre aus Schiller geworden, hätte ihm diese Frau nicht zur Seite gestanden? Nicht nur das Leben, auch seine Schaffenskraft hat ihm Lotte bis zum letzten Tag seines Daseins erhalten. Daß er noch dazu gekommen ist, die großen Dramen seiner letzten Jahre, „Maria Stuart", „Die Jungfrau von Orleans", „Die Braut von Messina" und „Wilhelm Tell", zu vollenden und noch so viele herrliche Gedichte zu schreiben, verdankt die Welt allein ihr, die die menschlichen Voraussetzungen dafür geschaffen hat.

Quelle: Kühnlenz, Fritz: Weimarer Portraits. Bedeutende Frauen und Männer um Goethe und Schiller. Rudolstadt: Greifenverlag 1993. S. 255f; 258.

Tod Schillers

M15

Auszug aus dem Interview mit Rüdiger Safranski „Die waren schon dicke miteinander"
Von Ijoma Mangold und Adam Soboczynski

ZEIT: Inwiefern waren sich die beiden eigentlich bewusst, dass ihre Freundschaft eine Nachwirkung über ihren Tod hinaus haben würde? Goethe sorgt ja dafür, dass der Briefwechsel noch zu seinen Lebzeiten, 1829, erscheint.

Safranski: Natürlich stilisierten sich die beiden. Sie hatten das Gefühl, die deutsche Kultur zu repräsentieren. Ihnen war klar, dass ihre Freundschaft eine symbolische Bedeutung hat – und zwar über den Nachruhm im engeren Sinne hinaus. Sie vereinten zwei Archetypen des Geistes. Der eine, Goethe, der von der Anschauung lebt, saugt sich durch die Freundschaft mit idealistischer Geistigkeit voll, der andere, Schiller, der von der Idee lebt, nimmt Goethes Realismus in sich auf. Der eine bringt Natur, der andere Freiheit ins Spiel. Dieses Spannungsverhältnis der beiden prägt uns noch heute: Wie viel Determinismus ist in der Welt, und wie viel Freiheit, wie viel Natur und wie viel Gestaltungsmacht haben wir? Schauen Sie sich nur die Debatten um die Hirnforschung an.

ZEIT: Wie hat die Freundschaft zwischen Goethe und Schiller nachgewirkt?

Safranski: Die Romantik kennt ganz ausgeprägte Freundschaftskulte, später gab es etwa den George-Kreis. Da wirkte dann doch das Vorbild dieses klassischen Freundschaftsbundes Goethe-Schiller. Bisweilen hatten die beiden ihre Freundschaft als eine Art Bollwerk angesehen.

ZEIT: Wogegen?

Safranski: Gegen alles, was ihnen an ihrer Zeit nicht passte, die Mittelmäßigkeit, die allgemeine Schlamperei in Literatur und Leben. Sie fühlten sich auf einem Gipfel, unter ihnen Flachland. Durch Napoleons Aufstieg war überdies die Lust aufgekommen, zum großen Ich zu werden. Die beiden halfen sich dabei. Die Freundschaft wurde später auch instrumentalisiert, bis hin zum soldatischen Kameradschaftskult. [...]

ZEIT: Sie beginnen Ihr Buch mit einem desillusionierenden Aristoteles-Zitat: „Liebe Freunde, es gibt keinen Freund." Das ist damals widerlegt worden.

Safranski: Das ist widerlegt worden. Aber es ist schon immer widerlegt worden. Man tut allerdings der Freundschaft einen großen Gefallen, wenn man sie als eher unwahrscheinliches Gewächs betrachtet. Je finsterer das Menschenbild, umso mehr Chancen hat die helle Erfahrung der Freundschaft.

ZEIT: Weil Freundschaft unsere verwertbaren, verzweckten Lebenszusammenhänge sprengt?

Safranski: Ja, eben. Wir haben vielleicht in diesem Gespräch ein wenig zu sehr die strategischen Momente der Freundschaft zwischen Goethe und Schiller hervorgehoben. Die beiden waren schon sehr dicke miteinander. Als Schiller stirbt, vergräbt sich Goethe in seiner Wohnung, will mit niemandem sprechen. Drei Wochen später schreibt er: „Ich verliere nun einen Freund und in demselben die Hälfte meines Daseins."

ZEIT: Zur Beerdigung ging Goethe nicht.
Safranski: Er ging nie zu Beerdigungen.

ZEIT: Aber er gelangte später an Schillers Schädel und bewahrte ihn eine Weile in seiner Wohnung auf.

Safranski: Heute wissen wir durch die DNA-Analyse, dass es nicht Schillers Schädel war. Aber man glaubte 1826, über zwanzig Jahre nach Schillers Tod, als das Gemeinschaftsgrab zur Neugestaltung des Friedhofs geöffnet wurde, dass es seiner war. Man hatte einfach den größten herausgenommen. Der größte Schädel sollte der Schillersche Schädel sein.

Quelle: DIE ZEIT, 13.08.2009 Nr. 34

M16 Tod Schillers

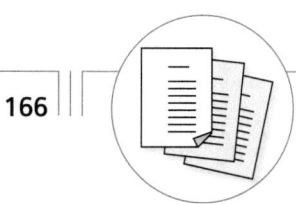

Ende 1804 wurde Goethe wieder krank; nach kurzzeitiger Besserung kam die Krankheit wieder. Und so wiederholte sich das mehrmals bis in den April 1805. Gelegentlich fühlte sich der Dichter halbwegs gesund, meistens aber ziemlich krank. Mit einiger Mühe wurden die Diderot-Übersetzung Rameau's Neffe und das Winckelmann-Buch fertig. Dann ereignete sich das für Goethe kaum Faßbare: Am Donnerstag, dem 9. Mai, starb Schiller. Am folgenden Tag, dem spielfreien Freitag, wurde dem Theaterpublikum bekanntgemacht:

Bei der traurigen Stimmung, welche durch das unvermutete Ableben des allgemein geschätzten und um das deutsche Theater so sehr verdienten *Herrn Hofrat v. Schiller* allhier besonders bei dem Personal des Fürstlichen Hoftheaters erregt worden, wird auf Ansuchen desselben die morgende Vorstellung mit gnädigster Zustimmung ausgesetzt.

Die gnädigste Zustimmung hatte Goethe gegeben. Der Herzog war abwesend; die Nachricht von Schillers Tod empfing er am 16. Mai in Magdeburg; sie machte ihn „sehr betroffen".
Goethe wurde durch den Tod des Freundes aufs tiefste erschüttert.

Er zog sich für Tage ganz in sich zurück. Und erst nach Wochen raffte er sich zur Kondolenz auf. Nicht an die Witwe, sondern an deren Schwester, Caroline von Wolzogen, schrieb er am 12. Juni ein Briefchen [...].

Quelle: Pilling, Claudia/Schilling, Diana/Springer, Mirjam: Friedrich Schiller. 4. Auflage. Reinbek bei Hamburg: Rowohlt 2006. S. 190f.

Tod Goethes

M17

> Gestern Vormittags halb Zwölf Uhr starb mein geliebter Schwiegervater, der Großherzogl. Sächsische wirkliche Geheime-Rath und Staatsminister
>
> **JOHANN WOLFGANG VON GOETHE,**
>
> nach kurzem Krankseyn, am Stickfluß in Folge eines nervös gewordenen Katharrhalfiebers.
>
> Geisteskräftig und liebevoll bis zum letzten Hauche, schied er von uns im drei und achtzigsten Lebensjahre.
>
> Weimar, 23. März 1832.
>
> OTTILIE, von GOETHE, geb. von POGWISCH, zugleich im Namen meiner drei Kinder, WALTHER, WOLF und ALMA von GOETHE.

Abbildung: Brigdeman images

Tod G.s: 22.3.1832, vormittags gegen 11.30 Uhr, wohl nach vorausgegangenem Herzinfarkt. G. ist ohne Todesahnung; er sitzt im Armstuhl, in Filzpantoffeln und weißem Schlafrock, eine Decke über den Beinen, über den Augen einen grünen Schirm. So die Angaben von Clemens Coudray, die wie andere Berichte von Augen- und Ohrenzeugen nicht ganz zuverlässig und gelegentlich auch zweckdienlich redigiert erscheinen. Nach dem Bericht eines weiteren engen Freundes, des Kanzlers von Müller, bittet G. um Wasser mit Wein („Es wird doch nicht zu viel Wein darunter sein?"), trinkt, fragt nach dem Datum („Also der Frühling hat begonnen und wir können uns umso eher erholen"); er verlangt, daß ein zweiter Fensterladen geöffnet wird: „mehr Licht". Diese Bitte an die Dienerschaft ist als letztes Wort G.s überliefert, könnte aber auch idealisierende Erfindung seiner Todeszeugen sein. Mit schwächer werdenden Schreibgesten der rechten Hand und schwerer werdendem Atem lehnt G. sich in die linke Seite seines Sessels und stirbt anscheinend schmerzlos. Eckermann, einen Tag später vom Diener Friedrich ins Aufbahrungszimmer gelassen:

„Auf dem Rücken ausgestreckt, ruhte er wie ein Schlafender. Tiefer Friede und Festigkeit walteten auf den Zügen seines erhaben-edlen Gesichts. Die mächtige Stirn schien noch Gedanken zu hegen [...]. das Entzücken, das ich darüber empfand, ließ mich auf Augenblicke vergessen, daß der unsterbliche Geist eine solche Hülle verlassen."

Quelle: Jeßing, Bendedikt/Lutz, Bernd, Wild, Inge (2004) (Hg.): Metzler Goethe Lexikon. 2. Verbesserte Auflage. Stuttgart, Weimar: Metzler. S.42

Was bewegte(n) Goethe und Schiller in Weimar?

Kompetenzfokus

AB1 Annäherung von Goethe und Schiller: Rechercheauftrag und Information zum Goethe-Schiller-Denkmal

Dieses Arbeitsblatt enthält einen Rechercheauftrag zum Themenschwerpunkt und einen Informationstext zum Goethe-Schiller-Denkmal auf dem Theaterplatz.

Das Denkmal ist die erste Sehenswürdigkeit des Stadtrundgangs. An diesem Punkt geht es darum, über die Anfänge der Freundschaft von Goethe und Schiller zu informieren. Verwenden Sie den unten abgedruckten Informationstext zum Goethe-Schiller-Denkmal, um Ihre Zuhörer zunächst über das Denkmal zu informieren, bevor Sie Ihre Ausführungen zu den Anfängen der Freundschaft anschließen.

Rechercheauftrag

1. In einem Brief von Schiller an Gottfried Körner (12. September 1788) berichtet Schiller von seinem Zusammentreffen mit Goethe. Recherchieren Sie diesen Brief unter www.friedrich-schiller-archiv.de und wählen Sie relevante Textstellen aus diesem Brief für Ihren eigenen Text aus.

Goethe-Schiller-Denkmal auf dem Theaterplatz

Es ist wohl eines der bekanntesten Denkmäler in Deutschland. Am 4. September 1857 wurde das von dem aus Dresden stammenden Bildhauer Ernst Rietschel erschaffene Kunstwerk direkt vor dem Weimarer Theater enthüllt. Das notwendige Erz stammt aus dem Material erbeuteter türkischer Kanonen und wurde vom bayrischen König gestiftet. Ritschel gab seinen beiden Figuren die Kleidung ihrer Zeit, um eine Verbindung zu ihrer Epoche herzustellen. Obwohl es unbestritten ist, dass die beiden großen Dichter zusammengehören, hat Ritschel sie so abgebildet, dass sie einander nicht anblicken, ja nicht einmal in dieselbe Richtung schauen. Und obwohl beide Dichter unterschiedlich groß waren, hat Ritschel sie gleich groß dargestellt. Kopien des Goethe-Schiller-Denkmals stehen in den US-amerikanischen Städten Cleveland, Milwaukee und San Francisco.

Quelle: http://www.thueringen.info/weimar-goethe-schiller-denkmal.html (gesehen am 24.3.2016)

Foto: ullstein bild/imagebroker.net

Was bewegte(n) Goethe und Schiller in Weimar?

Kompetenzfokus

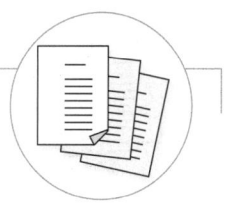

Gemeinsame Projekte und gegenseitige Inspiration: Rechercheauftrag und Information zum Goethe- und Schiller-Archiv

AB2

Dieses Arbeitsblatt enthält einen Rechercheauftrag zum Themenschwerpunkt und einen Informationstext zum Goethe-Schiller-Archiv. Das Goethe-Schiller-Archiv ist die zweite Sehenswürdigkeit des Stadtrundgangs. An diesem Punkt geht es darum, über die gemeinsamen Projekte von Goethe und Schiller zu informieren. Verwenden Sie den unten abgedruckten Informationstext zum Goethe-Schiller-Archiv, um Ihre Zuhörer darüber zu informieren, welche Bedeutung dieses Archiv für die klassische Literatur hat, bevor Sie Ihre Ausführungen zu den gemeinsamen Projekten der Dichter anschließen.

Rechercheauftrag

1. Recherchieren Sie im Internet unter www.friedrich-schiller-archiv.de zu den „Xenien". Wählen Sie Xenien aus, um Ihre Ausführungen zu Goethes und Schillers Zusammenarbeit exemplarisch an den Originaltexten zu veranschaulichen.
2. Recherchieren Sie unter www.friedrich-schiller-archiv.de den Briefwechsel zwischen Schiller und Goethe, in dem Goethe zur Mitarbeit bei den *Horen* eingeladen wird. Berücksichtigen Sie diese Originalquellen in Ihrem Text.

Sehenswürdigkeit zum Themenschwerpunkt: Goethe- und Schiller-Archiv

Das Goethe- und Schiller-Archiv ist das älteste Literaturarchiv in Deutschland und das bedeutendste für die klassische deutsche Literatur und Kultur des 18. und 19. Jahrhunderts. Durch die testamentarische Verfügung des letzten Goethe-Enkels Walther von Goethe ging der Nachlass des Dichters 1885 in das Eigentum der Großherzogin Sophie von Sachsen-Weimar-Eisenach über. Im selben Jahr begründete die Fürstin das Goethe-Archiv. 1889 wurde Schillers Nachlass von dessen Enkel und Urenkel gestiftet. Seither trägt das Archiv den Namen „Goethe- und Schiller-Archiv".

Das Archiv bewahrt bei einem Gesamtumfang von rund fünf Millionen Blatt mehr als 130 persönliche Nachlässe von Schriftstellern, Gelehrten, Philosophen, Komponisten und bildenden Künstlern, 14 Archive von Verlagen, Vereinen und literarischen Gesellschaften (u. a. des Insel Verlags Leipzig, des Allgemeinen Deutschen Musikvereins, der Goethe-Gesellschaft und der Deutschen Schillerstiftung) sowie eine Autographensammlung, in der über 3000 Autoren vertreten sind.

Den wertvollsten und umfangreichsten Schatz bildet der handschriftliche Nachlass Johann Wolfgang von Goethes, seit 2001 im UNESCO-Weltregister Memory of the World. Weitere bedeutende Nachlässe neben Goethe und Schiller stammen von Christoph Martin Wieland, Johann Gottfried Herder, Georg Büchner, der Familie Arnim-Brentano, der Weimarer Familie Bertuch-Froriep, der Jenaer Verlegerfamilie Frommann, Ferdinand Freiligrath, Friedrich Hebbel, Karl Immermann, Franz Liszt sowie von Friedrich Nietzsche.

Das am 28. Juni 1896 festlich eröffnete Gebäude des Goethe- und Schiller-Archivs ließ Großherzogin Sophie von Sachsen-Weimar-Eisenach eigens für die Aufnahme der wertvollen Handschriften erbauen. Der Bau wurde in einem parkähnlichen Gelände nahe der Ilm nach Entwürfen des Architekten Otto Minckert errichtet und aus der Privatschatulle der Fürstin bezahlt. Nach mehreren kleineren Umbauten erfuhr das Archivgebäude in den Jahren 2010 bis 2012 eine umfassende Sanierung und Erweiterung.

Quelle: Programme, Führungen und Vorträge zum Kosmos Weimar. Klassik Stiftung Weimar. https://www.klassik-stiftung.de/uploads/pics/Salesguide2015.pdf

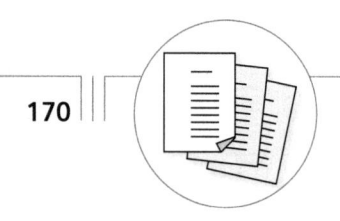

AB3 Die Frauen der großen Dichter: Rechercheauftrag und Information zu Goethes Wohnhaus

Dieses Arbeitsblatt enthält einen Rechercheauftrag zum Themenschwerpunkt und einen Informationstext zu Goethes Wohnhaus.

Goethes Wohnhaus ist die dritte Sehenswürdigkeit des Stadtrundgangs. An diesem Punkt geht es darum zu informieren, welche Bedeutung die Frauen von Goethe und Schiller jeweils für das dichterische Schaffen hatten, aber auch für das soziale Ansehen der Dichter in der Stadt.

Informieren Sie Ihre Zuhörer mit Hilfe des Informationstextes zunächst über das Wohnhaus von Goethe. Schließen sie daran Ihre Ausführungen zu den gemeinsamen Projekten der Dichter an.

Rechercheauftrag

1. Recherchieren Sie im Internet unter www.goethezeitportal.de zu den Hintergründen der „Römischen Elegien" und wählen Sie aus den „Römischen Elegien" eine Elegie oder aussagekräftige Textstellen aus einer Elegie aus, um diese in Ihren Text zu integrieren.

Sehenswürdigkeit zum Themenschwerpunkt: Goethes Wohnhaus

Im Haus am Frauenplan lebte Johann Wolfgang Goethe 50 Jahre lang bis zu seinem Tod 1832, nur unterbrochen von seinen Reisen und einem längeren Aufenthalt in Italien. In das 1709 erbaute Wohnhaus im barocken Stil zog er am 1. Juni 1782 zunächst als Mieter ein. 1792 erwarb Herzog Carl August von Sachsen-Weimar und Eisenach das Anwesen und schenkte es 1794 seinem mittlerweile in den Adelsstand erhobenen Staatsminister Goethe. Erst als Eigentümer konnte Goethe das Gebäude nach seinen Entwürfen umbauen lassen. Die Errichtung einer großzügigen, dreiläufigen Treppenanlage mit den dazugehörigen Skulpturennischen und die Anbringung von Stuckfriesen nach antikem Vorbild gehörten zu den bedeutendsten Veränderungen des Hauses. Die Umbauten spiegeln Goethes klassizistisches Kunstideal wider.

In dem zur Stadt hin ausgerichteten Teil des Hauses befinden sich die repräsentativen Wohn-, Gesellschafts- und Sammlungszimmer, während das Hinterhaus mit dem Arbeitsbereich an den großen Garten grenzt. Vorder- und Hinterhaus sind durch zwei Übergänge im Obergeschoss verbunden, die den Innenhof mit dem Brunnen und der Remise für die Kutsche überbrücken. Goethe lebte hier nicht nur mit seiner Familie, sondern mit mehreren Bediensteten und zeitweise auch mit Hausgenossen wie seinem Freund und Berater, dem Maler Johann Heinrich Meyer.

Neben der Funktion als Wohn- und Arbeitsdomizil bot das große Haus Goethe ferner die Möglichkeit, seine Kunst- und Naturaliensammlung bis zu dem heute noch erhaltenen Umfang beständig zu erweitern. [...] Höhepunkte der Besichtigung sind das authentisch eingerichtete Arbeitszimmer Goethes und der Blick in die angrenzende Privatbibliothek.

Quelle: https://www.klassik-stiftung.de/einrichtungen/goethe-nationalmuseum-mit-goethes-wohnhaus/goethes-wohnhaus/ (eingesehen am 23.3.2016)

Was bewegte(n) Goethe und Schiller in Weimar?

Kompetenzfokus

Das Ende der Freundschaft: Rechercheauftrag und Information zur Fürstengruft

AB4

Dieses Arbeitsblatt enthält einen Rechercheauftrag zum Themenschwerpunkt und einen Informationstext zur Fürstengruft und zur Russisch-orthodoxen Kirche.

Fürstengruft und Russisch-orthodoxe Kirche die vierte Sehenswürdigkeit des Stadtrundgangs. Thema bei dieser Sehenswürdigkeit ist das Ende der Freundschaft zwischen Goethe und Schiller.

Informieren Sie Ihre Zuhörer mit Hilfe des Informationstextes zunächst über die Fürstengruft und Russisch-orthodoxe Kirche. Schließen sie daran Ihre Ausführungen zum Ende der Freundschaft an.

Rechercheauftrag:

1. Recherchieren Sie im Internet (z.B. unter google-books) den Inhalt des Briefes von Goethe an Caroline von Wolzogen (12. Juni 1805) und berücksichtigen Sie diesen Brief in Ihrem Text.

2. Recherchieren Sie im Internet (z.B. „Zeitonline", „Süddeutsche") zum Thema „Schillers Schädel" und berücksichtigen Sie diese Ergebnisse in Ihrem Text.

Sehenswürdigkeit zum Themenschwerpunkt: Fürstengruft und Russisch-orthodoxe Kirche

Die Fürstengruft wurde 1824 bis 1827 als Begräbnisstätte für das herzogliche Haus erbaut. Neben den Grablegungen der neuen ernestinischen Linie ist die Gruft mit den beiden von Coudray entworfenen Eichensarkophagen auch Goethe- und Schiller-Gedächtnisort. Von 1860 bis 1862 erfolgte der Anbau der Russisch-orthodoxen Kirche als Begräbnisstätte für die Großherzogin Maria Pawlowna. Im Rahmen eines Forschungsprojektes der Klassik Stiftung Weimar und des Mitteldeutschen Rundfunks von 2006 bis 2008 wurde der Nachweis geführt, dass die Friedrich Schiller zugeschriebenen Relikte unzweifelhaft von mehreren Personen stammen, und nicht authentisch sind. Der Sarg ist seit 2006 leer.

Quelle: Programme, Führungen und Vorträge zum Kosmos Weimar. Klassik Stiftung Weimar. https://www.klassik-stiftung.de/uploads/pics/Salesguide2015.pdf

Hinweise für Lehrerinnen und Lehrer

Inhaltliche Anforderungen

Die Aufgabe und die Materialien sind so konzipiert, dass sie in Form einer Projektarbeit bearbeitet werden können mit dem Ziel, die Ergebnisse der Arbeit während eines gemeinsamen Stadtrundgangs in Weimar vorzustellen. Möglich ist es aber auch, nur einen einzelnen Themenschwerpunkt von allen SchülerInnen bearbeiten zu lassen und diesen Schwerpunkt in eine Unterrichtsreihe zur Weimarer Klassik zu integrieren.

Die Aufgabenstellung verlangt von den SchülerInnen, über verschiedene Aspekte der Freundschaft zwischen Goethe und Schiller zu informieren. Zum Erwartungshorizont gehört zum einen, dass relevante Fakten und Ereignisse der Freundschaft aus dem Material erschlossen werden und für den Zieltext genutzt werden. Zum anderen gehört eine eigenständige Recherche zum jeweiligen Themenschwerpunkt dazu. Bei den Themenschwerpunkten 1), 2) und 3) haben die SchülerInnen die Aufgabe, Quellen (Briefe, Gedichte u.Ä.) zu recherchieren. Die Quellen sollen die Inhalte des Zieltextes im Sinne eines Originaltons illustrierend unterstützen und den Zuhörern ein authentisches Bild der Freundschaft zu vermitteln. Die inhaltliche Anforderung ist bei der Recherche darin zu sehen, dass für den jeweiligen Themenschwerpunkt auch inhaltlich passende Quellen ausgewählt werden. Beim Themenschwerpunkt 4 hat der Rechercheauftrag die Funktion, das bereits vorgegebene Material durch Recherche zu Schillers Schädel, der wissenschaftlich für Aufsehen gesorgt hat, zu vertiefen. Hier gibt es gutes und einfach zu recherchierendes Material, das online verfügbar ist. Allerdings besteht die Schwierigkeit darin, aufgrund der Materialfülle relevantes und qualitativ angemessenes Material auszuwählen.

Für alle Themenschwerpunkte werden Auszüge aus einem Interview mit Rüdiger Safranski, der eine Geschichte zur Freundschaft von Goethe und Schiller verfasst hat, angeboten (M3, M6, M11, M15). Diese bieten sich als Ausgangspunkt für die zu bearbeitenden Themen an, weil in den Interviewausschnitten wesentliche inhaltliche Schwerpunkte angesprochen werden, die durch das weitere Material vertieft werden können. Im Rahmen einer Projektarbeit bietet es sich auch an, das gesamte Interview mit den SchülerInnen zu lesen oder ein Video, in dem Rüdiger Safranski zur Freundschaft Goethes und Schillers interviewt wird, anzusehen (Rüdiger Safranski im Interview - Goethe und Schiller. Geschichte einer Freundschaft; unter: https://www.youtube.com/watch?v=kysB2XH_488). Auf diese Weise erhalten alle SchülerInnen einen Überblick über das gesamte Projektthema.

Sprachliche und textsortenbezogene Anforderungen

Es geht darum, einen informierenden Text zu verfassen, in den Originalquellen integriert werden müssen (Aufgabe 1, 2, 3) bzw. wissenschaftliche Erkenntnisse zu Schillers Schädel und Gebeinen referiert werden müssen (Aufgabe 3). Die Integration der Originalquellen erfordert eine Kontextualisierung dieser, d.h. die SchülerInnen müssen erläutern, woher die Quellen stammen, um auf diese Weise den Zusammenhang von Quellenmaterial und informierenden Textteilen herzustellen. Bei der Einbindung der Originalquellen besteht ansonsten die Gefahr, dass diese patchworkartig eingebaut werden. Um die wissenschaftlichen Erkenntnisse und Forschungsergebnisse zur Schillers Schädel und Gebeine zu referieren, müssen die SchülerInnen über entsprechende sprachliche Mittel der Redewiedergabe verfügen (Zitate, indirekte Wiedergaben).

Es ist davon auszugehen, dass die SchülerInnen nur über rezeptive Erfahrungen mit der Textsorte des Stadtführers verfügen. Um die besonderen sprachlichen Kennzeichen der Textsorte zu thematisieren und diese für das Formulieren des Textes nutzbar zu machen, bietet es sich an, Textausschnitte aus Stadtführern hinsichtlich sprachlicher Kennzeichen zu thematisieren. Ein Vorschlag dazu findet sich im methodischen Kommentar zu den Arbeitsblättern.

Was bewegte(n) Goethe und Schiller in Weimar?

Hinweise für Lehrerinnen und Lehrer

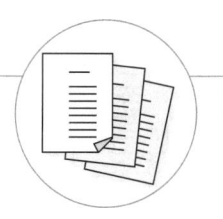

Zum Kompetenzfokus

Die Arbeitsblätter geben den SchülerInnen konkrete Hinweise für die Recherche zum Themenschwerpunkt. Durch die Angabe von Webseiten, die relevante Informationen bieten, wird gewährleistet, dass die SchülerInnen zielgerichtet nach qualitativ hochwertigem Material recherchieren. Die Auswahl und Entscheidung für spezifische Materialausschnitte ist dann aufgrund der Fülle des Materials (z.B. bei der Auswahl der *Xenien*) eine besondere Herausforderung, bei der die SchülerInnen evtl. auf Unterstützung angewiesen sind.

Die Informationstexte zu den Sehenswürdigkeiten haben neben der reinen Informationsfunktion auch Modellfunktion im Sinne des zu erstellenden Zieltextes. Die Informationstexte können genutzt werden, um typische sprachliche Kennzeichen der Zieltextsorte zu thematisieren. Beispielsweise kann anhand der Texte die Tempusverwendung – hier die Funktion des Präsens und Präteritums – fokussiert werden. Dabei muss herausgearbeitet werden, dass beide Tempora für die Textsorte „Stadtführer" funktional eingesetzt werden: das Präsens für die Beschreibung allgemeingültiger, zeitloser Sachverhalte und das Präteritum zur Beschreibung abgeschlossener Ereignisse/Handlungen.

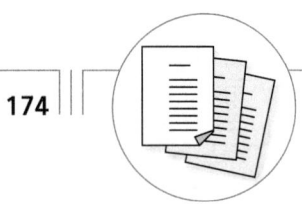

Schreibst du noch oder tippst du schon?

Thema	Kontroversen zu Schreibschrift vs. Druckschrift und Handschreiben vs. Computerschreiben
Klassenstufe	9. –13. Schuljahr
Typ	Informierend-argumentierendes Schreiben
Materialien	M1: Artikel Spiegel-Online (2015) M2: Interview mit Bildungsministerin Wanka (2015) M3: Forumsbeiträge zum Spiegelartikel 20.1.2015 M4: Neurologe Spitzer zur Handschrift aus „Grundschule" (2015) M5: Medienforscher Lobin zum Wandel des Schreibens (2014) M6: Grafik Lehrerumfrage zum Handschreiben (2015) M7: Stern-Artikel Computer-Literacy (2014) M8: Grafik ICILS Computernutzung im Unterricht (2014)
Zieltext	Textbeitrag des Stufensprechers zu einer Informationsbroschüre
Kompetenzfokus	Beschreiben und Interpretieren von Grafiken
Arbeitsmaterial	AB1: Grafiken beschreiben AB2: Grafiken interpretieren

Schreibst du noch oder tippst du schon?

Überblick

AUFGABE

An Ihrer Schule sollen mit Unterstützung eines bekannten Computerherstellers ab dem 5. Sj. sogenannte Computerklassen eingerichtet werden. Klar ist, dass dadurch das Schreiben mit der Hand deutlich zurückgehen würde.

Weil es gerade eine sehr kontroverse öffentliche Diskussion zum Thema des Handschreibens an der Schule gibt, haben sich Elternvertreter und auch Lehrer gegen die Idee der Computerklassen gewendet. Ein Informationstag zum Thema „Wie wollen wir schreiben?" an Ihrer Schule soll Gelegenheit geben, die Meinungen zu klären.

Als StufensprecherIn werden Sie gebeten, zu der Frage aus Schülersicht Stellung zu nehmen. Sie wissen, dass es auch unter Ihren MitschülerInnen unterschiedliche Meinungen zur Frage der Computerklassen gibt. Ihr Text soll in einer Informationsbroschüre zum Thema, die am Informationstag verteilt wird, mit abgedruckt werden.

Hinweise zur Aufgabe

Anlässlich der Entscheidung Finnlands Ende 2014, in den Schulen das Tastaturschreiben zu fördern und verbundene Schreibschriften nicht mehr zu unterrichten, nehmen die Texte Stellung zu Schwierigkeiten und Potentialen des Schreibens mit der Hand. Dabei geht es vor allem um die Bedeutung verbundener Schreibschriften, wie man sie bisher in der Grundschule bisher gelernt hat. Hierauf sind vor allem die Materialien M1 – M6 bezogen.

Die Materialien M7 und M8 beziehen sich dann auf Ergebnisse einer internationalen Vergleichsuntersuchung aus dem Jahr 2014 zur Fähigkeit von SchülerInnen, Computer und das Internet zur Informationsrecherche zu nutzen. Für die Computerkompetenz ist es wichtig, schon frühzeitig das Schreiben mit der Tastatur zu lernen.

Die Materialien enthalten Zeitschriftenartikel (M1, M7), Forenbeiträge aus dem Internet (M3), ein Interview (M2), Wissenschaftleräußerungen (M4, M5) und grafische Übersichten (Informationsgrafiken M6, M8).

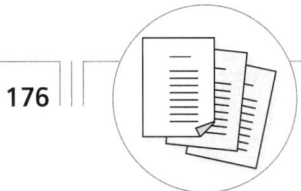

M1 Spiegel-Online vom 13.1.2015 (Autor: Armin Himmelrath)

Schulen: Finnland schafft die Schreibschrift ab

Ausgerechnet Pisa-Sieger Finnland plant eine Revolution im Unterricht: Schüler sollen ihre Texte nicht mehr mit in Schreibschrift [= verbundene Schriften, HF] verfassen - sondern vor allem an der Tastatur. Deutsche Schulpraktiker und Wissenschaftler sind entsetzt.

„Flüssiges Tippen auf der Tastatur ist eine wichtige Fähigkeit", zitiert die „Helsinki Times" Minna Harmanen, die im finnischen Bildungsministerium die Richtlinien zum Schreibenlernen reformiert. Das sei natürlich eine große kulturelle Neuerung, räumt Harmanen ein, aber für die im täglichen Leben benötigten Fähigkeiten werde der Umgang mit einer Tastatur eben immer wichtiger. Im Übrigen sei es den Lehrern freigestellt, auch weiterhin Schreibschrift zu vermitteln - nur eben zusätzlich zum Tastaturschreiben.

Bei deutschen Bildungsexperten stoßen die Pläne auf heftige Kritik. „Die Einübung von Handschrift in der Grundschule darf nicht zur Disposition gestellt werden", warnt etwa Udo Beckmann, Vorsitzender des Verbands Bildung und Erziehung (VBE): „Den Kindern darf unter dem Dach der Schule auf keinen Fall eine Beschränkung ihrer motorischen Fähigkeiten zugemutet werden." Für Deutschland könne die finnische Entscheidung - die ähnlich auch schon in den USA und der Schweiz diskutiert und teilweise auch schon umgesetzt wurde - kein Vorbild sein: „Bessere Lesbarkeit, die nur technisch erzeugt wird, taugt nicht als Lernziel in der Schule."

Unstrittig ist: Auch deutsche Schüler haben Probleme beim Schreiben und beim Schrifterwerb, und diese Probleme sind nicht neu. „In den Achtzigerjahren hat man festgestellt, dass die bis dahin unterrichtete Lateinische Ausgangsschrift motorisch zu kompliziert war", sagt Christian Marquardt, Wissenschaftlicher Beirat des Schreibmotorik Instituts im bayerischen Heroldsberg. [...] „Lehrer beklagen, dass die Handschriften unleserlich sind, das Schriftbild nicht genügend ausgeformt ist und vor allem beim schnelleren Schreiben auseinanderfällt", so der Motorikexperte.

Das Schreiben mit der Hand, sagt Christian Marquardt, sei zwar einerseits die Eingabe von Informationen, andererseits aber auch ein kognitiver und koordinativer Prozess, der weit über die reine Informationsverarbeitung hinausgehe. „Durch händisches Schreiben werden Lernen und Erinnerung verbessert, im Gehirn werden dabei viele Modalitäten angesprochen und trainiert", so der Schreibforscher. Wer die verbundene Handschrift aus dem Unterricht verbannen wolle, „der verzichtet auf die Entwicklung kognitiver und koordinativer Fähigkeiten bei den Schülern."

Marquardt plädiert für mehr Unterstützung der Kinder durch motorisch orientierte Schreibübungen - ein Prozess, der noch deutlich über die Grundschule hinausgehen sollte. Denn am Ende der vierten Klasse, sagt der Wissenschaftler, sei die Entwicklung der individuellen Handschrift erst etwa zur Hälfte abgeschlossen.

Quelle: http://www.spiegel.de/schulspiegel/ausland/schule-pisa-sieger-finnland-will-handschrift-abschaffen-a-1012000.html, gesehen: 3.3.2016

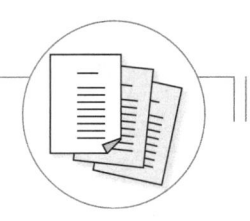

BamS-Interview mit Bundesbildungsministerin Johanna Wanka, 9.7.2015

M2

„Wer Schreibschrift schreibt, schreibt bewusster"

BILD am SONNTAG: Frau Wanka, wann haben Sie das letzte Mal per Hand einen Brief geschrieben?
Johanna Wanka: Vor Kurzem. Es ging um einen Todesfall. In einem solchen Fall ist Handschrift für mich auch ein Zeichen, dass man nicht auf vorgefertigte Worte zurückgreift.

Schreiben Sie viel per Hand?
Wanka: Ja, viel und gern. Zum Beispiel mache ich mir bei der Vorbereitung von Reden per Hand Notizen. Dabei habe ich festgestellt, dass ich mir den Text dann auch besser merken kann.

Der PISA-Sieger Finnland will ab 2016 die Schreibschrift aus dem Lehrplan der Grundschulen streichen. Flüssiges Tippen sei die wichtigere Fähigkeit. Haben die Finnen recht?
Wanka: Nicht alles, was Finnland macht, muss richtig sein. Es gibt Studien, die belegen: Wer Schreibschrift schreibt, schreibt bewusster. Schreibschrift fördert außerdem die Feinmotorik und das logische Denken.

Aber reicht dafür nicht das Lernen von Druckbuchstaben?
Wanka: Nein. Schreibschrift ist mehr als schönes Schreiben. Dabei werden Synapsen im Gehirn trainiert.

Müssen wir uns nicht damit abfinden, dass bestimmte Kulturtechniken einfach aussterben? Wir fahren ja auch nicht mehr mit der Pferdekutsche oder benutzen Telefone mit Wahlscheibe.
Wanka: Manche Dinge überleben sich in der Tat. Die Schreibschrift gehört aber nicht dazu. Auch bei uns gibt es Tendenzen, sie abzuschaffen, weil es auf den ersten Blick leichter wirkt, gleich Druckbuchstaben zu benutzen. Das wäre ein Fehler. Wir müssen die Schreibschrift retten!
[...]

Das Interview führten Roman Eichinger und Miriam Hollstein. © BMBF/Hans-Joachim Rickel
https://www.bmbf.de/de/wer-schreibschrift-schreibt-schreibt-bewusster-1208.html (gesehen 3.3.2016)

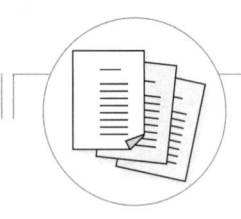

M3 Forenbeiträge Spiegel-Online, 13.1.2015

13.01.2015, 09:21 von Diskutierender

Die schönste Nachricht

Mit Handschrift verbinde ich jedenfalls viele negative Kindheitserlebnisse. Wie oft wurde ich von meiner Mutter wegen schlechter Handschrift ausgeschimpft, und wie viel Quälerei bedeutete Handschrift in meiner Kindheit. Hinzu kamen dann noch Äußerungen, dass Menschen mit schlechter Schrift auch einen schlechten Charakter haben. Zuletzt wurde dann noch immer mit dem handschriftlichen Lebenslauf bei Bewerbungen gedroht.

Wie gut hat es dagegen getan, als ich mit 14 bei der örtlichen VHS einen Schreibmaschinenkurs mitgemacht habe. Das hat im Gegensatz zur Handschrift sogar ein wenig Spaß gemacht, und ich tippe heute auch noch gerne (das 10-Fingersystem habe ich auch nicht mehr verlernt).

Umso mehr freut es mich nun, dass die Zeit nicht mehr weit entfernt ist, dass Kinder diesem Terror des Schönschreibens nicht mehr ausgesetzt sein werden.

13.01.2015, 09:07 von tante elba

Zitat von write74: *„Im Alltag wird die Schreibschrift kaum noch verwendet, viele schreiben auch mit der Hand in Druckschrift. Ob die erwähnten feinmotorischen Trainingseffekte das Erlernen einer veralteten Zivilisationstechnik rechtfertigen, sollte vorurteilsfrei geprüft werden! Die freiwerdende Unterrichtszeit könnte für mehr Musikunterricht mit Ausbildung an Instrumenten genutzt werden, da würde die Feinmotorik ebenfalls trainiert werden".*

Das mag ja sein, aber dennoch ist das Schreiben von Hand enorm wichtig. Hat mir enorm geholfen, Lernzettel von Hand zu schreiben, um mein Diplom zu machen. ToDo-Listen, Einkaufszettel, Notizen und und und.... Darüber hinaus sollte eine Sache nicht vergessen werden: Für mich ist Handschrift auch ein Stück meiner Persönlichkeit. Es drückt viel mehr aus, als ein computergeschriebener Text. Denken Sie mal an Liebesbriefe und Geburtstagskarten. Sorry. Aber so etwas mit einem PC geschrieben, ist für mich gleich unpersönlich.

Quelle: http://www.spiegel.de/schulspiegel/ausland/schule-pisa-sieger-finnland-will-handschrift-abschaffen-a-1012000.html (gesehen: 3.3.2016)

Schreibst du noch oder tippst du schon?

Material

Manfred Spitzer (Neurologe)
Geist trainieren (Ausschnitt)

M4

Man könnte nun meinen, dass es sich sowohl bei der Handschrift als auch beim Kopfrechnen um Kulturtechniken handele, die heute nicht mehr benötigt werden, um überflüssigen Ballast also, den es im digitalen Zeitalter abzuwerfen gelte.

Dem ist jedoch entgegenzuhalten, dass sowohl das Schreiben als auch das Kopfrechnen den Geist trainieren, auf je unterschiedliche Weise, und dass keineswegs erwiesen ist, dass man auf dieses Training leichtfertig ohne entsprechende Studien zu den möglichen negativen Auswirkungen verzichten kann. Bleiben wir beim Schreiben: Wer sich etwas mit der Hand aufschreibt, der merkt es sich besser, als wenn er es tippt, wie erst kürzlich wieder US-amerikanische Wissenschaftler in mehreren Experimenten an Studenten zeigen konnten (Mueller & Oppenheimer 2014). Das Tippen führt zu weniger Nachdenken über die Inhalte der Vorlesung, wohingegen das handschriftliche Erstellen von Notizen das Nachdenken und damit die Tiefe der Verarbeitung der Inhalte steigert. Wie man seit mehr als 40 Jahren weiß, ist die Verarbeitungstiefe für das Einspeichern neuer Inhalte ins Gedächtnis von entscheidender Bedeutung. So betrachtet ist die Handschrift ein Werkzeug zur besseren Benutzung unseres Gedächtnisses.

Wiederum könnte dem entgegengehalten werden, dass man sich doch heute gar nichts mehr merken brauche. Man könne ja alles googlen und bräuchte daher auch gar nichts mehr zu wissen. Fachwissen sei also durch die moderne Informationstechnik – ebenso wie Handschrift und Kopfrechnen – zu einer veralteten Kulturtechnik geworden und verzichtbar.

Wie unhaltbar diese Position ist, wird sofort klar, wenn man sich vergegenwärtigt, dass Vorwissen eine unverzichtbare Voraussetzung für den Gebrauch von Suchmaschinen ist. Nur wer schon etwas weiß, hat (erstens) überhaupt eine Frage. Und wer gar nichts weiß, kann mit den sprichwörtlichen „10000 Hits in 0,1 Sekunden" nichts anfangen, weil er nur mit Vorwissen überhaupt in der Lage ist, die Spreu vom Weizen zu trennen. Eine allgemeine Fähigkeit, Suchmaschinen zu verwenden, gibt es nicht (wie zuweilen mit Verweis auf „Medienkompetenz" behauptet wird). Wirkliches Wissen – und das ist grundsätzlich immer vernetzt und anwendungsrelevant – ist also durch Google nicht zu ersetzen, sondern die Voraussetzung dafür, überhaupt googeln zu können. Man weiß zudem, dass Inhalte, die entweder per Buch, Zeitung, Zeitschrift oder per Google gelernt werden, beim Googeln am schlechtesten hängen bleiben (wie US-amerikanische Wissenschaftler im Fachblatt Science im November 2011 publizierten; vgl. Sparrow et al. 2011). „Das kann ich ja googlen", scheint sich unser Gehirn zu sagen und die Inhalte dann eben nicht abzuspeichern. Wer also etwas googelt, anstatt es in einem Buch zu lesen, hat eine geringere Chance, damit sein Wissen zu erweitern. Daraus folgt zwingend, dass man in der Schule nicht googlen darf, wenn man möchte, dass Schüler lernen, digitale Informationstechnik sinnvoll zu verwenden.

Quelle: Spitzer, Manfred: Zur Bedeutung der Handschrift für die Bildung. In: Grundschule 2/2015, S. 14/15

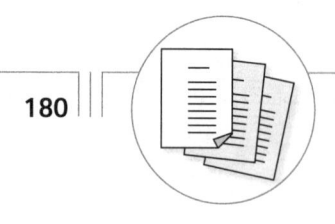

M5 Henning Lobin (Medienwissenschaftler)
Schreibwandel

Das handschriftliche Schreiben ist heute vollständig in den privaten und informellen Bereich zurückgedrängt. Demzufolge spielt auch die ästhetische Qualität, anders als in früheren Zeiten, nur eine untergeordnete Rolle. Der Individualität einer Handschrift wurde schon mit dem Aufkommen der Schreibmaschine im 19. Jahrhundert eine Normierung entgegengestellt, bei der fest eingebaute Typen für ein vom Schreiber unabhängiges Schriftbild sorgen. Die Schreibmaschine überträgt Gutenbergs Idee der mechanisierten Textproduktion auf das individuelle Schreiben, um dadurch Zeit- und Lesbarkeitsvorteile zu erzielen. Geübte Schreibmaschinen-Schreiber bringen es auf mehrere 100 Anschläge pro Minute und erzielen dabei noch ein lesbares Schriftbild, was mit handschriftlichem Schreiben nicht erreicht werden könnte. [...] Das Schreiben mit dem Computer, wie wir es heute praktizieren, reduziert das „Hand-Werk" des Schreibens schließlich auf den leichten Druck auf die Tasten einer Computertastatur.

Quelle: Lobin, Henning (2014): Engelbarts Traum. Wie der Computer uns Lesen und Schreiben abnimmt. Frankfurt/New York: Campus, S. 41

Schreibst du noch oder tippst du schon?

Material

M6

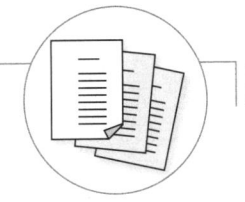

Umfrage Deutscher Lehrerverband

Frage: Woran liegt es Ihrer Meinung nach, wenn Schüler sich beim Handschreiben schwertun?

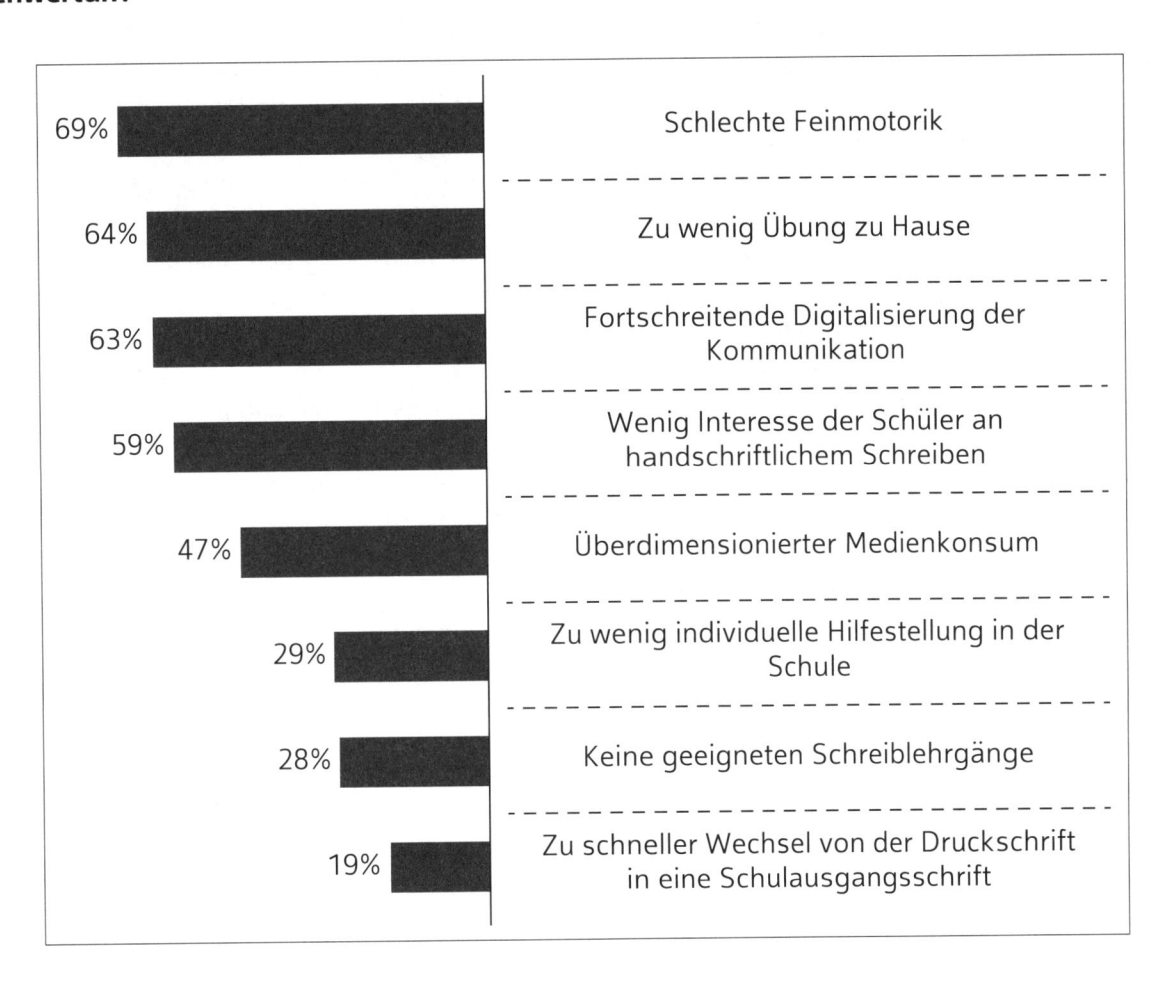

Prozent	Grund
69%	Schlechte Feinmotorik
64%	Zu wenig Übung zu Hause
63%	Fortschreitende Digitalisierung der Kommunikation
59%	Wenig Interesse der Schüler an handschriftlichem Schreiben
47%	Überdimensionierter Medienkonsum
29%	Zu wenig individuelle Hilfestellung in der Schule
28%	Keine geeigneten Schreiblehrgänge
19%	Zu schneller Wechsel von der Druckschrift in eine Schulausgangsschrift

Ergebnisse einer Untersuchung des Schreibmotorik-Instituts in Kooperation mit dem Deutschen Lehrerverband, April 2015

(Mehrfachnennung mgl.); Basis: N=2.002 (Grundschulen N=772, Weiterführ. Schulen N=1.230)

Quelle: Umfrage des Schreibmotorik-Instituts und des Deutschen Lehrerverbands

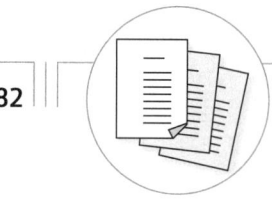

M7 Stern-Online (Autorin: Viktoria Meinholz), 20.11.2014

Mädchen sind besser im Umgang mit dem Internet

Sie sind mit dem Internet aufgewachsen, doch können sie vernünftig damit umgehen? Eine neue Studie hat Schüler weltweit getestet. Das Ergebnis: Nicht nur deutsche Schüler brauchen dringend Nachhilfe.

Wie gut können Schüler mit Computern und dem Internet umgehen? Dieser Frage ist eine weltweite Studie nun zum ersten Mal auf den Grund gegangen. Für die „International Computer and Information Literacy Study" (ICILS) wurden Achtklässler in 21 Ländern genau unter die Lupe genommen. Wie gut ist die technische Ausstattung - sowohl zu Hause als auch in der Schule? Binden ihre Lehrer die neuen Medien in den Unterricht ein? Und am Wichtigsten: Wie intelligent nutzen Schüler das Internet? [...]

Unter deutschen Bildungsexperten ging bereits vor der Veröffentlichung der Ergebnisse die Angst um. Die digitale Ausstattung der Schulen hat einen sehr schlechten Ruf, der durch ICILS erneut belegt wurde. Bei der Nutzung von Computern im Unterricht ist Deutschland auf einem peinlichen letzten Platz gelandet. „Mit diesem schlechten Ergebnis haben wir nicht gerechnet", sagte Birgit Eickelmann zu *Zeit-Online*. „Aber wenn man sich die Ausstattung der Schulen mit Computern oder die geringe Bedeutung des Themas in der Pädagogenausbildung anschaut, dann ist klar: Viel besser hätten wir im internationalen Vergleich nicht abschneiden können." Auch wenn inzwischen laut der JIM-Studie über 70 Prozent der Jugendlichen ein Smartphone besitzen - Tendenz stark steigend - und rund drei Stunden am Tag im Internet surfen, in der Schule sind sie meist noch analog unterwegs. Mit Betreten des Klassenzimmers werden Google und Wikipedia gegen Schulbuch und Lexikon getauscht. Prestigeprojekte wie iPad-Klassen bilden da die Ausnahme.

Doch nur weil Kinder und Jugendliche das Internet privat täglich nutzen, führt das noch lange nicht zu einer umfassenden Medienkompetenz. Sie laden Fotos bei Facebook hoch, lassen die Welt auf Instagram an ihrem Leben teilnehmen und kommunizieren von morgens bis abends über Whatsapp. Aber wissen sie auch, wie sie im Internet recherchieren und relevante von unwichtigen oder sogar falschen Informationen unterscheiden können? [...]

Nein, leider nicht, sagt die ICILS-Studie. Der Kreis der Schüler, die sich wirklich gut auskennen, ist weltweit erschreckend niedrig. Bei den deutschen Ergebnissen fällt zudem auf, dass 30 Prozent der Kinder nur über rudimentäres Wissen zum Umgang mit neuen Technologien verfügen. Die Digital Natives brauchen dringend Nachhilfe. Doch von wem? Lehrer und Eltern sind auf dem Gebiet oft keine Hilfe, meist lernen Kinder alles über Computer und das Netz von Freunden.

Quelle: http://www.stern.de/familie/kinder/icils-studie--schueler-brauchen-internet-nachhilfe-3256226.html (gesehen am 8.3.2016)

Schreibst du noch oder tippst du schon?

Material

Internationale Studie zur Computerkompetenz der Schüler (ICILS 2013) **M8**

Ergebnisse zur schulischen Nutzung neuer Technologien und der Zusammenhang mit dem Kompetenzerwerb

Häufigkeit der Computernutzung durch Lehrpersonen im Unterricht im internationalen Vergleich (Angaben der Lehrpersonen in Prozent)

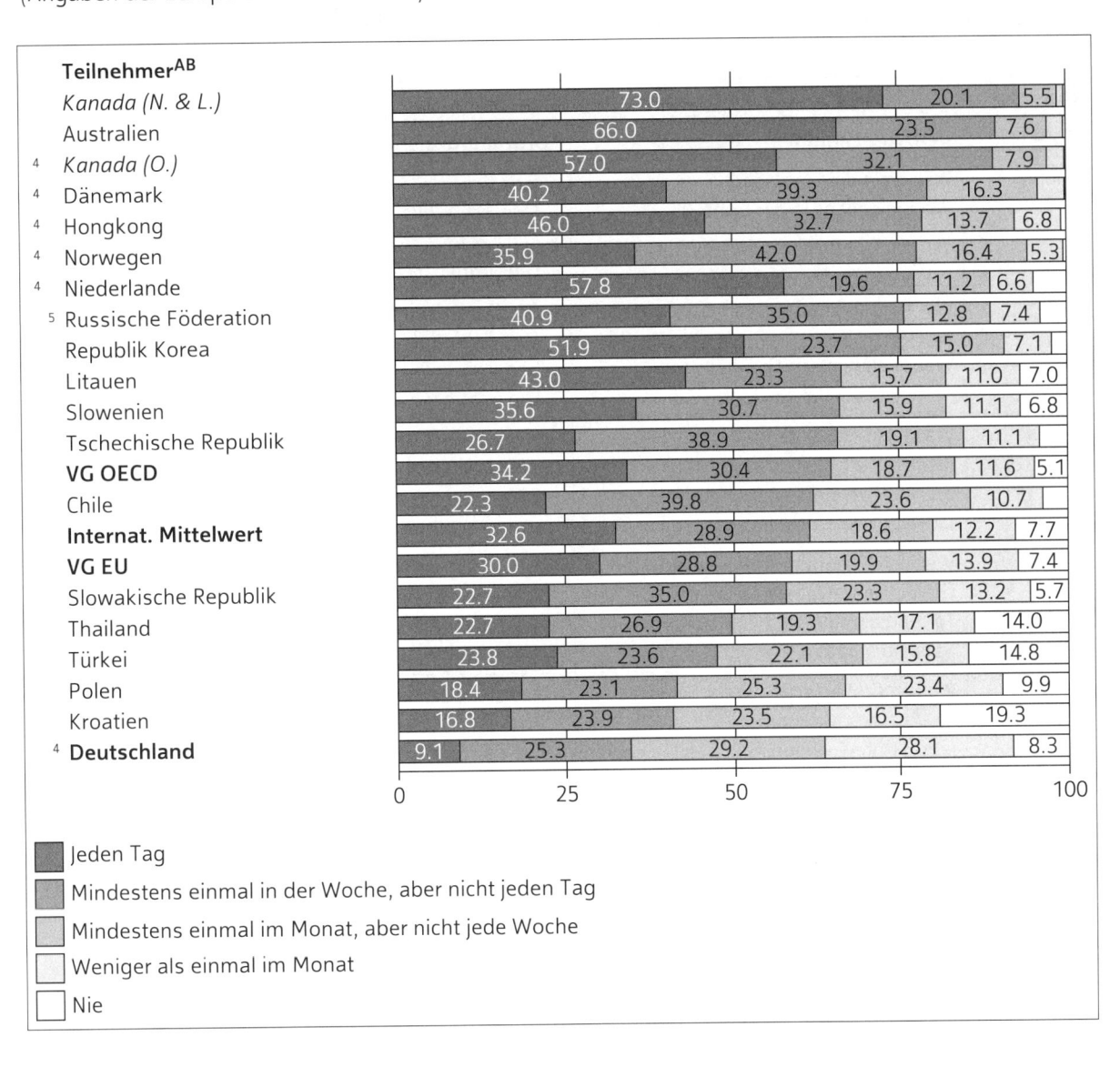

Teilnehmer[AB]	Jeden Tag	Mindestens einmal in der Woche, aber nicht jeden Tag	Mindestens einmal im Monat, aber nicht jede Woche	Weniger als einmal im Monat	Nie
Kanada (N. & L.)	73,0	20,1	5,5		
Australien	66,0	23,5	7,6		
[4] Kanada (O.)	57,0	32,1	7,9		
[4] Dänemark	40,2	39,3	16,3		
[4] Hongkong	46,0	32,7	13,7	6,8	
[4] Norwegen	35,9	42,0	16,4	5,3	
[4] Niederlande	57,8	19,6	11,2	6,6	
[5] Russische Föderation	40,9	35,0	12,8	7,4	
Republik Korea	51,9	23,7	15,0	7,1	
Litauen	43,0	23,3	15,7	11,0	7,0
Slowenien	35,6	30,7	15,9	11,1	6,8
Tschechische Republik	26,7	38,9	19,1	11,1	
VG OECD	34,2	30,4	18,7	11,6	5,1
Chile	22,3	39,8	23,6	10,7	
Internat. Mittelwert	32,6	28,9	18,6	12,2	7,7
VG EU	30,0	28,8	19,9	13,9	7,4
Slowakische Republik	22,7	35,0	23,3	13,2	5,7
Thailand	22,7	26,9	19,3	17,1	14,0
Türkei	23,8	23,6	22,1	15,8	14,8
Polen	18,4	23,1	25,3	23,4	9,9
Kroatien	16,8	23,9	23,5	16,5	19,3
[4] **Deutschland**	9,1	25,3	29,2	28,1	8,3

Quelle: Bos, W./Eickelmann, B. (2014): ICILS 2013 auf einen Blick. Presseinformationen. Münster, S. 34

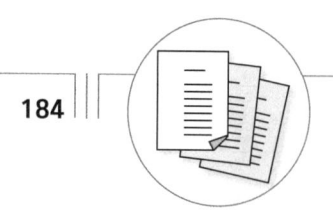

AB1 Beschreiben von Grafiken

Dieses Arbeitsblatt bietet Ihnen einige kleine Aufgaben, die zum Schreiben zu den Grafiken im Material anregen und Tipps dazu geben. Um Grafiken für das Schreiben nutzen zu können, müssen Sie
- formulieren, was die Grafik zeigt und die Grafik beschreiben (Übersicht 1).
- die Grafik interpretieren (Übersicht 2).
- die Grafik dann auf das weitere Material und Ihren Text beziehen.

Lesen Sie die Übersichten 1 und 2 und bearbeiten Sie dann die Aufgaben dazu.

Übersicht 1: Textbausteine für die Beschreibung einer Grafik		
Baustein	**Leitfrage/Inhalte**	**Formulierungshilfen, z.B.**
Thema	Was stellt die Grafik dar? Worum geht es in der Grafik?	– Das Schaubild stellt ... dar. – Das Schaubild stellt dar, wie ... – Die Grafik / Die Tabelle / Das Schaubild zeigt ... – Die Grafik / Die Tabelle / Die Statistik zeigt, dass ...
Autor	Wer hat die Untersuchung durchgeführt? Woher stammt die Grafik?	– Die Daten stammen vom / von der ... – Das Schaubild wurde vom ... erstellt / herausgegeben von ... – Die Grafik wurde dem / der ... entnommen.
Daten	Was ist zu der Datengrundlage bekannt? z.B. Zahl der Befragten, Untersuchten, Jahr der Untersuchung	– Befragt wurden 2000 Schüler des 8. Schuljahrs ... – Die Daten stammen aus dem Zeitraum von 2000 bis 2010 ...
Form	Welchem Diagrammtyp entspricht die Grafik? Verbreitet sind z.B. Tortendiagramm, Kurvendiagramm Säulendiagramm, Balkendiagramm	– Für die Darstellung wurde die Form des Säulen- / Balken- / Kreis- / Kurvendiagramms gewählt. – Die Entwicklung der / des ... wird in Form einer Kurve dargestellt.
Werte & Achsen	Welche Größen sind auf der Rechtsachse (Abzisse) abgetragen? Z.B. Alter, Jahre, Untersuchungsgruppen (= unabhängige Größen) Welche Größen sind auf der Hochachse (Ordinate) abgetragen? Z.B. absolute Werte, Prozentwerte, Rangfolgen (= abhängige Größen)	– Alle Angaben werden in Prozent gemacht / sind in Prozent. – Die Werte sind in ... angegeben. – Auf der x-Achse / y-Achse sind die .... angegeben / aufgeführt / aufgetragen. – Die x-Achse zeigt ..., die y-Achse zeigt ... – Die Zahl der ... ist in Tausend angegeben.

Aufgaben

1. Klären Sie die folgenden Fragen zur Grafik in M6:
   - Was ist das Thema der Grafik und wer ist der Autor?
   - Woher kommt es, dass die Addition der Prozentzahlen über 100% ergibt?
   - Wie viele Lehrer sind befragt worden?

2. Formulieren Sie unter Rückgriff auf Übersicht 1 eine Beschreibung der Grafik in M6.
   Tauschen Sie Ihre Beschreibung mit der Beschreibung eines Mitschülers aus. Halten Sie Beschreibungsunterschiede fest und verständigen Sie sich über besondere Schwierigkeiten der Beschreibung.

Schreibst du noch oder tippst du schon?

Kompetenzfokus

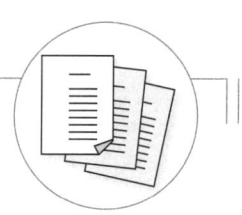

Interpretieren von Grafiken

AB2

Übersicht 2: Interpretation von Grafiken Wie eine Grafik interpretiert werden kann, hängt stark vom Thema und vom Grafiktyp ab. Wichtige Interpretationsmöglichkeiten sind z.B.:	
Interpretationsschema	**Formulierungshilfen, z.B.**
Anteile formulieren	– Mehr als ein Drittel (34,5%) aller SchülerInnen schreibt außerhalb der Schule nur sehr selten mit der Hand. – 153 von 250 Befragten gaben an, ...
Rangfolgen formulieren	– Hier liegt Deutschland mit 550 Punkten im weltweiten Vergleich im Mittelfeld ... – Nimmt X den Spitzenplatz/einen der vorderen Plätze ein ... – liegt X an 10. Stelle ...
Entwicklungen formulieren	– ist von ... (im Jahre 2011) auf ... (im Jahre 2015) gestiegen / angestiegen / – ist um (fast / mehr als) ... % gestiegen. – hat sich zwischen 2011 und 2015... um ...% erhöht. – hat zwischen 2011 und 2015 um ...% zugenommen. – steigerte / erhöhte sich in den vergangenen 4 Jahren um ...%.
Unterschiede formulieren	– Im Gegensatz / Im Unterschied zu 2011 ist der Anteil der ... um ... % gefallen. – Gegenüber 2011 konnte die Zahl der ... um ...% gesteigert werden. – Während 2011 noch ...% ... erhielten, waren es 2015 nur noch ... %. – Erwirtschaftete / Erzielte 2011... ein Arbeitnehmer eine/n ... von ..., so kam er 2015 bereits auf eine/n ... von ... – Gaben 2011 noch ...% der Befragten an, dass sie ..., waren es 2015 nur noch ...
Übereinstimmungen formulieren	– Ebenso wie X kommt auch Y auf eine Prozentanteil von etwa ... – Die Jahre 2011 und 2015 zeigen hier ein annähernd gleiches Ergebnis. – Große Ähnlichkeiten bestehen zwischen X und Y.
Abhängigkeiten formulieren	– Die Werte für X einerseits und Y andererseits stehen in engen Zusammenhang. – Diesem Ergebnis entspricht die Beobachtung, dass ..., Hierzu passt, dass ...

Aufgaben

1. Überprüfen Sie, ob die folgenden Interpretationen zur Grafik in M6 tragfähig sind.
   - 69% der SchülerInnen haben eine schlechte Feinmotorik.
   - Die neuen Medien machen dem Handschreiben in den letzten Jahren zunehmend Konkurrenz.
   - Nach Auffassung der befragten Lehrer spielen motorische Gründe für die schlechte Handschreibung eine deutlich größere Rolle als Gründe, die im Unterricht liegen.

2. Formulieren Sie interpretierende Sätze zur Grafik in M8. Sie können diese Satzanfänge nutzen:
   - In keinem anderen ICILS-2013-Teilnehmerland ...
   - Es zeigt sich, dass die Lehrpersonen in Deutschland im internationalen Vergleich ...
   - Bezogen auf den internationalen Mittelwert ...

3. Suchen Sie in den Texten des Materials jeweils eine Aussage, mit der Sie eine Interpretation von M6 verbinden können und eine Aussage, mit der Sie eine Interpretation von M8 argumentativ verbinden können. Formulieren Sie den Zusammenhang jeweils in einem eigenen kurzen Absatz. Z.B:

   Der Schreibforscher Marquardt zitiert im SPIEGEL Lehrerklagen „dass die Handschriften unleserlich sind" (M1). Ein Grund dafür könnte mangelnde Übung sein. In einer DLV-Umfrage von 2015 gaben 64% der befragten LehrerInnen an, die SchülerInnen würden zu Hause nicht genügend üben (M6).

Hinweise für Lehrerinnen und Lehrer

Inhaltliche Anforderungen

Das Material bezieht sich insgesamt auf die Frage der Schreibpraxis in der Schule. Dabei thematisieren die Materialien 1–6 das Handschreiben aus unterschiedlichen Perspektiven. Die Materialien 7 und 8 beziehen sich auf die schulische Computerpraxis und die Fähigkeit der SchülerInnen, Computer und Internet zur Informationsrecherche einzusetzen. Eine große internationale Vergleichsstudie hat 2014 ergeben, dass deutsche SchülerInnen hinsichtlich ihrer Computernutzungsfähigkeiten zwar einerseits insgesamt im Mittelfeld liegen, dass aber andererseits in Deutschland 30% der SchülerInnen abgeschlagen in den unteren Kompetenzstufen liegen und vor allem, dass die in diesem Bereich schulisch geforderten Fähigkeiten nicht im Unterricht vermittelt werden: Deutschland liegt im Blick auf die Computernutzung im Unterricht weltweit auf dem letzten Platz. Das sind verschiedene thematische Aspekte derselben Frage: Wie wollen wir schreiben? Eine erste inhaltliche Anforderung besteht hier schon darin, dass die SchülerInnen die Frage des Handschreibens (M1–6) mit der Frage der Computernutzung (M7–8) verbinden. Auf den ersten Blick scheinen die Themen auseinander zu liegen, auf der anderen Seite aber wird klar, dass eine frühzeitige Einübung in den Umgang mit dem Computer bedeutet, dass auch vermehrt am Computer geschrieben werden muss.

Im Blick auf die Materialien 1–6 zum Schreiben mit der Hand besteht eine inhaltliche Anforderung darin, zunächst die Kontroverse darzustellen, also in den Texten die verschiedenen Argumente, die für die Diskussion eine Rolle spielen, zu erkennen und aufeinander zu beziehen: Das Handschreiben ist alltagspraktisch relevant, aber die Handschrift der SchülerInnen ist zunehmend schlechter lesbar (M1). Die Handschrift ist individuell und persönlich bedeutsam (M2, M3); die Handschrift soll die vertiefte Verarbeitung und das Behalten von Inhalten stützen (M2, M4). Dem stehen leidvolle Erfahrungen mit dem Handschreibenlernen und dem Schönschreiben entgegen (M3). Überdies wandelt sich das technologische Umfeld für das Schreiben auch im Alltag. Wer digitale Medien nutzt und tippen kann, kann motorisch leichter und schneller schreiben und sich auf Inhaltliches konzentrieren (M3, M5). Diese Inhalte aus den Materialien können mit Gewinn auf die Umfrageergebnisse des Deutschen Lehrerverbandes zum Handschreiben bezogen werden (M6).

Sprachliche und textsortenbezogene Anforderungen

Die Materialien haben unterschiedliche Textform. Neben darstellenden Artikeln (M1, M3, M4, M5, M7) gibt es ein Interview (M2) und Grafiken (M6, M8). Das Interwiew (M2) und die Forenausschnitte (M3) formulieren in der ersten Person. Diese beiden Materialien und die Grafiken M6 und M8 verlangen damit für das Schreiben in jedem Fall eigenständige sprachliche Bearbeitungen. Textsortenunterschiede im Material betreffen auch journalistische Texte einerseits (M1, M7) und wissenschaftliche Texte andererseits (M4, M5, M6, M8). Hier ist die Frage, ob die SchülerInnen diese Unterschiede der Fachlichkeit erkennen und für ihre Argumentation nutzen können.

Für den Zieltext kann das Material unterschiedlich genutzt werden. Wichtig ist, dass die Rolle des Schreibers/ der Schreiberin als StufensprecherIn kein Bekenntnis in der einen oder anderen Richtung verlangt. Die Kontroverse ist darzustellen und unterschiedliche relevante Argumente müssen im Kontext passend genutzt werden. Möglich wäre auch eine argumentative Zusammenführung der Argumente für Handschrift und Computernutzung in der Darstellung.

Eine besondere sprachliche Herausforderung liegt in der Nutzung der nichtlinearen Texte bzw. grafischen Darstellungen in M6 und M8. Viele

Schreibst du noch oder tippst du schon?
Hinweise für Lehrerinnen und Lehrer

SchülerInnen lassen Grafiken und Tabellen in den Materialien gerne aus, wenn es um das materialgestützte Schreiben geht. Sie finden es schwer, Grafiken zu interpretieren und dazu zu schreiben. Hierauf bezieht sich der Vorschlag zu einem Kompetenzfokus für diese Aufgabe, zu dem es entsprechende Arbeitsblätter für die SchülerInnen gibt.

Zum Kompetenzfokus

Die beiden Arbeitsblätter sollen erste Schritte der SchülerInnen im Blick auf die Beschreibung und Interpretation von Grafiken unterstützen.

Für das Verständnis von Arbeitsblatt 1 ist je nach Schuljahr davon auszugehen, dass die SchülerInnen zusätzliche Hilfestellungen benötigen, so etwa bei der Unterscheidung der Diagrammtypen oder bei der Klärung der Tabellenzeile „Werte und Achsen". Gleichwohl kann Übersichtstabelle 1 ein hilfreiches Schema für die Hauptbezugspunkte beim Beschreiben und der Auswertung eines Diagramms bieten. Die Formulierungshinweise sollten nicht als Vorgaben, sondern als Anregungen verstanden werden. Die Fragen in Aufgabe 1 können zur Übung beliebig erweitert und ergänzt werden. Bei Aufgabe 2 bietet es sich an, ein Plenum anzuschließen, in dem die schwierigen Stellen der Problembearbeitung zum Thema gemacht werden.

Arbeitsblatt 2 ist vor allem auf das Interpretieren der Grafiken bezogen. Es kann eine schöne Übung sein, die SchülerInnen selbst nach dem Muster von Aufgabe 1 Interpretationen erfinden zu lassen, die wiederum von anderen SchülerInnen im Blick auf ihre Haltbarkeit beurteilt und diskutiert werden. Aufgabe 2 gibt wiederum Formulierungshilfen zur Interpretation. Man kann mit den SchülerInnen solche Formulierungsmuster sammeln, die das Formulieren von Interpretationen zu Grafiken stützen. Wichtig ist die dritte Aufgabe oder ähnliche Aufgaben: Hier geht es darum, dass die SchülerInnen lernen, grafisches Material auf Textabschnitte und Argumente zu beziehen. Nur dann können sie die Grafiken auch für das eigene informierende und argumentierende Schreiben nutzen.

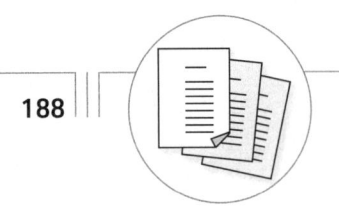

Wie bunt ist die Welt?

Thema	Bestimmt die Sprache das Denken und die Wahrnehmung? Sapir-Whorf-Hypothese, Debatte zum Sprachrelativismus
Klassenstufe	10.–13. Schuljahr
Typ	Informierend-argumentierendes Schreiben
Materialien	M1: Die Macht der Worte (ZEIT-Artikel) M2: FAZ-Interview mit dem Linguisten Guy Deutscher M3: Evolutionäre Entwicklung der Sprache (Welsch/Liebmann) M4: Die Farbe „blün" (D.E. Zimmer, Weltwoche) M5: Deutsche und kymrische Farbwörter (Grafik) M6: Farben – Sprichst du „blün"? www.cafebabel.de M7: Was denkt ihr euch bloß? (Fluter-Artikel) M8: Beispiel aus einem Was-ist-Was-Buch (Zieltext-Beispiel)
Zieltext	Text zu einem Sachbuch über Sprache für jugendliche Leser
Kompetenzfokus	Vergleichendes Lesen und Materialerschließung
Arbeitsmaterial	AB1: Entdecken von Inhaltspunkten in den Materialien AB2: Vergleichstabelle

Wie bunt ist die Welt?

Überblick

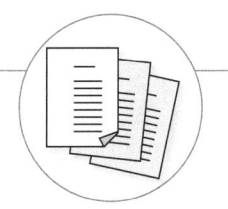

AUFGABE

Für ein Sachbuch über Sprache für jugendliche Leser soll ein informativer Artikel über die Frage geschrieben werden, ob die Einzelsprachen das Denken und das Weltbild bestimmen. Der für das Buch ausgewählte Beispielbereich sind Farbbezeichnungen in den Sprachen der Welt. Schreiben Sie unter Rückgriff auf die beigefügten Materialien einen solchen Artikel, in dem Sie darüber informieren, wie sich die Farbwortschätze von Sprachen unterscheiden und welche Positionen es in der Forschung zu der Frage gibt, ob der Farbwortschatz die Farbwahrnehmung und das Farbbewusstsein bestimmt. Nutzen Sie Informationen aus allen Materialien.

Hinweise zur Aufgabe

In der Sprachwissenschaft und Sprachphilosophie gibt es einen alten Streit. Dabei geht es um folgende Frage: Bezeichnet die Sprache lediglich eine schon außersprachlich vorhandene Wirklichkeit und ermöglicht das Sprechen darüber *oder* schafft jede Sprache durch sprachliche Bedeutungen eine eigene, von der Sprache abhängige, also sprachrelative Wirklichkeit, die das Denken und auch schon die Wahrnehmung der Welt bestimmt?

Ein berühmtes Forschungsfeld zu diesem Problem ist die Untersuchung von Farbwörtern in den verschiedenen Sprachen der Welt. Das Material dieser Aufgabe bietet verschiedene Perspektiven und vielfältige Informationen zu diesem Beispiel der Diskussion zum sogenannten Sprachrelativismus.

Material 1 macht mit der allgemeinen Thematik bekannt, Material 2 ist ein Interview mit dem Linguisten Guy Deutscher, der speziell zum Farbenthema ein viel beachtetes populärwissenschaftliches Buch geschrieben hat. Material 3 betrachtet das Thema von der Seite der Sprachentwicklung her und die Materialien 4, 5 und 6 sind vor allem auf den Vergleich verschiedener Sprachen bezogen. Material 7 wiederum ordnet das Thema in den Gesamtzusammenhang der Diskussion zum Sprachrelativismus ein. Sie werden bei der Lektüre der Materialien bemerken, dass schon die Autoren der verschiedenen Artikel selbst zu unterschiedlichen Auffassungen neigen.

Besonders wichtig für die Bearbeitung der Aufgabe ist es deshalb, zunächst einmal die verschiedenen Positionen und Argumente zu sammeln und zu ordnen, damit Sie Gemeinsamkeiten und Unterschiede zwischen den Positionen erkennen und für ihr Schreiben nutzen können. Als Beispiel für einen Sachbuchartikel bietet Material 8 einen Auszug aus einem Was-ist-Was-Buch.

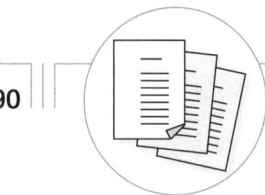

M1 www.zeit.de vom 9.10.2012 (Autorinnen: Stefanie Schramm & Claudia Wüstenhagen)

Die Macht der Worte (Auszüge)

[...] So könnte unser Weltbild davon abhängen, welche und wie viele Sprachen wir beherrschen. Experimente deuten darauf hin, dass Menschen Ereignisse unterschiedlich beschreiben und sich im Nachhinein auch unterschiedlich daran erinnern – je nach Sprache, die sie sprechen. Im Englischen etwa tendieren Menschen dazu, stets zu benennen, wer etwas getan hat, sagt die Psychologin Lera Boroditsky. Selbst wenn jemand aus Versehen eine Vase umwirft, heißt es „John hat die Vase zerbrochen". Im Spanischen und Japanischen dagegen sei es in diesem Fall eher nicht üblich, den Verursacher zu benennen. Da sage man eher „Die Vase ist zerbrochen" oder sogar „Die Vase hat sich zerbrochen". In einer Experimentreihe zeigten Lera Boroditsky und Caitlin Fausey Spaniern, Japanern und Amerikanern Videoaufnahmen von Personen, die mal absichtlich, mal aus Versehen etwas zerstörten, etwa ein Ei oder einen Luftballon. Hinterher mussten die Probanden auf Fotos diese Person identifizieren. Hatte sie mit Absicht gehandelt, erkannten alle Gruppen den Übeltäter gleich gut wieder. War das Malheur aber aus Versehen geschehen, konnten sich Spanier und Japaner nicht so gut an den Tollpatsch erinnern wie Amerikaner. Boroditsky zufolge könnte dies daran liegen, dass es in ihrer Sprache nicht erforderlich ist, den Verursacher eines Versehens zu benennen. „Wahrscheinlich achten sie eher auf andere Details, etwa die Begleitumstände oder das Ergebnis, und erinnern sich daran besser." Studien anderer Forscher haben die Resultate bestätigt. Dennoch steht diese Forschung noch am Anfang, die Kausalität ist fraglich.

Solide Beweise hingegen gibt es für den Einfluss der Muttersprache auf die Farbwahrnehmung. Betrachten zwei Personen aus verschiedenen Ländern ein Chagall-Gemälde, dann sieht es womöglich für jede von ihnen ein bisschen anders aus, sagt Guy Deutscher. Denn verschiedene Sprachen haben verschiedene Farbskalen. Manche unterscheiden nicht einmal zwischen Grün und Blau, andere haben gleich zwei Wörter für Blau. Russen etwa unterteilen Blautöne in *sinij* (dunkel) und *goluboj* (hell). Experimente von Boroditsky ergaben, dass russische Muttersprachler schneller zwischen Blautönen unterscheiden können als Amerikaner, wenn zwischen zwei Tönen auch die Grenze sinij–goluboj verläuft. [...] Ein weiterer Beleg für die Macht der Sprache: Bringt man Probanden im Labor die Farbunterscheidungen einer anderen Sprache bei, nehmen auch sie Differenzen mit einem Mal anders wahr. Ebenso beginnen sie, anders über die Zeit nachzudenken, wenn sie die Zeitkonzepte einer anderen Sprache erlernen, ergaben Experimente. Wer eine neue Sprache lernt, erwirbt also zu einem gewissen Grad auch eine neue Denkweise und einen neuen Blick auf die Welt, sagt Boroditsky. [...]

Quelle: Die Zeit Die Macht der Worte. Von Stefanie Schramm; Claudia Wüstenhagen | 09. Oktober 2012
http://www.zeit.de/zeit-wissen/2012/06/Sprache-Worte-Wahrnehmung (gesehen: 17.5.2015)

www.faz.net vom 26.9.2010 (Interview: Johanna Adorján)

M2

FAZ-Interview mit dem Linguisten Guy Deutscher (Auszüge)

Sie behaupten, dass unsere Wahrnehmung eines Chagall-Gemäldes bis zu einem gewissen Grad von unserer Muttersprache abhängt. Inwiefern?

Ich habe Chagall als Beispiel genommen, weil in seinen Gemälden viel Blau vorkommt. Und für unsere Wahrnehmung von Blau ist entscheidend, ob unsere Muttersprache ein Wort für Blau kennt. Nicht alle Sprachen kennen eins. Sehr viele Sprachen, wahrscheinlich sogar die meisten, machen keinen Unterschied zwischen Grün und Blau, für sie sind das zwei Schattierungen derselben Farbe. Wenn unsere Sprache uns aber darauf trainiert, Blau und Grün als zwei verschiedene Farben wahrzunehmen, trainiert sie unseren Sinn dafür, den Unterschied zwischen diesen Farben zu übertreiben. [...]

Es geht in Ihrem Buch viel um Farben. Warum sind diese, was Sprache angeht, so ein spannendes Thema?

Weil die Sprachen mit Farben so unterschiedlich umgehen. Viele Sprachen unterscheiden überhaupt nur zwischen drei Farben: Schwarz, Weiß und Rot; wobei dann etwa alle dunklen Farben zu Schwarz gezählt werden. Für die ist es ganz natürlich, dass der Himmel schwarz ist. Die Frage ist: Hat die jeweilige Methode, wie unsere Sprache das Farbspektrum unterteilt, eine Auswirkung darauf, wie wir Farben tatsächlich wahrnehmen? Und die Antwort lautet: ja. Die Unterschiede, die man bisher hat beweisen können, sind nicht dramatisch, aber es gibt sie.

Lange wurde vermutet, dass die alten Griechen farbenblind gewesen seien. Der Grund für diese Annahme war, dass Homer das Meer als „veilchenähnlich" beschrieb, Honig schien er grün zu sehen, und von einem blauen Himmel war bei ihm überhaupt nie die Rede. Und das in Griechenland!

Doch dann stellte man fest, dass sich auf der ganzen Welt die Begriffe für Farben in derselben Reihenfolge entwickelt haben. Zuerst wurde zwischen Schwarz und Weiß unterschieden. Dann kam Rot hinzu. Dann Gelb, dann die anderen Farben. Warum das so ist, darüber wird seit Mitte des 19. Jahrhunderts diskutiert. Kurz gesagt gibt es zwei Deutungsmöglichkeiten: Die eine geht von der Natur aus, der Entwicklung der Farbwahrnehmung des Auges. Die andere hält die Reihenfolge für kulturell bedingt. Wahrscheinlich ist es von beidem etwas.

Dass in der Antike der Himmel nie als blau beschrieben wurde, hat viele beschäftigt. Sie haben ein Experiment gemacht.

[...] Zufällig lernte meine kleine Tochter gerade sprechen, als ich mich mit diesem Thema beschäftigte, und so konnte ich praktisch überprüfen, ob jemand, dem man nie sagen würde, dass der Himmel blau ist, ihn von alleine als blau wahrnehmen würde. Relativ früh konnte Alma die Farben von Gegenständen bestimmen, aber jedes Mal, wenn wir sie nach der Farbe des Himmels fragten, schwieg sie. Mit 23 Monaten dann gab sie uns zum ersten Mal eine Antwort: Der Himmel sei weiß. Es gibt also Grund zu der Annahme, dass es anerzogen ist, den Himmel, der ja kein Objekt ist, als blau wahrzunehmen.

Quelle: http://www.faz.net/aktuell/feuilleton/buecher/im-gespraech-guy-deutscher-fuer-viele-ist-der-himmel-meistens-schwarz-11040080.html (gesehen am 17.5.2015)

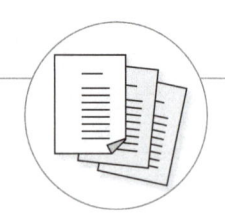

M3 Evolutionäre Entwicklung der Sprache

Bis heute sind Modelle umstritten, die eine evolutionäre Entwicklung von Farbbezeichnungen aufzeichnen und erläutern. Sie beruhen auf Testreihen mit Personen unterschiedlichster sprachlicher Herkunft, die u. a. bestimmte Farben benennen und bunte Farbkärtchen den Hauptfarben zuordnen sollten. Als erstes derartiges Modell gilt das von Berlin und Kay 1978/79 veröffentlichte Schema. Ausgehend von elf englischen Hauptfarbbezeichnungen Weiß, Schwarz, Rot, Grün, Gelb, Blau, Braun, Orange, Rosa, Purpur und Grau legt es sieben Entwicklungsstufen zugrunde, ermittelt in 78 Sprachen: In der ersten Stufe erscheinen die beiden achromatischen Farben Weiß und Schwarz (I), in der nächsten folgt Rot (II), dann Grün oder Gelb (III), sowie Gelb und Grün (IV). Manche Sprachen, wie z. B. ein mexikanischer Maya-Dialekt, blieben auf diesem Niveau. Bei weiterer Ausbildung von Farbbegriffen folgt dann Blau (V). Das Mandarin-Chinesisch kennt nur diese sechs Hauptfarben. Auf der nächsten Stufe wird Braun (VI) aufgenommen, und schließlich folgen ohne Rangfolge Orange, Rosa, Purpur und Grau (VII). Die Sprachen aller Hochkulturen haben dieses Stadium erreicht, so das Arabische, das Hebräische, das Japanische, das Russische, aber auch einige Sprachen kleiner Volksgruppen, beispielsweise ein nordamerikanischer Indianer-Dialekt. Die Vorgabe von elf englischen Farbnamen und der Test mit Personen aus ausschließlich englischsprachigem Umfeld sind jedoch nicht unumstritten.

Neuere Modelle, wie diejenigen von Wierzbicka oder von Maclaurey, versuchen die geringe Anzahl von Farbnamen in kleinen, isolierten Volksgruppen mit deren Umwelt und Kulturniveau zu verbinden. Nach ihren Hypothesen bedingen universelle Erscheinungen der Umwelt, wie Tag und Nacht (= Helligkeit und Dunkelheit), Feuer, Sonne, Vegetation, Himmel und Erdboden die Namengebung für Hauptfarben. Danach wäre die Entwicklungsreihe von Berlin und Kay ein Ausdruck der jeweiligen kulturellen Umwelt und nicht etwa das Ergebnis von Empfindungen aufgrund bestimmter neuronaler Gegebenheiten im menschlichen Gehirn.

Festzuhalten bleibt, dass es eine große Vielfalt von Farbnamen gibt, die von Sprache zu Sprache unterschiedlich sind und unterschiedlich verwendet werden. Erschwerend kommt ein meist unpräziser umgangssprachlicher Gebrauch von Farbbegriffen hinzu. Auch eine einheitliche hierarchische Zuordnung von Hauptbegriffen oder eine übergreifende Entwicklungsfolge lässt sich kaum erkennen.

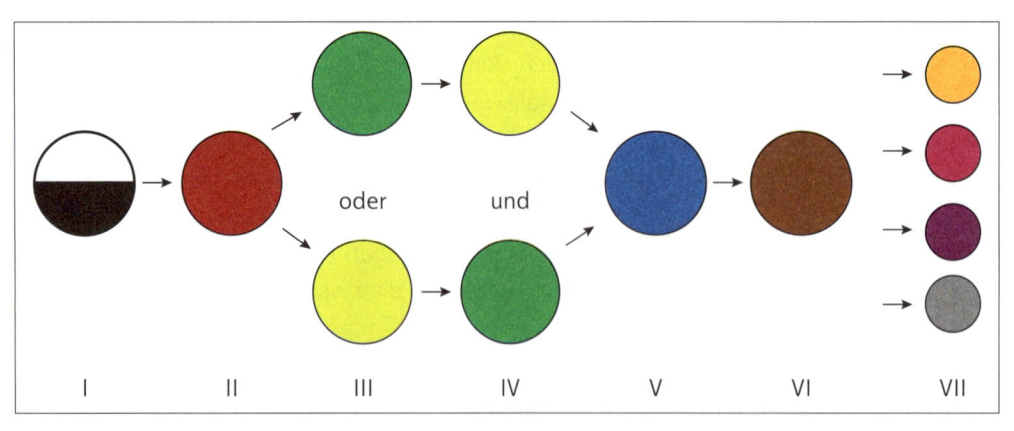

Entwicklungsstufen von Farbnamen in Sprachen, nach: Berlin und Kay 1978/79

Quelle: Welsch, Norbert/Liebmann, Claus Chr.(2006) Farben. Natur, Technik, Kunst. 2. Auflg. Spektrum.- Akademischer Verlag. Elsevier. München: S. 15–16

www.weltwoche.ch Ausgabe 17/2004 (Autor: Dieter E. Zimmer) **M4**

Die Farbe „blün" (Auszug)

[...] Es ist die Frage, die Benjamin Lee Whorf mit seiner These der Sprachrelativität wieder aufs Tapet brachte: Unsere jeweilige Sprache, behauptete er, beeinflusse unser Denken. Whorf [...] war der Erste, der die These der Sprachrelativität aus dem Reich der Spekulation herausführte und empirische Belege dafür vorlegte.

Der lange Zeit einzige empirische Test, dem Whorfs Theorie unterzogen wurde, betraf die Farbbezeichnungen. Sie sind ein günstiges Experimentierfeld: Alle sehen das gleiche Spektrum, und es lässt sich objektiv bestimmen, was einer gerade sieht, denn jeder Farbton ist durch die Wellenlänge, die Stärke und den Weißanteil des Lichts exakt definierbar. Insgesamt kann der Mensch etwa zwei Millionen Farbtöne unterscheiden; Begriffe gibt es nur für wenige. In den verschiedenen Sprachen sind es unterschiedlich viele Grundwörter (das sind Farbbezeichnungen wie „rot", die nicht weiter auflösbar sind wie „grasgrün" und auch nicht „materialgebunden" wie „blond") – in manchen nur zwei, im Deutschen etwa neun. Aber die einzelnen Sprachen greifen nicht beliebige Punkte im Spektrum heraus, segmentieren es auch nicht beliebig.

Farbvokabeln decken zunächst die vier Primär- oder Fokalfarben Rot, Gelb, Grün und Blau ab, dazu das achromatische Schwarz und Weiß. Es sind überall dieselben – nämlich genau die Farben, bei denen auch die Sensoren unserer Augen die stärksten Signale liefern. Keine dieser Farben ist klar definiert: Zu den Rändern hin werden sie unscharf, aber Sprecher aller Sprachen halten etwa die gleichen Punkte im Spektrum für das „beste Rot", das „beste Gelb". Die Sprachen folgen also unserer Art der Farbwahrnehmung, nicht umgekehrt. Von einem Whorf-Effekt keine Spur. Der Anthropologe Brent Berlin und der Linguist Paul Kay untersuchten über Jahrzehnte hinweg und in schließlich 110 Sprachen, ob es beim Anwachsen des Farbvokabulars Regelmäßigkeiten gibt. Ja, es gibt sie. Die Sprachen legen sich die Grundwörter für Farben in mehr oder minder fester Reihenfolge zu. In jenen Sprachen, in denen es nur zwei gibt, sind es immer „schwarz" und „weiß" beziehungsweise „hell" und „dunkel" – „dunkel" deckt die auch „kalt" genannte „blau/grüne" Hälfte des Spektrums ab, „hell" die „warme", „rot/gelb". Auf der zweiten Stufe wird „weiß" von „rot/gelb" geschieden, auf der dritten „schwarz" von „grün/blau"; auf der vierten folgt die Spaltung von „rot" und „gelb", auf der fünften die von „blau" und „grün". Damit wären dann sechs Grundwörter für die Fokalfarben und die beiden achromatischen Töne vorhanden, und erst jetzt können weitere Farbbezeichnungen wie etwa „braun" dazutreten. Auch diese Regelmäßigkeiten künden von der Universalität der Farbwahrnehmung, der die Sprachen folgen.

Interessant wird die Sache aber bei jenen Sprachen, die nicht für alle Fokalfarben Grundwörter besitzen. Die Tzeltal-Maya in Mexiko zum Beispiel haben nur ein Wort für Grün und Blau, sozusagen den Begriff „blün". Sie können jedoch die beiden Farben wie alle Menschen sehr wohl unterscheiden, „wissen" also mehr, als sie in ihrer Sprache ausdrücken können. Aber einen geringfügigen Whorf-Effekt entdeckte Paul Kay 1984 dennoch: Wenn eine Sprache wie Englisch zwei Wörter für „grün" und „blau" hat, so werden ihre Sprecher im Vergleich zu den „blün"-Sprechern gleichsam empfindlicher für die Unterschiede zwischen den Farbtönen an der Grenze zwischen beiden. Es ist, als wären sie unwillkürlich – und lange bevor sie das, was sie sehen, in Sprache zu fassen versuchen – bemüht, ihre Wahrnehmung gemäß den lexikalischen Vorgaben ihrer Sprache zu strukturieren.

Quelle: Dieter E. Zimmer (2004): http://www.weltwoche.ch/ausgaben/2004-17/artikel-2004-17-die-farbe-bluen.html, gesehen am 18.5.2015

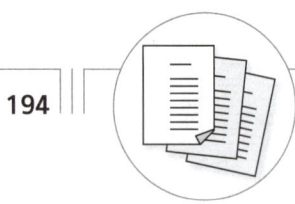

M5 Deutsche und kymrische (walisische) Farbwörter im Vergleich

deutsch	kymrisch
grün	gwyrdd
blau	glas
grau	llwyd
braun	llwyd

Quelle: http://www.christianlehmann.eu/fundus/farben_dt_kymr.png (gesehen 8.6.2015)
© Prof. em. Dr. Christian Lehmann

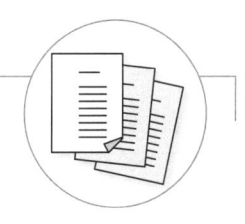

Sprichst du „blün"? (cafebabel, 23.8.2012) M6

Wir gehen davon aus, dass es einen Unterschied zwischen der Farbe von Gras und der Farbe des Himmels gibt, weil wir auf Deutsch zwei unterschiedliche Farbwörter hierfür benutzen: „blau" und „grün". Die meisten Sprachen verwenden jedoch nur ein Wort für beides. Bestimmt die Sprache also unsere Wahrnehmung von Farbe?

Auf Walisisch kann es kein Blau ohne Grün geben. Das Wort „gwyrdd" ist ein allgemeiner Begriff für grün. Das Wort „glas" hingegen kann alle Schattierung von grün (inklusive blau) bezeichnen. Deshalb heißt „glaswellt", das walisische Wort für Gras, wörtlich übersetzt „blauer Halm". Walisisch wird im Englischen als „grue language" (aus „green" und „blue") bezeichnet, als sogenannte „blüne Sprache", also als Sprache, die nur ein einziges Wort für das Farbspektrum von blau bis grün verwendet. Da die meisten der heute existierenden 5.000 bis 6.000 Sprachen von weniger als 2.000 Personen gesprochen werden, können wir sagen, dass die meisten Sprachen „grue languages" sind.

Schafft die Sprache unsere Wahrnehmung von Farbe? Oder ist unsere Farbwahrnehmung ursächlich für die unterschiedlichen Farbbezeichnungen? Wissenschaftler behaupten, dass ethnische Gruppen, die in bergigen oder äquatornahen Gegenden leben, tendenziell blüne Sprachen sprechen, da sich durch die stärkere UV-Strahlung mit der Zeit gelbe Farbpigmente im Auge ansammeln, die die Fähigkeit, kurzwellige Strahlung am blauen Ende des Spektrums wahrzunehmen, beeinträchtigen. Farbwörter sind daher möglicherweise nur eine Reflexion dessen, was das menschliche Auge sieht.

Manche Sprachen haben unterschiedliche Wörter für Farben, die deutsche Muttersprachler als eine einzige Farbe wahrnehmen. Ungarisch und Türkisch haben unterschiedliche Wörter für dunkelrot und hellrot („vörös" und „piros", „kırmızı" und „al"). Andere Sprachen haben unterschiedliche Grundworte für dunklere und hellere Blauschattierungen: Im Russischen gibt es „siniy" und „goluboy", im Italienischen „azzuro" und „blu" und im Griechischen „ble" und „ghalazio". Für die Sprecherinnen und Sprecher dieser Sprachen sind diese beiden Farben wie für uns rot und rosa.

In Farbwahrnehmungstests während der letzten Jahre konnten russischsprachige Teilnehmerinnen und Teilnehmer gewisse Blautöne schneller unterscheiden als englischsprachige. Daher nehmen wir an, dass die Sprache womöglich tatsächlich unsere Farbwahrnehmung beeinflusst. [...]

Quelle: http://www.cafebabel.de/gesellschaft/artikel/farben-sprichst-du-blun.html gesehen am 8.6.2015

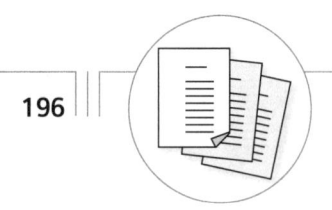

M7 Was denkt ihr euch bloß? Wie Denken und Reden zusammenhängen (Auszüge)

Die extreme Abhängigkeit unserer Gedanken von unserer Sprache ist zwar ein faszinierender Gedanke, aber sie ist auch falsch. Ein Mensch, dessen Muttersprache in ihrer Grammatik keine Zukunftsform kennt, dürfte dann nicht in der Lage sein, sich über morgen, übermorgen oder das nächste Jahr Gedanken zu machen. Und ein Engländer dürfte überhaupt keine Schadenfreude empfinden, fehlt ihm doch das Wort dafür. Und was ist mit uns Deutschen, wenn wir den Durst gestillt haben? Wie nennen wir das Gefühl? Ein Wort dafür gibt es nicht, und dennoch kennt jeder den entsprechenden Zustand. Es gibt also wenig Belege dafür, dass wir etwas nicht denken, nur weil wir es nicht benennen können. Dass unsere Sprache aber einen Einfluss darauf hat, was wir denken und wahrnehmen und woran wir uns erinnern können, dafür haben Forscher in den vergangenen Jahren einige Belege gefunden. Unter anderem im Bereich der Farbwörter.

So können sich zum Beispiel Engländer besser daran erinnern, ob ihnen eine grüne oder blaue Farbe gezeigt wurde, als die Mitglieder des Berinmo-Stammes in Papua-Neuguinea, deren Sprache zwischen Blau und Grün keinen Unterschied macht. Aber man muss gar nicht so weit gehen: Selbst zwischen Niederländern und Deutschen haben Forscher einen Unterschied in der Wahrnehmung gefunden – dank einer kleinen Abweichung: Zwar sind in Deutschland und den Niederlanden, EU-Normen sei Dank, die Farben von Verkehrsampeln exakt gleich. Im Niederländischen wird die mittlere Farbe aber als „Oranje" bezeichnet, im Deutschen als Gelb. Die Forscher zeigten einigen Versuchspersonen Bilder einer Verkehrsampel, mit sechs verschiedenen Farbtönen zwischen Gelb und Orange in der Mitte und baten, die Farbe entweder als gelb oder orange einzuordnen. Tatsächlich ordneten die Deutschen mehr Bilder der Farbe Gelb zu als ihre Landesnachbarn. Bilder einer Socke in den sechs verschiedenen Farbtönen wurden dagegen von den Testpersonen aus beiden Ländern gleich häufig als gelb oder orange bewertet. Für die Forscher ein Beweis, dass es nicht um eine allgemein andere Aufteilung von Gelb und Orange geht.

„Die Deutschen nehmen die Farbe einer Ampel tatsächlich anders wahr, weil sie anders heißt", sagt Psycholinguistin Asifa Majid vom Max-Planck-Institut im niederländischen Nijmegen. Auch das grammatikalische Geschlecht, das unsere Sprache den Dingen zuordnet, hat offenbar einen Effekt auf unsere Sicht der Dinge.

Sprachforscher haben die Assoziationen von Spaniern und Deutschen angesichts bestimmter Gegenstände verglichen, die wie die Brücke im Spanischen männlich (el puente) und im Deutschen weiblich sind. Das Ergebnis: Deutsche gaben den Gegenständen „weiblichere" Attribute, zum Beispiel elegant und schlank, während die Spanier die Dinge eher mit „männlichen" Eigenschaften wie Stärke beschrieben. Das grammatische Geschlecht färbt also offenbar auf den Gegenstand ab. Zumindest denkbar, dass die Brücken in Spanien und Deutschland deswegen anders aussehen. Die Welt ist eben so, wie wir sie uns denken. Vielleicht.

Quelle: Kupferschmidt, Kai (2011) Was denkt ihr euch bloß? In: http://www.fluter.de/de/sprachen/heft/9552/ ©2001–2015 fluter.de / Bundeszentrale für politische Bildung (17-5-2015)

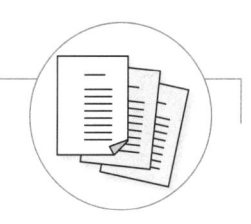

Wie nehmen wir Farbe wahr? (Beispiel aus einem Was-ist-Was-Buch) M8

Unsere Farbwahrnehmung begründet sich nicht direkt aus den physikalischen Eigenschaften des Lichts, sondern aus dem Bau unserer Netzhaut. Die Idee, dass es unterschiedliche Arten von Zapfen geben muss, mit denen wir Farbe wahrnehmen können, stammt von dem englischen Arzt Thomas Young (1773–1829) und vom deutschen Physiker Hermann von Helmholtz (1821–1894). Weil hierbei von drei Zapfenarten – eine für Blau, eine für Grün und eine für Rot – ausgegangen wird, heißt diese Idee „Dreifarbentheorie".

Man konnte nachweisen, dass jede Farbe durch eine so genannte additive Mischung (Zusammenlegen der Farben) aus diesen drei Grundfarben erzeugt werden kann. Wenn Licht, das ins Auge gelangt, nicht nur einen der drei Zapfentypen reizt, sondern zwei oder drei, entsteht im Gehirn eine bestimmte Farbmischung.

Manche Eindrücke beim Farbensehen kann man allerdings mit der Dreifarbentheorie nicht erklären. Wenn man grünes und rotes Licht auf einem Schirm übereinander legt, erscheint der Lichtfleck nicht im grünlichen Rot, sondern in gelb! Zur Erklärung dieser und der anderen Farbmischungsphänomene ist die Gegenfarbentheorie vom deutschen Arzt Ewald Hering (1834–1918) nützlich. Dabei werden alle Farbempfindungen auf vier so genannte physiologische Grundfarben zurückgeführt („Vierfarbentheorie"), die in Gegensatzpaaren angeordnet werden: blau-gelb und grün-rot.

Quelle: Was ist was? Bd. 17 Licht und Farbe. Nürnberg: Tessloff 2006, S. 26

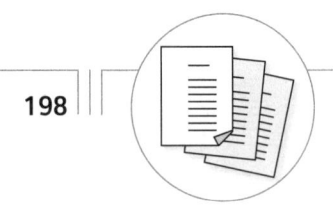

AB1 Materialien erschließen mit Vergleichstabellen

Dieses Arbeitsblatt soll Sie dabei unterstützen, Inhaltspunkte und Inhaltsbeziehungen in den Materialien dieser Aufgabe zu entdecken und sie so aufzubereiten, dass Sie sie für die Planung Ihres Textes nutzen können.

Alle Materialien behandeln zwar ähnliche Fragen, aber jeder Text setzt eigene Schwerpunkte und nimmt eine eigene Perspektive ein. Eine der wichtigsten Aufgaben ist es deshalb, beim Lesen der Materialien übergeordnete Inhaltspunkte zu suchen, die Sie für den Textvergleich nutzen können, z.B. so etwas wie „natürliche Ursachen" oder „Besonderheiten in Einzelsprachen" usw. Auf diesem Blatt finden Sie einige Arbeitsaufträge, die das Entdecken solcher Inhaltspunkte unterstützen können.

Auf dem zweiten Blatt finden Sie eine (noch leere) Vergleichstabelle, in die Sie Inhaltspunkte eintragen und über die Sie die Unterschiede und Gemeinsamkeiten zwischen den Texten herausarbeiten können.

Worauf Sie achten sollten:

Inhaltspunkte und Inhaltsbeziehungen
- Wichtige *Inhaltspunkte* können Sie z.B. an der Position von Informationen (Anfang/Ende), ihrer Wiederholung, Betonung oder pointierten Formulierung (Forderungen, Kritik) erkennen.
- Wichtige *Inhaltsbeziehungen* können Sie ebenfalls an Wiederholungen erkennen: Wo ergeben sich inhaltliche Überschneidungen zwischen den Texten? Vergleichen Sie nicht nur, was die Autoren in den Texten sagen, sondern auch was sie ‚tun' (Forderungen aufstellen, Kritik üben usw.)

AutorInnen und Positionen
- Achten Sie auf genannte ForscherInnen und gleiche sowie kontroverse theoretische Positionen.
- Versuchen Sie auch herauszufinden, wie die AutorInnen der jeweiligen Materialien zur Kontroverse stehen.

Relevanz für Ihren Text
- Sie müssen sich zunächst eine Übersicht zum Thema und zur Kontroverse verschaffen, damit sie dann auswählen können, was für Ihren Text relevant ist.
- Entscheiden Sie, welche Themen bezüglich der durch die Aufgabe vorgegebenen Ziele wichtig erscheinen und wo Sie in Ihrem individuellen Text Schwerpunkte setzen möchten.

Wie bunt ist die Welt?

Kompetenzfokus

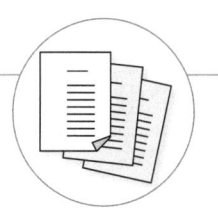

Aufgaben

1. Lesen Sie den Text M1 (ZEIT-Artikel) und markieren Sie Textstellen, die Sie als wichtig empfinden.
   a) Notieren Sie kurz, *warum* Sie die Textstellen als wichtig erachten.

   _____

   _____

   _____

   b) Übertragen Sie zwei Zitate in die Vergleichstabelle.

   c) Versuchen Sie die argumentative Rolle eines Inhaltspunkts zu markieren (z.B. *der Artikel führt dagegen eine Untersuchung von X an, die zeigt, dass … usw.*).

2. Lesen Sie den Text M2 (Interview Guy Deutscher) und markieren Sie sowohl Textstellen, die Sie als wichtig empfinden als auch Textstellen, an denen Ihnen Bezüge zu Text M1 (Zeit-Artikel) auffallen.
   a) Notieren Sie, warum Sie die Textstelle als wichtig einschätzen und worin der Bezug zu M1 besteht.

   _____

   _____

   _____

   b) Übertragen Sie wieder ein bis zwei Zitate Text in die Vergleichstabelle.

   c) Ordnen Sie Aussagen, die Sie als zusammenhängend empfinden, in einer Zeile an.

   d) Versuchen Sie die Autorenhandlung zu charakterisieren (z.B. *der Autor behauptet, wendet ein* usw.) und die Textbezüge genauer zu kennzeichnen (durch Pfeile oder mit Formulierungen wie *die Autoren unterstützen, widersprechen, ergänzen einander*).

3. Lesen Sie die Texte M3 (Evolution), M4 (D.E. Zimmer), M6 (cafebabel) und M7 (Was denkt ihr …). Markieren Sie sowohl wichtige Textstellen als auch Bezüge zwischen den Texten.
   a) Notieren Sie kurz, warum Sie die Textstellen als wichtig einschätzen und worin Sie den Zusammenhang zwischen den Texten sehen.

   _____

   _____

   _____

   b) Vergleichen Sie Ihre Leseergebnisse mit Mitschülern und übertragen Sie sie in die Vergleichstabelle, indem Sie die Sammlung zusammenhängender Zitate für jeden Text fortsetzen, die Autorenhandlung charakterisieren und Textbezüge kennzeichnen.

AB2

Vergleichstabelle zur Sammlung von Textauszügen und Bildung textübergreifender Themen

Schlagwort / Bezeichnung	M1 (Schramm / Wüstenhagen)	M2 (Deutscher)	M3 (Welsch / Liebmann)	M4 (Zimmer)	M6 (cafebabel) o. M7 (Kupferschmidt)

Wie bunt ist die Welt?

Hinweise für Lehrerinnen und Lehrer

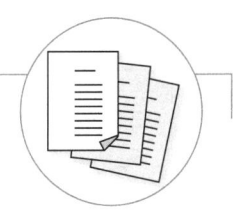

Hinweise für Lehrerinnen und Lehrer

Inhaltliche Anforderungen

Material 1 und 2 schließen an die Diskussion zu sprachlicher Relativität auf dem aktuellen Stand an. Sie enthalten anschauliche Beispiele auch aus benachbarten Forschungsbereichen und beziehen sich auf den populären Topos von der „Macht der Worte". Beide Materialien enthalten wichtige Argumente für die These, dass der Farbwortschatz Wahrnehmung und Bewusstsein beeinflusst. In beiden Materialien wird in allgemeinverständlicher Form bereits Bezug genommen auf Inhalte, die in den stärker fachlichen Folgetexten auch angesprochen werden. Kerninhalte wiederholen sich in den verschiedenen Materialien (z.B. Entwicklung des Farbspektrums in den verschiedenen Sprachen).

Material 3 referiert das Modell der Farbwörterentwicklung nach Berlin/Kay, führt zugleich aber auch schon mögliche kulturbezogene Gegenargumente (Wierzbicka) an. Darauf bezieht sich auch Material 4 (D.E. Zimmer); das Berlin/Kay-Modell wird nochmal wiederholt, aber auch hier im letzten Absatz relativiert: semantische Unterscheidungen determinieren die Wahrnehmung nicht, stützen sie aber. Material 6, ein einfacher Text, bezieht sich wie D.E. Zimmer auf das „blün"-Beispiel, bringt aber ein neues „natürliches" Argument (gelbe Farbpigmente im Auge) für die Existenz von „grue-languages" bzw. blün-Sprachen. Material 7 ist dann wieder stärker der relativistischen Position zuzuordnen, wobei der Auszug sich am Anfang stark von einer solchen Sicht distanziert. Das Ampel-Beispiel ist sehr gut auf den Schluss von Material 4 beziehbar. Sprachliche Unterscheidungen determinieren die Wahrnehmung nicht, aber sie unterstützen und begünstigen bestimmte Wahrnehmungen.

Erwartet wird, dass die SchülerInnen vor dem Hintergrund der unterrichtlichen Behandlung der Sprachrelativismus-Debatte in der Lage sind, die verschiedenen Materialien den Grundpositionen zuzuordnen und Zusammenhänge zwischen den verschiedenen Materialien zu erkennen. Das wird teils durch Oberflächenmerkmale gestützt (z.B. M1 und M2 → Chagall), teils sind eigenständige Interpretationen erforderlich (M2, 3, 4 → Universelles Entwicklungsschema) oder (M4, 5, 6 → Sprachrelativismus) und teils sind echte Transfers gefordert (M2, M4, M6, M7 → Bedeutungslernen und Trainingseffekte) Für das informierende Schreiben, das sich an jüngere Leser richtet, kommt es im Kern darauf an, aus den verschiedenen Materialien interessante Ergebnisse herauszufiltern und dafür Redundanzen im Material zu erkennen und zu nutzen. Für die SchreiberInnen besteht ein Spielraum in der Frage, inwieweit der Informationsauftrag auch durch Informationen zur Kontroverse argumentativ ausgestaltet wird.

Die beiden Arbeitsblätter zur Aufgabe unterstützen das Erschließen der inhaltlichen Beziehungen zwischen den verschiedenen Materialien. Sie stützen sich auf ein Verfahren, dass dafür von Schüler (2015) vorgeschlagen worden ist.

Sprachliche und textsortenbezogene Anforderungen

Es geht um die Darstellung des Themas „Bestimmt die Sprache Denken und Wahrnehmung?" und der Kontroverse dazu für ein Publikum, das kein Vorwissen dazu hat. Material 8 als Beispieltext aus einem Was-ist-Was-Buch zeigt, dass es in dem zu schreibenden Text darum geht, Zusammenhänge verständlich zu erklären und anschaulich zu machen. Ein wichtiges Verfahren dafür ist es, mögliche alternative Erklärungen mit Bezug auf das Material und gute Beispiele voneinander abzugrenzen. Schon der erste Satz des Beispieltextes beginnt mit einer solchen Kontrastmarkierung (nicht …, sondern …), die sich auch letzten Absatz wiederholt. Die Gegensätze bestimmen die fachliche Auseinandersetzung und sie helfen auch den LeserInnen, das Problemfeld zu strukturieren. Deshalb werden die Positionen der Kontroverse vorgestellt und im Blick auf ihre Leistungsfähigkeit verglichen (hier Dreifarbentheorie vs. Vierfarbentheorie). So können Unterschiede und Gegensätze, aber auch Gemeinsamkeiten zwischen verschiedenen Positionen herausgearbeitet und sprachlich markiert werden. Das ermöglicht die Nachvollziehbarkeit der unterschiedlichen Erklärungen. Wichtig sind auch gute Beispiele; sie werden hier jeweils über Wenn-dann-Formulierungen eingeführt, sowohl für die Dreifarbentheorie als auch für die Vierfarbentheorie.

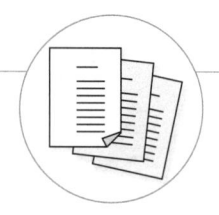

Auch die Materialien M4, M6, M7 sind selbst gute Sprachbeispiele für den Zieltext. Sie bemühen sich um das Erzeugen von Neugier und um Verständlichkeit und setzen dafür ebenfalls die entsprechenden Mittel ein.

Zum Kompetenzfokus
Für das schulische Schreiben zu Texten ist es eine ungewohnte Situation, wenn gleichzeitig zu verschiedenen Materialien geschrieben werden soll. Im gewohnten Fall schreiben SchülerInnen jedenfalls im Deutschunterricht in der Regel nur zu einem Text. Beim materialgestützten Schreiben ist es deshalb eine der größten Herausforderungen, für die Strukturierung des eigenen Schreibens synthetisierende Gesichtspunkte für die Verarbeitung des heterogenen Materials zu gewinnen. Die Arbeitsfragen und die Vergleichstabelle auf den Arbeitsblättern sind darauf bezogen, diese Prozesse zu unterstützen. Sie sind aber zugleich auch nur für Lernsituationen geeignet, in denen weitere Unterstützung geboten wird: Eine große Hilfe kann es sein, zunächst nur auf zwei Materialien zuzugreifen, die in ausgewählten Punkten inhaltliche Verwandtschaft aufweisen und sich in ausgewählten Inhaltspunkten unterscheiden. Die Aufgabe, für die linke Spalte der Vergleichstabelle Konzepte und Begriffe zu finden, die den Materialienvergleich leiten können, muss unterrichtlich unterstützt und angebahnt werden. Hierfür kann es hilfreich sein, eine Liste von Gegensatzpaaren zusammen mit den SchülerInnen zu entwickeln, die für die Suche nach Gemeinsamkeiten und Unterschieden genutzt werden kann. Solche Gegensatzpaare sind etwa: natürliche vs. kulturelle Ursachen, universale Gesetzmäßigkeiten vs. einzelsprachliche Besonderheiten, Denken vs. Sprache, Sinnesdaten vs. sprachliche Bedeutung, Körper vs. Geist, Rezeption vs. Produktion u.a.m. Solche Gegensatzpaare gehören zur sprachlichen Infrastruktur des erfolgreichen Umgangs mit heterogenen Materialien. Die SchülerInnen stoßen nicht einfach von selbst darauf und profitieren hier von entsprechenden Unterstützungen. Ist der Sinn solcher Vorstrukturierungen einmal erkannt, können Sie für das eigenständige Weiterarbeiten produktiv werden.

Warum wird schöne Literatur hässlich?

Überblick

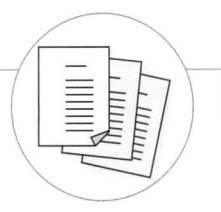

Warum wird schöne Literatur hässlich?

Thema	Ästhetik der klassischen Moderne, Epochenumbruch 19./20. Jh.
Klassenstufe	11.–13. Schuljahr
Typ	informierend-argumentierendes Schreiben
Materialien	M1: Schön / Hässlich (Ubaldo Nicola 2007) M2: Das Parfüm (Patrick Süskind 1985) M3: Expressionismus (Manfred Beetz 1997) M4: Die Verwandlung (Franz Kafka 1912) M5: Der Ekel in der Literatur (Hellmuth Kiesel 2009) M6: Ein Aas (Charles Baudelaire 1857) M7: Der Struwwelpeter (Heinrich Hofmann 1845) M8: „Schläft ein Lied in allen Dingen …" Joseph von Eichendorff (Brigitte Kohn 2014)
Zieltext	Radio-Feature
Kompetenzfokus	Inhaltsplanung und Textplanung
Arbeitsmaterial	AB1: Planungsschritte I: Einen Inhaltsplan erstellen AB2: Planungsschritte II: Einen Textplan erstellen

Warum wird schöne Literatur hässlich?

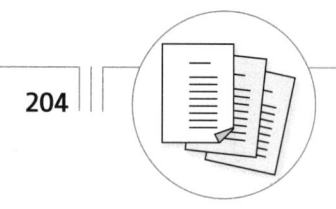

Überblick

Aufgabe

Der Radiosender *Offener Kanal Berlin* stellt jede Woche 10 Minuten Sendezeit zur Verfügung für Schülerbeiträge zum Thema „Literatur der Moderne".

Verfassen Sie ein Sendemanuskript für einen Hörbeitrag im Stile eines *Radio-Features* zum Thema: „Warum ist schöne Literatur heute so hässlich?"

Ihr Feature soll Jugendliche Ihrer Altersstufe auf unterhaltsame Weise darüber informieren, dass, wie und aus welchen Gründen schöne Literatur in der Moderne häufig sehr hässliche Züge trägt. Vertonen Sie am Ende Ihr Manuskript für die Radiosendung.

Hinweise zur Aufgabe

Ein Großteil des Materials dreht sich um die Kunstepoche der klassische Moderne (1880–1930). Denn vor allem in der klassischen Moderne entwickelt sich im Rahmen der Avantgardebewegungen, insbesondere bei den Expressionisten und Futuristen, ein Kunstprogramm, das dem Hässlichen in der Literatur bis heute den Boden bereitet.

Die Materialien geben einerseits Beispiele für das Hässliche in der schönen Literatur der Moderne (M2, M4, M6, M7), andererseits liefern sie in Form von Sachtexten Erklärungsansätze für die Etablierung des Hässlichen in der Moderne (M1, M3, M5). Die Sachtexte haben erläuternden, die literarischen Texte illustrierenden Charakter. Außerdem ist ein Beispiel für ein Sendemanuskript gegeben, das als Veranschaulichung der Textsorte dient und nichts mit dem Thema zu tun hat (M8). Beispiele für die Machart von Radio-Features können Sie auch auf dem Podcast *radioWissen* des *Bayrischen Rundfunks* abrufen.

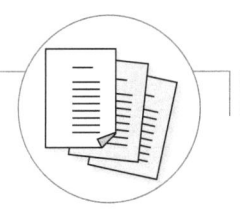

Ubaldo Nicola
Schön / Hässlich

M1

Obwohl sich in der abendländischen Geistesgeschichte zahlreiche Schönheitsbegriffe einander abgelöst haben, wurde von der griechischen Antike bis zur Moderne das Schöne immer als Naturgegebenes (nicht als Ergebnis menschlichen Tuns) begriffen. Für Homer war es die Leuchtkraft (das, was strahlt und beim Anschauen beeindruckt); für Aristoteles die Symmetrie (etwas, dem eine Gesetzmäßigkeit der Proportion innewohnt). Platon, dem wir die bedeutendste Kunsttheorie der Antike verdanken, fasste das Naturschöne als den offensichtlichsten Ausdruck der alles durchdringenden Idee des Schönen auf. Die Empfindungen, die von dieser Schönheit der Welt ausgelöst werden, veranlassen die (unsterbliche) Seele, teilzuhaben am Reich der Ideen, sich seiner zu erinnern. Platon schloss, wie alle griechischen Philosophen, aus, dass menschliches Tun Ergebnisse vollendeter Schönheit hervorbringen kann; die Kunst als Abbild der Natur ist nur zur Nachahmung der natürlichen Schönheit fähig (Mimesis).

Erst als das 18. Jh. den Geschmack als philosophischen Begriff entdeckte, begann man, Schönheit als das Ergebnis kreativer Tätigkeit des Menschen und seiner Entscheidungsmacht zu begreifen, nicht mehr als etwas Naturgegebenes. [...]

Alle Theorien der Ästhetik, die bis zum ausgehenden 19. Jh. entwickelt wurden, sahen im Hervorbringen des Schönen den Endzweck der Kunst (wobei sie „Schönheit" unterschiedlich definierten). Danach wählt der Künstler aus dem visuellen Reichtum der Natur jene Motive aus, die dem Schönheitsempfinden am meisten entsprechen, oder – wenn er sich für die Darstellung der grausamen Seiten des Lebens, entscheidet –, er verwandelt die natürliche Hässlichkeit durch seine Kunst in ästhetisch Schönes.

Erst die Avantgarden haben mit diesen traditionellen Postulaten der Ästhetik gebrochen: Sie haben nicht nur die unschönen Seiten der Wirklichkeit ins Bild geholt, sondern diese auch in ihrer Hässlichkeit ohne künstlerische Beschönigung dargestellt und ihre ganze antiästhetische Gewöhnlichkeit durch simple Techniken und *arme* Materialien (Abfallmaterialien, glanzlose Farben, dilettantische Verarbeitung) betont. Ziel dieser Künstler war es nicht mehr, die Wirklichkeit ästhetisch zu erhöhen, sondern sie in ihrer ganzen Brutalität zu zeigen. Nicht mehr das Schöne ist das Ziel, sondern das Wahre.

Quelle: Ubaldo Nicola: Bildatlas Philosophie: Die Geschichte der abendländischen Philosophie in Bildern. Berlin: Pathas-Verlag 2007.

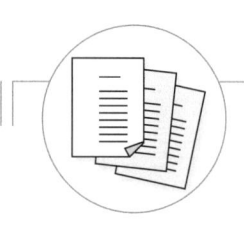

M2 Patrick Süskind
Das Parfüm (1985)

Im achtzehnten Jahrhundert lebte in Frankreich ein Mann, der zu den genialsten und abscheulichsten Gestalten dieser an genialen und abscheulichen Gestalten nicht armen Epoche gehörte. Seine Geschichte soll hier erzählt werden. Er hieß Jean-Baptiste Grenouille [...].
Zu der Zeit, von der wir reden, herrschte in den Städten ein für uns moderne Menschen kaum vorstellbarer Gestank. Es stanken die Straßen nach Mist, es stanken die Hinterhöfe nach Urin, es stanken die Treppenhäuser nach fauligem Holz und nach Rattendreck, die Küchen nach verdorbenem Kohl und Hammelfett; die ungelüfteten Stuben stanken nach muffigem Staub, die Schlafzimmer nach fettigen Laken, nach feuchten Federbetten und nach dem stechend süßen Duft der Nachttöpfe. Aus den Kaminen stank der Schwefel, aus den Gerbereien stanken die ätzenden Laugen, aus den Schlachthöfen stank das geronnene Blut. Die Menschen stanken nach Schweiß und nach ungewaschenen Kleidern; aus dem Mund stanken sie nach verrotteten Zähnen, aus ihren Mägen nach Zwiebelsaft und an den Körpern, wenn sie nicht mehr ganz jung waren, nach altem Käse und nach saurer Milch und nach Geschwulstkrankheiten. Es stanken die Flüsse, es stanken die Plätze, es stanken die Kirchen, es stank unter den Brücken und in den Palästen. Der Bauer stank wie der Priester, der Handwerksgeselle wie die Meistersfrau, es stank der gesamte Adel, ja sogar der König stank, wie ein Raubtier stank er, und die Königin wie eine alte Ziege, sommers wie winters. Denn der zersetzenden Aktivität der Bakterien war im achtzehnten Jahrhundert noch keine Grenze gesetzt, und so gab es keine menschliche Tätigkeit, keine aufbauende und keine zerstörende, keine Äußerung des aufkeimenden oder verfallenden Lebens, die nicht von Gestank begleitet gewesen wäre.
Und natürlich war in Paris der Gestank am größten, denn Paris war die größte Stadt Frankreichs. Und innerhalb von Paris wiederum gab es einen Ort, an dem der Gestank ganz besonders infernalisch herrschte, zwischen der Rue aux Fers und der Rue de la Ferronnerie, nämlich den Cimetière des Innocents. Achthundert Jahre lang hatte man hierher die Toten des Krankenhauses Hôtel-Dieu und der umliegenden Pfarrgemeinden verbracht, achthundert Jahre lang Tag für Tag die Kadaver zu Dutzenden herbeigekarrt und in lange Gräben geschüttet, achthundert Jahre lang in den Grüften und Beinhäusern Knöchelchen auf Knöchelchen geschichtet. Und erst später, am Vorabend der Französischen Revolution, nachdem einige der Leichengräben gefährlich eingestürzt waren und der Gestank des überquellenden Friedhofs die Anwohner nicht mehr zu bloßen Protesten, sondern zu wahren Aufständen trieb, wurde er endlich geschlossen und aufgelassen, wurden die Millionen Knochen und Schädel in die Katakomben von Montmartre geschaufelt, und man errichtete an seiner Stelle einen Marktplatz für Viktualien.
Hier nun, am allerstinkendsten Ort des gesamten Königreichs, wurde am 17. Juli 1738 Jean-Baptiste Grenouille geboren. [...]

Quelle: Patrick Süskind: Das Parfum. Die Geschichte eines Mörders. Zürich: Diogenes 1985.

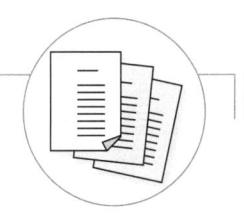

Manfred Beetz
Expressionismus

M3

Als Stilbegriff synthetisiert „Expressionismus" heterogene Inhalte und widerstrebende Tendenzen. Er verbindet eine im Futurismus forcierte Begeisterung für technischen Fortschritt mit Zivilisationskritik und der Entdeckung des Archaischen in der Kunst. […] Zu den bevorzugten literarischen Techniken des Expressionismus zählen Ausdrucksmittel wie groteske Verzerrung, Dynamisierung des Statischen oder mythologische Überdimensionierung, Aggressivität und Plakativität der Darstellung, symbolstarke Sprachgestik und die Darstellung explodierender Erregungszustände. Harmonievorstellungen werden seziert; im Häßlichen, in der Deformation soll die zeitgenössische Wahrheit zum Vorschein kommen; verbreiteter Desorientierung, Ich-Spaltung und Angst wird Ausdruck verliehen. Gegen die materielle Wirklichkeitsnachbildung, die Wissenschaftsgläubigkeit und den Milieu-Determinismus des Naturalismus führt der intellektuelle Künstler das „Geistige" und die Reduktion auf Essentielles ins Feld; übereinstimmende Themen wie Großstadterfahrung oder soziales Elend werden ins Höhnisch-Groteske übersteigert.

Quelle: Manfred Beetz: Expressionismus. In: Reallexikon der deutschen Literaturwissenschaft. Hrsg. von Klaus Weimar. Berlin/New York: De Gruyter 1997, S. 550–554.

M4 Franz Kafka
Die Verwandlung (1912)

Als Gregor Samsa eines Morgens aus unruhigen Träumen erwachte, fand er sich in seinem Bett zu einem ungeheueren Ungeziefer verwandelt. Er lag auf seinem panzerartig harten Rücken und sah, wenn er den Kopf ein wenig hob, seinen gewölbten, braunen, von bogenförmigen Versteifungen geteilten Bauch, auf dessen Höhe sich die Bettdecke, zum gänzlichen Niedergleiten bereit, kaum noch erhalten konnte. Seine vielen, im Vergleich zu seinem sonstigen Umfang kläglich dünnen Beine flimmerten ihm hilflos vor den Augen. „Was ist mit mir geschehen?", dachte er. Es war kein Traum. Sein Zimmer, ein richtiges, nur etwas zu kleines Menschenzimmer, lag ruhig zwischen den vier wohlbekannten Wänden. Über dem Tisch, auf dem eine auseinandergepackte Musterkollektion von Tuchwaren ausgebreitet war – Samsa war Reisender – hing das Bild, das er vor kurzem aus einer illustrierten Zeitschrift ausgeschnitten und in einem hübschen, vergoldeten Rahmen untergebracht hatte. Es stellte eine Dame dar, die mit einem Pelzhut und einer Pelzboa versehen, aufrecht dasaß und einen schweren Pelzmuff, in dem ihr ganzer Unterarm verschwunden war, dem Beschauer entgegenhob.

Gregors Blick richtete sich dann zum Fenster, und das trübe Wetter – man hörte Regentropfen auf das Fensterblech aufschlagen – machte ihn ganz melancholisch. „Wie wäre es, wenn ich noch ein wenig weiterschliefe und alle Narrheiten vergäße", dachte er, aber das war gänzlich undurchführbar, denn er war gewöhnt, auf der rechten Seite zu schlafen, konnte sich aber in seinem gegenwärtigen Zustand nicht in diese Lage bringen. Mit welcher Kraft er sich auch auf die rechte Seite warf, immer wieder schaukelte er in die Rückenlage zurück. Er versuchte es wohl hundertmal, schloß die Augen, um die zappelnden Beine nicht sehen zu müssen, und ließ erst ab, als er in der Seite einen noch nie gefühlten, leichten, dumpfen Schmerz zu fühlen begann.

„Ach Gott", dachte er, „was für einen anstrengenden Beruf habe ich gewählt! Tag aus, Tag ein auf der Reise. Die geschäftlichen Aufregungen sind viel größer, als im eigentlichen Geschäft zu Hause, und außerdem ist mir noch diese Plage des Reisens auferlegt, die Sorgen um die Zuganschlüsse, das unregelmäßige, schlechte Essen, ein immer wechselnder, nie andauernder, nie herzlich werdender menschlicher Verkehr. Der Teufel soll das alles holen!" Er fühlte ein leichtes Jucken oben auf dem Bauch; schob sich auf dem Rücken langsam näher zum Bettpfosten, um den Kopf besser heben zu können; fand die juckende Stelle, die mit lauter kleinen weißen Pünktchen besetzt war, die er nicht zu beurteilen verstand; und wollte mit einem Bein die Stelle betasten, zog es aber gleich zurück, denn bei der Berührung umwehten ihn Kälteschauer. [...]

Quelle: Franz Kafka: Die Verwandlung. Stuttgart: Reclam 2001.

Warum wird schöne Literatur hässlich?

Material

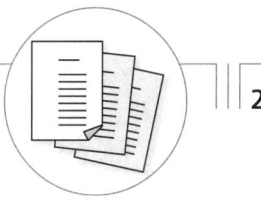

Hellmuth Kiesel

Der Ekel in der Literatur. Der feierlichste Glockenton ist der Rülpser

„Pprrpffrrppfff. Geschafft!" Die Literatur hat den Ekel schon lange vor Charlotte Roche und den Dschungelshows entdeckt und zum Ausdruck gebracht, was die Menschen insgeheim bewegt. Was den Leser nicht abstößt, bringt ihn dem wahren Leben näher. [...]

Größeren Raum bekam das Ekelhafte in der Vanitas-Dichtung und in den Satiren der Barockzeit, und gelegentlich findet man die Imagination von Ekelhaftem auch in der Literatur der folgenden Epochen bis zur Klassik hin. Hatte Goethe sich in „Faust II" noch mit Andeutungen bei der Beschreibung des hässlichen alten Weibes Phorkyas zufriedengegeben, wurde Charles Baudelaire in seinen „Les Fleurs du Mal" (1857) konkreter.

Der Ekel in seiner paradoxen Schönheit

„Mal" meint weniger das moralisch Böse als vielmehr das ästhetisch Unangenehme, das Widerwärtige, Abstoßende und Ekelhafte, das aber nicht nur als solches betrachtet und verabscheut oder ausgegrenzt, sondern in seinem überraschenden Reiz und in seiner paradoxen Schönheit gesehen werden soll. [...] Das berühmteste Beispiel dieser Malitätsflorifizierung ist das zwölfstrophige Gedicht „Une charogne" (Ein Aas). Darin erinnert sich der Sprecher, wie er eines Tages auf einem Spaziergang, seine schöne Geliebte am Arm, plötzlich vor dem Kadaver eines kleinen Tieres stand, vom Gestank fast umgeworfen wurde, und doch die Augen von dem aufblühenden „Knospenflor" - „une fleur s'épanouir" - dieses „Prachtgerippes" kaum abwenden konnte. [...]

Kunst der Ekelüberwindung

Die moderne Kunst will das Ekelhafte nicht verbergen und den Ekel nicht vermeiden; sie will das Ekelhafte als Bestandteil des Lebens zeigen und den Ekel provozieren, um ihn zur reflektierten Erfahrung zu machen. Im Interesse einer schärferen, wahrhaftigeren Wahrnehmung des Lebens dreht sie die kulturelle Erziehung zum Ekeln zurück und bewegt die Rezipienten dazu, den Ekel vorübergehend abzustreifen oder auszuhalten. Hierfür sind, wie Charlotte Roches „Feuchtgebiete" und Heinz Strunks „Fleckenteufel" zeigen, durchaus noch Anlässe zu finden. Strunk hat schon mit seinem „Fleisch ist mein Gemüse" eine Sphäre ins Licht gerückt und zur Sprache gebracht, vor der man bisher Augen und Ohren verschloss - und stellt sich damit in die Tradition der durchaus aufklärerisch zu nennenden Kunst der Ekelüberwindung. [...]

Was insgeheim bewegt

Der Leser wird nicht nur für einen Moment unter eine Ekeldusche gestellt; er muss in ein Ekelbad eintauchen. Ob man diese Monomanie, die manche weniger als ekelhaft denn als pornographisch empfinden, als ein Versagen oder schlichtes Nicht-Vorhandensein von Kunst oder aber als eine neue [...] Form von Ekelkunst zu bewerten hat, ist schwer zu sagen. Der Erfolg zumal des Buches von Charlotte Roche deutet darauf hin, dass hier etwas zur Sprache gebracht wird, was viele Menschen insgeheim bewegt und was sie einmal gesagt wissen wollen, und sei es nur testweise im Medium der Kunst.

Mit den skatologischen TV-Spektakeln, die in den letzten Wochen erneut Quote machten, scheint diese Bewegung zum Ekeln-Wollen vollends auf der Ebene der Unterhaltungs- oder Trivialkultur angekommen. Das muss man nicht gleich verwerflich finden. Ein Teil der Erfahrungen, die mit der „hohen" Kunst zu machen sind, mögen auch hier zu machen sein. Und bevor die Glotzkiste wirklich zur Kotzkiste wird, kann der Ekel noch seine Abwehrfunktion erfüllen und dazu beitragen, endlich umzuschalten.

Quelle: http://www.faz.net/aktuell/feuilleton/buecher/der-ekel-in-der-literatur-der-feierlichste-glockenton-ist-der-ruelpser-1771478.html (gesehen am 8.6.2015)

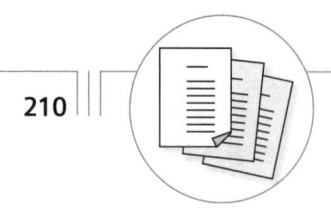

M6 Charles Baudelaire
Ein Aas (1857)

An jenes Ding, mein Herz, erinnre dich:
  Der schöne, milde Sommertag:
Und da, am Wegesrand ein Aas, das widerlich
  Auf einem Bett von Kieseln lag;

Die Beine spreizend wie ein geiles Weib,
  Gift schwitzend und vergoren,
Erschloss es seinen aufgedunsenen Leib,
  Nachlässig, unverfroren.

Die Sonne strahlte auf die Fäulnis nieder,
  Als koche sie sie vollends gar
Und gäbe der Natur vervielfacht wieder,
  Was vormals eines war;

Der Himmel sah auf das Gerippe hin,
  Als öffne eine Blüte sich.
So stark war der Gestank, dass es dir schien,
  Ohnmacht erfasse dich.

Und Fliegen summten über faulen Därmen,
  Daraus wie zähe Flüssigkeiten
Die Larven krochen, sich in schwarzen Schwärmen
  Über die Fetzen auszubreiten.

Das alles hob und senkte sich in Wellen
  Und schillerte und schwebte;
Man meinte, dass der Leib in leichtem Schwellen
  Sich mehre und so lebte.

In dieser Welt erklang ein seltsam Singen,
  Wie Wasser, wie der Wind, der weht,
Oder wie Korn, das rhythmisch auf den Schwingen
  Geworfelt wird und umgedreht.

Die Form verschwamm und war nur noch ein Traum,
  Entwurf mit flüchtigen Konturen,
Vergessen fast; und es enträtselt kaum
  Der Künstler seine Spuren.

Ein Hund sah lauernd und mit bösem Blick
  Hinter dem Fels hervor;
Es trieb ihn zu dem Brocken Fleisch zurück,
  Den er bei dem Skelett verlor.

– Doch wirst auch du wie dieser Unrat sein,
  Wie diese Pest, so grauenhaft,
Stern meiner Augen, Licht in meinem Sein,
  Mein Engel du und meine Leidenschaft!

Ja! Königin, die allem Reiz gebietet,
  Noch mit dem Sakrament versehn,
Wirst du, von Gras und Blumen wohlbehütet,
  Auch in Verwesung übergehn.

Dann sage dem Gewürm, du Wunderbare!
  Das dich verzehrt mit seinem Kuss,
Dass ich Gestalt und Göttlichkeit bewahre
  Der so Geliebten, die verderben muss!

Quelle: Charles Baudelaire: Les Fleurs du Mal / Die Blumen des Bösen. Übers. von Monika Fahrenbach-Wachendorff. Anmerkungen von Horst Hina. Stuttgart: Reclam 2011, S. 93–95.

Heinrich Hoffmann
Der Struwelpeter (1845)

Quelle: Fritz Kredel/Der Struwwelpeter. Frankfurter Originalausgabe, Loewes Verlag Ferdinand Carl, erschienen 1999 bei der Loewe Verlag GmbH, Bindlach

> **Anmerkung:**
> In dem 1845 erschienenen Bilderbuch „Der Struwwelpeter" versammelt der Kinderarzt und Psychologe Heinrich Hoffmann eine Sammlung von Geschichten, in denen Kindern, die sich der damaligen Ansicht nach falsch verhalten, Grausames widerfährt. Auf dem Titelbild ist ein verwahrlostes Kind, der Struwwelpeter, zu sehen. Nicht nur dieses Motiv ist hässlich, auch der Inhalt stößt durch die unbekümmerte Darstellung von Grausamkeiten ab. So werden einem Jungen beide Daumen abgeschnitten, weil er nicht aufhört, am Daumen zu lutschen. Zur Zeit des Erscheinens gilt das Werk bei vielen Zeitgenossen als Skandal, weil es nicht kindgerecht sei und in seiner Hässlichkeit und Grausamkeit das ästhetische Gefühl verderbe.

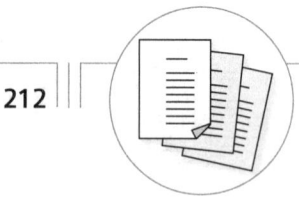

M8 Brigitte Kohn
„Schläft ein Lied in allen Dingen ..." Joseph von Eichendorff
(Sendemanuskript Bayern2 – radioWissen)

ZITATOR EICHENDORFF:

„Man setzt uns auf die Schwelle,
wir wissen nicht, woher?
Da glüht der Morgen helle,
Hinaus verlangt uns sehr.
Der Erde Klang und Bilder,
Tiefblaue Frühlingslust,
Verlockend mild und wilder,
Bewegen da die Brust.
Bald wird es rings so schwüle,
Die Welt eratmet kaum,
Berg, Schloss und Wälder kühle
Stehn lautlos wie im Traum,
Und ein geheimes Grausen
Beschleichet unsern Sinn:
Wir sehnen uns nach Hause
Und wissen nicht, wohin?"

ERZÄHLERIN:

Sehnsucht ist die Grundmelodie im Werk Joseph von Eichendorffs. Sehnsucht als Seelenstoff, als Lebensmotor, der das Leben über die Grenzen treibt, denn Erfüllung und Heimat sind anderswo, jenseits des Todes. Die Sehnsucht birgt ein Grausen, ihr Vater ist der Tod. Doch dem Tod entspringt auch die Neugier. Weil alles endlich ist, bleibt alles frisch und neu. Sehnsucht lockt ins Freie, ins Unbekannte, sie hält in Bewegung.

ZITATOR EICHENDORFF:

„Wem Gott will rechte Gunst erweisen,
Den schickt er in die weite Welt,
Dem will er seine Wunder weisen
In Berg und Wald und Strom und Feld.
Die Trägen, die zu Hause liegen,
Erquicket nicht das Morgenrot,
Sie wissen nur von Kinderwiegen,
Von Sorgen, Last und Not um Brot.
[...]"

ERZÄHLERIN:

„Taugenichts" nennt sich der Wanderer, der mit diesem Lied auf den Lippen in die Welt hinaus zieht: ein junger Mann, der den bürgerlichen Bahnen nichts abgewinnen kann, den das freie Feld lockt, die Landstraße, die Natur. Er dichtet, singt und spielt Geige, die Herzen fliegen ihm zu.

ZITATORIN:

„Ei, lustiger Gesell, Er weiß ja recht hübsche Lieder zu singen!

ZITATOR TAUGENICHTS:

Ew. Gnaden aufzuwarten wüsst ich noch viel schönere!"

ZITATORIN:

„Spring Er nur hinten mit auf!"

ERZÄHLERN:

Wenn hübsche Mädchen aus dem Fenster einer Kutsche lachen, springt er gerne hinten auf den Wagentritt und nimmts nicht weiter übel, dass man ihm keinen Sitzplatz im Inneren der Kutsche einräumt. Die Fahrt endet in einem Schloss – dort wohnen die beiden Damen. Der Taugenichts will bleiben. Erstens hat er seine Geldmünzen unterwegs verloren und zweitens gefällt ihm eine der beiden jungen Frauen ganz besonders gut. Liebe und Geld sind starke Bindungsmittel, auch für den freiheitsliebenden Taugenichts. Doch wer bleiben will, muss sich nützlich machen. Der Taugenichts wird Hilfsgärtner – und sein Chef ist nicht gerade aus dem Stoff gemacht, aus dem die Träume sind.

ZITATOR TAUGENICHTS:

„Zuletzt kam endlich der Gärtner, brummte was von Gesindel und Bauernlümmel unterm Bart, und führte mich nach dem Garten, während er mir unterwegs noch eine lange Predigt hielt: wie ich nur fein nüchtern und arbeitsam sein, nicht in der Welt herumvagieren, keine brotlosen Künste und unnützes Zeug treiben solle, da könnt ich es mit der Zeit auch einmal zu was Rechtem bringen. - Es waren noch mehr sehr hübsche, gutgesetzte, nützliche Lehren, ich habe nur seitdem fast alles wieder vergessen."

ERZÄHLERIN:

Hin und wieder, anlässlich einer Kahnfahrt zum Beispiel, darf der Taugenichts für die hohe Gesellschaft den Alleinunterhalter spielen. Die schönen Damen und die feinen Herren begegnen dem Sänger herablassend und hochmütig.

ZITATOR TAUGENICHTS:

„Wir stießen ans Land, die Herrschaften stiegen alle aus, viele von den jungen Herren hatten mich, ich bemerkt es wohl, während ich sang, mit listigen Mienen und Flüstern verspottet vor den Damen. Das Herz wollte mir zerspringen vor Scham und vor Schmerz, es fiel mir jetzt auf einmal alles recht ein, wie sie so schön ist und ich so arm bin und verspottet und verlassen von der Welt, - und als sie alle hinter den Büschen verschwunden waren, da konnt ich mich nicht länger halten, ich warf mich in das Gras hin und weinte bitterlich."

ERZÄHLERIN:

Der Schmerz, der die Novelle „Aus dem Leben eines Taugenichts" durchzieht, ist Eichendorffs eigener. Weil er sich und seine Familie vom Dichten nicht ernähren kann, muss er katzbuckeln als Staatsdiener. Auch den Eltern geht es finanziell nicht gut. Sein heimatliches Schloss, das geliebte Lubowitz, ist ständig von Zwangsversteigerung bedroht. Im Jahr 1801 ist Adolph von Eichendorff, sein Vater, einmal acht Monate lang spurlos verschwunden, untergetaucht in der Hoffnung, so seinen Gläubigern zu entgehen. Die Mutter Karoline, von wesentlich geschäftstüchtigerer Natur, ist böse auf Joseph, weil er statt einer reichen Kusine das mittellose Edelfräulein Luise von Larisch geheiratet hat. Trotz allem fügt sich Eichendorff nur widerwillig in sein Beamtenschicksal:

ZITATOR EICHENDORFF:

„Ich habe wenig Zeit, wenig Lust, wenig Kenntnisse, wenig Geld, wenig Protektion, wenig connaissances, liaisons, savoir vivre und anderen solchen Teufelsdreck!"

Quelle: http://www.br.de/radio/bayern2/wissen/radiowissen/eichendorff-manuskript-100.html
(Gesehen am 8.6.2015)

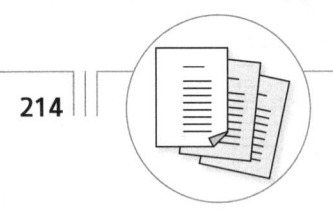

AB1 Planungsschritte I: Einen Inhaltsplan erstellen

Sie sollten sich überlegen, wie Ihr Feature funktionieren soll. In M8 finden Sie ein Beispiel: Es handelt sich um einen Auszug aus dem Manuskript eines Radio-Features zum Romantiker Joseph von Eichendorff. An diesem Beispiel ist gut zu erkennen, wie ein Radio-Feature funktioniert.

> **Hinweise zur Struktur eines Features**
> Erstellen Sie für Ihr Feature eine Erzählstimme, die den roten Faden legt. Diese Erzählstimme muss sich regelmäßig abwechseln mit wenigstens einer anderen Stimme, die passende Beispiele (Zitate) für die Inhalte liefert, die von der Erzählstimme wiedergegeben werden. Die Erzählstimme kann man sich auch als Chefstimme vorstellen, die berichtet, erklärt, begründet und veranschaulicht. Die übrigen Stimmen sind eher zur Illustration gedacht, ihnen wird das Wort quasi von der Chefstimme erteilt.

Aufgabe

1. Vervollständigen Sie die folgende Tabelle stichpunktartig, indem Sie am Material klären, was die Chefstimme sagt und welche Textelemente zur Illustration des Gesagten dienen.
   Stellen Sie sich u. a. folgende Fragen: Wann wird Literatur hässlich? Warum wird Literatur hässlich? Wie wird Literatur hässlich? Wer macht Literatur hässlich?

Was referiert oder erklärt die Chefstimme?	Womit veranschaulicht das, was die Chefstimme äußert, die Illustrationsstimme?
Schönheit als Endzweck der Literatur bis ins 19. Jahrhundert, dann Bruch (vgl. Material 8); Baudelaire als einer der ersten Modernen, die Hässliches zeigen (vgl. Material 5): in Gestalt eines verwesenden Hundeleichnams	„Der Himmel sank auf das Gerippe hin,/Als öffne eine Blüte sich./So stark war der Gestank, dass es dir schien/Ohnmacht erfasse dich./Und Fliegen summten über faulen Därmen/Daraus wie zähe Flüssigkeiten,/Die Larven krochen, sich in schwarzen Schwärmen/Über die Fetzen auszubreiten." (Material 3)

Warum wird schöne Literatur hässlich?

Kompetenzfokus

Planungsschritte II: Einen Textplan erstellen

AB2

Es ist ratsam, statt einfach draufloszuschreiben, zunächst einen Textplan anzufertigen. Der Textplan legt fest, in welcher Reihenfolge und nach welcher Logik einzelne Elemente des Textes angeordnet werden. Eine Reihenfolge muss allerdings einem roten Faden folgen. Sinnvoll ist es deshalb, sich eine übergreifende Argumentation zu überlegen und einzelne Knotenpunkte zu bestimmen, an denen wichtige Argumente oder Gedanken zum Tragen kommen sollen.

> **Hinweise für die Konstruktion eines roten Fadens**
> Für den roten Faden sind unterschiedliche Varianten möglich, z. B.:
> **A:** Man kann **chronologisch** vorgehen, indem man mit der schönen Literatur beginnt und dann zeitlich die Entwicklung der hässlichen Literatur nachzeichnet.
> **B:** Man kann **sachlogisch** vorgehen, indem man unabhängig von der zeitlichen Entwicklung erklärt, wie das Hässliche funktioniert, welche Bedeutung das Hässliche hat und was so schön am Hässlichen ist.

Aufgabe

1. Formulieren Sie „Wegmarker" für Ihren Textplan, die Ihnen einerseits den roten Faden anzeigen und die andererseits klären, an welcher Stelle welche Inhalte auf welche Weise konkret ausformuliert werden müssen. Ein Beispiel für ein chronologisches Vorgehen ist im Folgenden abgebildet:

- Ehemals ging es der Literatur nur um ...

- Das zeigte sich an ...

- Begründet wurde diese Ausrichtung durch ...

- Im 19. Jh. aber ...

- Die Autoren wollten damit ...

- Im 20. Jh. dann ...

- Die Expressionisten bspw. meinten, ...

- Das zeigte sich an ...

- Bei Kafka zum Beispiel ...

- Heute sieht man am Dschungelcamp oder an Charlotte Roche ...

- Erklären lässt sich das damit, dass ...

Hinweise für Lehrerinnen und Lehrer

Inhaltliche Anforderungen

Die Materialien 2, 4, 6 und 7 sind literarische Texte und veranschaulichen auf unterschiedliche Weise, wie Hässliches in der Moderne zum Thema wird. Inhaltlich zeigt sich die Hässlichkeit durch die Fokussierung von Gestank und Verwesung (M2, M6) oder durch die Darstellung äußerer Hässlichkeit in Gestalt übergroßer Ungeziefer (M4) und ungepflegter bzw. verwahrloster Kinder (M7). Formensprachlich reicht die Palette vom Phantastischen (M4) zum realistisch-Grotesken (M2), vom feierlich-gehobenen Stil (M6) zum ungezwungen-scherzhaften Plauderton (M2). Die Materialien liefern textliches (M2, M4, M6) und bildliches Anschauungsmaterial (M7), um die These der hässlichen Literatur zu untermauern.

Die Materialien 1, 3 und 5 liefern *einerseits* Begründungen und Erläuterungen für die Hässlichkeit in der modernen Literatur. Es lassen sich wichtige Argumente für die Etablierung von Hässlichkeit finden – Suche nach Wahrheit (M1, M3), schonungslose Erfassung der ganzen Realität (M1), Gesellschaftskritik (M3), Großstadterfahrung und Verelendung (M3), paradoxer Reiz am Ekel und Genuss von innerlich Verdrängtem (M5), Ausdruck von Angst und Desorientierung (M3). Darüber hinaus liefern die Texte Informationen zu den Darstellungsmitteln, mit denen in der Moderne die Hässlichkeit zum Zuge kommt – z. B. simple Techniken (M1), groteske Verzerrung, Aggressivität und Plakativität (M3). Sie skizzieren *andererseits* die historische Entwicklung von der „schönen Literatur" zur „hässlichen Literatur" (M1, M3, M5). Wichtig ist in diesem Zusammenhang der Kontrast zwischen dem vormodernen Schönheitsbegriff (Schönheit als Naturgegebenes) und dem modernen Schönheitsbegriff (Schönheit als Ausdruck kreativer Tätigkeit) (M1). Damit verbunden ist der Anspruch der modernen Autoren, nicht mehr Naturschönes nachzuahmen bzw. einzufangen, sondern Wahres, also auch Hässliches ins Bild zu rücken (M1), was vor allem für die Expressionisten gilt (M3). Dass dem Hässlichen in der klassischen Moderne zwar eine besondere Rolle zuerkannt wird (M1, M3), das Interesse am Hässlichen aber weder in der klassischen Moderne beginnt (Hässliches schon im Barock) noch mit ihr endet (Hässlichkeit im Dschungelcamp oder in Charlotte Roches Romanen), gehört ebenso zur historischen Entwicklung des Hässlichen in der Literatur (M5).

Sprachliche und textsortenbezogene Anforderungen

Es kommt darauf an, eine vielstimmige Reportage im Stil von M8 herzustellen. Dabei geht es weniger darum, die Adressaten sachlich zu informieren, als sie durch eine kohärente Vielstimmigkeit von (Literatur-)Zitaten einerseits und explanativen, narrativen und argumentativen Entfaltungselementen andererseits zu unterhalten. Das Feature ist eine Form der Reportage, die das, was sie erklärt, immer wieder bildhaft veranschaulicht. Insofern spielt der Wechsel zwischen Abstraktem und Konkretem, zwischen Erklärung und Veranschaulichung, zwischen Erzählstimme und Zitat eine zentrale Rolle. Leitend ist eine Art Erzählstimme, die einen roten Faden legt, und anderen (Zitat-)Stimmen regieführend das Wort erteilt.

Eine besondere Herausforderung besteht darin, die Informationen aus den explanativen Texten auf die literarischen Texte zu beziehen und umgekehrt die literarischen Texte in den Gesamttext zu integrieren. Einerseits sind dafür explizite Verweise zu identifizieren (die Materialien erhellen sich in der gegebenen Reihenfolge wechselseitig), andererseits sind implizite Beziehungen zu schlussfolgern und Integrationsmöglichkeiten zu erschließen. Die beigefügten Arbeitsblätter weisen einen Weg, wie die SchülerInnen unterstützt werden können.

Warum wird schöne Literatur hässlich?

Hinweise für Lehrerinnen und Lehrer

Da es sich um das Manuskript für ein Radio-Feature handelt, sind die Anforderungen an die Redewiedergabe, das Zitieren und das Referieren anders als bei genuin schriftlichen Texten. Die Belege gehören in den Haupttext, sie müssen hörbar gemacht werden. Insofern ist ein „*(vgl. Kafka 1912)*" denkbar ungeeignet, wenn *Die Verwandlung* zitiert wird. Stattdessen kann die Erzählstimme das direkte Zitat nachträglich mit einem „So hässlich begann Kafka 1912 seine berühmte Käfergeschichte!" belegen. Dasselbe gilt für die Reformulierung von Inhalten aus den Sachtexten. Auch hier müssen eher indirekte, aber im Haupttext sichtbare Belegverfahren wie „Der Journalist Kiesel zum Beispiel meint, dass" genutzt werden.

Zum Kompetenzfokus

Die beiden Arbeitsblätter unterstützen die SchülerInnen dabei, Inhalts- und Textpläne zu erstellen. Geht es bei AB1 darum, den textsortenspezifischen Wechsel zwischen Allgemeinem und Konkretem zu begreifen und wesentliche inhaltliche Aspekte aus den explanativen Texten entsprechenden literarischen Beispielen zuzuordnen, zielt AB2 darauf, die ausgewählten Elemente mithilfe von zu formulierenden Wegmarkern für den konkreten Text zu ordnen. Wichtig ist, dass die Arbeitsblätter zwischen dem eigentlichen Erschließen des Materials und dem Formulieren des eigenen Textes eingesetzt werden. Erst nachdem die Texte erschlossen worden sind, können also die Arbeitsblätter ihre unterstützende Funktion entfalten.

Da die Vielstimmigkeit im Radiofeature am Ende buchstäblich wird, ist kooperatives Arbeiten durchaus sinnvoll. Die Sprecher, die schlussendlich das Textprodukt vertonen, sollten dieses auch als gemeinsames Produkt wahrnehmen können. Wir empfehlen für die Bearbeitung der Arbeitsblätter Kleingruppenarbeit (zwei bis vier Lernende) und 60min Arbeitszeit. Bestenfalls arbeiten diese Kleingruppen auch schon bei der Texterschließung (also vor der Bearbeitung der Arbeitsblätter) zusammen, indem sie das Material aufgaben- und zielbezogen besprechen. Für das Schreiben (also nach der Bearbeitung der Arbeitsblätter) ist vorstellbar, dass jedes Gruppenmitglied einen eigenen Text verfasst, von denen dann der beste als „Vertonungskandidat" für eine gemeinsame Überarbeitung ausgewählt wird.

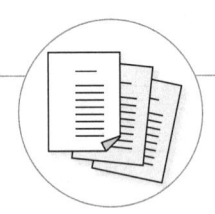

Wie romantisch ist die Romantik?

Thema	Romantik und Moderne, literarische Epochen des 18./19. Jh., Wirkungsgeschichte und Rezeptionskonventionen
Klassenstufe	10.–13. Schuljahr
Typ	informierend-argumentierendes Schreiben
Materialien	M1: Kerzen, Rosen, Schmusesongs? Was Deutschlands Frauen wirklich romantisch finden (Studie des Online-Portals Parship) M2: Suchen Romantiker für Führungsposition (Interview von Anne Haeming mit Tim Leberecht) M3: Romantik (Alfred Schmitz) M4: Romantik. Geschichte und Begriff (Gerhard Schulz) M5: Mondnacht (Joseph von Eichendorff) M6: Loreley (Heinrich Heine) M7: Athenäums-Fragmente (Friedrich Schlegel)
Zieltext	Essay (Schülerzeitung)
Kompetenzfokus	Schreiben, Formulieren
Arbeitsmaterial	AB1: Schreibstil (zwei Seiten)

Wie romantisch ist die Romantik

Überblick

AUFGABE

Was hat ein romantisches Abendessen mit einem romantischen Gedicht aus dem 19. Jahrhundert zu tun? Entsprechen unsere heutigen Vorstellungen über das Romantische überhaupt dem, was die Romantiker, also die Künstler der gleichnamigen Epoche im 19. Jahrhundert, damit meinten? Kurz: Wie romantisch ist eigentlich die Romantik?

Die Schülerzeitung Ihrer Schule widmet sich in einer der kommenden Ausgaben dem Großthema Liebe. Einer der noch ausstehenden Artikel soll sich mit einem literarischen Thema beschäftigen. Verfassen Sie vor diesem Hintergrund einen Essay zum Thema: „Wie romantisch ist die Romantik?", in dem Sie über den Zusammenhang zwischen unserem heutigen Romantikverständnis und dem der Romantiker aus dem 19. Jahrhundert reflektieren. Der Essay darf nicht länger als 2000 Wörter sein. Nutzen Sie das zur Verfügung stehende Material.

Hinweise zur Aufgabe

Das Material zeigt einerseits beispielhaft, was das Romantische in der Gegenwart bedeutet und wie wir heute zur Romantik stehen (M1, M2). Andererseits dreht sich das Material um die Kunstepoche der Romantik – angeboten werden informative Texte über die Romantik (M3) und literarische sowie programmatische Beispiele von den Romantikern aus dem 19. Jahrhundert (M5, M6, M7). Zwischen diesen beiden Polen steht ein Sachtext, der über die Begriffsentwicklung von „romantisch" und „Romantik" informiert (M4).

Das Material hat verschiedene Funktionen: Es gibt Ihnen zitierfähige Beispiele an die Hand, mit denen Sie die Leserinnen und Leser darüber aufklären können, was eigentlich romantisch ist bzw. was als romantisch verstanden wird. Andererseits informiert es Sie über die Romantik als Epoche und vermittelt Ihnen Inhalte und Zusammenhänge, auf die Sie in Ihrem Essay Bezug nehmen können.

Eine besondere Herausforderung besteht darin, anhand des Materials unsere heutigen Vorstellungen vom Romantischen zu klären und vergleichend auf die Vorstellungen der Romantiker im 19. Jh. zu beziehen. Was Romantik heute bedeutet, wird in M1 und M2 nicht ausdrücklich erläutert, sondern vorausgesetzt bzw. beiläufig erwähnt.

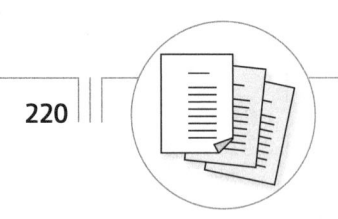

M1 PARSHIP Studie:

Kerzen, Rosen, Schmusesongs? Was Deutschlands Frauen wirklich romantisch finden

> **Über die Studie**
> Für die vorliegende Studie hat PARSHIP gemeinsam mit dem Marktforschungsinstitut INNOFACT AG 517 Frauen zwischen 18 und 65 Jahren befragt. Die Stichprobe entspricht nach Alter, Geschlecht und Region der repräsentativen Verteilung in der deutschen Bevölkerung. Die unabhängige Online-Erhebung fand im Dezember 2014 statt.

Frage: Würden Sie sich selbst als romantisch bezeichnen? Oder können Sie damit eher nichts anfangen?

Antwort	Frauen
Absolut – ich bin durch und durch Romantikerin und mein Partner sollte auch eine romantische Ader haben!	26 %
Naja, ein bisschen Romantik gefällt mir gut. Aber übertreiben muss man es nicht – sonst wird's kitschig!	66 %
Eher nicht. Ich bin pragmatisch und kann mit Romantik nicht viel anfangen.	7 %
Überhaupt nicht! Allein bei der Vorstellung an Rosenduft und Kerzenschein wird mir schon schlecht.	1 %

n = 517 Frauen

Frage: Kerzen, Rosen, Streichorchester... In Hollywoodfilmen sind das nur einige der Symbole für Romantik. Aber wie sehen Sie das eigentlich? Welche Geste finden Sie so richtig romantisch?

Antwort	Frauen
Für mich fängt Romantik bei den kleinen Dingen des Alltags an: eine Liebesbotschaft am Spiegel, ein liebevoll zubereitetes Frühstück am Bett. Das ist doch die schönste Form von Romantik.	55 %
Hauptsache überraschend: Ich finde es besonders romantisch, wenn ein Mann mich spontan entführt – ob es dann ins Kino, in die Oper oder zur Frittenbude geht ist egal. Der Gedanke zählt.	30 %
Ich mag es sinnlich: Ein frisch eingelassenes Schaumbad und Kerzenschein finde ich großartig.	15 %
Auch Romantik geht durch den Magen: Ein tolles Essen und ein liebevoll gedeckter Tisch machen mich schwach.	15 %
Ab auf die Couch: Zusammen einen romantischen Film schauen und mitschmachten, das ist das tollste! Besonders, wenn er ‚Pretty Woman' und Co. eigentlich gar nicht leiden kann.	13 %
Durch die Blume: Ob selbstgepflückt oder vom Floristen – ein Blumenstrauß ist für mich das Nonplusultra in Sachen Romantik.	12 %
Ein selbstgeschriebenes Gedicht oder Lied – romantischer ist nun wirklich gar nichts!	5 %
Eine öffentliche Liebeserklärung – nichts ist schöner, als wenn ein Mann mir vor Publikum seine Gefühle zeigt.	5 %
Diamonds are a girls best friend! Kostspielige Geschenke sind für mich besonders romantisch.	3 %
Sonstiges	1 %

n = 517 Frauen, bis zu zwei Nennungen möglich

Quelle: https://www.parship.de/editorial/unternehmen/presse/pressemeldungen-2015/parship-studie-kerzen-rosen-schmusesongs-was-deutschlands-frauen-wirklich-romantisch-finden/ (gesehen am 04.03.2016)

Wie romantisch ist die Romantik

Aufgaben

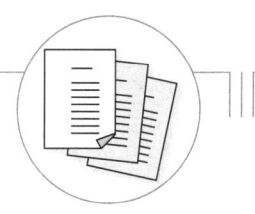

Interview von Anne Haeming mit Tim Leberecht
Suchen Romantiker für Führungsposition

M2

Im Beruf zeigen wir zu wenig Gefühl, sagt Manager und Buchautor Tim Leberecht. Sein Rezept für eine bessere Firmenkultur: Fehler eingestehen und auch mal weinen. Und mit den Kollegen Tango tanzen.

KarriereSPIEGEL: Herr Leberecht, Sie sind im Büro - schon ne Kerze angezündet?
Leberecht: Nein, aber ich habe statt Neonlicht ein kleines Lämpchen an, ein bisschen romantische Stimmung kommt da schon auf.

KarriereSPIEGEL: Nun haben Sie ein ganzes Buch über „Business Romantiker" geschrieben. Wonach haben Sie sich denn so gesehnt?
Leberecht: Es gibt auch im Arbeitsalltag Schönheit und spirituelle Erfahrungen - das bleibt aber oft verborgen. Besonders deutlich wurde mir dieser Mangel, als die Produktdesignfirma, in der ich vor ein paar Jahren als Marketingchef arbeitete, von Private-Equity-Investoren übernommen wurde. Da prallten zwei Welten aufeinander: Die Investoren redeten nur über Zahlen, Kultur war für sie ein weicher Faktor, unwichtig. Ich traute mich damals nicht zu protestieren. Aber ich halte Gefühle und Fantasie für elementar im Business. Ich möchte die Wirtschaft romantischer und damit menschlicher machen.

KarriereSPIEGEL: Wie sollte ein romantischer Management-Stil denn aussehen?
Leberecht: Die Zukunft gehört jenen, die beides sind: analytisch und kreativ. Es steht einem Unternehmen gut zu Gesicht, Dinge auch einmal nicht zu erklären, nur der Schönheit wegen zu tun, ohne sofort einen Nutzen daraus ziehen zu wollen.

KarriereSPIEGEL: Viele Chefs würden einem ganz schön was husten, wenn man sagt: Heute habe ich Dinge nur der Schönheit wegen gemacht.
Leberecht: Es geht nicht darum, jeden Tag mit einer neuen Idee anzukommen. Es geht um das Gefühl, als sei man eine Band - so wie früher, als ich noch aktiv Musik machte: Alle sind aufeinander eingespielt, proben intensiv, treten öffentlich auf - aber ab und zu findet man eben kein Publikum, was kein Problem ist. Romantische Manager sind Dirigenten, aber immer auch Straßenmusiker. [...]

KarriereSPIEGEL: Bei Romantik denkt man aber nicht an Ökonomie, eher an die rein gefühlsmäßige Erfassung der Welt, an Künstler des 19. Jahrhunderts.
Leberecht: Genau. Die Romantiker waren eine Gegenbewegung zur Aufklärung, der Ära der empirischen Vernunft. Heute ist das Pendel wieder zu weit ausgeschlagen, die neuen Datentools verstärken das: Wir glauben, wir könnten alles analysieren, quantifizieren und maximieren. Sogar unser Glücksgefühl! Es gibt mittlerweile algorithmische CEOs und Personalabteilungen, in denen nicht Menschen, sondern Maschinen entscheiden - rein datenbasiert.

KarriereSPIEGEL: Soll ich dann in Powerpoint-Konferenzen Mörike zitieren oder wie? „Hassen und lieben zugleich muss ich. Wie das? / Wenn ich's wüsste! / Aber ich fühl's, und das Herz möchte zerreißen in mir"?
Leberecht: Ich sträube mich dagegen, Romantik zu instrumentalisieren, um bessere Meetings zu haben. Das führt den Ansatz ad absurdum.

KarriereSPIEGEL: Wie lassen sich Routinen dann durchbrechen?
Leberecht: Es kann jedenfalls keine Top-down-Initiative sein, wo der CEO sagt: „Wir launchen jetzt ein businessromantisches Framework." Die ursprüngliche romantische Bewegung kam aus dem Verborgenen, von unten. In einigen US-Firmen gibt es jetzt Gruppen, die wie Geheimbünde oder Rebellen agieren und damit den Status quo herausfordern. Einige haben eine Art Schattenfirma aufgezogen und so von innen eine Gegenrealität geschaffen. Aber man kann auch einfach Mystery Meetings organisieren.

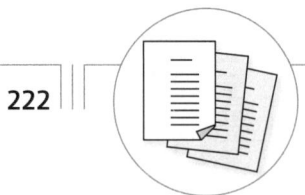

KarriereSPIEGEL: Mystery - was?

Leberecht: Das sind Treffen, zu denen man ohne ersichtlichen Grund einlädt. Keiner weiß, wer kommt, worum es geht. Das macht den Arbeitsalltag spannender. Es geht darum, mechanistische Vorgänge in einem Betrieb anders zu sehen. Hier in den USA gibt es auch sogenannte „Daybreaker"-Events: Die laden Erwerbstätige dazu ein, ihren Arbeitstag morgens um sechs mit wildem, rauschhaftem Tanz zu beginnen. Es geht darum, das Vertraute jeden Tag wieder fremdartig zu machen. Dafür muss man kein Kreativchef sein. [...] Hier in den USA schicken einige Firmen ihre Mitarbeiter für einen Perspektivwechsel drei, vier Wochen lang auf Arbeitsreise. Und bei der Shoppingplattform Etsy unterrichten sich Mitarbeiter gegenseitig - im Tangotanzen. Es stärkt die Gemeinschaft und spricht Jüngere an, bei denen die Grenzen zwischen Arbeit und Privatem verschwimmen. [...]

KarriereSPIEGEL: Sie haben sogar per Stellenanzeige nach einem Business-Romantiker gesucht. Wie viele haben sich gemeldet?

Leberecht: Ungefähr hundert. Es gab sehr schöne Zuschriften, auch melancholische. Es sei ihr Traumjob, schrieben manche.

KarriereSPIEGEL: Würden Sie so jemanden einstellen?

Leberecht: Ich habe immer solche Leute eingestellt. Ich will wissen: Können sie träumen, interessieren sie sich für Kunst, welche Helden haben sie, welches Lieblingsbuch, wie sensibel sind sie? Ich verbringe mit ihnen schließlich den Großteil meines Tages.

KarriereSPIEGEL: Sie sitzen auch im Werterat des Weltwirtschaftsforums. Geht's da auch um romantische Ideale?

Leberecht: Wir sprechen etwa über die Frage, wie man eine Kultur der Verletzbarkeit schaffen kann: Damit Manager Fehler eingestehen. Auch mal weinen können und sagen: „Ich weiß die Antwort nicht." Ich bin überzeugt, das wird am Ende honoriert.

KarriereSPIEGEL: Das darf doch nur Uli Hoeneß. Der Rest braucht Ellenbogen.

Leberecht: Hier im Silicon Valley ist Scheitern Teil des Prinzips. Und wenn sich ein anderer verwundbar zeigt, kannst du auch selbst mehr von dir preisgeben. Das ist die Grundvoraussetzung für Kreativität. Am Arbeitsplatz sollten wir unsere Identität nicht auf ein superperformantes, ausgeglichenes Ich beschränken.

KarriereSPIEGEL: Einer Ihrer Vorschläge im Buch: Musik über die Bürolautsprecher schallen lassen. Mit was stimmen Sie sich heute ein?

Leberecht: Ich finde Radio wahnsinnig romantisch, gutes altes College-Radio. Da sucht noch der DJ die Songs aus - und kein Algorithmus.

Quelle: http://www.spiegel.de/karriere/berufsleben/romantik-im-beruf-rezepte-fuer-eine-bessere-firmenkultur-a-1033291.html (gesehen am 04.03.2016)

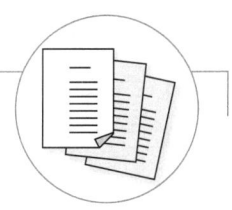

Alfried Schmitz
Romantik

Die Epoche der Romantik hatte ihren Beginn Ende des 18. Jahrhunderts und reichte bis weit ins 19. Jahrhundert hinein. Sie erstreckte sich auf alle Kunstgattungen, inspirierte Maler, Musiker, Philosophen und Schriftsteller zu einzigartigen Werken. Ihren Ursprung hatte die Romantik in Deutschland. Sie ist als Antwort auf das Zeitalter der Aufklärung zu sehen, das von nüchterner Vernunft und wissenschaftlicher Forschung geprägt war. Dem stellten die Romantiker das Seelenleben der Menschen, das Magische und Mystische, das Übernatürliche und Wunderbare entgegen.

Sehnsucht nach Gefühlen

Die Aufklärungsbewegung des 17. und 18. Jahrhunderts hatte mit ihren weitreichenden wissenschaftlichen Forschungsbestrebungen dazu geführt, dass viele Naturphänomene zu physikalisch erklärbaren Normalitäten geworden waren. Auch in der Gesellschaft jener Tage hatte ein Umschwung begonnen, denn in den wichtigsten europäischen Herrscherhäusern, Habsburg und Preußen, wehte ein neuer Wind.

Den Untertanen wurden mehr Rechte zugebilligt und die Religionsfreiheit führte zu einem Machtverlust der etablierten Kirche. Das rationale Denken und Handeln war in Politik, Wirtschaft, Wissenschaft und Kunst in den Vordergrund gerückt. Die Gefühlswelt der Menschen war dabei allerdings ins Hintertreffen geraten. Die Französische Revolution von 1789 und die daraus folgende Besetzung und Unterdrückung weiter Teile Europas durch die Truppen Napoleons taten ihr Übriges, um einer Sehnsucht nach Freiheit der Gefühle Vorschub zu leisten.

Eine romantische Welle erfasst das Land

Die literarische Romantikbewegung lässt sich in verschiedene Phasen einteilen: die Früh- (1795 bis 1804), Hoch- (1805 bis 1815) und Spätromantik (1816 bis 1830) sowie die Biedermeierzeit (bis 1848). Anders als bei der Weimarer Klassik, die durch Goethe und Schiller begründet wurde, hatte die Romantik viele Zentren - in Jena, Berlin, Heidelberg, Dresden, Wien und München. Außerdem verteilte sie sich auf viele Schriftsteller und wurde zu einer wahren Welle, von der auch das einfache Volk erfasst wurde.

Ihren Ursprung hat die romantische Dichtung in den Jahren 1795/1796. Ludwig Tieck ist einer ihrer Pioniere. Seine Romane „Die Geschichte des Herrn William Lovell" und „Franz Sternbalds Wanderungen" gelten als Beginn der frühen Romantik, zu deren Hauptschriftstellern auch Novalis, Wilhelm Heinrich Wackenroder oder E.T.A. Hoffmann gehören. In ihren lyrischen Erzählungen, Gedichten oder den sogenannten Kunstmärchen setzten sie auf große Gefühle, auf phantastische Szenerien und auf naturverbundene Schilderungen. Auch der Begriff der Heimat, aber ebenso eine Sehnsucht nach fernen Ländern und Kulturen des Orients stand im Mittelpunkt ihrer Werke. Das Gefühls- und Seelenleben der Figuren, die in ihren Stücken die Hauptrollen spielten, wurde in den Vordergrund der Geschichten gerückt.

Flucht aus der Wirklichkeit

[...] Mit ihrer poetischen Betrachtung der Wirklichkeit, die bis zur Verklärtheit reichte, trafen die Dichter der Romantik den Nerv jener Zeit und wurden enorm populär und erfolgreich. Nicht von ungefähr wurden Begriffe wie Volkslied und Volkspoesie geprägt, die von der großen Beliebtheit und Verbreitung der Werke zeugen. Der Hang zum Unwirklichen und zum Magischen, die Rückbesinnung auf die Vergangenheit, das Wiedererstarken des katholischen Glaubens und der katholischen Kirche, die Überbetonung von Geist und Seele in der romantischen Bewegung und die große Akzeptanz der Literatur bei den Bürgern jener Zeit sind als Flucht aus der Wirklichkeit und als Kritik an der bestehenden politischen und gesellschaftlichen Situation zu deuten.

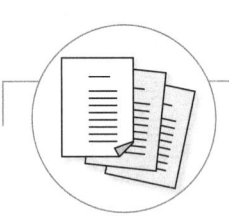

Heimatgefühl und Rheinromantik

Die Kulturgesellschaft in der Romantik war durch einen regen Gedankenaustausch zwischen den Vertretern der einzelnen Kunstgattungen geprägt, die sich in gemeinsam abgehaltenen Zirkeln trafen. Nicht von ungefähr vertonten viele der namhaften Komponisten jener Zeit, wie Robert und seine Frau Clara Schumann, Franz Schubert oder Felix Mendelssohn-Bartholdy, die Poesie ihrer Dichterkollegen. Auch die Damen jener Zeit nahmen an dieser romantischen Kooperation rege aktiven Anteil. Sie wurden zu wichtigen Initiatoren der Salonkultur. Ihre Salons wurden ebenfalls zu Künstlertreffpunkten.

Zu einem der bekanntesten und beliebtesten Lieder der Romantik, wurde das 1824 von Heinrich Heine verfasste und von Friedrich Silcher komponierte Loreley-Gedicht. Es wurde zum literarischen Höhepunkt der Verherrlichung des Rheins und der Rheinromantik, die der Schriftsteller Clemens Brentano einige Jahre zuvor begründet hatte. Dieser Fluss wurde zum Inbegriff der deutschen nationalen Identität hochstilisiert. [...]

Romantik als Lebensgefühl

Die Romantiker folgten einem hohen Anspruch. Sie wollten ein neues Lebensgefühl vermitteln, in dem die Kunst und die Gefühlswelt eine wichtige Rolle spielen sollten. Ihr Ziel war es, eine neue Art des Denkens zu etablieren. „Die Welt muss romantisiert werden. So findet man den ursprünglichen Sinn wieder", lautete ein Ausspruch des Dichters Novalis. Auch das europäische Ausland wurde von dieser Welle erfasst, die in der Literaturwissenschaft durchaus als Kulturrevolution betrachtet wird.

Durch die deutsche Romantik beeinflusst, entstand bald eine ähnliche Literaturbewegung im Ausland. In Frankreich, unter anderem durch Victor Hugo, in England, unter anderem durch Lord Byron, aber auch in Osteuropa, hier unter anderem durch Alexander Puschkin begründet, setzte sich die romantische Welle durch.

Der Hang zum Phantastischen und Irrealen steigerte sich in den einzelnen Phasen der romantischen Literatur. Auf ihrem Höhepunkt dienten der Spätromantik das Skurrile, Groteske und Dämonische als Stilmittel. Auch die Schauer- und Kriminalromane nach Art des amerikanischen Schriftstellers Edgar Allen Poe erfreuten sich größter Beliebtheit. Ihr Ende fand die deutsche Literaturromantik mit dem Revolutionsjahr 1848. Ihren Einfluss findet man jedoch auch in einigen Werken der Moderne, zum Beispiel bei Thomas Mann.

Quelle: http://www.planet-wissen.de/kultur/literatur/romantik/pwwbromantik100.html (gesehen am 04.03.2016)

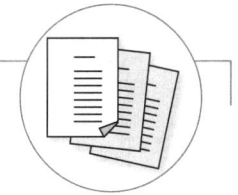

Gerhard Schulz
Romantik. Geschichte und Begriff

M4

Romantik gedeiht überall und in großer Fülle. Es gibt eine Romantik des Fußballs, der Spione, des Brückenbaus. Längst hat die Tourismus-Industrie sich des Wortes bemächtigt mit einer Romantischen Straße im Süden Deutschlands und einer Kette von Romantik-Hotels in Europa, die romantisches Ambiente bei modernem Komfort versprechen. Romantik und kein Ende.

Schier unüberschaubar ist der Bedeutungsspielraum des Adjektivs „romantisch". Sein Dach birgt Archaisches, Altertümliches, Gemütliches, Gefühlsseliges, Stimmungsvolles, Sentimentales Schwärmerisches, Verliebtes, Verträumtes, Versponnenes, Wunderbares, Poetisches, Phantasievolles, aber auch Phantastisches, Überspanntes, Verrücktes, Irrationales, Idealistisches, Utopisches, Wirklichkeitsfernes und viel Sehnsucht.

Ihm entgegen steht das Alltägliche, Vernünftige, Praktische, Sachliche, Nüchterne, aber auch Trockene, Pedantische, Philiströse, Platte, Banale und Prosaische. In dieser geradezu überwältigenden Menge von Lesemöglichkeiten ist zugleich eine breite Skala von Wertungen enthalten, die vom Sympathischen zum Abstoßenden, vom Erhabenen zum Lächerlichen, von Zustimmung zu Tadel, von Gut zu Böse reicht. Kurzum: „Romantik" und „romantisch" sind proteische Wörter, die sich eigentlich nur in ihren jeweiligen Funktionen, aber nicht generell definieren oder auf einen bestimmten Sinn festlegen lassen.

Damit könnte man es bewenden lassen, wenn nicht im Laufe ihrer Geschichte die Wörter „Romantik" und „romantisch" zugleich von der Wissenschaft adoptiert und in den Rang eines *Begriffes* erhoben worden wären, [...]. Allerdings muß zunächst gesagt werden, von welchen Zweigen der Wissenschaft überhaupt die Rede ist, nämlich von Literatur-, Musik- und Kunstwissenschaft als historischen Disziplinen, denn dort allein haben „Romantik" und „romantisch" als Begriffe Fuß gefaßt. Was alles man romantisch nennen zu dürfen glaubte, wurde zum ästhetischen Begriff des *Romantischen* zusammengefaßt, und aus Romantik wurde die *Romantik* als Name für eine Epoche in der Geschichte der europäischen Kunst. Das sind gemeinhin die Jahrzehnte zwischen 1790 und 1840. Aber so genau läßt sich das wiederum nicht nehmen, denn jeder einzelne dieser Wissenschaftszweige bemißt seine Spanne anders. In der Musik zum Beispiel wird das meiste zwischen Beethoven und Richard Strauss als Romantik rubriziert, [...]. In der bildenden Kunst schlägt man zuweilen großzügig die romantische Brücke von Caspar David Friedrich zu Joseph Beuys, während sich die Literaturwissenschaft auf zwei oder drei Jahrzehnte um 1800 konzentriert. [...]

Die Etymologie geht auf ein altfranzösisches Wurzelwort „romanz" zurück, das die romanische Volkssprache im Gegensatz zum Latein der Gelehrten bezeichnete. [...] Als Dichtungen in dieser Sprache bekamen die provenzalischen Vers- und Prosaerzählungen, die zumeist von Rittern und ihren Abenteuern handelten, im Laufe der Zeit dann den Namen „romance", also „Romanzen". Das Wort „Roman" ging später aus diesem sprachlichen Kern hervor und als der Engländer Thomas Baily 1650 zuerst das Adjektiv „romantick" verwandte, bedeutete es für ihn einfach „wie in einem Roman", also phantasievoll, abenteuerlich, erdichtet, aber damit auch unwahr, denn nicht als Lob, sondern als Kritik war diese Kennzeichnung gemeint.

Quelle: Gerhard Schulz (2008): Romantik. Geschichte und Begriff. 3. Aufl. München: Beck, S. 7ff.

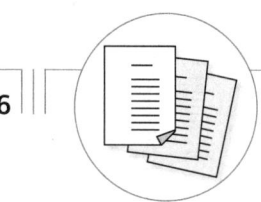

M5 Joseph von Eichendorff
Mondnacht (1837)

Es war, als hätt der Himmel
Die Erde still geküßt,
Daß sie im Blütenschimmer
Von ihm nun träumen müßt.

5

Die Luft ging durch die Felder,
Die Ähren wogten sacht,
Es rauschten leis die Wälder,
So sternklar war die Nacht.

10

Und meine Seele spannte
Weit ihre Flügel aus,
Flog durch die stillen Lande,
Als flöge sie nach Haus.

Quelle: Joseph von Eichendorff: Werke in sechs Bänden. Hrsg. von Hartwig Schultz. Bd. 1: Gedichte, Versepen. Frankfurt am Main: Deutscher Klassiker Verlag 1987, S. 322.

Heinrich Heine **M6**
Loreley (1824)

Ich weiß nicht, was soll es bedeuten,
Daß ich so traurig bin;
Ein Märchen aus alten Zeiten,
Das kommt mir nicht aus dem Sinn.

5

Die Luft ist kühl und es dunkelt,
Und ruhig fließt der Rhein;
Der Gipfel des Berges funkelt
Im Abendsonnenschein.

10

Die schönste Jungfrau sitzet
Dort oben wunderbar;
Ihr goldnes Geschmeide blitzet,
Sie kämmt ihr goldnes Haar.

15

Sie kämmt es mit goldnem Kamme,
Und singt ein Lied dabey;
Das hat eine wundersame,
Gewaltige Melodey.

20

Den Schiffer, im kleinen Schiffe,
Ergreift es mit wildem Weh;
Er schaut nicht die Felsenriffe,
Er schaut nur hinauf in die Höh'.

25

Ich glaube, die Wellen verschlingen
Am Ende Schiffer und Kahn;
Und das hat mit ihrem Singen
Die Lore-Ley getan.

Quelle: Heinrich Heine: Sämtliche Schriften in zwölf Bänden. Hrsg. von Klaus Briegleb. Bd. I. 2. Aufl. München: Hanser 1975, S. 107.

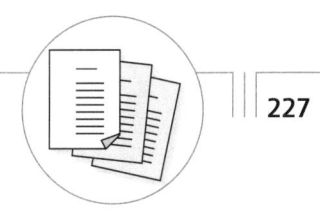

Friedrich Schlegel
Athenäums-Fragmente (1798)

[116] Die romantische Poesie ist eine progressive Universalpoesie. Ihre Bestimmung ist nicht bloß, alle getrennte Gattungen der Poesie wieder zu vereinigen, und die Poesie mit der Philosophie und Rhetorik in Berührung zu setzen. Sie will, und soll auch Poesie und Prosa, Genialität und Kritik, Kunstpoesie und Naturpoesie bald mischen, bald verschmelzen, die Poesie lebendig und gesellig, und das Leben und die Gesellschaft poetisch machen, den Witz poetisieren, und die Formen der Kunst mit gediegnem Bildungsstoff jeder Art anfüllen und sättigen, und durch die Schwingungen des Humors beseelen. Sie umfaßt alles, was nur poetisch ist, vom größten wieder mehre Systeme in sich enthaltenden Systeme der Kunst, bis zu dem Seufzer, dem Kuß, den das dichtende Kind aushaucht in kunstlosen Gesang. Sie kann sich so in das Dargestellte verlieren, daß man glauben möchte, poetische Individuen jeder Art zu charakterisieren, sei ihr eins und alles; und doch gibt es noch keine Form, die dazu gemacht wäre, den Geist des Autors vollständig auszudrücken: so daß manche Künstler, die nur auch einen Roman schreiben wollten, von ungefähr sich selbst dargestellt haben. Nur sie kann gleich dem Epos ein Spiegel der ganzen umgebenden Welt, ein Bild des Zeitalters werden. [...] Die romantische Poesie ist unter den Künsten was der Witz der Philosophie, und die Gesellschaft, Umgang, Freundschaft und Liebe im Leben ist. Andre Dichtarten sind fertig, und können nun vollständig zergliedert werden. Die romantische Dichtart ist noch im Werden; ja das ist ihr eigentliches Wesen, daß sie ewig nur werden, nie vollendet sein kann. [...]

Quelle: Friedrich Schlegel: Charakteristiken und Kritiken I. In: Ders.: Kritische F.-Schlegel-Ausgabe. Erste Abteilung, Bd. 2, hrst. V. Hans Eicner, München, Paderborn, Wien: Schöningh, 1967, S. 182 f.

Anmerkung
Friedrich Schlegel galt als einer der führenden deutschen Romantiker. Das vorliegende Fragment ist mit weiteren Fragmenten in der für die Frühromantiker sehr bedeutenden Zeitschrift „Athenäum" erschienen. Friedrich Schlegel erklärt, was die romantische Poesie (z. B. der Roman) alles leisten kann und soll. Damit zeigt er auch, was er unter Romantik versteht.

AB1 Schreibstil

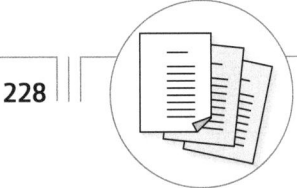

Der Essay

Der Essay ist eine Textsorte, die Vieles aber nicht Beliebiges zulässt. Es geht darum, in verständlicher Sprache und auf anschauliche Weise einen subjektiven, aber nachvollziehbaren Gedankengang zum Thema zu entfalten. Ziel ist es, den Lesenden für die eigene Argumentation einzunehmen und dessen Interesse zu wecken. Es geht aber auch darum, Denkanstöße zu liefern, also Raum für eigenständige Reflexion zu lassen.

Stil im Essay

Der Essay wird auch gern als „Gedankenspaziergang" bezeichnet. Damit die Adressaten auch mitspazieren, muss stilistische Leichtigkeit und Anschaulichkeit her. Ein schwerfälliger, syntaktisch komplexer und stilistisch zu hoch gegriffener Text kann die Adressaten leicht vergraulen. Daher ist es sinnvoll, sich um eine anschauliche und einfache Sprache zu bemühen. Aber Vorsicht! Zu viel Anschaulichkeit macht einen Text schnell lächerlich. Zu wenig Komplexität macht einen Text schnell populistisch. Es kommt auch auf Variabilität und Flexibilität im Ausdruck an.

Aufgaben

1. Die Beispiele für Anschaulichkeit, Einfachheit und Vielfältigkeit auf der Folgeseite sind als stilistische Ratschläge gedacht. Diskutieren Sie mit Ihren MitschülerInnen über deren Wirkung.

2. Überarbeiten Sie den folgenden Einleitungstext, indem Sie Anschaulichkeit, Einfachheit und Vielfältigkeit in den Text bringen. Sie können sich dabei an den Beispielen orientieren, aber Sie sollten diese nicht übernehmen. Alternativ können Sie auch eine komplett neue Einleitung schreiben.

Eine überarbeitungsbedürftige Einleitung

Im Folgenden gilt es, die Frage zu klären, was an der Romantik eigentlich romantisch ist. Diese Frage ist sehr bedeutend wegen der Unkenntnis, in der die meisten über die Herkunft des Wortes „romantisch" sind, obwohl sie das Wort wie selbstverständlich zur Kennzeichnung ganz bestimmter Haltungen und Handlungen gebrauchen. Aber ob das, was wir heute „romantisch" nennen, so „romantisch", wie es die Romantiker genannt hätten, ist, steht in Frage. Außerdem steht in Frage, ob das, was die Romantiker „romantisch" genannt haben, noch dem ähnelt, was wir heute „romantisch" nennen. Geklärt werden kann das am besten, wenn wir schauen, wie wir heute „romantisch" gebrauchen, etwa in Bezug auf Beziehungen oder in Bezug auf die Berufswelt, und das dann vergleichen mit den Vorstellungen der Romantiker. Auch kann ein Blick in die wissenschaftlich dokumentierte Geschichte des Begriffs weiterhelfen. All das wird jetzt vollzogen.

Wie romantisch ist die Romantik

Kompetenzfokus

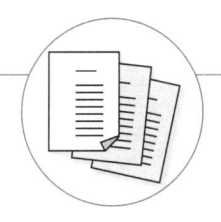

Anschaulichkeit	
Metaphern	*Die Romantik hat viele Gesichter.* *Die Romantik hat es nicht leicht in der Moderne.*
pointierte Vergleiche	*Mit der Romantik ist es wie mit Energie. Jeder benötigt sie, aber niemand weiß, woher sie kommt.* *Dass „kafkaesk" auf Kafka zurückgeht, ist klar. Dass „romantisch" auf die Romantik zurückgeht, wird gern vergessen.*
rhetorische Fragen	*Weiß irgendwer, was ein romantisches Abendessen mit Friedrich Schlegel zu tun hat?* *Warum weiß jeder, wie viel Romantik er braucht, niemand aber, was Romantik ist?*
Anekdotisches	*Auf die Frage, was sie zur Abwechslung mal von Romantik hält, antwortet meine Freundin, dass sie lieber moderne Autoren liest.* *Selbst Dieter Bohlen meint von sich, er sei romantisch, das glaube ihm nur niemand.*
Exemplarisches	*Romantisch kann so vieles sein. Ein Blumenstrauß, aber auch ein herzförmiger Pfannkuchen.* *Romantisch ist nicht gleich romantisch. Die einen zum Beispiel wollen eher Geschenke, die anderen eher emotionale Zuwendung.*

Einfachheit		
Prinzip	**eher unangemessene Formulierung**	**eher angemessene Formulierung**
Vermeidung von Nominalstil	*Wegen der Diskrepanz zwischen dem alten und dem neuen Verständnis ist Reflexion nötig.*	*Weil sich das alte vom neuen Verständnis unterscheidet, ist Reflexion nötig.*
Vermeidung von Passivkonstruktionen	*Deshalb wird im Folgenden der Frage nachgegangen, was an der Romantik romantisch ist.*	*Ich frage also: Was ist an der Romantik romantisch?*
Vermeidung komplexer Satzgefüge	*Weil Romantik, wie sie noch die Romantiker im 19 Jh. kannten, heute am Arbeitsplatz fehlt, schlägt Tim Leberecht, Autor und Manager, vor, im Büro auch mal zu weinen.*	*Romantik, wie sie noch die Romantiker im 19 Jh. kannten, fehlt heute am Arbeitsplatz. Der Buchautor und Manager Tim Leberecht schlägt deshalb vor, im Büro auch mal zu weinen.*
Vermeidung von Partizipialkonstruktionen	*Die von PARSHIP gemeinsam mit INNOFACT AG durch die Befragung von 517 Frauen durchgeführte Studie kommt zum Ergebnis, dass …*	*PARSHIP hat gemeinsam mit INNOFACT AG 517 Frauen befragt und herausbekommen, dass …*

Vielfältigkeit	
subjektiv, aber am Objektiven orientiert	*Überall sehe ich Romantiker. Jeder möchte auf seine Weise romantisch sein. Ob die heutigen Romantiker wissen, dass „romantisch" bis ins 17. Jahrhundert eher negativ gebraucht wurde und „erdichtet", „erfunden", ja „unwahr" und „erlogen" gemeint hat (vgl. Schulz 2008)? Ob sie dann noch immer gern romantisch sein wollten?*
mal ernst, mal humorvoll	*Das Wort „romantisch" geht auf das Wurzelwort „romanz" zurück, das ursprünglich die romanische Volkssprache im Gegensatz zur Gelehrtensprache meinte (vgl. Schulz 2008). Man könnte also auch sagen, romantisch waren früher die Bauern.*
mal einfach, mal komplex	*Ein Blick in die Begriffsentwicklung lohnt sich. Denn um herauszufinden, was der Kerzenschein mit den Romantikern des 19. Jh. zu tun hat, müssen wir in der Geschichte weit zurückgehen.*

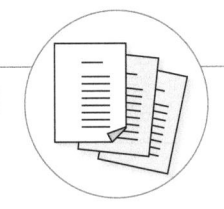

Hinweise für Lehrerinnen und Lehrer

Inhaltliche Anforderungen

Die Lernenden müssen aus dem Material das moderne alltagssprachliche und das literaturbezogene Verständnis von „romantisch" und „Romantik" herausarbeiten und vergleichend aufeinander beziehen:

M1 und M2 zeigen, was das Romantische in der Gegenwart bedeutet und wie wir heute zur Romantik stehen. M1 dreht sich um das moderne Romantikverständnis im Kontext von Liebesbeziehungen. Tabellarisch werden Ergebnisse einer Fragebogenbefragung präsentiert, die zeigen, was Frauen unter Romantik verstehen und wie wichtig ihnen Romantik in der Beziehung ist. Für den Essay sind die in der Studie gegebenen Beispiele wichtig, weil sie zeigen, was mit hoher Zustimmung als romantisch gilt: Spontane Alltagsgesten wie Liebesbotschaften am Spiegel, ein Frühstück ans Bett oder Überraschungen wie spontane Kino- bzw. Operneinladungen oder Blumengeschenke. M2 konkretisiert für berufliche Kontexte, was Romantik bedeutet bzw. bedeuten kann: Gefühl und Fantasie statt Rationalität, Orientierung an Schönheit statt an Effizienzdenken, Aufbrechen von Mechanismen statt festgefahrener Routinen, Verwundbarkeit statt Härte.

Daneben steht das Material zur Kunstepoche der Romantik (M3, M4, M5, M6 und M7). M6 skizziert leserfreundlich, was es mit der Literaturepoche auf sich hatte. Wichtige Schlagwörter sind Sehnsucht nach Gefühlen, Flucht aus der Wirklichkeit, Hang zum Unwirklichen und zum Magischen, Naturverbundenheit, Heimat- und Rheinromantik, aber auch Sehnsucht nach Ferne. M5, M6 und M7 liefern zitierfähige Beispiele für dieses Verständnis. Das Gedicht *Loreley* (M6) verdichtet ironisch all die romantischen Topoi und Motive, die in M6 zur Sprache kommen. Das Gedicht *Mondnacht* (M5) steht exemplarisch für die romantische Sehnsucht nach Natur und Natürlichkeit bzw. für die Verbundenheit von Mensch und Natur. M7 verdeutlicht, was die Romantiker selbst von romantischer Kunst forderten, nämlich zu verbinden: alle literarischen Formen miteinander, Literatur und Leben, verschiedene Sinne, Kunst und Philosophie, Kunstloses und Kunstvolles etc.

Was M1 und M2 einerseits und M3, M5, M6 und M7 andererseits miteinander zu tun haben, wird in M4 angedeutet. Wichtig ist die begriffsgeschichtliche Entwicklung des Romantischen, angefangen mit „romanz" zur Kennzeichnung der natürlichen Volkssprache über „romance" als Bezeichnung für Dichtungen, die Ritterliches mit Amourösem und Phantastischem verbanden, hin zu „romantick", was unserem heutigen Verständnis von „romantisch" nahekommt.

Bezüge und Verbindungen zwischen den Materialien müssen die Lernenden selbst herstellen. Zwar verweisen die Texte zum Teil explizit aufeinander (in M3 wird auf das Gedicht in M6 verwiesen), Gemeinsamkeiten und Unterschiede zwischen dem modernen und dem historischen Romantikverständnis aber sind implizit und müssen herausgearbeitet werden. Das moderne romantische Interesse an Überraschung und Ausbruch aus der Alltäglichkeit (M1, M2) lässt sich verbinden mit der Wirklichkeitsflucht und dem Hang zum Unwirklichen bzw. Phantastischen der romantischen Künstler (M3, M6). Ebenso steht die Offenheit im Umgang mit Verletzlichkeit sowie die Abkehr von Effizienzdenken, wie es Tim Leberecht für moderne Arbeitswelten fordert (M2), in Zusammenhang mit der altromantischen Sehnsucht nach Gefühlen und Naturverbundenheit (M3, M5) einerseits und mit dem Wort „romanz" andererseits, das die natürliche und einfache Sprache im Gegensatz zur Gelehrtensprache meint (M4). Die Forderung, Privates und Berufliches (etwa durch gemeinsames Tanzen) zu verbinden (M2), ist sehr nahe an dem, was Schlegel von der romantischen Poesie fordert: nämlich Gegensätzliches zu verbinden (M7).

Wie romantisch ist die Romantik

Hinweise für Lehrerinnen und Lehrer

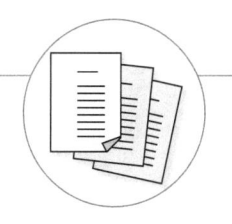

Sprachliche und textsortenbezogene Anforderungen

Der Essay ist eine Textsorte, die Vieles aber nicht Beliebiges zulässt. Der Schreibende ist angehalten, in verständlicher Sprache und auf anschauliche Weise einen subjektiven, aber nachvollziehbaren Gedankengang zum Thema zu entfalten. Ziel ist es, den Lesenden für die eigene Argumentation einzunehmen bzw. dessen Interesse zu wecken. Es geht aber auch darum, Denkanstöße zu liefern, also Gelegenheiten zu bieten für eigenständige Reflexion. Im Rahmen der vorliegenden Aufgabe sind die gegebenen Materialien die Stütze des Gedankengangs. Es gilt, zwei Konzepte bzw. Verwendungsweisen von „romantisch" und „Romantik" miteinander zu verbinden: unser Alltagsverständnis und das terminologisch definierte Verständnis in der Literaturwissenschaft. Die Leserinnen und Leser sollten durch den Text eine sachlich fundierte, aufschließende, aber nicht abschließende Antwort auf die Frage, wie romantisch die Romantik ist, erhalten. Sachlich fundiert wird die Antwort durch die Verwendung der angegebenen Materialien.

Zu den textsortenbezogenen Anforderungen der Aufgabe gehört es, den Rezipienten mitzunehmen, ihn zu gewinnen für die eigene Gedankenentfaltung. Das heißt, der Essay muss dafür sorgen, dass der Rezipient nicht nur angemessen geführt wird, sondern auch (rhetorisch) stimuliert wird. Das ist eine Frage des Stils. Das beigefügte Arbeitsblatt unterstützt die Lernenden dabei, ihre Texte stilistisch zu optimieren.

Zum Kompetenzfokus

Das Arbeitsblatt zielt darauf, den Formulierungsprozess zu unterstützen. Es liefert stilistische Hinweise und Beispiele, um den Essay, vor allem die Einleitung, anschaulich und adressatenfreundlich zu gestalten. Insofern dient es dem Wissens- und Kompetenzerwerb, und zwar bezogen auf die stilistischen Anforderungen der Textsorte *Essay*. Mit den Hinweisen und Beispielen sollte es den Lernenden möglich sein, den sperrigen Einleitungstext zu überarbeiten, um so einen Ausgangspunkt für das Verfassen des eigenen Essays zu haben.

Das Arbeitsblatt, das auch unabhängig von der konkreten Schreibaufgabe genutzt werden kann, setzt einen bereits fortgeschrittenen Arbeitsprozess voraus. Es kann erst zum Einsatz kommen, wenn grundlegende Prozesse der Materialerschließung und Textplanung bereits vollzogen sind (vgl. Kap. 2). Es eignet sich natürlich auch für die Überarbeitung von Textprodukten.

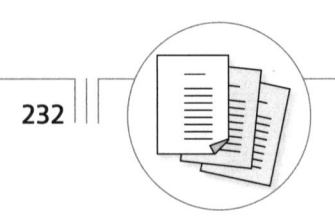

Warum lesen wir? Zum Sinn und Zweck von Literatur

Thema	Lesen, Lesemotivation, Lesesozialisation, Umgang mit Texten und Medien
Klassenstufe	11.–13. Schuljahr
Typ	Informierend-argumentierendes Schreiben
Materialien	M1: „Leviten lesen" (Süddeutsche Zeitung, 16.4.2010) M2: Kinder brauchen Bücher. Wie Lesen aufs Gehirn wirkt (Interview mit Maryanne Wolf) M3: „Die Lust und das Laster zu lesen" (Greiner 2005) M4: Jugendliche und das Medium Buch? (JIM-Studie 2015) M5: Aphorismen zum Thema M6: Zeichen und Wunder (Radisch) M7: Lesebilder (Buchholz 1997)
Zieltext	Vortragstext / Redemanuskript
Kompetenzfokus	Materialerschließung
Arbeitsmaterial	AB1 Vorwissen aktivieren / Aufgabenstellung erfassen AB2 Textvergleich

Warum lesen wir? Zum Sinn und Zweck von Literatur

Überblick

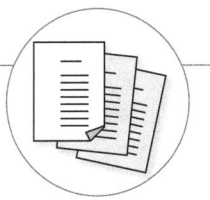

AUFGABE

Anlässlich des alljährlich stattfindenden Welttags des Buches am 23. April hat Ihr Kurs eine Lesewoche organisiert, in deren Rahmen namhafte Schriftsteller eingeladen worden sind, um aus ihren aktuellen Werken zu lesen. Am Abend vor Beginn der Lesewoche findet eine festliche Eröffnung in der Aula Ihrer Schule statt. Neben Mitgliedern der Schulgemeinde (Schüler, Eltern und Lehrer) sind auch einige Schriftsteller sowie andere Interessierte, die die Lesewoche auch finanziell unterstützt haben, der Einladung Ihres Kurses gefolgt. Sie haben, nachdem der Schulleiter einige Begrüßungsworte verloren hat, die Aufgabe, die Abendveranstaltung durch einen einführenden Vortrag zu eröffnen.

Verfassen Sie einen Vortragstext, der die Anwesenden über die Bedeutung des Lesens informiert. Gehen Sie dabei sowohl auf den gegenwärtigen Stellenwert sowie die verschiedenen Funktionen des Lesens ein. Nutzen Sie zur Gestaltung Ihres Vortrags ausgewählte Informationen aus den gegebenen Materialien und ggf. eigene Leseerfahrungen in schulischen und außerschulischen Zusammenhängen, die Ihren Zuhörern einen Eindruck davon vermitteln, was das Lesen – individuell sowie gesellschaftlich – bedeuten kann. Mit Zitaten aus den Materialien sollte wie folgt umgegangen werden: Während Zeilenangaben, die sich auf die Ihnen zur Verfügung stehenden Materialien beziehen zur Kenntlichmachung der Zitate im Vortragstext nicht notwendig sind, so sollten doch die Urheber der Materialien, wenn nötig, Erwähnung finden. Der Vortragstext sollte ca. 1000 Wörter umfassen.

Hinweise zur Aufgabe

Das Material M1 beleuchtet, wie in der Jugendarbeit Tätige (ein Jugendrichter und zwei Sozialpädagoginnen) das Lesen einsetzen, um auf die Entwicklung straffällig gewordener Ersttäter einzuwirken.
Das Interview mit Maryanne Wolf (M2) fokussiert die neurologischen Prozesse, die sich während des Lesens abspielen. In M3 und M6 wiederum entfalten Ulrich Greiner bzw. Iris Radisch verschiedene Thesen, die sich auf das Lesen als Kulturgut beziehen. In einem ganz ähnlichen Zusammenhang sind auch die Aphorismen berühmter Schriftsteller zu sehen.
Die Materialien M4 und M7 unterscheiden sich von den vorangegangenen auf den ersten Blick insofern, als dass es sich hier um grafisch aufbereitete Zugänge zur Fragestellung handelt. M4, zwei Balkendiagramme aus der JIM-Jugendstudie, stellen zunächst dar, wie häufig Kinder und Jugendliche verschiedener Altersgruppen und Schulformen Bücher lesen, um diese Verteilung dann mit den übrigen in Konkurrenz stehenden medialen Freizeitgewohnheiten zu vergleichen. M7 entstammt einem Sammelband von Quint Buchholz, in dem dieser Zeichnungen versammelt hat, die sich alle in irgendeiner Form zum Lesen und Schreiben verhalten.

M1 Leviten lesen

Er liebt den Jazz, und auch sonst ist der Fuldaer Jugendrichter Christoph Mangelsdorf ein kreativer Mann. Wenn wieder ein Jugendlicher vor ihm sitzt, der beim Prügeln oder betrunken auf dem Mofa erwischt wurde, verhängte Mangelsdorf bislang oft 20 bis 30 Arbeitsstunden Strafe. Aber so richtig zufrieden war er damit nicht. Besonders, wenn er das Gefühl hatte, dem Täter gehe die Gerichtsverhandlung „über den Kopf hinweg". Solche Jugendliche leisten zwar ihre Arbeitsstunden ab, danach aber machen viele weiter wie vorher. Mangelsdorf wollte wissen, wie er die Köpfe dieser Ersttäter erreicht, immerhin ist das auch sein Auftrag laut Gesetz: Er soll nicht nur strafen, er soll vor allem erziehen. So kam der Richter auf die Bücher.

Seit kurzem verhängt Mangelsdorf bei einigen handverlesenen Ersttätern keine Arbeitsstunden im Tierheim mehr. Wenn ihm der Jugendliche geeignet erscheint, darf er stattdessen einen Jugendroman lesen, freiwillig. Natürlich nicht irgendeinen. 14 Titel hat der Fuldaer Richter auf einer Liste versammelt. Wer zum Beispiel in der Familie Probleme hat, in der Schule gemobbt wird und selbst gewalttätig ist, dem setzt der Richter vielleicht *Evil* von Jan Guillou vor. Das Buch ist nicht einfach, erzählt Mangelsdorf, es geht darin „um starke Gewalthandlungen in einem Internat". Beschrieben werden aber nicht nur die Angriffe, sondern auch, was sie bei den Opfern auslösen. Drei bis sechs Wochen bekommt der Täter, um den Roman zu lesen. In dieser Zeit muss er einen Aufsatz schreiben und dabei Fragen wie diese beantworten: Welche Parallelen gibt es zu meinem Leben? Wie hat sich die Hauptfigur verhalten? Was hätte ich an ihrer Stelle getan? Zuletzt folgt ein ausführliches Gespräch mit einem Mitarbeiter der Jugendhilfe. 15 Jugendliche wurden in diesem Jahr so zum Lesen verdammt. Und schon jetzt sagt Bettina Lenz: „Es hat sich gelohnt." Die Sozialpädagogin dürfte es wissen, denn sie betreut bei der Jugendhilfe Fulda die straffälligen Täter und spricht mit ihnen über die Romane. „Die meisten haben sich wirklich in den Büchern wiedergefunden", sagt Lenz. Einer lieferte statt der geforderten fünf gleich 13 Seiten ab. Ein anderer will jetzt gar selbst ein Buch schreiben. Auch das ist ein Ziel des Versuchs. Er soll nicht nur zum Nachdenken zwingen, sondern auch Phantasie und Leselust anregen.

„Ein Buch zu lesen ist erzieherisch wesentlich sinnvoller als im gemeinnützigen Verein Schnee zu schippen", sagt Marita Erfurth. In Dresden koordiniert die Sozialpädagogin ein ganz ähnliches Projekt, das junge Ersttäter bereits seit 2008 zum Lesen bringt. (...) Mittlerweile 80 Titel finden sich im Dresdner Bücherkanon. „Für unsere Jugendlichen ist das Lesen eine richtige Anstrengung", sagt Erfurth, „erst maulen sie meistens". Danach aber lassen sich beeindruckende Wandlungen erleben. Zum Beispiel die eines 17-Jährigen aus schwierigem Elternhaus. In der Schule hatte er zwei Mädchen belästigt, sich vor ihnen entblößt. „War doch nur Spaß", sagte er lange. Dann bekam er das Buch *Leichte Beute* von Maureen Stewart vorgesetzt. Um Mobbing in der Schule geht es darin, um die Gefühle der jungen Melissa, die ständig angegangen und angemacht wird. „Er hat sich sehr große Gedanken gemacht", sagt Erfurth über den Täter. Er brauchte lange, um das Buch zu lesen, und Hilfe beim Beantworten der Fragen. Als er es endlich geschafft hatte, schrieb er seinen Opfern einen Entschuldigungsbrief. Völlig freiwillig.

Quelle: Süddeutsche Zeitung. Zum Lesen verurteilt. Von Marc Widmann |16. April 2010, S. 1.

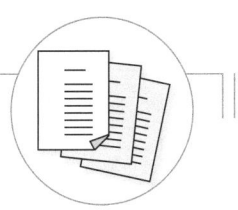

Kinder brauchen Bücher: Wie Lesen aufs Gehirn wirkt M2

Maryanne Wolf ist eine Erziehungswissenschaftlerin, die sich an der Tufts University in Boston als Professorin für kindliche Entwicklung mit der Bedeutung des Lesens für Kinder beschäftigt. Das Hamburger Abendblatt (HA) hat sie zu ihrem Spezialgebiet interviewt. […]

HA: *Viele Menschen, insbesondere Kinder, lesen Texte nur noch online. Das macht Ihnen Sorgen. Warum?*

Maryanne Wolf: Digitale Medien wie das Internet bringen uns dazu, eher oberflächlich zu lesen. Wir wollen möglichst schnell viele Informationen verarbeiten; wir checken unsere E-Mails, unsere Facebook-Seite, unsere Apps; wir klicken uns weiter und weiter. Die Aufmerksamkeitsspannen sind sehr kurz. Damit verwehren wir dem Gehirn bestimmte Eindrücke und Erfahrungen. Bücher hingegen bieten uns die Chance, vertieft zu lesen; wir können uns länger auf Wörter, Sätze und Zusammenhänge konzentrieren – und davon profitiert das Gehirn. (...) Wenn wir ein Buch lesen, formt sich das Gehirn um. Es verbinden sich Hirnareale, die genetisch für unterschiedliche Zwecke programmiert sind, etwa das Sehen, Hören, Sprachverstehen oder für motorische Fähigkeiten. So entstehen aus vorher getrennten, unabhängig voneinander arbeitenden Nervenzellen völlig neue Strukturen.

HA: *Was geschieht dabei im Detail?*

Wolf: Die Grundlage für diesen Prozess ist die Fähigkeit des Gehirns, sogenannte Repräsentation zu bilden. Durch bestimmte Areale im hinteren Teil des Gehirns können wir vieles von dem, was wir schon einmal gesehen, gehört, gerochen, oder gefühlt haben, wieder hervorholen – und mit neuen Informationen in Beziehung setzen. Wenn wir lesen, schickt unser Gehirn die visuellen Eindrücke – Buchstaben und Wörter – an den sogenannten visuellen Cortex. Dort sitzen Strukturen, die nun alle Bedeutungen, die mit den visuellen Eindrücken verbunden sein könnten, aktivieren. Zum Beispiel könnte das englische Wort „jam" neben der Bedeutung „Marmelade" auch die Bedeutungen „Verkehrsstau" (traffic jam) oder Musik-Session („music jam") aktivieren.

HA: *Findet diese Verknüpfung von Nervenzellen und von Bedeutungen nur bei Kindern statt, die das Lesen erst lernen?*

Wolf: Nein, es funktioniert auch bei Erwachsenen. So haben Forscher zum Beispiel eine Gruppe von Erwachsenen untersucht, die nicht literarisch gebildet war, also keine Erfahrungen mit Büchern hatte. Ein Teil der Gruppe erhielt dann eine literarische Bildung, der andere Teil blieb auf dem alten Stand. Aufnahmen der Gehirne zeigten: Die belesenen Teilnehmer hatten eine neue Verschaltung des Gehirns; ihre Gehirne reagierten anders auf Sprache als vorher.

HA: *Welche Vorteile ergeben sich konkret?*

Wolf: Indem wir Bücher lesen, lernen wir mehr über unsere Sprache. Wir vergrößern unser Vokabular, unser Wissen über den Satzbau, wir können komplexe Gedanken besser verstehen. Hinzu kommt: Beim Lesen können wir unsere eigenen Gedanken und Einsichten hinzufügen. Das lässt uns tiefer denken. Erfahrene Leser können Texte nicht nur verstehen, sondern auch kritisch analysieren. Und es gibt einen weiteren Pluspunkt: Das Lesen von Büchern macht uns emotional reicher, weil die Geschichten Gefühle wecken, mit denen wir uns auseinandersetzen.

HA: *Können nicht auch Gespräche mit Freunden all das leisten?*

Wolf: Ja, durchaus. Die meisten Gespräche finden aber auf einem eher oberflächlichen Level statt. Das Besondere beim Lesen ist: Wenn wir uns in ein Buch vertiefen, können wir Gefühle leichter riskieren; wir können all das einbringen, was uns in diesem Moment bewegt. Auch unserer Vorstellungskraft sind keine Grenzen gesetzt: Wir können uns in einen Mörder hineinversetzen, wir können ein König sein oder ein Bettler.

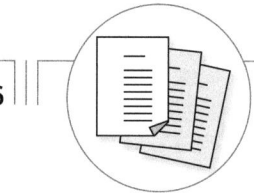

Quelle: http://www.abendblatt.de/ratgeber/wissen/article108150924/Kinder-brauchen-Buecher-Wie-Lesen-aufs-Gehirn-wirkt.html (gesehen am 09.02.2016)

Ulrich Greiner
Die Lust und das Laster zu lesen

Die Frage, warum wir lesen, ist weder leicht zu beantworten noch unerheblich. Die Antwort gibt nämlich Auskunft über das Wesen der Literatur. Sie gibt Hinweise darauf weshalb der eine Romane schreibt und der andere sie liest. Beides ist ja nicht selbstverständlich und kann durchaus mühsam sein. Es versteht sich auch nicht von selbst, dass die so genannte schöne Literatur in unserer Welt ein so hohes Ansehen genießt, so dass zum Beispiel die Frankfurter Buchmesse ein Ereignis ist, dem Bundeskanzler und Minister beiwohnen, und dass etwa die Vergabe des Literaturnobelpreises eine Nachricht ist, die selbstverständlich in der „Tagesschau" gemeldet wird. Auch scheint es erklärungsbedürftig, weshalb die Öffentlichkeit (jedenfalls in den meisten europäischen Ländern) dazu neigt, im Schriftsteller eine moralische Instanz zu sehen, deren Rat und Meinung in strittigen Fragen von Bedeutung sind. Warum also lesen wir Romane? Um uns zu zerstreuen, zu unterhalten, zu amüsieren, wäre eine probate Antwort. Das glaube ich nicht.

Wenn das unser einziges Ziel wäre, würden wir fernsehen oder ins Kino gehen oder, wenn wir gesellig sein sollten, ins Cafe, in eine Diskothek oder auf den Sportplatz. Gut, lautet eine andere Antwort, wir lesen, um etwas zu lernen, über andere Länder, andere Sitten, andere Zeiten. Auch das glaube ich nicht. Um an solche Informationen zu kommen, wäre es doch besser, Geschichtsbücher, Biografien und Reiseberichte zu lesen. [...]

Warum also? Meine Antwort lautet: Eskapismus. Darunter versteht das Lexikon die Flucht vor der Wirklichkeit in eine Scheinwelt. [...]

Es ist wohl so, dass wir den Alltag und die Wiederkehr des Gleichen gelegentlich, vielleicht auch sehr oft als ein Gefängnis empfinden, aus dem wir in das Reich der Vorstellungen, der Fantasien und der Tagträume entfliehen. Die meisten Menschen tun das, ohne sich dessen, immer bewusst zu sein. Ich behaupte nun, dass dieses Fluchtbedürfnis Hauptantrieb der Leseleidenschaft ist. Literatur zu schreiben und zu lesen ist eine hoch entwickelte Form des Eskapismus.

Quelle: Ulrich Greiners Leseverführer. Eine Gebrauchsanweisung zum Lesen schöner Literatur. München 2005, S. 13ff.

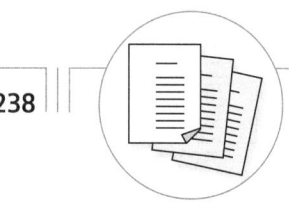

M4 Jugendliche und das Medium Buch

Die JIM-Studie (Jugend, Information, Multi-Media) dokumentiert seit 2000 die Mediennutzung von Jugendlichen in Deutschland. Hierzu befragt der Medienpädagogische Forschungsverbund Südwest (mpfs) alljährlich 1200 repräsentativ ausgewählte Kinder und Jugendliche im Alter zwischen 12 und 19 Jahren zu ihren Freizeitgewohnheiten.

Bücher lesen* 2015 (Angaben in Prozent)

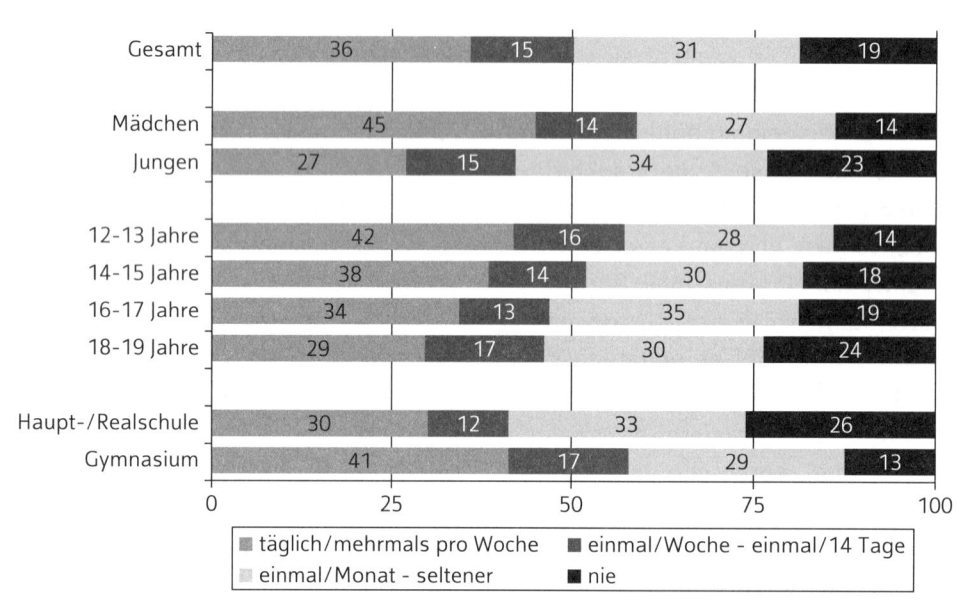

Gruppe	täglich/mehrmals pro Woche	einmal/Woche – einmal/14 Tage	einmal/Monat – seltener	nie
Gesamt	36	15	31	19
Mädchen	45	14	27	14
Jungen	27	15	34	23
12–13 Jahre	42	16	28	14
14–15 Jahre	38	14	30	18
16–17 Jahre	34	13	35	19
18–19 Jahre	29	17	30	24
Haupt-/Realschule	30	12	33	26
Gymnasium	41	17	29	13

Quelle: JIM 2015, Angaben in Prozent, *nur gedruckte Bücher
Basis: alle Befragten, n=1.200

Wichtigkeit der Medien* 2015 – sehr wichtig/wichtig –

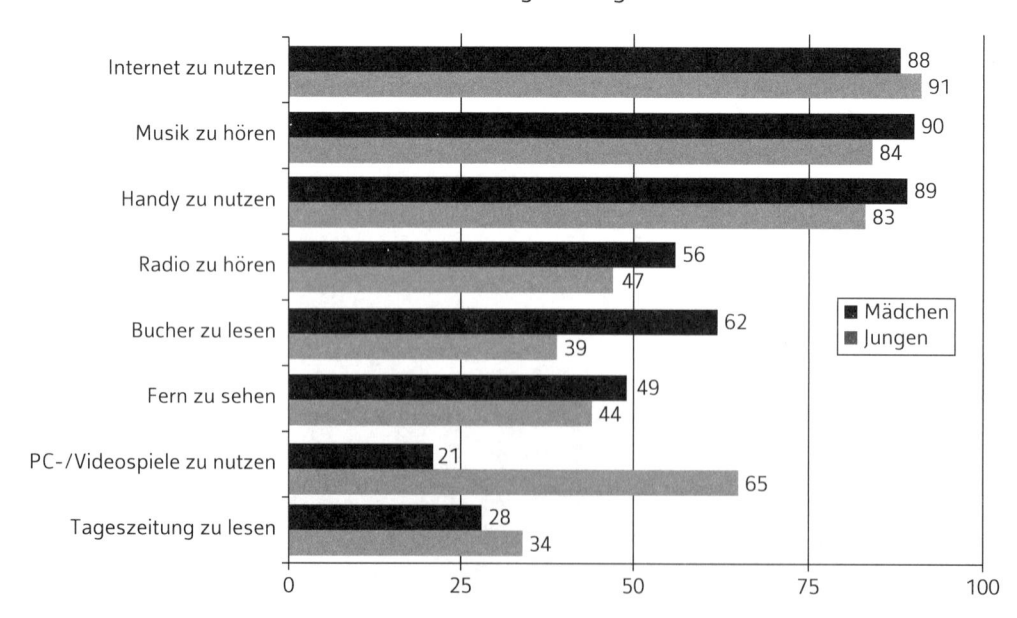

Medium	Mädchen	Jungen
Internet zu nutzen	88	91
Musik zu hören	90	84
Handy zu nutzen	89	83
Radio zu hören	56	47
Bücher zu lesen	62	39
Fern zu sehen	49	44
PC-/Videospiele zu nutzen	21	65
Tageszeitung zu lesen	28	34

Quelle: JIM 2015, Angaben in Prozent; *egal über welchen Verbreitungsweg genutzt
Basis: alle Befragten, n=1.200

Quelle: http://www.mpfs.de/fileadmin/JIM-pdf15/JIM_2015.pdf (gesehen am 08.02.2016)

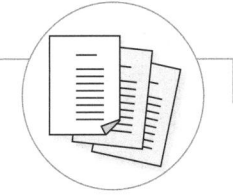

Aphorismen   M5

„Ich ohne Bücher bin nicht ich."
Christa Wolf

„Ein Buch muss die Axt sein für das gefrorene Meer in uns."
Franz Kafka

„Man kann das Leben, diese einmalige Kutschfahrt,
nicht neu beginnen, wenn es vorüber ist, aber
wenn man ein Buch in der Hand hält, ganz gleich,
wie schwierig es zu verstehen ist, kann man am
Schluss zum Anfang zurückkehren, von vorn beginnen,
um das Schwierige und damit das ganze Leben zu begreifen."
Orhan Pamuk

„Jeder Leser, der eine gute Geschichte liest,
schreibt sich im Grunde eine neue hinzu:
Je mehr er in die fremde Geschichte hineingeht,
desto näher kommt er seiner eigenen."
Ulla Hahn

„Lesen ist gelenktes Schaffen"
Jean Paul Sartre

Quellen:
- *Christa Wolf: Lesen und Schreiben. In: dies.: Die Dimension des Autors. Essays und Aufsätze, Reden und Gespräche 1959–1985, Band 2. Berlin und Weimar 1989, S. 22.*
- *Franz Kafka: Die Briefe. Zweitausendeins Verlag, Frankfurt a. M. 2005, S. 25.*
- *Orhan Pamuk: Die weiße Festung, zit. nach: http://gazette.de/Archiv/Gazette-5-Juli-August1998/ Leseproben1.html, letzter Zugriff am 29.05.2016.*
- *Ulla Hahn: http://www.spiegel.de/spiegel/print/d-19916360.html, letzter Zugriff am 28.05.2016.*
- *Jean-Paul Sartre: Was ist Literatur? Ein Essay. Hamburg: Rowohlt 1958, S. 23.*

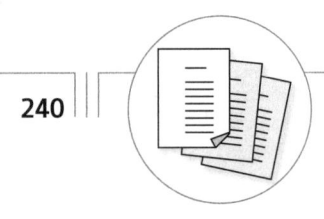

M6 Iris Radisch
Zeichen und Wunder

Früher, als es die Stiftung Lesen noch nicht gab, schickte der Herr ab und zu eine Botschaft aus dem Himmel, um die Erdbewohner zur Lektüre anzuhalten. Tolle, lege – Nimm und lies!, ermahnte eine rätselhafte Stimme den jungen Philosophen Augustinus, als dieser, zerknirscht wegen seiner Sünden, weinend unterm Feigenbaum saß. Augustinus stand auf und las. Augenblicklich durchflutete das „Licht der Zuversicht" sein Herz. Es war der Anfang einer großen Liebe. Das stille Lesen – eines der großen weltumstürzenden Wunder.

Doch was taugt ein Weltwunder, das heute niemand mehr will? Was taugt eine Liebe, zu der man Leser, Bildungsreformer und Meinungsmacher inzwischen ermahnen und anhalten muss wie lahme Esel? Die schlimme Nachricht heißt: Nur noch sechs Prozent aller Deutschen greifen abends lieber zum Buch als zur TV-Fernbedienung. Das klingt zwar nach Bildungsapokalypse und Untergang des Abendlandes. Allerdings: Viel mehr Leser werden es zu Augustinus' Zeiten auch nicht gewesen sein. Die Probleme, die uns heute beschäftigen, sind nicht ganz neu. Kerner beliebter als Kleist? Wickert bekannter als Wieland? Auch damals wird es irgendeinen drahtigen Ansager gegeben haben, der die stammesfürstlichen Bulletins ausschrie. Und auch ihn wird man heftig verzehrt haben.

Das Weltwunder Lesen war immer etwas für wenige. Bis die Aufklärung kam und eine grandiose Idee hatte. Gleichheit, Brüderlichkeit, Freiheit für alle – auch in der Erziehung. Folgt man der Idee, ist ein Verleger, der lieber Bücher über Steuertricks als Gedichte verlegt, ein kulturloser Geschäftemacher und sind Eltern, die ihr Automobil zwar vorbildlich parken, ihre Kinder aber blindlings vor dem Fernseher absetzen, gewissenlose Kinderverderber. Wie gesagt, eine großartige Idee.

Leider versagt sie in der Praxis. Denn in ihr kippen Fernseh- und Rundfunkintendanten ihre Kultursendungen haufenweise auf den Müll, steigt die Produktion von primitiven Wegwerfbüchern von Jahr zu Jahr, verbringen immer kleinere Kinder immer mehr Zeit vor dem Fernseher, sinkt die sogenannte Lesekompetenz nicht nur der Kinder. Politiker lassen nicht nur schreiben, sondern auch lesen, und die meisten ihrer Wähler können sich allenfalls noch auf Kürzesttexte konzentrieren. Was soll man machen?

Lesen kann man nicht befehlen, nicht mit erhobenem Zeigefinger auch nicht mit Appellen. Wie sollten die denn aussehen? Soll man lesen, um dem Kulturbürgertum anzugehören und einen Sonnenaufgang brav im Stil von Thomas Mann mit dem Rosenrot im griechischen Götterhimmel vergleichen zu können? Soll man lesen, um seine Eheprobleme zu lösen oder gar um in der multimedialen Gesellschaft mitzuhalten? Das alles wird nicht verfangen.

Sowohl die bildungsbürgerliche wie alltagspsychologische und die medienkompetente Aufforderung zum Lesen haben wenig bewirkt. In Wirklichkeit gilt: Literatur kann nur durch sich selbst überzeugen. Sie ist nicht dazu da, Lebenswirklichkeiten nachzuplappern, zu überhöhen oder Berufskarrieren zu begründen. Sie ist etwas Ernsteres. Sie ist eine echte Alternative, keine Flucht vor der Wirklichkeit, sondern eine Gegenwirklichkeit, mancher sagt: die eigentliche Wirklichkeit. Nur in großer Literatur sind vergangene Zeiten gegenwärtig, nur hier können wir uns selbst als Fremde begegnen, nur hier sind Anarchie und Subjektivität wirklich zu Hause. Was wüssten wir vom Judentum, was vom Christentum oder den anderen Religionen ohne Literatur? Und wo kann man noch immer unendlich viel mehr über die Liebe erfahren als im elenden Nachtprogramm von RTL?

Warum lesen wir? Zum Sinn und Zweck von Literatur

Material

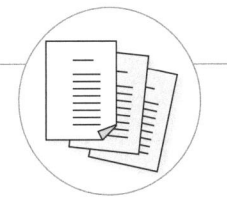

Gute Bücher erklären und öffnen uns die Welt, wie niemand sonst es vermag. Sie schärfen unseren Möglichkeitssinn, verfeinern unser Gehör, bilden unseren Geschmack. Sie zerreißen den Panzer aus Konvention und Banalität, der uns umgibt. Gut geschrieben ist immer auch gut gedacht: Niemand, der heute Tolstoj gelesen hat, wird sich morgen mit den Phrasen eines sprachdebilen Medienkapitalismus abspeisen lassen. Von der „Lesbarkeit der Welt" hat der Philosoph Hans Blumenberg geschwärmt. Lesend können wir die Welt erkennen. Die andere Welt. Die, in der nicht alle Zeiger auf Geld gestellt sind. Und das ist – obwohl die meisten guten Bücher schlecht ausgehen – ein großes Glück. *Nimm und lies!*

Quelle: http://www.zeit.de/2003/51/01__Leiter_2/komplettansicht (gesehen am 09.02.2016)

Quint Buchholz
Lesebilder

M7

Quelle: Quint Buchholz: BuchBilderBuch. Geschichten zu Bildern, Sanssouci im Carl Hanser Verlag München 1997, S. 102.

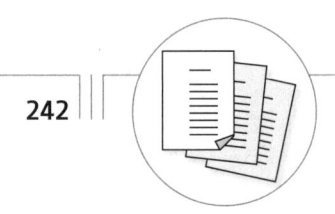

AB1 Vorwissen aktivieren / Aufgabenstellung erfassen

Hinweise zur Lesebiografie

Die Aufgabenstellung nimmt Sie in Ihrer Rolle als Leser/in in den Blick. Um sich angemessen mit der Aufgabe auseinanderzusetzen, bedarf es also auch der Reflexion der eigenen Einstellung zum Lesen. Die Bewusstmachung dieser Einstellung ist erforderlich, um als Redner/in authentisch zu wirken.

Aufgaben

1. Lesen Sie die Aufgabenstellung und die Hinweise zur Aufgabe gründlich und machen Sie sich klar, vor welche Anforderungen Sie die Aufgabe stellt. Halten Sie alle wesentlichen Informationen in einer Mindmap (siehe unten) fest.

2. Beantworten Sie in Stichpunkten folgende Fragen und tauschen Sie sich im Anschluss daran mit Ihrem Sitznachbarn aus:
   a) Wie und wo haben Sie lesen gelernt?
   b) Welches war Ihr erstes Buch, das Sie selbst gelesen haben?
   c) Wurde Ihnen vorgelesen?
   d) Haben Sie Lieblingsfiguren / Lieblingsbücher?
   e) Gab es auch schlechte Erfahrungen mit dem Lesen?
   f) Was hat es schwer / leicht gemacht, das Lesen und / oder Bücher zu mögen?

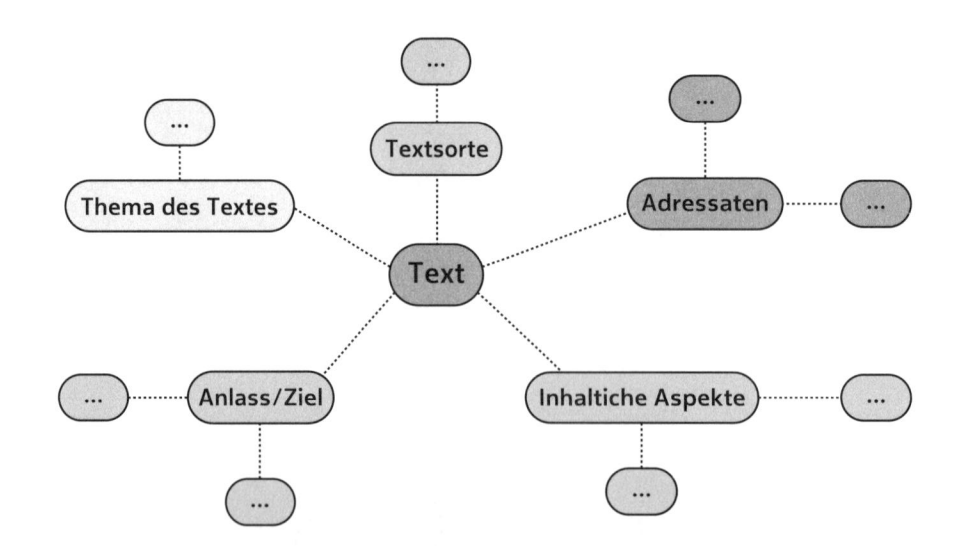

Warum lesen wir? Zum Sinn und Zweck von Literatur

Kompetenzfokus

Textvergleich

AB2

Texte / Materialien miteinander vergleichen

Die Ihnen zur Verfügung stehenden Materialien sind sehr umfangreich. Sinnvoll erscheint es daher, die Auswertung der Materialien aspektgeleitet vorzunehmen. Eine vollständige Analyse jedes Einzeltextes ist nicht notwendig, vielmehr sollen Sie in der Lage sein, die Gemeinsamkeiten und Unterschiede in der Bestimmung der Funktion des Lesens zu identifizieren und für Ihren Vortrag nutzbar zu machen.

Aufgaben

1. Lesen Sie die Materialien M1–M3 nochmals gründlich und füllen Sie die Tabelle aus.
   (Sollte der Platz nicht ausreichen, können Sie auch eine eigene Tabelle nach diesen Muster anlegen.)
   Vergleichen Sie anschließend mit einem Partner/einer Partnerin Ihre Ergebnisse.

	M1 „Leviten lesen"	M2 „Kinder brauchen Bücher"	M3 „Die Lust und das Laster zu lesen"
Funktion des Lesens			
Begründung / Argument			
(eigene) Beispiele			

2. Betrachten Sie M7 und überlegen Sie, welche Gedanken der abgebildeten Person durch den Kopf gehen könnten:
   a) Formulieren Sie diese in Form eines inneren Monologs.
   b) Lesen Sie M6 gründlich und bilden Sie Abschnitte, für die Sie Überschriften in Form von Thesen formulieren. Wählen Sie eine der Thesen aus und erläutern Sie sie einem Partner/einer Partnerin.
   c) Setzen Sie die Materialien M6 und M7 zueinander in Beziehung. Wo sehen Sie Verbindendes, wo Trennendes?

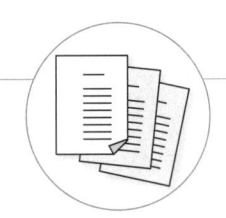

Hinweise für Lehrerinnen und Lehrer

Inhaltliche Anforderungen

Das umfassende Material bietet verschiedene Zugänge zur Fragestellung, die – schwerpunktmäßig – die Bedeutung des Lesens als anthropologische Grundkonstante (M1, M2, M3, M5, M6) herausstellen. Um diese zentrale These zu entdecken, genügt bereits das Überfliegen der Materialien und der Blick auf einige Überschriften.

M2, M3 und M6 ließen sich so relativ schnell einer affirmativen Lesart zuordnen, das Lesen wird hier als Fähigkeit gesehen, die sowohl individuell als auch gesamtgesellschaftlich Funktionen erfüllt, die von Maryanne Wolf, Ulrich Greiner und Iris Radisch als unabdingbar angesehen werden. Während Wolf die entwicklungspsychologischen und neurowissenschaftlichen Faktoren in die Debatte um den Wert des Lesens einbringt, argumentieren Greiner („Lesen als hoch entwickelte Form des Eskapismus") bzw. Radisch („Lesen als eigentliche Wirklichkeit, als Gegenwirklichkeit") vornehmlich kulturalistisch. Notwendig herauszustellen ist in diesem Zusammenhang, dass sich zwar die Argumentation der beiden Verfasser ähneln, die jeweils gezogene Schlussfolgerung aber einen Widerspruch suggeriert.

Als produktiv für das Verstehen der wechselseitigen Verweisstrukturen des Materials sei hier noch auf weitere Beispiele hingewiesen. So könnten die Lernenden bspw. herausstellen, dass Iris Radisch dem pädagogisch-erzieherischen Ansatz des Fuldaer Richters Christof Mangelsdorf (M1) vehement widerspricht, indem sie behauptet, dass Lesen nicht verordnet oder befohlen werden könne – wenngleich sie ihren argumentativen Text auch mit einem „kategorischen" Imperativ enden lässt. Der durch den Vergleich der beiden Texte mögliche Rückblick auf M1 ermöglicht ebenso eine Anknüpfung an vielleicht eher implizite Vorstellungen des (schulischen) Lesens, da das Lesen von Büchern hier auch als Strafmaßnahme aufscheint.

Auf den ersten Blick ungleich schwieriger in den möglichst nuancenreichen Argumentationszusammenhang einzubinden ist allerdings die Zeichnung M7. Die Darstellung des elegant gekleideten, in sich ruhenden Mannes auf einem mehr als haushohen Bücherstapel wirkt im Zusammenspiel mit den übrigen Materialien zunächst irritierend. Dennoch ließe sich dieses Bild auch als „Kommentar" zu den Thesen Radischs lesen: Der personifizierte Leser hat den Überblick über das von Radisch kritisierte profane Weltgeschehen, er befindet sich in einer anderen Sphäre, die er sich durch das „Weltwunder Lesen" (Radisch) erschlossen hat. Eine zweite, dem Lesen gegenüber kritische Lesart würde eine mögliche Selbstüberhöhung konstatieren, die den reinen bildungsbürgerlichen Gehalt des Lesens beanstandet.

Sprachliche und textsortenbezogene Anforderungen

Der Großteil des Materials besteht aus Texten, die bereits Argumentationsschemata aufweisen oder sich durch entsprechende Modifikationen als Argument (M3, M5) verwenden lassen. Die Materialien bieten dabei die Möglichkeit, verschiedene Argumenttypen (Faktenargumente, Autoritätsargumente, analogisierende bzw. normative Argumente) so zu gestalten, dass die Redeabsicht deutlich wird. Im Kontext der Vortragssituation bedeutet dies, neben der nachvollziehbaren Wiedergabe der Kernaussagen der Materialien (etwa durch direkte oder indirekte Mittel der Inhaltswiedergabe) auch, dass die konzeptionelle Mündlichkeit durch entsprechende rhetorische Strategien aufgezeigt wird. Denkbar wäre an dieser Stelle etwa die (Weiter-)Verwendung rhetorischer Figuren, z.B. der metaphorischen Redeweise („Buch als Axt für das gefrorene Meer in uns"), um die Zuhörerschaft an den Reflexionen über den Stellenwert des Lesens teilhaben zu lassen.

Das Arbeitsblatt 1 fokussiert daher ausdrücklich den kommunikativen Handlungszusammenhang des Zieltextes sowie das Vorwissen der Schreiberinnen und Schreiber, um die Anforderungen sowie die Voraussetzungen der Textsorte für den materialvergleichenden Leseprozess (AB2) fruchtbar zu machen.

Warum lesen wir? Zum Sinn und Zweck von Literatur

Hinweise für Lehrerinnen und Lehrer

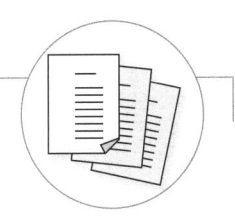

Zum Kompetenzfokus

Die Arbeitsblätter sollen die Lernenden bei der zielorientierten Materialerschließung unterstützen. Das Herausarbeiten der Funktionen bzw. Funktionalisierungen des Lesens ist ja eine der zentralen Herausforderungen der Schreibaufgabe – sowohl bei der Materialerschließung als auch bei der Planung und Formulierung des Vortragstextes. Dieser Herangehensweise verdeutlicht abermals, dass Lesen für materialgestütztes Schreiben nicht losgelöst stattfindet: Vielmehr sind Leseprozesse (vgl. Kapitel 2) immer determiniert durch die tatsächliche Schreibaufgabe und bezogen auf die Ziele des Schreibens.

AB1 zielt auf die Bewusstmachung der Voraussetzungen der Schreibaufgabe. Durch die Konkretisierung des Leseinteresses wird die Lektüre der umfangreichen Materialien sinnvoll vorentlastet. Abgesehen von der inhaltlichen Klärung des Schreibauftrags, die die Eckpunkte der weiteren Beschäftigung festlegt, sollen die Lernenden angeregt werden, die pragmatischen Konsequenzen der Aufgabenstellung zu reflektieren. Solche Einsichten, die etwa das mögliche Vorwissen der Adressaten antizipieren, können für den Zieltext von großer Bedeutung sein. Dies gilt umso mehr, als dass es sich bei den Adressaten des Zieltextes eigentlich um die Zuhörerschaft handelt, deren Interesse am Vortrag geweckt werden soll. Dass die zu berücksichtigende Redesituation aber auch die Person des Vortragenden einschließt, gehört seit Aristoteles zu den Binsenweisheiten der Rhetorik. Um sich in einer Rede vertiefend mit einer Fragestellung auseinandersetzen zu können, ist es erforderlich, auch die eigene Rolle (hier die Rolle als Lesende/r) zu hinterfragen.

AB2 zielt schließlich auf den Materialvergleich; mithilfe der tabellarischen Gegenüberstellung werden Informationen ermittelt, hier die verschiedenen Funktionen / Funktionalisierung des Lesens, und textbezogen interpretiert. Das Wissen um die unterschiedlichen Zugänge zu Literatur lädt auch zu weitergehenden Bewertungen ein, indem die Lernenden sich mit den argumentativen Zusammenhängen beschäftigen und ggf. eigene Beispiele zur Begründung anführen.

In einem zweiten Schritt sollen die Lernenden schließlich einen kontinuierlichen (M5) und einen diskontinuierlichen Text zueinander in Beziehung setzen, um weitere Anknüpfungspunkte zur Strukturierung des Vortrags zu generieren. Da die Unterschiedlichkeit der Materialien auch zu Verständnisschwierigkeiten führen kann, ist zunächst eine voneinander unabhängige Beschäftigung ergiebig; das in Aufgabe a) vorgeschlagene produktionsorientierte Verfahren kann dazu dienen, weitere Motive des Lesens oder deren biographische Verortung zu beleuchten.

Teilaufgabe b) wiederum leitet die Auseinandersetzung mit dem thesenreichen Text Radischs ein. Ausgehend von den zu bildenden Sinnabschnitten entwickeln die Lernenden ein Verständnis für die argumentative Gliederung des Textes, um dieses schließlich vor dem Hintergrund des Lesebildes kritisch zu prüfen.

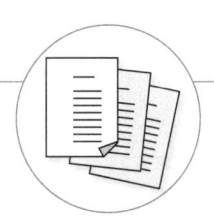

Kann es eine geschlechtergerechte Sprache geben?

Thema	Sprachsystem und Sprachnorm, Sprachkritik und Sprachwandel, Sprache und Denken. Am Beispiel von: Personenbezeichnungen im Deutschen/ Generisches Maskulinum
Klassenstufe	11. – 13. Schuljahr
Typ	Informierend-Argumentierendes Schreiben
Materialien	M1: Karikatur M2: Zeitungsnachricht, Frankfurter Rundschau M3: Duden: Personenbezeichnungen M4: Personenwahrnehmung und Generisches Maskulinum M5: Grammatisches Geschlecht und Diskriminierung M6: Von der Linguistik zur Feministischen Linguistik. Ein persönlicher Bericht M7: Sprachliche Richtlinien und Lösungsvorschläge M8: Sprachlog: Frauen natürlich ausgenommen
Zieltext	Artikel zu einem Schreibwettbewerb mit linguistischer Preisfrage
Kompetenzfokus	Themenerschließung Formulieren
Arbeitsmaterial	AB1: Themenerschließung AB2: Formulieren

Kann es eine geschlechtergerechte Sprache geben?

Überblick

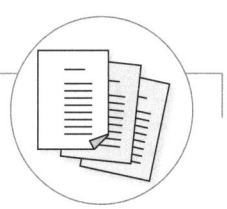

AUFGABE

Stellen Sie sich bitte folgende Situation vor: Die Wochenzeitung DIE ZEIT hat einen Schreibwettbewerb für AbiturientInnen zu der Frage ausgeschrieben: „Kann es eine geschlechtergerechte Sprache geben?".

Hinter der Preisfrage verbirgt sich der Wunsch, durch pointierte Textbeiträge eine Debatte zu *Grenzen und Möglichkeiten* eines geschlechtergerechten Sprachgebrauchs gerade auch unter jungen Menschen anzuregen. Verlangt sind eigenständige, sachlich informierende Artikel zu o.g. Frage, die sich auf ausgewählte Argumente aus den Materialien stützen. Die besten 10 eingereichten Artikel werden von einer Jury aus JournalistInnen und SprachwissenschaftlerInnen mit bis zu 500€ prämiert und in der der ZEIT in der Rubrik *Wissenschaft* im Form eines *Kontroversendossiers* mit dem Titel „Sprache und Geschlecht: Kann es eine geschlechtergerechte Sprache geben? Eine Frage, zehn Antworten" veröffentlicht.

Schreiben Sie einen ca. zweiseitigen Artikel, in dem Sie argumentieren, welche *Möglichkeiten, aber auch welche Grenzen* für einen geschlechtergerechten Sprachgebrauch bestehen. Beziehen Sie sich auf Informationen, Argumente und Begründungen aus den Ihnen vorliegenden Materialien und stützen Sie Ihre Ausführungen durch Zitate und Belege aus den Texten. Sie können alle Informationen aus allen Materialien nutzen, mindestens aber vier aus M2 bis M8.

Hinweise zur Aufgabe

Das Thema einer geschlechtergerechten Sprache bezieht sich im vorliegenden Material auf *Personenbezeichnungen*. Im Deutschen lassen sich Personengruppen aus Männern *und* Frauen mit der maskulinen Form bezeichnen, z.B. *Lehrer* statt *Lehrerinnen und Lehrer*. Dies nennt man *generisches Maskulinum*. Streit besteht darüber, ob Frauen durch das generische Maskulinum hinreichend in der Sprache sichtbar (gemacht) werden, und bei Bezeichnungen wie *Professor* oder *Ärzte* nicht automatisch nur Männer vorgestellt werden, auch wenn Frauen mitgemeint sind.

M1, die Karikatur, ist als Impuls zur Debatte gedacht. M3 beschreibt Grundlagen der Personenbezeichnung. M4 definiert generisches Maskulinum und liefert einen ersten Überblick zu Pro- und Kontraargumenten der Debatte. M6 und M8 argumentieren für einen geschlechtergerechten Sprachgebrauch durch sprachliche Differenzierung und Beidnennung von Geschlechtern, M4 und M7 sind hier nicht eindeutig. Argumente stützen sich auf wissenschaftliche Darstellungen (M4), persönliche Berichte (M6) und auf empirische Untersuchungen (M8). M5 und M7 problematisieren gendergerechten Sprachgebrauch anhand ausgewählter grammatischer Argumente. Thematische Bezugspunkte im Material: die grammatische Unterscheidung von Genus und Sexus (M3, M5), die (fehlende) Wahrnehmung von Frauen in der Sprache (M4, M6, M8), die (erschwerte) Verständlichkeit durch gendersensiblen Sprachgebrauch (M7, M8).

M1

Bild 1: „DU BIST ALSO INGENIEUR!" — „INGENIEURIN!"

Bild 2: „IST DOCH EGAL! ODER ERSCHÖPFT SICH EURE EMANZIPATION IN FORMALISMEN?" — „MUSST DU JA WISSEN ALS GERMANISTIN!"

Quelle: Amelie Glienke (HOGLI)

M2 Zeitungsnachricht, Frankfurter Rundschau

Der Rat will keine Rätin sein

ZÜRICH, 22. September (epd). Die Männer in der Zürcher Gemeinde Wädenswil setzen sich energisch dagegen zur Wehr, in der neuen Gemeindeordnung als weiblich gekennzeichnet zu werden. In dem Text, der am Wochenende vom Volk gebilligt werden soll, ist ausschließlich von Amtsinhaberinnen, Beamtinnen, Gemeinde- und Stadträtinnen die Rede. Die Männer seien grundsätzlich mitgemeint, heißt es in der Präambel. Das Gemeindeparlament hatte der neuen Ordnung in dieser Form zugestimmt, um das Problem der Gleichberechtigung in Amtstexten besser in den Griff zu bekommen. Gegen die „revolutionäre Präambel" laufen die Männer nun Sturm. Sie wollen nicht einfach „mitgemeint" sein.

Quelle: Frankfurter Rundschau (FR), 23.09.1993, S. 1

Kann es eine geschlechtergerechte Sprache geben?

Material

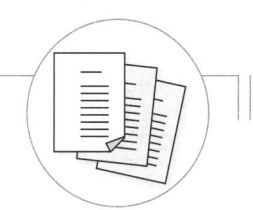

Duden: Personenbezeichnungen

M3

Bei Personenbezeichnungen spielt das natürliche Geschlecht eine Schlüsselrolle. (...) Wenn man die Beziehungen zwischen Genus und natürlichem Geschlecht näher untersucht, gelangt man zu den folgenden Substantivklassen:

Klasse A: Die Substantive dieser Klasse können sich unabhängig von ihrem Genus auf Personen beiderlei natürlichen Geschlechts beziehen: die Person, die Fachkraft, die Nachtwache; der Mensch; das Mitglied, das Individuum, das Kind; (...) die Leute

Klasse B: Die betreffenden Substantive beziehen sich entweder nur auf Männer oder nur auf Frauen, sind also immer geschlechtsspezifisch. Dabei gilt: Semantisch männliche Substantive haben das Genus Maskulinum, semantisch weibliche Substantive das Genus Femininum: der Mann, der Junge, der Herr; die Frau, die Dame; der Fachmann, die Fachfrau (...)

Klasse C: In einer dritten Gruppe schließlich steht neben einem maskulinen Wort eine feminine Ableitung, meist mit dem Suffix *-in* (*Movierung (...): Abiturient → Abiturientin; Agent → Agentin; Anhalter → Anhalterin; Bürger → Bürgerin (...) Erläuterungsbedürftig ist vor allem die Klasse C. Mit den femininen Wörtern werden hier ausschließlich weibliche Personen bezeichnet. Die maskulinen Substantive haben hingegen zwei Gebrauchsweisen:

– Zum einen bezeichnen sie spezifisch Männer: Noch immer verdienen Ärzte mehr als Ärztinnen. Dieses Jahr schlossen 37 Gärtner und 42 Gärtnerinnen ihre Lehre ab.

– Zum anderen werden sie auch verallgemeinernd auf Frauen und Männer angewendet, vor allem im Plural; man spricht dann von generischem, geschlechtsneutralem oder geschlechtsindifferentem Gebrauch: Alle Schüler sind herzlich eingeladen. Einige Politiker meinen, Ärzte verdienten zu viel.

Am generischen Gebrauch ist kritisiert worden, dass er sich formal nicht vom geschlechtsspezifischen Gebrauch unterscheidet, sodass inhaltliche und kommunikative Missverständnisse entstehen können, zum Beispiel, dass man den Eindruck bekommen kann, dass Frauen gar nicht mitgemeint seien. Aus diesem Grund wird der generische Gebrauch maskuliner Substantive oft vermieden; stattdessen werden Paarformen gebraucht: Alle Schülerinnen und Schüler sind herzlich eingeladen. (...)

Da solche Paarformen (...) viel Redundanz aufweisen, werden sie in geschriebener Sprache oft (...) verkürzt, wobei nicht alle Varianten in der amtlichen Rechtschreibung ausdrücklich vorgesehen sind:

(a) Studenten und Studentinnen
(b) Studenten/Studentinnen
(c) Studenten/-innen
(d) Student/-innen
(e) Student/innen
(f) StudentInnen

---

* Movierung: Ableitung weibl. Bezeichnung aus der männlichen, z.B. Bürger → Bürgerin

Quelle: Duden (2006). Die Grammatik. Band 4, Personenbezeichnungen, Seite 154–159.

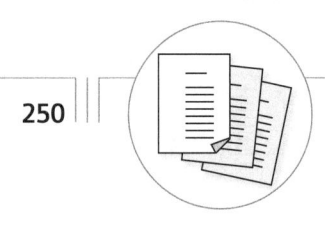

M4 Gisela Klann Delius
Personenwahrnehmung und Generisches Maskulinum

Unter generischem Maskulinum werden Formen maskuliner Nomina und Pronomina verstanden, die sich auf Personen mit unbekanntem Geschlecht beziehen, bei denen das Geschlecht der Personen nicht relevant ist, mit denen männliche wie weibliche Personen gemeint sind oder mit denen eine verallgemeinernde Aussage gemacht werden soll (...). Beispiele sind:
– *Diese Sendung wird dem Zuschauer gefallen.*
– *Der Japaner ernährt sich meist gesund. Fast jeder konsumiert häufig Fisch und Gemüse.*
– *Man sollte wirklich nicht mehr rauchen.*
– *Jeder, der raucht, kann einen frühen Tod erleiden.*

Da bei Personenbezeichnungen das natürliche und das grammatische Geschlecht meist übereinstimmen, eine enge assoziative Verbindung zwischen grammatischem und natürlichem Geschlecht besteht, werden, so die feministische Sprachkritik, generische Formen (...) gerade nicht neutral, sondern als maskuline Formen, die auf ein männliches Geschlecht der bezeichneten Person oder Gruppe verweisen, verstanden. »Im generischen Maskulinum bleiben Frauen sprachlich unsichtbar, so daß bei der Rezeption und auch bei der Produktion solcher Äußerungen weniger an Frauen als an Männer gedacht wird« (Braun et al. 1998, S. 266).

[...] Stickel (1988, S. 336) hält dies für eine vereinfachende Sicht. Es sei unzutreffend, »[...] die formalen Eigenschaften feminin und maskulin als durchgängige Ausdrucksmerkmale für die semantischen Eigenschaften ›weiblich‹ und ›männlich‹ zu deuten [...]«. (Es) gehe bei anderen lexikalischen Feldern wie den Berufs- und Personengruppenbezeichnungen (z.B. *Lehrer, Bürger*) »[...] oft um die Wahrnehmung oder Kennzeichnung des jeweils Gemeinten nicht nach ihrem Geschlecht, sondern primär nach den bezeichneten Fähigkeiten und Eigenschaften« (Stickel 1988, S. 340). [...]

Die Kritik [der feministischen Sprachkritik] richtet sich darauf, dass z.B. aufgrund der Kongruenzregel im Deutschen Sätze wie *Wer hat seinen Lippenstift im Bad vergessen* und nicht *Wer hat ihren Lippenstift im Bad vergessen* zu bilden sind. Die Kritik beinhaltet, dass generisch maskuline Pronomina in bestimmten sprachlichen Kontexten nicht korrekt referieren *Die Menstruation ist bei jedem ein bisschen anders* (...).

Quelle: Klann-Delius, Gisela (2005): Sprache und Geschlecht. Eine Einführung. Stuttgart/Weimar: J.B.Metzler, Auszug mit Textkürzung: S. 26ff.

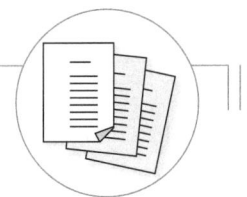

Martina Werner
Grammatisches Geschlecht und Diskriminierung

M5

Es sei noch einmal wiederholt: Das grammatische Geschlecht hat mit dem natürlichen nichts zu tun. Das Genus masculinum meint nicht „Männlichkeit", sondern schlicht „Singularität", es ist also eine Kategorie für zählbare Einheiten. Deswegen ist es ein Irrglaube, anzunehmen, mit Formen wie *liebe Studenten* seien nur männliche Entitäten bezeichnet. Durch die Trennung von Genus und Sexus dürfte deutlich geworden sein, dass dies nicht der Fall ist. Im Beispiel *liebe Studenten* sind daher nicht nur männliche, sondern auch weibliche Studenten mitbezeichnet. Die an sich häufig etablierte Doppelform ist aus grammatiktheoretischer Perspektive schon fast eine Diskriminierung der Männer. Denn wenn die Form *Studenten* beide Geschlechter zum Ausdruck bringt, die *Studentinnen* aber zusätzlich noch erwähnt werden, müssten strenggenommen die männlichen Studenten gleichermaßen in der Sprache sichtbar gemacht werden. So könnte man Geschlechtergerechtigkeit herstellen. [...]

Das Deutsche hat in diesem Fall nicht die Möglichkeit, „Männlichkeit" explizit zu kodieren. Die Form *Studentinnen* bezeichnet eindeutig ‚weibliche Studenten', eine sprachliche Entsprechung, Männlichkeit zu versprachlichen gibt es nicht in dieser expliziten Form. Selbstverständlich kann die Form *Studenten* durch bestimmte ko(n)textuelle Einbettungen (z. B. in einem Satz) eindeutig „vermännlicht" werden, eine eindeutig movierte Form, wie sie für das Femininum existiert, gibt es jedoch nicht.

Genau genommen macht die Doppelform zwar die Frauen sichtbar, diskriminiert allerdings gleichzeitig die Männer. Warum jedoch dem herkömmlichen Sprecher diese sprachliche Nicht-Sichtbarmachung der Männer entgeht, liegt an der starken Konventionalisierung der Doppelform. Sie ist dafür „bekannt", geschlechtergerecht zu sein. Eine weitere Hinterfragung hat in dem hier skizzierten Kontext nie stattgefunden. Es erscheint aus nichtlinguistischer Sicht „logisch", dass in der Form *Studentinnen und Studenten* zuerst die weiblichen Studenten (markiert mit -*in(nen)*) benannt werden und danach die, die nicht markiert werden. Es scheint durch die *Ontologie nahezuliegen, dass damit die männlichen Studenten gemeint sind. Aus grammatiktheoretischer Sicht liegt aber streng genommen eine andere Logik zugrunde. [...]

Im herkömmlichen Sprachverständnis würde sicher niemandem vorschweben, in der Doppelform eine Diskriminierung der Männer zu suchen. Die Doppelform ist in der Gegenwartssprache eine sehr erfolgreiche Strategie, Geschlecht (ganz allgemein) sichtbar zu machen. Dem liegt, wie erwähnt, die Auffassung zugrunde, dass die Form *Studenten* ausschließlich ‚männliche Studenten' meint. [...]

Aus linguistischer Sicht ist gegen die Form [Beidnennung] insofern nichts einzuwenden, sie wird im (...) Bewusstsein der Bevölkerung als „geschlechterfreundlich" eingestuft. Sie ist derart konventionalisiert, dass niemand auf die Idee käme, gerade hier Diskriminierung zu suchen.

---

* Ontologie: gemeint ist hier sinngemäß das Seiende, die Realität des Vorliegenden

Quelle: Handreichung für die Frauenbeauftragte der Ludwig-Maximilians-Universität München 2007: „Zur Verwendung geschlechtergerechter Sprache – die grammatische Kategorie Genus", Auszug mit Textkürzung: S. 7ff.

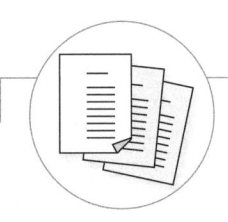

M6 Luise F. Pusch
Von der Linguistik zur Feministischen Linguistik. Ein persönlicher Bericht

In meinem Pass steht: „Der Inhaber dieses Passes ist Deutscher." Ich bin aber kein Deutscher. Hätte ich je in einem Deutschaufsatz geschrieben, ich sei „Deutscher", so wäre mir das Maskulinum als Grammatikfehler angestrichen worden. Ich bin Deutsche. Es müsste also heißen: „Der Inhaber dieses Passes ist Deutsche." Nein, das ist auch falsch. Zwar gilt es nicht als Fehler, wenn ich, obwohl weiblich, über mich sage: „Ich bin der Inhaber dieses Passes." Genauso korrekt ist aber Inhaberin. Und zusammen mit Deutsche ist nur Inhaberin richtig: „Die Inhaberin dieses Passes ist Deutsche."

Im Pass meines Bruders steht derselbe Satz wie in meinem. Er hat sich nie daran gestört. Wieso sollte er auch? Der Satz ist ihm auf den Leib geschneidert. Aber wenn da stünde „Die Inhaberin dieses Passes ist Deutsche", so wäre das nicht nur falsch, sondern eine Katastrophe. Die Passbehörden würden sich vor Männerbeschwerden kaum retten können, denn welcher Mann lässt sich schon gern „Inhaberin" und „Deutsche" schimpfen?

Weibliche Bezeichnungen sind für Männer genauso untragbar wie weibliche Kleidungsstücke. Und doppelter Papierkrieg ist für Behörden zu aufwendig, also werden uns Frauen die männlichen Bezeichnungen zugemutet. Es ist die einfachste Lösung. Frauen sind erstens geduldig, und zweitens sind männliche Bezeichnungen sowieso viel schöner und kürzer und praktischer und irgendwie edler und überhaupt allgemeiner.

Ich bin Linguistin. Oder bin ich Linguist? Mal bin ich dies, mal jenes; ich habe mich längst daran gewöhnt. Eins aber steht fest: Meine Mutter war Sekretärin und nicht Sekretär. Sie hat den Sekretärinnenberuf ausgeübt und führt jetzt ein Rentnerdasein. Oder ist es ein Rentnerinnendasein? Schließlich führen Rentnerinnen ein ganz anderes Dasein als Rentner. - Meine Mutter ist vielleicht eine Ausnahme; sie ist Studentin der Philosophie - oder auch Student. Mal dies, mal jenes.

Quelle: Pusch, Luise F. (1984): Das Deutsche als Männersprache. Aufsätze und Glossen zur feministischen Linguistik. Frankfurt a.M.: Suhrkamp, S. 7

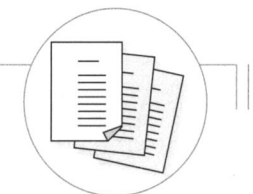

Ruth Ayaß
Sprachliche Richtlinien und Lösungsvorschläge

Der Wunsch, Frauen über die sprachliche, die Zeichenebene, auch auf der kognitiven Ebene, der Bewusstseinsebene, sichtbar zu machen, führte damit bald zu Richtlinien, in denen Empfehlungen für einen nicht-sexistischen Sprachgebrauch gegeben wurden [...]. Diese Richtlinien legen Lösungsvorschläge für das Dilemma vor, dass im Deutschen Genus und Sexus für die Bezeichnung von Personen sprachlich zusammenfallen. Die Vorschläge zielen auf einen Sprachwandel, der die Genus/Sexus-*Kollabierung aufhebt und streben eine *Desambiguisierung des generischen Gebrauchs an. Die meisten Richtlinien empfehlen die sogenannte Beid-Benennung, die, so die Annahme, über eine explizite Benennung des Sexus der gemeinten Personen Frauen mitgemeint sein ließe und damit in Sprache sichtbar mache. Statt von „den Studenten" solle entweder von „den Studentinnen und Studenten" oder aber, so lautet die neutralisierende Lösung, von „den Studierenden" gesprochen werden.

Auf der Ebene der Substantive scheint die Lösung recht einfach zu sein. Die Vorschläge führen jedoch in komplexen Sätzen zu mehr oder minder gravierenden bzw. mehr oder minder einfach lösbaren Problemen der Anpassungen weiterer grammatischer Kategorien. Was geschieht zum Beispiel mit den Possessivpronomen „sein" und „ihr"? Was mit den Indefinitpronomen „jemand", „jeder", „niemand" und „man"? Hier stellt sich das Problem des generischen Gebrauchs nicht minder. Grammatikalisch ist „jeder" oder „man" ein generischer Begriff, der auf Männliches wie Weibliches referieren kann („*Jeder* Mensch ist sterblich, auch wenn *er* das nicht wahrhaben will"; „Kann mir *jemand sein* Fahrrad leihen?"). Dabei gilt auch hier, zumindest auf der Ebene der Grammatik: Indefinitpronomen wie „man" oder „jemand" sind offiziell generisch, beziehen sich also auf weibliche *und* männliche Referenten gleichermaßen, auch wenn sowohl in „man" als auch in „jemand" das Substantiv „Mann" zu stecken scheint. [...]

Die Beid-Benennung führte somit zu erheblichen Komplikationen, wie die folgenden Beispiele deutlich machen: „Jeder und jede Mensch ist sterblich, auch wenn er oder sie das nicht wahrhaben will." Oder: „Kann mir einer oder eine von euch sein oder ihr Fahrrad leihen?" [...]. Konsequente Beid-Benennung produziert zwar die sprachliche Präsenz von Frauen, jedoch auch Satzungetüme, in denen eine sprachliche Doppelung auf Kosten von Verständlichkeit erfolgt.

---

* Kollabierung: das Zusammenfallen; meint hier, dass die Bezeichnung des grammatischen (Genus) und des natürlichen Geschlechts (Sexus) in einer Form wie „Bürger" zusammenfallen
* Desambiguisierung: Zwei- und Mehrdeutigkeiten aufheben, etwas eindeutig machen; hier: Mehrdeutigkeit der generischen Form z.B. durch Doppelformen aufheben

Quelle: Ayaß, Ruth (2008): Kommunikation und Geschlecht. Eine Einführung. Stuttgart: Kohlhammer, S.32ff.

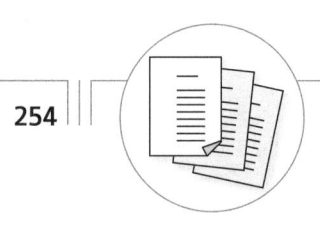

M8 Sprachlog: Frauen natürlich ausgenommen (Auszüge)

Wenn überhaupt einmal sachliche Argumente für diese Ablehnung [gemeint ist die Beid-Nennung von Geschlechtern] genannt werden, dann sind das normalerweise die folgenden:
5 1. Das „generische Maskulinum" sei nun einmal weit verbreitet und jeder wisse, dass Frauen hier eingeschlossen seien. Es sei deshalb albern/überflüssig/Teil eines Plans zur feministischen Weltherrschaft, auf sprachlichen Alternativen zu bestehen.
2. Geschlechtsneutrale und geschlechtergerechte Formulierungen seien umständlich und behinderten das Leseverständnis.

Wenn diese Aussagen stimmen würden, wäre das nicht unbedingt ein Grund, auf eine sprachliche Gleichbehandlung der Geschlechter zu verzichten. Es ist auch umständlich und überflüssig, die Flagge eines Staatsgastes vor dem Reichstagsgebäude zu hissen, Menschen nett zu begrüßen und sich nach ihrem Befinden zu erkundigen oder mit Messer und Gabel zu essen. Trotzdem gelten diese Gesten als Zeichen von Respekt, Interesse und gutem Benehmen. [...]

Verständlichkeit und Lesbarkeit: Wie steht es nun mit der angeblich schlechteren Verständlichkeit von geschlechtsneutralen oder geschlechtergerechten Formulierungen im Vergleich zum „generischen Maskulinum"? Auch zur Beantwortung dieser Frage gibt es eine Reihe von Studien, von denen ich stellvertretend eine auswähle, die methodisch sehr sorgfältig ist. Braun et al. (2007) ließen drei Gruppen von Versuchspersonen drei verschiedene Versionen einer Packungsbeilage für ein Medikament lesen: die erste verwendete das „generische Maskulinum" (z.B. *Diabetiker, Patienten*), die zweite neutrale Formen oder Beidnennungen (*Personen, Diabetikerinnen und Diabetiker*) und die dritte das Binnen-I (*DiabetikerInnen, PatientInnen*). In jeder der drei Gruppen waren gleich viele Männer und Frauen. Die Forscherinnen erhoben dann erstens, wie gut die Versuchspersonen sich an den Inhalt des Gelesenen erinnern (ein objektives Maß für die Verständlichkeit) und zweitens, wie „verständlich" und „lesbar" die Versuchspersonen den Text fanden (ein subjektives Maß für die Verständlichkeit). Beim Erinnerungstest waren im direkten Vergleich der Geschlechter die Erinnerungsleistungen der Männer bei der Beidnennung besser als die der Frauen, die der Frauen war beim „generischen Maskulinum" und beim Binnen-I besser als die der Männer. Die Effekte waren aber relativ schwach und innerhalb der Geschlechtergruppen auch nicht signifikant.

Bei der subjektiven Bewertung sah es anders aus: Während die Frauen alle drei Textfassungen im wesentlichen als gleichermaßen verständlich und lesbar werteten, bewerteten die Männer die Fassung mit dem „generischen Maskulinum" (die sie objektiv am schlechtesten verstanden hatten) am besten. Mit anderen Worten: Geschlechtergerechte Sprache hat keinen negativen Einfluss auf die Verständlichkeit und Lesbarkeit von Texten. Wohl aber hat sie einen Einfluss auf die Einbildung männlicher Leser.

Quelle: Sprachlog von Anatol Stefanowitsch http://www.scilogs.de/sprachlog/frauen-natuerlich-ausgenommen (Dez. 2011) gesehen am 8.6.2015

Kann es eine geschlechtergerechte Sprache geben?

Kompetenzfokus

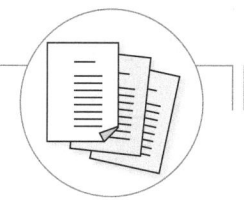

Reflexion

AB1

1. Bitte lesen Sie die folgende Geschichte (Teil I):

   > „Ein Vater fuhr mit seinem Sohn im Auto. Sie verunglückten. Der Vater starb an der Unfallstelle. Der Sohn wurde schwer verletzt ins Krankenhaus eingeliefert und musste operiert werden. Ein diensthabender Arzt eilte in den OP, trat an den Operationstisch heran, auf dem der Junge lag, wurde kreidebleich und sagte: „Ich bin nicht imstande zu operieren. Dies ist mein Sohn."

2. Denken Sie kurz darüber nach, welche Irritationen die Geschichte auslöst und wie sie begründet sind? (4 Minuten).

3. Gehen Sie mit Ihrem Tischnachbarn oder Ihrer Tischnachbarin zusammen, tauschen Sie sich über Ihre Eindrücke aus und diskutieren Sie gemeinsam, wie sich die Geschichte eventuell auflösen lässt (5 Minuten).

Die Auflösung folgt auf der nächsten Seite.

✂--

Auflösung zur Geschichte (Teil II):

> Die Geschichte bringt zum Grübeln. Die meisten, die die Geschichte hörten, glaubten, die Situation aufklären zu können, und meinten, dass der verunglückte Vater nicht der richtige Vater gewesen sei und der Arzt im OP in dem Jungen seinen leiblichen Sohn erkannt habe.
> Die richtige Interpretation war jedoch, dass im OP die Mutter ihren Sohn vorfand. Alle waren davon ausgegangen, dass der „diensthabende Arzt" ein männliches Mitglied des Personals sei. An eine Ärztin hatte niemand gedacht.

Quelle: Geschlechtergerechte Sprache. Empfehlungen der Gleichstellungsbeauftragten der Universität zu Köln 2009; http:// www.hf.uni-koeln.de/file/7466

Die kurze Geschichte führt uns vor Augen, dass die Bezeichnung von Personen und Berufsgruppen Missverständnisse auslösen kann. Das Deutsche, so könnte man den Ausgangspunkt zum Thema „Geschlechtergerechte Sprache" beschreiben, erlaubt bei Personenbezeichnungen, unabhängig vom tatsächlichen Geschlecht (Sexus) der Personen an vielen Stellen einen verallgemeinernden Gebrauch der maskulinen grammatischen Form: So spricht man häufig von den *Schülern*, einem *Lehrer* oder den *Abiturienten*, wenn sowohl Frauen als auch Männer gemeint sind. Diese grammatische Gebrauchsform, bei der als grammatisches Geschlecht (Genus) nur die männliche Form genutzt wird, nennt man „Generisches Maskulinum".

Sie ist im Deutschen weit verbreitet. Seit einigen Jahren löst dies immer wieder Debatten zur Frage der Gleichbehandlung bzw. Diskriminierung von Geschlechtern aus. Viele Personen, darunter auch einige Sprachwissenschaftlerinnen und Sprachwissenschaftler, gehen davon aus, dass die generische Form zwar geschlechtsneutral gedacht ist, aber dennoch häufig dazu führt, dass wir uns eher *Jungen* oder *Männer* und nicht *Mädchen* oder *Frauen* vorstellen, wenn wir die Bezeichnungen *Schüler, Lehrer, Ärzte* etc. hören oder sehen.

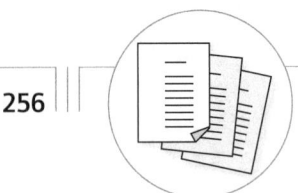

AB2 Argumentieren – Gegensätze darstellen

Die Aufgabe „Kann es eine geschlechtergerechte Sprache geben?" verlangt von Ihnen, Argumente in den vorliegenden Materialien zu identifizieren, die Möglichkeiten und Grenzen der Nutzung einer geschlechtergerechten Sprache aufzeigen. Die Materialien präsentieren unterschiedliche Argumente, die einander teils widersprechen. Im Folgenden sehen Sie an einem Beispiel aus den Materialien, wie man unterschiedliche Argumente sprachlich darstellen und miteinander verbinden kann.

Beispiel: Verständlichkeit bei Nennung beider Geschlechter (M7, M8)

Ruth Ayaß schreibt Folgendes (M7):

„Die Beid-Benennung führte somit zu erheblichen Komplikationen, wie die folgenden Beispiele deutlich machen: ‚Jeder und jede Mensch ist sterblich, auch wenn er oder sie das nicht wahrhaben will.' Oder: ‚Kann mir einer oder eine von euch sein oder ihr Fahrrad leihen?' […]. Konsequente Beid-Benennung produziert zwar die sprachliche Präsenz von Frauen, jedoch auch Satzungetüme, in denen eine sprachliche Doppelung auf Kosten von Verständlichkeit erfolgt."

Anatol Stefanowitsch schreibt hingegen (M8):

„Beim Erinnerungstest waren im direkten Vergleich der Geschlechter die Erinnerungsleistungen der Männer bei der Beidnennung besser als die der Frauen, die der Frauen war beim ‚generischen Maskulinum' und beim Binnen-I besser als die der Männer. (…) Bei der subjektiven Bewertung sah es anders aus: Während die Frauen alle drei Textfassungen im wesentlichen als gleichermaßen verständlich und lesbar werteten, bewerteten die Männer die Fassung mit dem ‚generischen Maskulinum' (die sie objektiv am schlechtesten verstanden hatten) am besten. Mit anderen Worten: Geschlechtergerechte Sprache hat keinen negativen Einfluss auf die Verständlichkeit und Lesbarkeit von Texten. Wohl aber hat sie einen Einfluss auf die Einbildung männlicher Leser."

Ayaß ist der Ansicht, die Verständlichkeit leide durch die Beid-Nennung, Stefanowitsch ist gegenteiliger Ansicht. Wie lassen sich die gegensätzlichen Argumente im Text zusammenbringen?
Das folgende Beispiel nutzt bestimmte sprachliche Mittel, um Gegensätze auszudrücken. Einerseits handelt es sich um wortübergreifende Texthandlungen (*Kursivdruck*), andererseits um Konnektoren, die Texthandlungen verbinden (**Fettdruck**)

Formulierungsbeispiel: Gegensätze auszudrücken

Während Ayaß *davon ausgeht*, dass die „konsequente Beid-Bennenung" meist „auf Kosten von Verständlichkeit" geht (Ayaß, M5), *vertritt* Stefanowitsch *die Ansicht*, dass geschlechtergerechte Sprache „keinen negativen Einfluss auf die Verständlichkeit und Lesbarkeit von Texten" hat (Stefanowitsch, M6). Er *begründet* dies *mit* den Ergebnissen empirischer Untersuchungen, die *zeigen*, dass …
Demgegenüber *argumentiert* Ayaß auf Ebene des grammatischen Systems und *führt an*, dass …

Kann es eine geschlechtergerechte Sprache geben?

Kompetenzfokus

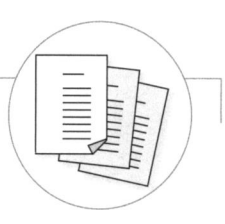

Aufgabe

1. Entwickeln Sie eine eigene Formulierung, die die Gegensätze verdeutlicht. Nutzen Sie dafür die sprachlichen Mittel aus folgender Tabelle.

Sprachliche Mittel und Prozeduren, um Gegensätze zum Ausdruck zu bringen	
Sprachliche Texthandlungen	**Konnektoren (adversativ)**
... geht davon aus ...	während
... ist davon überzeugt ...	obwohl
... vertritt die Ansicht/die Position/die Haltung ...	zwar – aber
... begründet ... mit ...	hingegen
... führt als Begründung an ...	obwohl
... stützt sich auf ...	jedoch
... sieht es als erwiesen an ...	dennoch
Für ... ist ...	wenngleich, demgegenüber
Für ... steht fest ...	

Weitere Formulierungshilfen in: *Kühtz, Stefan (2011): Wissenschaftlich formulieren. Tipps und Textbausteine für Studium und Schule. Paderborn: Schöningh UTB, S. 85ff.*

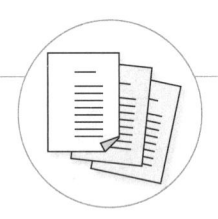

Hinweise für Lehrerinnen und Lehrer

Inhaltliche Anforderungen

Hinter der Frage einer geschlechtergerechten Sprache steckt eine in der Sprachwissenschaft wie auch Öffentlichkeit teils kontrovers geführte Debatte. Im Kern stehen Fragen und Probleme der (fehlenden) Sichtbarkeit und Sichtbarmachung von Frauen. Die Debatte zum generischen Maskulinum, die hier exemplarisch herausgegriffen wird, berührt Aspekte a) zum Zusammenhang von Sprachsystem und Sprachnorm, b) zum Zusammenhang von Sprache und Wahrnehmung und c) zu Sprachkritik und Sprachwandel. Mit dem generischen Maskulinum lassen sich im Deutschen Personengruppen bezeichnen, die aus Männern und Frauen bestehen, bei denen aber nur die männliche Form realisiert wird (*Lehrer* statt *Lehrerinnen und Lehrer* etc.) und Frauen mitgemeint sind. Die Debatte entbrennt an der Frage, wie das Verhältnis von grammatischem Geschlecht (Genus) und tatsächlichem Geschlecht (Sexus) zu denken ist (dazu M3, M4, M5, M7), ob durch die männliche Form Frauen tatsächlich immer eingeschlossen sind und von den RezipientInnen automatisch mitgedacht würden (M4, M6, M8), oder ob die Nennung der nur männlichen Form die Wahrnehmung dergestalt prägt, dass tendenziell eher an Männer als an Frauen gedacht wird und Frauen auf diese Weise aus der Sprache – und damit aus der Wirklichkeit verschwänden (M3). Schließlich entbrennt die Debatte auch an der Frage, wie geschlechtergerechtere Formen der Personenbezeichnung – im Sinne der konsequenten Beid-Nennung von Geschlechtern – aussehen können. Dafür haben sich in den letzten Jahren verschiedene Sprachformen und Strategien etabliert, z.B. Binnen-I *StudentInnen* (M3) oder neutrale Bezeichnungen, z.B. *Studierende*, die in amtliche Regelungen von Behörden etc. übernommen wurden. Am Beispiel des Binnen-I lässt sich zeigen, dass Sprachgebrauchsnormen entstehen, die vom orthographischen und grammatischen System her betrachtet nicht vorgesehen sind: System und Norm weichen ab. Die Kontroverse stützt sich v.a. auch auf Fragen des Verstehens und der (potentiell erschwerten) Verständlichkeit von Texten bei geschlechtersensiblem Sprachgebrauch (M7, M8). Eine allgemeingültige und verbindliche sprachliche bzw. grammatische Regelung für geschlechtergerechte Personenbezeichnungen gibt es bisher nicht, stattdessen gibt es konkurrierende Vorschläge und je nach Kontext unterschiedliche, z.B. amtliche, Sprachgebrauchsregelungen. Damit berührt das Thema auch Fragen von Sprachnorm, Sprachpolitik und Sprachwandel.

Die Materialien stehen zwar für unterschiedliche thematische Bezugspunkte, jedoch gibt es inhaltlich vielfache Überlappungen, da das Thema des generischen Maskulinums ein vom Ausgangspunkt her grammatisches ist, von dem aus die Debatte startet. Die Materialien decken das Spektrum sowohl des wissenschaftlichen als auch des öffentlichen Diskurses ab. So liefert M2 eine Zeitungsnachricht, M8 einen öffentlichen Blog, der von dem Sprachwissenschaftler Stefanowitsch betrieben wird. Und im Falle von M6 handelt es sich um eine persönlich angelegte, ironisch argumentierende Abhandlung mit Erzählcharakter von der für diese Debatte sehr bekannten Sprachwissenschaftlerin Luise M. Pusch.

Erwartet wird, dass die SchülerInnen vor dem Hintergrund der Auseinandersetzung mit grammatischen Prinzipien der Genuszuweisung wie auch Personenbezeichnungen im Deutschen (Generisches Maskulinum) im Unterricht in der Lage sind, verschiedene Teilaspekte der Debatte um geschlechtergerechte Sprache zu identifizieren (grammatische Prinzipien, Personenwahrnehmung, Verständlichkeit) und die verschiedenen Materialien den unterschiedlichen Teilaspekten zuordnen können. Die Anforderung besteht darin, die mit den jeweiligen Teilaspekten hervorgebrachten Argumente für einen geschlechtersensiblen Sprachgebrauch zu identifizieren bzw. umgekehrt: die Grenzen eines geschlechterdifferenzierenden Sprachgebrauchs aufzuzeigen. In den Materialien finden sich zwar kaum direkte Argumente gegen geschlechterdifferenzierenden Sprachgebrauch (außer in M4, Zitat Stickel), jedoch werden teils deutliche Grenzen aufgezeigt, die argumentativ vor allem über grammatische Prinzipien (z.B. Doppelkodierung (M5), z.B. Probleme bei Indefinit- und Possesivpronomen (M7) und Verständlichkeit (M7, M8) hergeleitet werden.

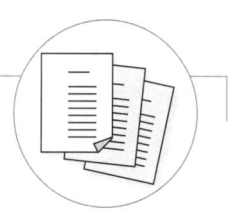

Die Schwierigkeit der Materialerschließung liegt nicht in der Identifizierung von Positionen, sie liegt vielmehr in der Differenzierung von sowohl thematischen Aspekten (Grammatik, Wahrnehmung, Sprachpolitik) wie auch darin, innerhalb einzelner Themenbereiche die spezifischen Argumentationsmuster zu erschließen. Die Frage „Kann es ein geschlechtergerechte Sprache geben?" anstelle der Frage „*Wie* sieht eine geschlechtergerechte Sprache aus?" soll in ihrer Zuspitzung darauf hindeuten, dass einem Sprachgebrauch, der konsequent Geschlechter differenziert, v.a. auch grammatische Grenzen gesetzt sind. Andererseits liefern die Materialien hinreichend Informationen und vielfältige Argumente – entgegen einer nur oder vermeintlich grammatischen Logik – Sprache geschlechtersensibel zu benutzen.

Sprachliche und textsortenbezogene Anforderungen

Es geht um die Darstellung der Debatte einer geschlechtergerechten Sprache anhand der in den Materialien gelieferten Argumente. Mit der Situierung des Zieltextes als Antwort auf eine Preisfrage der Wochenzeitung DIE ZEIT, der von JournalistInnen und SprachwissenschaftlerInnen beurteilt wird, hat diese Aufgabe v.a. wissenschaftspropädeutische Funktionen. Die Adressierung des Textes erfolgt hier zweifach: Erstens: Jurymitglieder, bei denen ein fachliches Vorwissen vorausgesetzt wird, zweitens: ZEIT-LeserInnen, die einer interessierten Fachöffentlichkeit zuzordnen sind. Die SchülerInnen sollen sich beim Schreiben direkt auf die Bezugstexte der Materialien beziehen und ihre eigene Argumentation durch direkte Zitate oder indirekte Belege aus den fremden Texten stützen. Im Sinne der Unterscheidung von einem „Schreiben mit Texten" und einem „Schreiben zu Texten" (Kap. 1) geht es hier vor allem um den zweiten Fall. Dies bedeutet, dass die SchülerInnen sich direkt auf die AutorInnen der jeweiligen Texte stützen und deren Argumente gegeneinander abwägen sollen. Die eher lose Zieltextformulierung „kurze, eigenständige, sachlich argumentierende Artikel" mit der inhaltichen Vorrorientierung „Möglichkeiten und Grenzen einer geschlechtergerechten Sprache" eröffnen einen Spielraum bei der Bearbeitung, insofern die Idee der Preisfrage bis zu einem gewissen Grad selbständig interpretiert werden kann. Wesentlich für die kompetente Lösung der Aufgabe sind neben einem inhaltlichen Verständnis des ‚Problems' (AB 1) und seiner thematischen Facetten die Kenntnis und Nutzung von sprachlichen Prozeduren des Argumentierens (AB 2).

Zum Kompetenzfokus

AB 1 ist als Themeneinstieg gedacht. Anknüpfend an (sprachliche) Alltagserfahrungen der SchülerInnen soll die dort erzählte Geschichte Irritationen auslösen, die zum Nachdenken über Sprache, Denken und Wirklichkeit anregen. Wenngleich der Clou der Geschichte durch die Nutzung einer geschlechtsindifferenten Form (*der Arzt* statt *die Ärztin*), also duch das generische Maskulinum, ausgelöst wird, suchen die RezipientInnen der Geschichte erfahrungsgemäß zunächst nach einer inhaltlichen Auflösung der Unstimmigkeiten, indem sie nach Bedingungen suchen, unter denen das betroffene Kind zwei Väter haben könnte, z.B. einen leiblichen und einen nicht-leiblichen. Die Auflösung der durch Sprache verursachten Komplikation zeigt dann in der Regel, dass die Nutzung geschlechterindifferenter Formen kontextabhängig Missverständnisse und Fehldeutungen hervorrufen kann. Mit dem Beispiel lässt sich deshalb a) sehr gut veranschaulichen, was man unter generischem Maskulinum versteht und b) sehr gut diskutieren, ob und in welcher Weise die sprachliche Darstellung unsere Wahrnehmung von Wirklichkeit prägt. Auf diese Weise lässt sich die folgende, materialgestützte Schreibaufgabe u.E. gut anbahnen. Anknüpfungspunkte für das Thema ergeben sich nicht zuletzt aus teils stark normativ wahrgenommenen Geschlechtszugehörigkeiten in der Altergruppe von Jugendlichen und jungen Erwachsenen. Häufig werden Diskussionen zur Geschlechtergerechtigkeit durch Stereotype überlagert („Typisch Mann!" oder „Emanze!"). Die

Aufgabe kann dazu beitragen, das Nachdenken über Sprache und Wirklichkeit anzuregen und zu versachlichen.

Hinweis: Es empfiehlt sich, das Arbeitsblatt einzusetzen, wenn das Thema „Geschlechtergerechte Sprache" im Unterricht noch gar nicht erwähnt oder eingeführt wurde und wenn noch keine Materialien an die SchülerInnen ausgeteilt wurden. Denn die als Themeneinstieg gedachte Geschichte setzt auf Irritation und auf ein damit einhergehendes Nachdenken, das auf Sprachaufmerksamkeit und Sprachreflexion zielt. Dies gelingt besser, wenn die SchülerInnen nicht bereits durch den Unterricht oder durch einzelne Materialien auf das Thema „geschlechtergerechte Sprache" aufmerksam wurden.

AB2 liefert konkrete Formulierungshilfen für die Lösung der Aufgabe. Da es im Wesentlichen darum geht, unterschiedliche Argumente und Informationen aus den Materialien herauszuarbeiten und in einen argumentativen Zusammenhang zu bringen, sind Prozeduren und sprachliche Ausdrücke, mit denen sich Gegensätze im eigenen Text anzeigen lassen, bei dieser Aufgabe besonders wichtig. Vom Aufbau her zeigt das Arbeitsblatt zunächst an einem ausgewählten Beispiele mit Originalzitaten, wo *erstens* Materialien sich auf ein ähnliches Thema beziehen, aber anders argumentieren, um dann *zweitens* an diesen konkreten Textauszügen vorzuführen, wie eine Formulierung aussehen kann, die beide Positionen im Schreiben intergriert. Schließlich werden die SchülerInnen *drittens* aufgefordert, eine eigene Formulierung zu entwickeln, die den in den Textauszügen entstehenden Gegensatz aufgreift. Dazu wird Ihnen *viertens* eine Tabelle mit exemplarischen Musterausdrücken und -formulierungen als Modell an die Hand gegeben. Für den dritten Schritt ist ebenfalls denkbar, zwei neue Textausschnitte zusammenzustellen. Insgesamt bietet es sich an, im Unterricht gemeinsam Teilthemen der Debatte herauszuarbeiten.

Warum schreiben wir?

Überblick

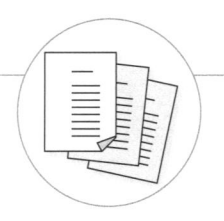

Warum schreiben wir?

Thema	Schreiben und Textproduktion: Vielfältige Funktionen und Ausprägungen des Schreibens (historisch, kognitiv, kulturell, expressiv)
Klassenstufe	11. – 13. Schuljahr
Typ	Informierendes Schreiben
Materialien	M1: Allgemein: Funktionen des Schreibens und der Textproduktion M2: Historisch: Entstehung der Schrift und des Schreibens M3: Historisch: Veränderung des Schreibens und seiner Bedeutung M4: Kognitiv: Schreiben, um Neues zu entdecken M5: Emotional: Schreiben, um sich zu entlasten M6: Biografisch: Schreiben als Beruf und Lebenswerk
Zieltext	Einführungstext für ein Programmheft (Vortragsreihe)
Kompetenzfokus	Themenerschließung, Materialauswahl
Arbeitsmaterial	AB 1: Schreiballtag und Schreibbiografien erforschen AB 2: Eine Idee finden – Material auswählen

Foto: Katrin Lehnen

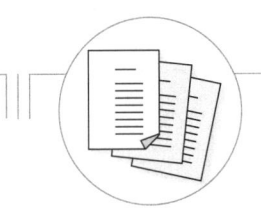

AUFGABE

Stellen Sie sich vor, Sie machen ein Praktikum beim *Literaturhaus e.V.*, einem privaten Verein zur Kulturförderung in Ihrer Stadt. Der Verein organisiert eine Vortragsreihe zum Thema „Warum schreiben wir?". Dazu sind einerseits SchriftstellerInnen eingeladen, die aus ihren Büchern lesen und anschließend zu ihrem Schreiben befragt werden sollen. Andererseits sind verschiedene WissenschaftlerInnen eingeladen, die erklären, welche historischen, kognitiven, kulturellen und emotionalen Funktionen Schreiben und Textproduktion für die Menschen haben. Im Rahmen Ihres Praktikums sollen Sie für das Programmheft zur Vortragsreihe einen kurzen informativen Text formulieren, in dem Sie der Frage nachgehen: „Warum schreiben wir?". Das Programmheft soll in verschiedenen Geschäften ausgelegt werden und Kulturinteressierte zu den Vorträgen locken.

Verfassen Sie auf Grundlage der vorliegenden Materialien einen Informationstext für das Programmheft der Vortragsreihe, der der Frage nachgeht „Warum schreiben wir?". Stellen Sie in dem Text einige – nicht alle – Funktionen des Schreibens vor und erläutern Sie sie. Wählen Sie selbstständig aus, welche Funktionen Sie in den Vordergrund Ihres Textes stellen möchten. Ziel ist es, potentielle BesucherInnen auf die Vortragsreihe aufmerksam und neugierig zu machen. Verwenden Sie dafür auch Zitate aus den Materialien für Ihren Text. Nutzen Sie mindestens drei Materialien für Ihre Textproduktion.

Hinweise zur Aufgabe

Die Materialien liefern Ihnen Einblicke zur Bedeutung und zu unterschiedlichen Funktionen, die das Schreiben und die Textproduktion in unserer Gesellschaft haben. Die Materialien hängen nicht direkt miteinander zusammen, sondern stellen jeweils einen anderen Aspekt in den Vordergrund. M1 fasst im Sinne eines allgemeinen Überblicks verschiedene Funktionen anhand von Zitaten und Textauszügen zusammen. Jedes weitere Material beschränkt sich auf eine spezifische Funktion des Schreibens: M2 erläutert die historische Entstehung und Anfänge des Schriftgebrauchs, M3 beschreibt den historischen Wandel im Blick auf das Schreiben, indem es die Bedeutung des Schreibens für Autonomie und Bildung im 18. Jhd. skizziert. M4 behandelt die kognitive Funktion des Schreibens und beschreibt anhand von Textausschnitten und Zitaten, wie das Schreiben das Denken unterstützt und dabei hilft, Neues zu entdecken und Wissen im Schreiben hervorzubringen. M5 ist ein Zeitungsartikel aus der ZEIT, der darlegt, wie das Schreiben für therapeutische Zwecke eingesetzt werden kann, um schwierige Erlebnisse zu verarbeiten. M6 liefert verschiedene Zitate und Aphorismen zur Bedeutung, die das Schreiben für SchriftstellerInnen hat. Hier steht die individuell-biografische, aber auch die kulturell-literarische Bedeutung des Schreibens im Mittelpunkt.

Warum schreiben wir?

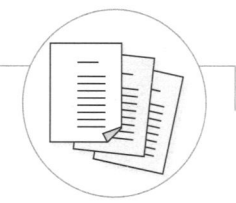

Material **M1**

Allgemeine Aspekte: Funktionen des Schreibens und der Textproduktion

> Schreiben meint nicht nur, Kenntnis von einem Schriftsystem zu haben, Schreiben bezieht sich auf die Fähigkeit, Texte zu produzieren.
>
> *Quelle: Dürscheid, Christa (2002): Einführung in die Schriftlinguistik. Wiesbaden: Westdeutscher Verlag, S.225*

> Schreiben ist eine Technik, durch die Kultur ihrerseits geprägt wird: Ein kulturelles Gedächtnis, ja Kultur überhaupt kann sich ohne Praktiken der Aufzeichnung nicht längerfristig etablieren. Schreibakte sind jedoch nicht nur Aufzeichnungsakte. Es sind auch Akte, in denen Erinnerungen, Erfahrungen und Wissensbestände produziert, artikuliert und organisiert werden.
>
> *Quelle: Zanetti, Sandro (2012): Einleitung. In: ders. (Hg.): Schreiben als Kulturtechnik. Berlin: Suhrkamp.*

Welche Funktionen erfüllt das Produzieren von Texten?

Textproduzieren ist eine Tätigkeit, die von Menschen ausgeführt wird und spezifische Funktionen hat. Ganz allgemein kann man sagen, dass mit dem Produzieren von Texten versucht wird, Raum und Zeit zu überwinden, indem Gedanken objektiviert, d.h. auf spezifische Objekte übertragen werden, die im Laufe der Geschichte die unterschiedlichen Formen von Stein über Papier bis hin zu magnetischen Informationsträgern angenommen haben. Seit der Erfindung der maschinellen Vervielfältigung von Textmaterialien ist es auch möglich geworden, die Gedanken und Überlegungen von einzelnen größeren Massen gleichzeitig zugänglich zu machen. (...)

In den meisten Fällen hat Textproduzieren wohl eine kommunikative Funktion. Dies ist immer dann der Fall, wenn ein Textproduzent anderen Personen etwas mitteilen will. Davon lässt sich die Erinnerungsfunktion unterscheiden. Hierbei soll Textproduzieren die Gedächtnisbeschränkungen des Textproduzenten überwinden helfen, indem sich der Textproduzent selbst informiert. Diese Funktion darf in ihrer Reichweite nicht unterschätzt werden. Gerade im Bereich des Lernens ist es notwendig, die Beschränkungen des Gedächtnisses bei der Aufnahme von mündlicher Information zu überwinden, indem man sich Notizen macht. Aber auch bei der Rezeption schriftlicher Informationen ist das Exzerpieren hilfreich, da umfangreiche Informationen reduziert und übersichtlicher gemacht werden können. Daneben hat Textproduzieren insbesondere im juristischen und im Verwaltungsbereich Objektivationsfunktionen, wenn es z.B. darum geht, Verträge und Bestimmungen, die im Prinzip auch auf mündlichem Wege Gültigkeit haben, schriftlich zu fixieren. Eine weitere Funktion ist dann gegeben, wenn die kommunikative Funktion, die Erinnerungsfunktion und die Objektivationsfunktion nicht im Vordergrund stehen, sondern es darum geht, das der Textproduzent seine Sicht eines Sachverhalts ausdrückt. Hierzu gehören alle künstlerischen Formen des Textproduzierens, aber auch z.B. das Textproduzieren zu Prüfungszwecken.

Es wird oft übersehen, dass Textproduzieren nicht nur Funktionen hat, die an das erstellte Produkt gekoppelt sind, sondern auch der Prozess der Textproduktion für den Textproduzenten selbst eine Funktion haben kann. Man spricht in diesem Zusammenhang von der epistemischen Funktion von Textproduzieren, die dann gegeben ist, wenn Textproduzieren mit dem Ziel eingesetzt wird, das eigene Wissen zu verändern, das heißt im Hinblick auf einen spezifischen Sachverhalt, zu dem ein Text produziert wird, weiterzuentwickeln.

Quelle: Winter, Alexander (1992): Metakognition beim Textproduzieren. Tübingen: Gunter Narr Verlag, S. 5ff.

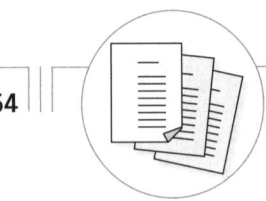

M2 Historische Aspekte: Entstehung der Schrift und des Schreibens

Erfindung der Schrift

Seit etwa zwei bis drei Millionen Jahren gibt es den Menschen, aber erst seit 5000 bis 6000 Jahren existiert die Schrift. Doch schon zu Beginn der Menschheitsgeschichte beginnen sich Vorformen der Schrift zu entwickeln – seit der Mensch sich Materialien zu Nutze macht, mit denen er malen, gravieren, ritzen, stempeln und schreiben kann. (...)

Über Jahrmillionen entwickelte der Mensch sprachliches Ausdrucksvermögen. Mit der verbalen Kommunikation und der mündlichen Überlieferung von Erinnerungen und Wissen konnte er seine Welt strukturieren. Die Lebensumstände wurden aber immer komplexer. Besitzverhältnisse und Verwaltungsorganisation ließen sich nicht mehr mündlich kommunizieren und allein aus dem Gedächtnis und der Erinnerung heraus rekonstruieren. Deshalb begann der Mensch Buch zu führen, Notizen abzufassen, die als Gedächtnisstütze dienten und Ansprüche besser regeln halfen. (...)

Die Schrift wurde also erfunden, um Macht und Besitz zu organisieren und zu wahren, also quasi aus rechnerisch-buchhalterischen Überlegungen heraus. Das belegen die Anfänge der Schrift in Mesopotamien (dem heutigen Irak). Dort beginnt die Geschichte der Schrift mit Aufstellungen über Ein- und Ausgaben, die im Laufe der Zeit bedeutend und komplex geworden waren. Ihre schriftliche Fixierung half Interessen auseinanderzuhalten und Rechtsstreitigkeiten vorzubeugen. (...)

Quelle: www.planet-wissen.de/gesellschaft/lernen/erfindung_der_schrift/index.html (eingesehen am 1.06.2016)

Wie hat es mit dem Schreiben angefangen?

Wenn man davon ausgeht, dass der Schriftgebrauch die Möglichkeit der Informationsspeicherung enorm erweitert hat und dass höhere Kulturentwicklung von der Verwendung dieser Informationstechnologie abhängig ist, stellt sich die Frage, wer wann von dieser Technologie erstmals profitiert hat. (...)

Die (...) Bedingungen der Schriftverwendung sind in der Antike grundlegend andere als in der Neuzeit. Wir sind heute daran gewöhnt, dass neue Informationstechnologien ihren eigentlichen Nutzen entfalten, indem sie einer breiten Bevölkerung zugänglich sind. Genau dieser Aspekt der Breitenwirkung war in der Antike unbekannt. Der Schriftgebrauch stand in keiner der alten Zivilisationen im Dienst einer Verbesserung des Informationsflusses oder einer Anhebung des Bildungsstandes bei breiten Bevölkerungsschichten. In allen archaischen Zivilisationen hatte der Schriftgebrauch elitäre Züge, denn die Schrift wurde von Spezialisten für spezielle Zwecke verwendet

Quelle: Haarmann, Harald (2007)[3]: Geschichte der Schrift. Nördlingen: C.H.Beck, S. 16ff.

Warum schreiben wir?

Material

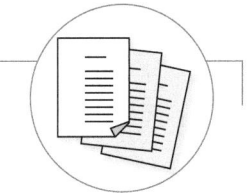

Historische Aspekte: Schreiben und Bildung im Wandel M3

Im Verlauf des 18. Jahrhunderts wurden die Errungenschaften der Schriftbeherrschung zu einem gesamtgesellschaftlichen Phänomen. Die hierdurch sich entfaltende Emanzipation des Bürgers sollte zu einem aufgeklärten, autonomen Subjekt führen. „Erziehung und Bildung auf der Basis der Schriftnatur", schreibt Stephan Sting, „führen letztlich zur Vorstellung des *autonomen Subjektes*, in dem die natürliche Bestimmung und die gesellschaftliche Verfasstheit zusammenlaufen." Diejenigen, die die Kulturtechniken Lesen, Schreiben und Rechnen *richtig* anzuwenden verstanden, galten in den Augen der Aufklärungselite als fortschrittlich und zivilisiert. (...) Doch die Kulturtechnik Schreiben hatte nicht für alle den gleichen Innovationseffekt und Bedeutungsgehalt. Vor allem für Angehörige der unteren Bildungsschicht erfuhr Schreiben so etwas wie eine mentale Selbstwertsteigerung, indem Schriftbeherrschung zu einer Art Topos für Glücksversprechen wurde; der oberen Bildungsklasse ging dieses Gefühl der Exklusivität vollkommen ab, gehörte es doch in diesen Kreisen zur Normalität, schreiben und lesen zu können. Der Salzburger Pädagoge Franz Michael Vierthaler (1758–1827) schrieb 1794 in seinem *Entwurf der Schulerziehungskunde:* „Es gibt Dinge, deren Werth der rohe, ungebildete Mensch ungleich mehr zu schätzen gewohnt ist, als der gebildete; und unter diese Dinge gehört auch die Buchstabenschrift. Wir vergessen, daß wir ohne dieselbe auf der Stufe der Cultur nicht stehen würden, auf welcher wir wirklich stehn; wir betrachten sie als geringfügig, weil sie so gewöhnlich ist. Allein der Barbar in Amerika staunt sie als ein Wunder an."

Quelle: Büttner, Peter O. (2015): Schreiben lehren um 1800. Hannover: Wehrhahn, S.20

Weil es [Schreiben und Rechnen] weit zweckmäßiger und nothwendiger ist, nicht nur in Rücksicht einer jeden künftigen Berufs-Bestimmung (und ein geschickter Schreiber und Rechner wird sich allezeit eher in der Welt forthelfen, als ein blos geschickter Leser); sondern auch als unentbehrlicheres Hülfsmittel während der Jugendausbildung selbst. Das durch mündlichen Unterricht Gelernte oder das Selbstbeobachtete und Gedachte niederschreiben, ist nicht nur eins der solidesten und unschädlichsten Mittel zur Ausbildung des Verstandes; sondern auch eine der nützlichsten Selbstbeschäftigungen, auf die immer der Erzieher sehr zu denken hat.

Quelle: André, Christian Carl (1793): Erstes Lehrbuch des Zeichnens, Schreibens, Lesens, Rechnens, der französischen und Muttersprache. Zum Gebrauch für Lehrer der Kinder aus gebildeten Ständen. Mit 11 Kupfertafeln. Gotha, Halle: Johann Jakob Gebauer, S. 691, zit. nach: Büttner, Peter O. (2015): Schreiben lehren um 1800. Hannover: Wehrhahn, S.150.

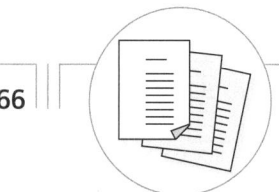

M4 Kognitive Aspekte: Schreiben, um zu lernen, sich Wissen anzueignen und Neues zu entdecken

Zitate und Aphorismen

[...] mir geht es genauso wie allen Kollegen, die ich danach gefragt habe: sie [...] denken *beim* Schreiben. Schreiben ist ihre wichtigste Denkmethode. ‚Ich muss mir alles erschreiben', so sagt einer von ihnen [...] Oft habe ich beim Schreiben das Gefühl: In diesem Gedanken da liegt ein Potential, das ich noch nicht erkenne. Hier gibt es noch Möglichkeiten der Entfaltung, die neues Licht auf die Sache werfen, hier liegt ein Problem verborgen, dem ich nachgehen sollte. Ich bin mit diesem Gedanken noch nicht fertig.

Quelle: Hermanns, Fritz (1988): Schreiben als Denken. Überlegungen zur heuristischen Funktion des Schreibens. In: Der Deutschunterricht 40, S. 71, zit. nach: Ortner, Hanspeter (2000): Schreiben und Denken. Tübingen: Niemeyer, S. 3

Schreiben ist nicht mehr nur ein Mittel, etwas mitzuteilen, was man gedacht hat und was man weiß, sondern ein Medium, in dem man denkt, seine Gedanken formt, präzisiert, ja verändert, (...).

Quelle: Eigler, Gunther (1985): Text verarbeiten und Text produzieren. Entwicklungstendenzen angewandter kognitiver Wissenschaft. In: Unterrichtswissenschaft 13, S. 301–318

Es ist für mich immer wieder eine erstaunliche Erfahrung, daß beim Schreiben ungeplant Neues aufsteigt und sich gewissermaßen ‚von selbst' niederschreibt.

Quelle: Scheidt, Jürgen vom (1993): Kreatives Schreiben. Texte zu sich selbst und zu anderen. Frankfurt a. M.: Fischer, zit. nach: Ortner, Hanspeter (2000): Schreiben und Denken. Tübingen: Niemeyer, S.1

Zur Aufweckung des in jedem Menschen schlafenden Systems ist das Schreiben vortrefflich, und jeder, der je geschrieben hat, wird gefunden haben, daß Schreiben immer etwas erweckt, was man vorher nicht deutlich erkannte, ob es gleich in uns lag.

Quelle: G.C. Lichtenberg 1742–1799, Heft J, 19

Schreiben fordert und fördert das Denken in verschiedener Weise (...). Schreiben ist ein Mittel, um Distanz zu schaffen. Das in Texten niedergelegte Wissen ist vom Wissenden getrennt, entsubjektiviert, und wirkt objektiver, weil Widersprüche und Beweise explizit gemacht werden können. Schreiben dient somit der kognitiven Präzisierung und Konservierung von Gedankengut. Der Erwerb der Schriftlichkeit fördert die Sprachkompetenz, das Abstraktionsvermögen, reflexives Denken (...). Die daraus resultierende Schreibkompetenz ermöglicht Schreiben in seiner epistemisch-heuristischen Funktion, dadurch gekennzeichnet, dass Gedanken während des Schreibens in der Auseinandersetzung mit dem entstehenden Schreibprodukt weiterentwickelt werden.

Quelle: Molitor-Lübbert, Sylvie (2002): Schreiben und Denken. Von intuitiven zu professionellen Scheibstrategien. Wiedbaden: Westdeutscher Verlag, S.47–62

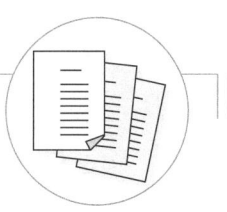

Expressive und therapeutische Aspekte: Schreiben, um sich zu entlasten M5

Claudia Wüstenhagen
„Schreib dich frei"

Wer Traumatisches erlebt hat, zieht sich oft zurück. Psychologen setzen auf die verblüffende Wirkung des Tagebuchschreibens.

Manche Geschichten hat James Pennebaker bis heute nicht vergessen. So verstörend sind die Erlebnisse, die Menschen ihm anvertraut haben. Da war der junge Mann, dem das letzte Gespräch mit seinem Vater nachhing - dem Vater, der die Familie vor Jahren verlassen und dem kleinen Sohn zum Abschied gesagt hatte: „Du bist schuld, deine Geburt hat unsere Ehe zerstört." Da war die Studentin, die sich als Kind eines Tages geweigert hatte, ihre Spielsachen vom Boden wegzuräumen, als die Oma zu Besuch kam. Auch nach Jahren haderte die junge Frau mit sich, denn die Großmutter war damals über eines dieser Spielzeuge gestürzt und hatte sich die Hüfte gebrochen. Kurz darauf starb sie während der Operation. Es waren Geschichten von Schuld und Schrecken, die James Pennebaker zu lesen bekam. Geschichten, die das Leben von Menschen geprägt hatten und die auch seines verändern sollten. Der Psychologe von der University of Texas begründete in den achtziger Jahren eine neue Form der Therapie, die heute weit verbreitet ist: das expressive Schreiben. Menschen schreiben dabei über ein persönliches Erlebnis, das sie belastet. Sie stellen sich den schweren Gefühlen und fassen in Worte, was ihnen Kummer bereitet.

Zunächst testete Pennebaker die Wirkung an knapp 50 Studenten. Es waren junge, im Grunde gesunde Menschen, doch zu seinem Erstaunen hatten viele schlimme Dinge erlebt: den Verlust eines geliebten Menschen, Missbrauch, schwere Unfälle. Er bat sie, beim Schreiben 15 Minuten lang ihren tiefsten Gefühlen und Gedanken nachzugehen. Die Versuchspersonen nahm das sichtlich mit: Viele hätten den Raum hinterher tränenüberströmt verlassen, erinnert sich Pennebaker. Doch am nächsten Tag kamen sie wieder, um weiterzuschreiben. Noch bemerkenswerter war, was in den folgenden Wochen geschah. Den Studenten, die sich ihre schmerzhaften Erlebnisse von der Seele geschrieben hatten, schien es danach deutlich besser zu gehen: Sie gingen in den folgenden sechs Monaten seltener wegen Grippe oder Erkältung zum Arzt als die Studenten aus der Kontrollgruppe, die zwar auch geschrieben hatten, jedoch nur über belanglose Dinge. Es war, als habe die emotionale Öffnung die tapferen Schreiber widerstandsfähiger gemacht. Zahlreiche Studien, auch von anderen Wissenschaftlern und an größeren Versuchsgruppen, haben diese These seither bestätigt. Inzwischen gilt das expressive Schreiben als eine der am besten untersuchten Techniken zur Selbsthilfe. Belastende oder traumatische Erlebnisse in Worte zu fassen kann der Seele helfen und den Körper stärken. Das Schreiben fördert die Aktivität des Immunsystems, wirkt wohltuend bei Erkrankungen und lindert depressive Symptome. Die Vielzahl der Belege ist beeindruckend, die Wirkung verblüffend. Intuitiv kennen Menschen die Heilkraft der Worte seit jeher. Wie viele Tagebücher gibt es, die in stillen Stunden der Verzweiflung geschrieben wurden? Wie viele Briefe an verlorene Geliebte, die nie abgeschickt wurden, aber doch etwas von dem Schmerz nahmen? Weltberühmt ist *Das Tagebuch der Anne Frank*. Oder Franz Kafkas *Brief an den Vater*. Oder das Blog von Wolfgang Herrndorf, in dem der Schriftsteller die letzten Jahre seines Lebens dokumentierte, nachdem Ärzte bei ihm einen Gehirntumor diagnostiziert hatten. Die Nobelpreisträgerin Herta Müller begann zu schreiben, weil sie Halt suchte, als ihr Vater starb und der rumänische Geheimdienst sie schikanierte. „Die Angst ließ sich durchs Schreiben zähmen", hat sie einmal gesagt. (...) Worte können Angst lindern. (...) Beim Schreiben, so eine Theorie, sortieren wir lose Fragmente von Eindrücken, Gefühlen und Gedanken und fügen sie zu einer schlüssigen Geschichte zusammen. (...) Lose Fäden werden dabei so verschnürt, dass sie den Geist nicht mehr immerzu beschäftigen. (...)

Quelle: DIE ZEIT, 23. März 2016

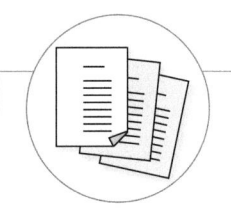

M6 Biografische Aspekte: Schreiben als Beruf und Lebenswerk

Ich existiere nur, wenn ich schreibe, ich bin nichts, wenn ich nicht schreibe, ich bin mir selbst vollkommen fremd, aus mir herausgefallen, wenn ich nicht schreibe. [...] Es ist eine seltsame, absonderliche Art zu existieren, asozial, einsam, verdammt, es ist etwas verdammt daran.
Ingeborg Bachmann

Sprache bedeutet für mich generell die Fähigkeit, Dinge in Zusammenhang zu stellen. (...) Was mich in erster Linie aufregt: Wie man mit drei Wortern einen Zusammenhang konstruieren kann, den es vielleicht vorher nicht gegeben hat. Was man jedoch mißverstehen könnte, als wäre es ein Haupteffekt, möglichst surreale Konstellationen zu schaffen. So ist's natürlich nicht gemeint. Man kann ja schon durch ganz leichte Verschiebungen den Blick auf eine Sache etwas ungewöhnlicher, etwas aufreizender machen. ***Brigitte Kronauer***

Eine Ordnung ist für Jelinek sehr wichtig, um schreiben zu können. Dazu gehören feste Arbeitszeiten und -orte. Sie begründet das mit dem Chaos in ihrem Kopf und in ihren Texten. „Selbst wenn man chaotische Dinge schreibt, braucht man eine große Ordnung … Das Schreiben muss Ordnung in dieses Chaos bringen." Ihre Bücher würden sich selbst schreiben, sagt sie. „Ich setze mich hin und weiß nur sehr vage, was ich an diesem Tag schreiben werde. Und dann wird es manchmal auch etwas ganz anderes." ***Elfriede Jelinek***

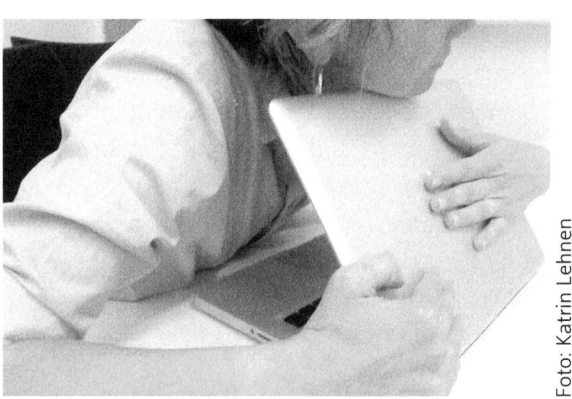

Foto: Katrin Lehnen

Nähe und Intimität stellen sich vielmehr nur her, wenn der Autor seine eigenen Vorstellungen und Konstruktionen zurücknimmt und sich ganz in den sich immer mehr ausbreitenden Stoff vertieft. (...) Man könnte diesen oft langwierigen, aber ungeheuer faszinierenden Prozess selbst als einen Roman schreiben, in dessen Verlauf sich der Autor die fiktiven Romanwelten immer mehr einverleibt und am Ende als ein Lebewesen dieser Welten erscheint. (...) Plötzlich stehen solche »ersten Sätze« auf dem Papier, plötzlich ist der Erzählton da, und plötzlich meldet sich auch ein Erzähler, dem der Autor das Erzählen des Romans überträgt. ***Hanns-Josef Ortheil***

Auf die Idee, Kinderbücher zu schreiben, bin ich überhaupt nie gekommen. Ich wollte, weil mir zu Hause mit den zwei Kindern so langweilig war, ein Kinderbuch malen. Dazu habe ich aber eine Geschichte gebraucht. Die habe ich mir erfunden und aufgeschrieben. Und wie dann das Kinderbuch fertig war, hat den Leuten meine Geschichte besser gefallen als meine Bilder. Da habe ich mir gedacht: Na schön! Dann male ich halt nicht! Dann schreibe ich eben! Und das tue ich nun seit vielen Jahren schon. ***Christine Nöstlinger***

Quellen:
- *Ingeborg Bachmann. Werke. Hrsg.: Christine Koschel, Inge von Weidenbaum, Clemens Münster, Vierter Band: Essays, Reden, Vermischte Schriften, Anhang, Phonographie. München, Züroich, Piper 1978, S. 294*
- *Brigitte Kronauer: Jung, Werner (2011): Literatur ist Konstruktion. Gespräche mit Schriftstellern. Duisburg: Universitätserlag Rhein-Ruhr*
- *Elfriede Jelinek: Schlie, Tania (2014): Wo Frauen ihre Bücher schreiben, München: Thiele, S. 40*
- *Hanns-Josef Ortheil (2008): Wie Romane entstehen, München: Luchterhand, S. 113*
- *Christine Nöstlinger (1996): Geplant habe ich gar nichts. Aufsätze – Reden – Inteviews. Wien: Dachs*

Warum schreiben wir?

Kompetenzfokus

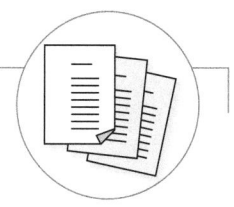

Schreiballtag und Schreibbiografien erforschen **AB1**

Eine Möglichkeit, sich die Bedeutung des Schreibens bewusst zu machen, ist es, den eigenen Schreiballtag oder die Schreibbiografie anderer Personen zu erforschen. Dazu eignen sich Interviews, wie sie z.B. häufiger mit SchriftstellerInnen geführt und in der Zeitung veröffentlicht werden. Fragen zum Schreiballtag und zur Schreibbiografie geben Aufschluss darüber, welche Rolle das Schreiben für die tägliche Kommunikation spielt, z.B. im Bereich der Neuen Medien (Facebook, Whatsapp etc.), oder wie es uns hilft, eigene Gedanken zu vertiefen und Erlebnisse zu reflektieren, z.B. in Form eines Tagebuchs.

Aufgabe

1. Gehen Sie in Vierergruppen zusammen und führen Sie Interviews miteinander.
   - Zwei Personen interviewen sich gegenseitig, zwei Personen beobachten das Interview und machen sich Notizen zu den Antworten.
   - Wenn zwei MitschülerInnen sich interviewt haben, werden die Rollen gewechselt und aus den BeobachterInnen werden InterviewpartnerInnen und umgekehrt.

Ein Interview führen

Orientieren Sie sich bei dem Interview an folgenden Fragen. Formulieren Sie mindestens eine weitere, eigene Frage.

1. Versetze dich zurück in die Grundschule und denke kurz darüber nach, wie du schreiben gelernt hast: Hast du eine Erinnerung an ein bestimmtes Erlebnis mit dem Schreiben? Weißt du noch, womit das Schreiben bei dir angefangen hat?
2. Allgemein: Schreibst du gern? Bereitet dir Schreiben Freude? Oder quält es dich und versuchst du es zu vermeiden?
3. Gehe in Gedanken noch einmal den gestrigen oder heutigen Tag durch: Wann hast du heute schon geschrieben? Und was hast du alles geschrieben? Was denkst du: Wie viel Zeit verwendest du im Durchschnitt am Tag auf das Schreiben?
4. Würdest du gern mal etwas schreiben, was du bisher noch nie geschrieben hast? Wenn ja, was?
5. Welche Texte oder Textsorten (z.B. Klausur, Email, Tagebuch, etc.) kommen in deinem Alltag vor? Wie häufig kommen sie vor?
6. Welche der Texte, die du schreiben musst, fallen dir eher leicht, welche eher schwer? Warum?
7. Welche schulischen Schreibaufgaben liegen dir? In welchem Schulfach schreibst du am liebsten und warum?
8. Was denkst du: Bist du eine gute SchreiberIn? Was kannst du gut beim Schreiben, was würdest du gern verbessern?
9. Was liest du gern in deiner Freizeit?
10. Was ich dich noch fragen möchte: _____

Ein Interview beobachten

Notieren Sie die Antworten der Interviewten. Beobachten Sie:
- Wie einfach oder schwer fällt es Ihren MitschülerInnen, die Fragen zu beantworten?
- Woran könnte das liegen?

Besprechen Sie Ihre Ergebnisse kurz mit Ihrer BeobachtungspartnerIn.

Geben Sie den anderen eine Rückmeldung zu Ihren Beobachtungen, nachdem auch Sie das Interview geführt haben.

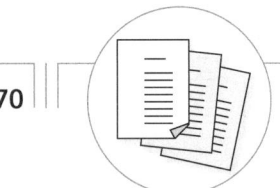

AB2 Eine Idee finden – Material auswählen

Auf die Frage „Warum schreiben wir?" gibt es verschiedene Antworten. Historisch betrachtet hatte das Schreiben eine andere Bedeutung als heute (M2) und erst zu einem bestimmten Zeitpunkt in der Menschheitsgeschichte wird das Schreiben zu einer Kulturtechnik, die nicht mehr nur dazu genutzt wird, etwas aufzuschreiben, um es besser behalten und archivieren zu können, sondern um Gedanken zu entwickeln (M4), sich selbst wahrzunehmen (M3, M5) und sich über das Schreiben auszudrücken (M1). Das Schreiben wird zu einer ästhetischen und kreativen Praxis (M6).

Die Materialien geben Ihnen Aufschluss über diese unterschiedlichen Funktionen und zeigen eine große Bandbreite von Schreibanlässen, Schreibtätigkeiten und Schreibzielen. Die Aufgabe verlangt von Ihnen, eine Auswahl für Ihren Text zu treffen und einen Schwerpunkt zu setzen. Nicht alle Aspekte sollen eine Rolle spielen! Dennoch: Lesen Sie zunächst gründlich **alle** Materialien.

1. One-Minute-Paper

1. Legen Sie die Materialien beiseite. Denken Sie 1–2 Minuten darüber nach, was Ihnen aus der Lektüre der Materialien im Kopf geblieben ist: Welche Aussage, welchen Überlegung, welche Information fanden Sie interessant, wichtig oder neu? Halten Sie Ihre Gedanken stichpunktartig fest. Tauschen Sie sich anschließend mit Ihrem Sitznachbarn/Ihrer Sitznachbarin aus.

_____

_____

_____

_____

2. Inhalte filtern

2. Legen Sie fest, welche der sechs vorliegenden Materialien Sie für Ihren Schreibprozess nutzen möchten. Wählen Sie mindestens drei Materialien aus (M1–M6) und begründen Sie schriftlich, warum Sie dieses Material nutzen möchten. Tauschen Sie sich anschließend mit Ihrem Sitznachbarn/Ihrer Sitznachbarin aus.

Ich wähle Material ____ aus, weil _____

_____

_____

_____

_____

Warum schreiben wir?

Hinweise für Lehrerinnen und Lehrer

Hinweise für Lehrerinnen und Lehrer

Inhaltliche Anforderungen

Die Aufgabe „Warum schreiben wir?" macht die unterschiedlichen Funktionen des Schreibens und des Schriftgebrauchs zum Gegenstand. Wenngleich diese Funktionen weder systematisch noch vollständig dargestellt werden, solllen sie das Spektrum potentieller Schreibfunktionen entfalten und die Vielfalt schlaglichtartig beleuchten. Die Aufgabe zielt auf eine selbstständige, interessengeleitete Erschließung der Materialien mit der Notwendigkeit, eine Auswahl für den eigenen Text zu treffen und sich auf ausgewählte Funktionen zu konzentrieren.

Die Herausforderung des Materials und der Materialerschließung liegt in der Synthese unterschiedlicher Themenaspekte, die in kurzen, teils wissenschaftlichen, teils aphoristischen, teils als Zitate vorliegenden Textausschnitten repräsentiert werden und im eigenen Text zusammengebracht werden müssen. Inhaltliche Verbindungen liegen nicht auf der Hand, sondern sind eine Leistung, die im Prozess des Lesens und Erschließens des Materials von den SchreiberInnen zu erbringen ist. Die Verbindungen sind auf unterschiedliche Weise gegeben. M1 stellt Aussagen und Textauszüge aus wissenschaftlichen Texten zusammen. Sie sollen im Sinne einer kurzen Einführung und eines Überblicks die Bandbreite von Schreiben und Textproduktion erschließen: vom Schreiben als einfacher Merk- und Speicherhilfe bis hin zu komplexen Möglichkeiten der Wissenserschließung und des expressiven Selbstausdrucks durch Schreiben und Textproduktion. Die mit M2 und M3 angesprochenen historischen Aspekte der Schriftentstehung einerseits und des Wandels von Schreib- und daran geknüpften Bildungskonzepten sollen deutlich machen, dass sich Funktionen des Schriftgebrauchs und des Schreibens historisch entwickelt und entfaltet haben – und eben nicht in den Anfängen der Schriftentwicklung lagen. Demgegenüber zeigt M4 ausgebaute kognitive Funktionen des Schreibens, die eng mit dem Denken verbunden sind: die hier angesprochenen Aspekte sollen verdeutlichen, dass das Schreiben dazu verhilft, Neues zu erfahren und Wissen im Schreiben, d.h. in Interaktion mit dem entstehenden Text zu entwickeln. M5 liefert eine andere Perspektive, die stärker auf die expressive Funktion des Schreibens gerichtet ist und zwischen emotional-therapeutischen und ästhetischen Momenten changiert. Beides hängt eng mit den in M4 angesprochenen kognitiven Funktionen zusammen. Denn auch im Falle expressiven und therapeutischen Schreibens geht es darum, etwas Neues über sich zu erfahren und – wie auch bei der kognitiven Funktion dargelegt – Zusammenhänge zwischen Gedanken, Ereignissen und Erfahrungen herzustellen, die es vorher nicht gab. Der Fokus ist in M5 aber v.a. auf die entlastende Funktion gerichtet, die das Schreiben für das Individuum gewinnen kann – insbesondere bei schwierigen Situationen und traumatischen Erlebnissen. M6 schließlich greift indirekt wieder Aspekte auf, die in M4 und M5 anklingen, indem es das Schreiben von Personen in den Mittelpunkt stellt, deren Beruf das Schreiben ist. Die hier in Form verschiedener Zitate zusammengestellten Reflexionen über das Schreiben liefern weiteren Stoff für die Frage, warum wir schreiben – jetzt aber stärker auf biografisch und beruflich veranlasste Schreibprozesse gerichtet.

Die Aufgabe fordert, einerseits Bezüge innerhalb einzelner Materialien herauszuarbeiten und zu erschließen, was die Ausschnitte innerhalb eines Materials verbindet. Sie verlangt andererseits, Bezüge zwischen unterschiedlichen Funktionen des Schreibens und der Textproduktion zu erkennen, die nicht selbsterklärend sind. Die inhaltliche Anforderung ist darin auszumachen, dass eine relativ offene Aufgabenstellung gegeben ist, die nach Maßgabe eigener Selektionsprozesse eigene Schwerpunktsetzungen verlangt. Die Zitate bilden hier potentielle Ankerpunkte für das Schreiben.

Sprachliche und textsortenbezogene Anforderungen

Der zu schreibende Text hat eine informierende Funktion. Er soll das Thema der fiktiv angelegten Lese- und Vortragsreihe „Warum schreiben wir?"

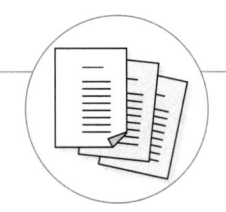

vorstellen und über ausgewählte Bedeutungen und Funktionen des Schreibens informieren. Der Text ist konzipiert als Begleitmaterial zu einem kommunikativen Ereignis – der Vortragsreihe. Er soll als Teil eines Programmhefts, das gleichzeitig als Ankündigung der Reihe dienen kann, BesucherInnen anziehen und neugierig machen. Damit sind potentiell auch unterhaltende Funktionen des Textes angesprochen. Sie werden in der Aufgabe erwähnt, aber nicht gesondert herausgestellt. Vielmehr sollen Zieltext- und Adressatenformulierung dazu anregen, informierende Passagen ggf. durch interessante und sprechende Zitate zu veranschaulichen.

Zum Kompetenzfokus

AB 1 zielt darauf, Reflexionsprozesse über das eigene Schreiben in Gang zu setzen. Die wechselnden Rollen von Interviewer/in, Befragtem/r und Beobachter/in begünstigen einen Perspektivwechsel, der es erlaubt, eigene Schreibprozesse zu erkunden und mit denen anderer zu vergleichen – und möglicherweise auch mit den in den Materialien zu Wort kommenden Stimmen und Äußerungen in ein Verhältnis zu setzen. Im Sinne eines forschenden Lernens wird mit der Methode des leitfadengesteuerten Interviews ein Ansatz herangezogen, der bei der Erhebung und Untersuchung empirischer Daten etabliert und im schulischen Kontext bekannt ist. Denkbar sind hier auch Varianten der Aufgabenstellung: SchülerInnen können beispielsweise die Aufgabe erhalten, andere Personengruppen (z.B. eine Berufsgruppe wie JournalistInnen, LehrerInnen, etc.) zum Schreiben zu befragen. Die Leitfragen des Interviews sind dann entsprechend zu ergänzen und zu ändern.

Die Formulierung einschlägiger Fragen ist dabei ebenfalls ein Weg, um in das Thema ‚Schreiben' zu kommen. Die Interviews können ggf. aufgezeichnet und im Rahmen einer größeren Projekt- oder Facharbeit näher betrachtet werden.

AB 2 möchte dazu verhelfen, den Text bewusster zu konzipieren und inhaltlich vorzubereiten. Erfahrungsgemäß werden Materialien von SchülerInnen häufig willkürlich und ohne systematische Sichtung *aller* Materialien ausgewählt. Die mit dem materialgestützten Schreiben häufig verlangte Auswahl bzw. Vorgabe einer Anzahl auszuwählender Materialien unter mehreren verleitet dazu, Auswahlentscheidungen zu treffen, noch bevor über den Zieltext nachgedacht wurde. Die Auswahl erfolgt dementsprechend nicht kriteriengeleitet. Die in der kleinen Aufgabe geforderte schriftliche Begründung der Materialauswahl soll einen Selbstvergewisserungsprozess in Gang setzen und es den SchreiberInnen ermöglichen, Strategien zu entwickeln. Gute SchreiberInnen sind sich stärker über den eigenen Prozess bewusst und können ihre Aufmerksamkeit gezielt auf einzelne Anforderungen richten, so etwa die Selektion von als relevant erachteten Informationen.